Peter Littke

Vom Zarenadler zum Sternenbanner

Peter Littke

VOM ZARENADLER
ZUM STERNENBANNER

Die Geschichte Russisch-Alaskas

Magnus Verlag

Schutzumschlag: Grafik-Design Müller
nach einer Idee von H.-J. Jungfleisch
Kartographie: H. J. Steffen

© Magnus Verlag, Essen 2003
Alle Rechte vorbehalten
Satz: RPS Satzstudio, Düsseldorf

ISBN 3-88400-019-5

In Gedenken an meinen Vater
Eduard Littke
geboren 1916 in Russland

Vorwort

Die Idee zu diesem Buch entstand anlässlich einer Reise nach Kalifornien, als ich die Möglichkeit hatte, dem fantastischen Highway 1 entlang der Pazifikküste zu folgen. Ich wusste seit einiger Zeit von dem ehemaligen russischen Fort Ross, welches sich ca. 80 km nördlich von San Francisco befindet. Vom Zustand des Forts war ich positiv überrascht. Mit sehr viel Engagement betreiben die Amerikaner seit Jahrzehnten den Wiederaufbau dieser historischen Stätte.

Dieses russische Fort mitten in Kalifornien repräsentiert den Höhepunkt einer 126 Jahre langen, wenig bekannten Geschichte, die im vorliegenden Buch erzählt wird.

Die Geschichte Russisch-Amerikas ist eine historische Randbetrachtung einer der faszinierendsten Epochen der Weltgeschichte. In den Zeitraum von der (Wieder)Entdeckung Alaskas 1741 bis zu seinem Verkauf 1867 fallen der Unabhängigkeits- und der Separationskrieg der USA, die Französische Revolution und die Unabhängigkeitskriege Lateinamerikas von Spanien, um nur einige historische Höhepunke zu nennen.

Doch nicht nur die Einbettung in die große Weltgeschichte macht sie so interessant. Die Geschichte Russisch-Amerikas beinhaltet in ihrem Verlauf eine Fülle von persönlichen Tragödien, genauso wie überraschende, wundervolle Liebesgeschichten und Schilderungen über Aufstieg und Fall heute fast vergessener Familiendynastien. Es sind zum Teil unglaubliche, aber wahre Geschichten, die sich heute kaum ein Romanautor trauen dürfte, zu erfinden.

Umso erstaunlicher ist es, dass das vorliegende Buch das erste jemals in deutscher Sprache veröffentlichte Buch ist, das dieses Thema in seiner ganzen Breite behandelt.

Zur besseren Lesbarkeit sind die meisten Namen von Personen und Örtlichkeiten der deutschen Sprache angepasst worden. Zahlreiche Fußnoten sollen dem Leser weiterführende Information geben, ohne den Lesefluss zu unterbrechen. Großer Wert wird auf den geschichtlichen Zusammenhang und die Motivation einzelner Personen oder Staaten während dieser Periode gelegt. So findet der Leser zu Beginn des Buches kurze geschichtliche Überblicke beteiligter Nationen, die diesen Geschichtsprozess beeinflusst haben. Besonders interessante Betrachtungen, wie Biografien erwähnter Personen, Kurzabhandlungen interessanter Randthemen oder Dokumente sind entweder in den Text eingefügt oder befinden sich im Anhang. Ein Teil dieser Dokumente wird in diesem Buch zum ersten Mal in deutscher Übersetzung veröffentlicht.

Mein besonderer Dank gilt meiner Partnerin Liz Sirett und meiner Tochter Birgit für ihre für mich so wichtige Unterstützung während dieses Buchprojektes. Frau Simone Verwied, Radevormwald, danke ich für die sachkundige Bearbeitung des Textes und Herrn Dr. Alexander Petrov, Russian Academy of Sciences, Institute of World History (Center for North American Studies), Moskau, und Frau Patricia Polansky, Universität von Hawaii, Honolulu, für die wissenschaftliche Beratung.

Peter Littke   *Littlestone, Juli 2003*

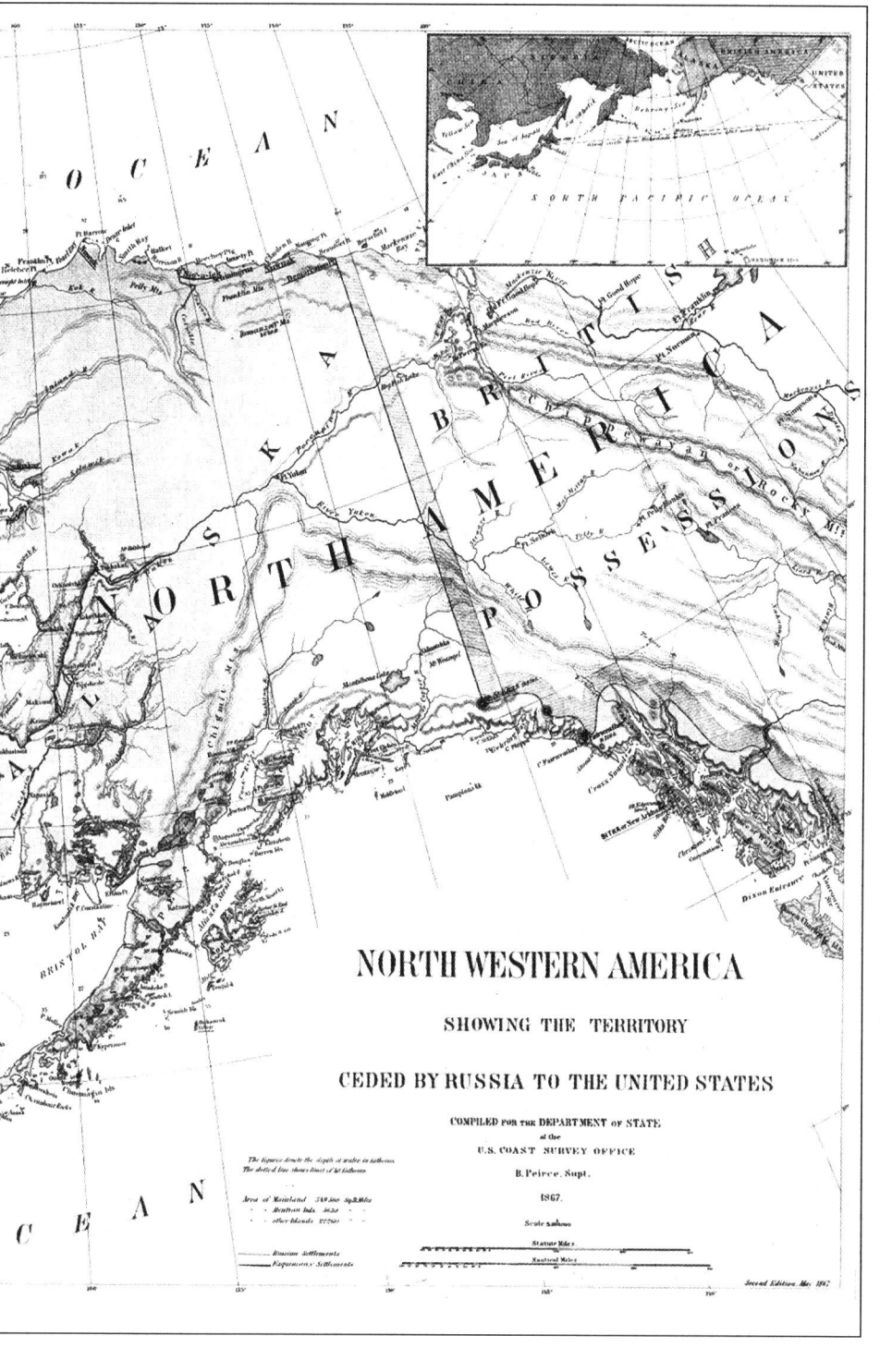

NORTH WESTERN AMERICA

SHOWING THE TERRITORY

CEDED BY RUSSIA TO THE UNITED STATES

COMPILED FOR THE DEPARTMENT OF STATE

at the

U.S. COAST SURVEY OFFICE

B. Peirce, Supt.

1867.

Scale

Statute Miles

Nautical Miles

Second Edition, May 1867.

Inhalt

Anhang

Einführung

Es war ein sonniger Tag, der 18. Oktober 1867 in Sitka, Alaska. Ungewöhnlich für die Jahreszeit, da eigentlich schon der Herbst mit seinen Stürmen und nicht enden wollenden Regenschauern hätte einsetzen sollen[1]. Hektisch liefen einige Menschen in den Straßen des Ortes umher. Angesichts der bevorstehenden zeremoniellen Übergabe Russisch-Amerikas[2] an die USA, hatte sich eine Vielzahl von Besuchern, aus unterschiedlichen Nationen kommend, hier versammelt. Etliche von ihnen waren Amerikaner. Einige Besucher schauten sich, ohne sich von der aufgeregten Atmosphäre beeinflussen zu lassen, den Ort mit seinen eigenartigen Gebäuden und die Kirchen mit ihren glänzenden Zwiebelkuppeln an. Russische, finnische, deutsche und indianische Worte drangen an ihre Ohren, fremdartige Gerüche wurden von ihren Nasen aufgenommen. Alles war so anders hier, nicht einmal das Datum war dasselbe[3]. Nur gut, dass wenigstens der Name sofort geändert wurde. Der russische Name des Ortes *Novo-Archangelsk* war wahrlich nicht für die englische Zunge geschaffen.

Sitka, wie er jetzt offiziell heißen sollte, war der Hauptsitz der Russischen Kolonie in Amerika und beherbergte fast 2.500 Menschen, die meisten von ihnen eingeborene Indianer und Inuit. Der Ort lag strategisch günstig, dem Pazifischen Ozean auf der Baranow-Insel zugewandt. Eine tief eingeschnittene Bucht bot den Schiffen Schutz vor Stürmen und anderen Unwettern.

Am Morgen war die *U.S.S. Ossipee* im Hafen angekommen. Sie kam aus San Francisco und hatte die beiden Repräsentanten Russlands und der USA an Bord. Es waren Kapitän A.A. Peschtschurow und General Lovell Rousseau, die von ihren jeweiligen Regierungen für diese Aufgabe ausgesucht worden waren. Sie hatten lediglich eine zeremonielle Funktion und würden Sitka bereits kurz nach der Feier wieder verlassen. Sofort nach ihrem Eintreffen hatten sie dem Noch-Gouverneur der

---

1 Sitka liegt auf dem 57. Breitengrad Nord, in Europa etwa auf der Höhe von Aberdeen/Schottland, Ålborg/Dänemark, Riga/Lettland und Jekaterinburg/Russland.
2 Es ist eine allgemeine Konvention, das damalige Alaska als Russisch-Amerika zu bezeichnen.
3 Russland benutzte noch den ungenaueren Julianischen Kalender. Dieser zeigte im 19. Jahrhundert 12 Tage Differenz zum sonst gebräuchlichen Gregorianischen Kalender, sodass der Übergabetag aus russischer Sicht der 6. Oktober 1867 war.

Russischen Kolonie, Prinz Maksutow, zu verstehen gegeben, dass sie die Ausführung der Zeremonie noch am selben Tage wünschten.

Darauf hatte auch ein Mann gedrängt, der bereits vor zehn Tagen hier angekommen war. Es war Brigadegeneral Jefferson Davis[4], der mit seinen 250 Soldaten die Aufgabe hatte, nach der offiziellen Übergabe der Kolonie, diese im Namen der USA für einige Zeit zu führen, bis man sich entschieden hatte, was aus diesem neuen Territorium werden sollte.[5]

Die nötigen Vorkehrungen für die Übergabe Russisch-Amerikas an die USA waren in aller Eile getroffen worden. Erst Ende März 1867 hatte man nach geheimsten Verhandlungen den Kaufvertrag für Alaska unterschrieben. Die Kolonie und ihr Gouverneur erfuhren sogar erst einige Monate später davon und jetzt im Herbst sollte schon die Übergabe durchgeführt werden. Kein Wunder, dass weder Prinz Maksutow noch die Bevölkerung von Sitka, angesichts der Eile begeistert waren. Der Schock saß noch sehr tief. Es hatte, im Gegenteil, eigentlich sehr günstig für die Kolonie ausgesehen – und dann doch der Verkauf.

So zogen es viele der russischen Einwohner vor, der Zeremonie fernzubleiben, und überließen das Feld den Ausländern. Diese bestanden zu einem großen Teil aus amerikanischen Geschäftsleuten, die ihre große Chance witterten. Einige waren Veteranen des großen Goldrausches von San Francisco und suchten nun nach neuen Möglichkeiten in diesem riesigen Land. Andere hatten ihr Augenmerk bereits auf den Pelzhandel gerichtet, der Haupttriebfeder für den russischen Standort in Nordamerika.

Pünktlich um 15.30 Uhr an diesem Nachmittag begann dann die Zeremonie. Peschtschurow überreichte seinem Counterpart Rousseau eine Karte von Sitka und ein Verzeichnis aller Gebäude. Bevor die amerikanische Flagge am Fahnenmast heraufgezogen werden konnte, musste man zuerst die russische Flagge entfernen. Aber ein kleines Malheur

---

4 Jefferson Columbus Davis wurde 1828 im US-Bundesstaat Indiana geboren. Im Alter von 18 Jahren trat er der US-Armee bei und kämpfte im Mexikanischen Krieg (1836) und während des Separationskrieges (1861-1865) auf Unionsseite. 1862 erschoss er nach einem hitzigen Wortgefecht seinen Vorgesetzten, Generalmajor William Nelson, in einem Hotel in Kentucky. Dank des Eingreifens seines Freundes Oliver P. Morton, einflussreicher Senator von Indiana und Augenzeuge des Vorfalls, wurde Davis nicht zur Rechenschaft gezogen. Auch die zufällige Namensgleichheit mit dem Präsidenten der separatistischen Konföderierten Südstaaten tat seiner weiteren Karriere keinen Abbruch.
5 Die US-Armee sollte 10 Jahre lang, bis 1877 eine Militärherrschaft über Alaska ausüben.

verzögerte die Angelegenheit. Die russische Flagge verhedderte sich in den Seilen und löste sich auch nach mehreren Versuchen nicht. Schließlich musste ein russischer Matrose den Mast hinaufklettern und die Flagge wieder befreien. Es schien, als ob sich alles in Russland weigerte, diese Besitzungen aufzugeben.

Als endlich die amerikanische Flagge von der „Color Guard"[6] hinaufgezogen werden konnte, erschallten donnernde Salutschüsse über dem Hafen. Kaum waren sie verhallt, konnte man amerikanische Offiziere ihre ersten Befehle brüllen hören. Auf die russische Bevölkerung, die sich von einer Minute auf die andere auf ausländischem Boden befand, wurde keinerlei Rücksicht genommen. Alaska war amerikanisch.

Bei einer Betrachtung der Lage Alaskas und seiner Nachbarn kann man sich fragen, wie es kommt, dass ein so riesiges Land wie Alaska nicht von seinem eigenen Kontinent, Amerika, aus erobert wurde. Warum haben nicht die Amerikaner oder Kanadier oder zumindest die Briten, die ja mit ihren Besitzungen geografisch sehr nahe lagen, dieses Land als Erste für sich in Anspruch genommen?

Es gab eine Anzahl von Faktoren, aber eines kann mit Sicherheit festgestellt werden, Alaska stand zu keiner Zeit an oberster Stelle der Prioritätenliste irgendeines Landes, auch nicht Russlands.

Hauptgrund hierfür war die geografische und klimatische Situation Alaskas. Obwohl mit einer Fläche von fast 1,5 Millionen km² ein riesiges Land, war es doch nur begrenzt zugänglich. Wintertemperaturen von nicht selten bis zu -60°C und Sommertemperaturen von 30°C stellten (und stellen) für die Bewohner eine große Herausforderung dar. Das Land ist durchzogen von hohen, schnee- und eisbedeckten Bergketten (diese beherbergen die beiden höchsten Gipfel Nordamerikas). Die Seen und Flüsse sind nicht nur ideale Brutplätze für Schwärme von Moskitos, sondern weiten sich zur Zeit der Schneeschmelze zu wahren Strömen aus.

Ein Zugang über Land hätte zunächst eine Durchquerung Kanadas vorausgesetzt. John Cabot hatte als erster Europäer, nach den Wikingern, die Ostküste Amerikas gesichtet. 1793, knapp 300 Jahre später, erreichte der Schotte Alexander Mackenzie, als erster Europäer, die Pazifikküste Kanadas auf dem Landweg. Zu diesem Zeitpunkt hatten die Russen bereits eine permanente Siedlung in Alaska etabliert.

---

6 Einheit, zu der auch der Deutsche Eduard Ludecke gehörte (amerik. ‚Edward Ludecker'). Er war erst im Vorjahr aus Deutschland eingewandert und hatte sich sofort in New Jersey bei der Armee gemeldet. Ludecke starb am 27. Mai 1920 in Wrangell, Alaska.

*Abb.1: Russisch-Orthodoxe Holzkirche im heutigen Sitka.
Ein Erbe aus der russischen Zeit.*

Es war daher Russland, das sich zu diesem Zeitpunkt einen kleinen Vorsprung in der Geschichte geschaffen hatte. Dies hing untrennbar mit der russischen Eroberung Sibiriens zusammen. Sibirien diente während der gesamten Periode den Russen als Sprungbrett für Russisch-Amerika, letztlich als Folge der russischen Situation in Europa. Bis zum Anfang der Zarenzeit verfügte Russland weder über einen Hafen an der Ostsee, noch über einen Hafen am Schwarzen Meer, der einen Zugang zu einem der Ozeane ermöglicht hätte. Im Norden durch Eis und Schnee, im Westen durch starke europäische Staaten begrenzt, war eine Expansion für Russland nur nach Süden und Osten möglich. Eine weitere Ausdehnung nach Osten über das asiatische Festland hinaus kam nur von der Pazifikseite aus in Betracht. Das hatte man schon recht bald erkannt, nachdem man den Pazifik erreicht hatte und dort Häfen errichtete. Eine maritime Versorgung dieser Pazifikhäfen von den nun in der Ostsee zur Verfügung stehenden Häfen, wäre eine Reise um die halbe Welt gewesen.

So blieb als Ausweg nur die kaum weniger beschwerliche Überlandreise durch Sibirien zu den Pazifikhäfen. Ohne die Eroberung Sibiriens hätte es mit Sicherheit kein Russisch-Amerika gegeben. Da dieser Zusammenhang in der Geschichte Russisch-Amerikas von absolut entscheidender Bedeutung ist, soll diese Eroberungsstrategie im Folgenden genauer untersucht werden. Er wird sich zeigen, dass Alaska fast unweigerlich von einem anderen Kontinent aus erobert werden musste.

Als letzter Faktor bleibt die unterschiedliche Politik der bedeutenden Anrainerstaaten des Nordpazifiks in der damaligen Zeit. Keiner dieser Staaten, auch nicht Russland, verfolgte eine zielgerichtete, langfristige Strategie in diesem Teil der Welt. Es scheint sogar, dass Russland zu Beginn der am wenigsten geeignete Kandidat war, um eine derartige Expansion durchführen zu können. Es ist daher interessant zu beobachten, wie diese Staaten durch ihre unterschiedlichen Positionen es Russland schließlich ermöglichten, bis nach Kalifornien vorzustoßen.

15

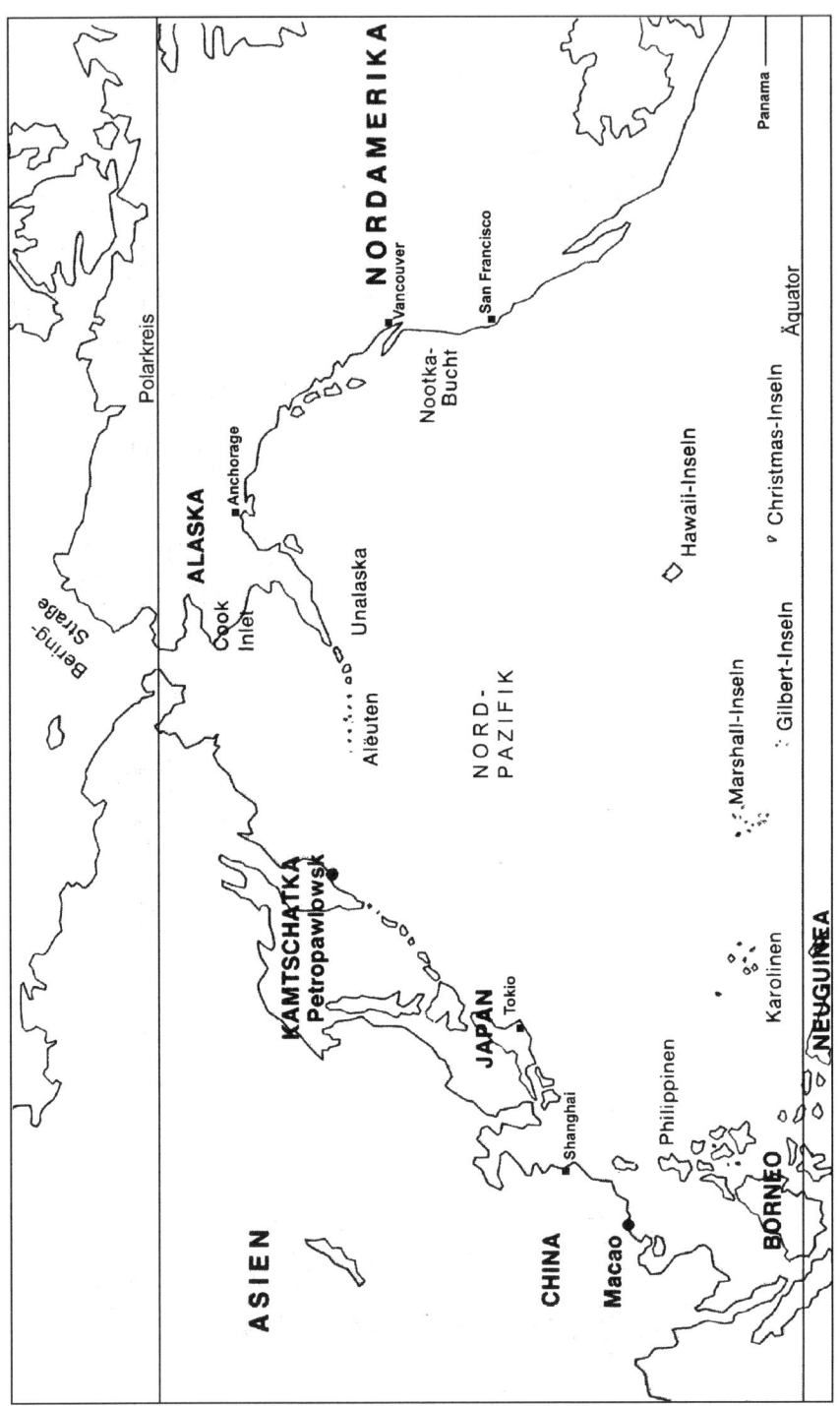

Der nordpazifische Raum

Der nordpazifische Raum

Der nordamerikanische Kontinent wird im Wesentlichen von nur zwei Staaten unter sich aufgeteilt, Kanada und den USA. Beide Staaten gehören, was ihre Gesamtfläche anbetrifft, zu den größten der Welt[7]. Es wundert daher nicht, dass die Kolonisierung dieses riesigen Raumes Jahrhunderte in Anspruch nahm. Diese Kolonisierung setzte zugweise von Osten her bis an den Pazifik ein. Von der europäischen Wiederentdeckung Amerikas 1492 bis zur spanischen Gründung San Franciscos im 18. Jahrhundert dauerte es fast 300 Jahre. Zu diesem Zeitpunkt gab nördlich von San Francisco, entlang der gesamten nordamerikanischen Küste, einschließlich der Aleuten – einer Strecke von 6.000 km – keine andere permanente Siedlung irgendeiner fremden Macht. Dies zu einer Zeit als sich die Amerikaner endgültig von den Briten loslösten und Ludwig XVI. gerade zum französischen König gekrönt worden war (wobei er im Zuge der Französischen Revolution die Krone mitsamt Kopf schon einige Jahre später wieder verlor). In Polen hingegen wurden die Bürger nach der so genannten Ersten Teilung des Landes, nunmehr als preußische, österreichische oder auch russische Staatsbürger eingeordnet.

Die Entdeckung der pazifischen Gebiete Nordamerikas erfolgte in drei Stoßrichtungen. Die zeitlich erste kam von Süden und wurde von den Spaniern durchgeführt. Die zweite kam über See aus dem Osten von den Russen. Die dritte und letztendlich erfolgreichste, kam aus dem Westen über die Rocky Mountains, wurde anfangs von den Briten und später von Kanadiern und Amerikanern durchgeführt. Die Zentren dieser drei beteiligten Länder, Spanien, Russland und Großbritannien, waren eine halbe Erdkugel von ihrem Eroberungsgebiet entfernt.

Neu-Spanien

Die Spanier hatten sich mit der Eroberung Mexikos durch Hernando Cortez im Jahre 1519 eine entscheidende Basis auf dem amerikanischen Festland geschaffen, das sie im Folgenden Neu-Spanien nannten. Wäh-

---

7 Kanada ist mit 9,97 Millionen km² nach Russland der zweitgrößte, die USA mit 9,77 Millionen km², noch vor China, der drittgrößte Staat der Erde.

rend Cortez zunächst glaubte, die vielversprechendste Region für weitere Eroberungen liege im Süden und Westen, versuchten andere Konquistadoren ihr Glück im Norden. Hauptzielrichtung war zunächst Florida. Gerüchte über einen möglichen Seeweg, von den Gewürzinseln zum Atlantik nördlich von Neu-Spanien, erweckten jedoch erneut das Interesse von Cortez. 1535 leitete er selbst eine Expedition, die die Südspitze Baja-Kaliforniens[8] entdeckte. Vier Jahre später beauftragte er seinen Landsmann Francisco de Ulloa mit einer weiteren Expedition, die dazu führte, dass Baja-Kalifornien als eine Halbinsel erkannt wurde. Im Inneren des Kontinents durchstreifte Vasquez de Coronado zwischen 1540 und 1542 die heutigen Staaten Arizona, New Mexico, Texas, Oklahoma und Kansas. Ebenfalls 1542 erreichte Juan Rodriguez Cabrillo über See den natürlichen Hafen von San Diego und war damit der erste Europäer, der den heutigen US-Staat Kalifornien betrat. Seine Reise führte ihn weiter vorbei an dem Kap Point Reyes[9] nördlich von San Francisco bis zum heutigen Russian River. Nach seinem plötzlichen Tod[10] im darauf folgenden Jahr unternahm sein Hauptschiffsführer, Bartolomé Ferrelo, mutigerweise einen weiteren Vorstoß nach Norden, der ihn wahrscheinlich bis an das Kap Blanco, im heutigen Oregon, führte. Da die Berichte über diese Küstenstreifen insgesamt nicht sehr positiv aufgenommen wurden, erlahmte das Interesse Neu-Spaniens an seinen nach Norden hin angrenzenden Gebieten. Nur manchmal noch, um frisches Wasser aufzunehmen, stoppten die schwer beladenen Galeonen, die von den Philippinen über den Pazifik auf dem Weg nach Mexiko herüberkamen an der kalifornischen Küste.[11]

Den nächsten Zug machten die Engländer unter einem ihrer größten Abenteurer und Seefahrer, Sir Francis Drake. Auf dem Weg rund um die Erde war er die gesamte süd- und mittelamerikanische Küste, von Kap Horn kommend, hochgesegelt. Er landete 1579 in der Drakes Bucht nahe Point Reyes, ganz in der Nähe der Stelle, an der Cabrillo 37 Jahre vorher umgekehrt war. Er nahm das Land, das er Nova Albion[12] nannte, für die englische Krone in Besitz. Weitere Fahrten führten ihn bis hinauf an den 43. Längengrad, fast so weit nördlich wie vor ihm Ferrelo, bis er endgültig mit Kurs auf die Philippinen über den Pazifik verschwand. Aber er war nicht der einzige Engländer in diesem Raum.

---

8 Niederkalifornien (heute mexikanisch).
9 Etwa 80 km nördlich des heutigen San Francisco.
10 Er starb wahrscheinlich an einer Wundbrandinfektion.
11 Die spanischen „Manila Galeonen" operierten 250 Jahre lang von 1565 bis 1815.
12 Albion war der römische Name für Britannien.

1587 eroberte Thomas Cavendish auf der dritten Weltumseglung nach Magellan und Drake eine spanische Galeone unweit des Kap San Lucas[13].

Überhaupt kann man sicher davon ausgehen, dass zahlreiche spanische Galeonen, die bei der Pazifiküberquerung etwas weiter nach Nordosten abgedrängt wurden, an der kalifornischen Küste landeten. So sichtete 1583 der spanische Navigator Francisco de Gualle die Küste in der Nähe des Kap Mendocino[14]. Seine Idee, die mögliche Einrichtung einer Zwischenstation an dieser Küste, wo die Galeonen nach ihrer Pazifiküberquerung frisches Wasser aufnehmen konnten, stieß zeitweise auf Interesse. 1587 segelte der Kommandant der spanischen Galeone *Nuestro Senora de Esperanza* in die Morro Bucht[15] und beanspruchte das Land für Spanien. Einige seiner Mannschaften streiften landeinwärts bis in die Gegend der heutigen Stadt San Luis Obispo. Doch Feindseligkeiten der Indianer beendeten den Besuch schon bald.

1595 landete eine spanische Galeone, diesmal auf Erkundungsreise, unter dem portugiesischen Kapitän (in spanischen Diensten), Sebastian Rodriguez Cermeno, in der Nähe von Kap Mendocino und segelte weiter nach Süden in die Drakes Bucht. Eine erneute Untersuchung der Küste weiter südlich endete mit totalem Schiffbruch.

1603 erreichte der Spanier Sebastian Vizcaino, ein ehemaliger Offizier Cermenos, abermals Kap Mendocino. Eines seiner Schiffe erreichte zwar Kap Blanco, musste aber wegen der „großen Kälte" wieder nach Süden abdrehen. Weiter im Inland führte der Spanier Juan de Oñate zwischen 1598 und 1605 eine erstaunliche Expedition durch, die ihn bis in das heutige Kansas und von dort zurück an die Mündung des Colorado River in den Golf von Kalifornien führte. 1609-1610 etablierte er die Stadt Santa Fé, im heutigen US-Staat New Mexico, als die neue Hauptstadt der spanischen Provinz Neu-Mexiko.

Oñates Expeditionen waren die letzten Aktionen der Spanier in diesen Gebieten für eine Weile. Sie hatten erstaunlicherweise nicht einmal zur Entdeckung von einem der besten und sichersten Hafenplätze der Welt geführt, der Bucht von San Francisco. Die Spanier waren der Ansicht,

---

13 Südspitze der Halbinsel Baja-Kalifornien. Die Beute dieser Kaperung war derart groß, dass Spanien zeitweise in ernste wirtschaftliche Schwierigkeiten geriet. Sie trug dazu bei, dass die geplante Eroberung Englands durch die spanische Armada auf das nächste Jahr, 1588, verschoben wurde.
14 Östlichster Punkt Kaliforniens und ca. 110 km nördlich des heutigen Städtchens Mendocino.
15 Etwa 280 km nordwestlich vom heutigen Los Angeles.

dass die gesamte Gegend für sie, von ein paar Perlenfischgründen abgesehen, von nur minderem Wert war. Die Grenzen Neu-Spaniens schienen nach Norden durch ihre eigene Unwegsamkeit geschützt.

Somit beendeten die Spanier die ernsthafte Erkundung der pazifischen Küsten bereits zu einem Zeitpunkt, als auf der anderen Seite die Russen noch nicht einmal den Pazifik erreicht hatten. Die Spanier hätten für eine gründliche Untersuchung der gesamten nordamerikanischen Pazifikküste, bis hinauf zu den äußersten Inseln der Aleuten, mehr als 200 Jahre Zeit gehabt, bevor sie auf irgendwelche russischen Pelzjäger gestoßen wären. Sie aber entschieden sich dazu, dieses Unternehmen erst einmal nicht weiter zu verfolgen.

Berichte, dass sich die Russen entlang der Küste nach Süden ausbreiteten, veranlassten dann später die Spanier erneut, Vorstöße nach Norden zu unternehmen. Sie führten schließlich zur Gründung San Franciscos im Jahre 1776. Nur 36 Jahre später setzten die Russen dem ein eigenes russisches Fort entgegen, nur 80 km nördlich. Die Interessengebiete waren abgesteckt.

Doch spätestens seit 1790 verblasste der Stern Spaniens unversehens. Es musste Mexiko 1821 die Unabhängigkeit gewähren. Mexiko war damals wesentlich größer als heute und schloss Kalifornien, Arizona und Teile von Texas mit ein. Die Mexikaner hatten jedoch letztendlich der entschlossenen, nach Westen dringenden US-Amerikanischen Regierung nicht viel entgegenzusetzen. Sie verloren 1848 durch Krieg und Abtretung Kalifornien, Texas und andere Gebiete an die Vereinigten Staaten. Spanien und der Nachfolgestaat Neu-Spaniens, Mexiko, hatten endgültig jede Gelegenheit verloren, auf dem nordamerikanischen Kontinent nach Norden vorzustoßen.

Japan

Die Lage Japans am äußersten Rand des asiatischen Kontinents bewirkte, dass externe Einflüsse immer vom Kontinent und fast ausschließlich von China herrührten.[16] Obwohl sehr stimulierend für die japanische Kultur, waren diese Einflüsse jedoch nie dominierend. So wurde Japan

---

16 Das Wort Japan ist übrigens eine europäische Verballhornung des chinesischen Namens für dieses Land *Jih-pen*, das bedeutet „Der Ursprung der Sonne". Es wurde so genannt, weil aus der Sicht Chinas das Land im Osten, in Richtung der aufgehenden Sonne, lag. Den Japanern selbst war das Wort „Japan" völlig unbekannt; sie nannten ihr Land Nippon.

durch seine isolierte Insellage vor 1945 nie von einer anderen Macht erobert.

Japan wird erstmals in chinesischen Quellen des Han Reiches um Christi Geburt erwähnt. Die Japaner werden hierin überheblich als *Wa* (Zwerge) bezeichnet, die für China weder militärische, noch eine sonstige Bedeutung haben und ihm lediglich Tribut zahlten. Auf Grund interner Ereignisse im 4. Jahrhundert bildete sich in Japan aus Teilen der etwa einhundert kleinen Staaten ein größerer Machtstaat heraus, der als Yamato Reich bezeichnet wurde und einen *Tenno*, einen „himmlischen Kaiser", als Herrscher hatte. Dieser ersten Tenno-Dynastie war es 475 n. Chr. gelungen, das heutige Südkorea unter seine Kontrolle zu bringen. Die Herrschaft dauerte jedoch keine 100 Jahre. Immer wiederkehrende Versuche Japans, die Kontrolle über Korea zurückzugewinnen, endeten schließlich 663, als eine beträchtliche japanische Flotte, mit der Unterstützung Chinas, vernichtend geschlagen wurde. Diese Niederlage bedeutete das Ende aller Expansionsgelüste Japans in Korea für fast 1.000 Jahre.

In der Folgezeit wurde der kontinentale Einfluss, besonders der Chinas, immer größer. Im 6. Jahrhundert wurde der Buddhismus übernommen, im 7. Jahrhundert das chinesische Kalenderwesen und die Zeitrechnung eingeführt. Zu Beginn des 8. Jahrhunderts wurde die Gesetzgebung nach chinesischem Vorbild umgebildet und die chinesische Schrift war auf dem Weg, die vorherrschende Schrift in der japanischen Literatur zu werden.

Japan war in diesen Jahrhunderten mehr oder weniger sich selbst überlassen. Soziale Reformen und politische Umwälzungen mündeten in eine Schwächung des Tenno. Interne Kriege brachten schließlich Yoritomo als Militärherrscher und nachfolgend den Aufstieg einer neuen Kriegerkaste, der *Samurai*, hervor. Im Jahre 1192 ließ sich Yoritomo vom Tenno zum *seii taishogun* oder kurz *Shogun*[17] ernennen.

Die größte außenpolitische Herausforderung kam im 13. Jahrhundert. Der Mongolenführer Kublai-Khan hatte auf dem Kontinent ein gewaltiges Reich errichtet. In dieses wollte er nun auch Japan eingliedern. Doch das Glück war auf der Seite Japans. Invasionsarmeen der Mongolen mit bis zu 4.400 Schiffen und 140.000 Mann wurden 1274 und 1275 durch harte Kämpfe und zwei verheerende Taifune zurückgeworfen. Ein dritter Invasionsversuch kam durch den Tod Kublai-Khans 1294 nicht mehr zu Stande.

---

17 Wörtlich: Großer Feldherr zur Unterwerfung der Barbaren.

Das 14. bis 16. Jahrhundert brachte Japan eine lange Zeit immer wieder aufflammender Bürgerkriege. Es kam zu einer Änderung des Herrschaftssystems. Regionale Fürsten, *Daimyos*[18], führten jetzt letztlich die Zentralgewalt aus und schwächten somit allmählich die Macht der Shogune. Diese Zeit brachte aber auch eine erneute starke Ausweitung des Handels mit China und Korea mit sich. Ein Problem stellten zeitweilig die *Wako* dar, japanische Seeräuber, die teilweise mit bis zu 400 Schiffen angriffen, manchmal aktiv unterstützt von dem jeweiligen Daimyo.

Das Ende dieser unsteten Periode brachte die Einigung Japans. Der zum General aufgestiegene Hideyoshi ließ sich nach harten Machtkämpfen 1590 von allen Daimyos als Lehnsherr anerkennen. Doch dieser, in der Geschichte Japans beispiellose Aufstieg, führte bei Hideyoshi zu offensichtlichem Größenwahn. Völlig unnötig griff er 1592 Korea und China an, allerdings ohne Erfolg. Ein erneuter Versuch zur Eroberung Koreas, fünf Jahre später, wurde durch seinen Tod frühzeitig beendet. Sein einstiger Kontrahent um die Herrschaft, Ieyasu Tokugawa, errang im Jahre 1603 nach einigen Kämpfen und Schlachten als neuer Shogun seine Nachfolge. Mit der Errichtung seines Polizeistaates begründete Ieyasu die über 250 Jahre während Herrschaft der Tokugawa Familie über Japan. Dies hatte nicht zuletzt auch weit reichende Konsequenzen für Russisch-Amerika.

In diese Zeit fiel die Periode der ersten Kontakte Japans mit Europäern und dem christlichen Glauben. 1542 wurden einige Portugiesen unter Fernao Pinto, der vorher lange Jahre mit Vasco da Gamas Sohn gereist war, von Macao nach Japan verschlagen. Wegen ihrer Musketen erregten sie sofort Aufmerksamkeit und wurden von dem örtlichen Daimyo freundlich aufgenommen. Die Japaner bildeten schon bald diese Musketen nach und benutzten sie in ihren internen Auseinandersetzungen.

In rascher Folge traten Spanier, Engländer und Holländer auf. In ihrem Gefolge befanden sich christliche Missionare, unter anderem der Mitbegründer der Jesuiten, Franz Xavier, der 1551 die erste christliche Kirche in Japan gründete. Das Christentum wurde derart stark von den Daimyos und der Bevölkerung aufgenommen, dass sich um 1600 etwa 750.000 Japaner zum christlichen Glauben bekannten, etwa genauso viel wie heute.

1582 und 1613 wurden japanische Gesandte nach Rom geschickt, doch während die Handelsbeziehungen immer besser wurden, verschlechterten sich die religiösen Beziehungen bereits unter Hideyoshi beträcht-

---

18 Daimyo = großer Name.

lich. Er hatte schon 1587 das Christentum verboten, vorerst jedoch noch ohne Konsequenzen. 10 Jahre später kam es aber zur Hinrichtung von 26 Christen, den ersten christlichen Märtyrern Japans.[19] Doch daran waren die Europäer nicht ganz unschuldig. Sowohl die Nationen selbst, als auch Jesuiten und Franziskaner, wollten den Japanhandel monopolisieren. So versuchten sie, die jeweils andere Partei nach Kräften zu denunzieren und verloren immer mehr an Glaubwürdigkeit und Respekt.

Aus der Sicht Europas eine äußerst unglückliche Entwicklung, hatte es doch zunächst den Anschein, als wenn Ieyasu den Europäern gegenüber durchaus wohlgesinnt wäre. Er benutzte europäische Berater wie den englischen Seefahrer Will Adams[20] oder den portugiesischen Jesuiten Joao Rodriguez. Faktoreien wurden eröffnet und Japan erlebte während dieser Zeit seine bis dahin weltoffenste Periode[21]. Doch auch dies sollte sich rasch ändern.

---

19 Auslöser dieser verschärften Haltung, war ein Vorfall aus dem Jahr 1596. Eine spanische Galeone war auf dem Weg von den Philippinen nach Mexiko durch einen Taifun auf der japanischen Shikoku-Insel gelandet. Ihr arroganter Kapitän nahm den Mund reichlich voll und drohte mit der Rache des großen spanischen Reiches, wenn sie aufgehalten würden. Auf die Frage, wie Spanien so ein Riesenreich akkumulierte, brüstete er sich: „Zuerst senden wir Missionare zur Bekehrung der Leute, dann folgen Kaufleute. Wenn der Handel floriert, schicken wir Armeen, um das Land zu annektieren." Hideyoshi war äußerst verärgert, als er von dieser wenig diplomatischen Episode erfuhr.

20 William Adams (1564-1620) aus Gillingham in Kent erreichte Japan als Steuermann des holländischen Schiffes *Liefde* unter Jacob Jansz von Quäckernack im Jahre 1600. Dieses Schiff war Teil einer holländischen Flotte von fünf Schiffen, die die spanischen Küsten Chiles und Perus auf ihrem Weg um das Kap Hoorn nach Indonesien plündern wollten. Da die Expedition aber vorher auseinander brach, segelte die *Liefde* allein in Richtung Japan. Sie erlitt in einem verheerenden Sturm vor der Küste Kyushus Schiffbruch, den nur 24 Männer überlebten. Da sich Adams als zu nützlich für die Japaner erwies, durfte er bis zu seinem Tod das Land nie verlassen. Er änderte seinen Name in Miura Anjin, lebte als Samurai in Luxus, heiratete und hatte mit seiner japanischen Frau Oyuki einen Sohn (Joseph) und eine Tochter (Susanna). In England hatte er Frau und Kinder zurücklassen müssen. Quäckernack wurde übrigens nach fünf Jahren die Rückreise erlaubt. Die Ereignisse dieser Zeit und das Schicksal Adams waren 1975 Vorlage für den weltweiten Bestseller „Shogun" von James Clavell, der einen Film und eine TV-Serie nach sich zog.

21 Die Japaner dachten sogar daran, mit Spanien größere Handelsbeziehungen aufzunehmen. Sie schickten zu diesem Zweck ihren Unterhändler, den Franziskanermönch Alonso Munoz, 1610 nach Mexiko und Spanien. Als Ergebnis sandten die Spanier Sebastian Vizcaino nach Japan, der im Januar 1614 mit einer 150-köpfigen japanischen Delegation unter Hasekura Rokuemon (1571-1622) und dem Franziskaner Luis Sotelo (1574-1624) nach Mexiko zurückkehrte. 20 Delegationsteilnehmer reisten weiter nach Spanien (Sevilla und Madrid) und tourten zwischen 1615 und 1616 durch Italien. Hasekura kehrte über die Philippinen 1620 nach Japan zurück.

1614 wurde das Christentum von Ieyasu ebenfalls verboten und alle Missionare des Landes verwiesen. 1622 kam es erneut zu Hinrichtungen und Verfolgungen von Christen, die unter dem dritten Tokugawa Shogun grausamere Züge annahmen. 1637 waren die japanischen Christen so gut wie ausgerottet.

Dem Handel erging es nicht besser. 1616 wurden alle Europäer des Landes verwiesen. 1623/24 wurde den Portugiesen und Spaniern gänzlich das Betreten Japans verboten. Wegen der nachweisbaren Unrentabilität ihrer Betriebe schlossen die Engländer freiwillig ihre Handelsniederlassung. Ab 1630 war es Japanern verboten ins Ausland zu reisen und kein Japaner durfte, unter Androhung der Todesstrafe, aus dem Ausland nach Japan zurückkehren. Der Bau von Seeschiffen wurde verboten. Das Land schottete sich nach außen hin völlig ab.

Nur die Holländer wurden als einzige Europäer weiterhin geduldet, da sie von Anfang an nur ein wirtschaftliches Interesse an Japan hatten und das Land nicht missionieren wollten. Der Hafen von Nagasaki[22] wurde zum einzigen Außenhandelshafen erklärt, der nur von einer genau festgelegten Zahl chinesischer, koreanischer und holländischer Schiffe angelaufen werden durfte. Die Holländer sollten für die nächsten 200 Jahre die einzige Verbindung zwischen Europa und Japan bleiben.

Die Russen hatten 1639 zum ersten Mal den Pazifik erreicht. Entlang der Aleutenkette drangen sie nach Alaska vor. Zu diesem Zeitpunkt interessierte sich keine andere Nation ernsthaft für diese Region. Japan hatte sich durch seine selbst gewählte Isolation als möglicher Kandidat nachhaltig ausgeschlossen. Erst als die Japaner merkten, dass die Russen über die Kurilen und Sachalin immer weiter nach Süden drangen und der nördlichsten japanischen Insel Hokkaido immer näher kamen, erwachte ihr erneutes Interesse für den Norden ihres Landes.[23] So unternahmen sie 1786 unter Oishi Ippei eine Expedition nach Südsachalin und im selben Jahr besuchte der Forscher und Landvermesser Mogami Tokunai die Kurilen. Bereits seit Ende des 15. Jahrhundert besaßen die Japaner das südliche Hokkaido, dessen Rest von den Ureinwohnern Japans, den *Ainu*, seit mehr als 20.000 Jahren bewohnt war. Die Japaner

---

Sotelo wurde von Papst Paul V. zum Erzbischof von Japan ernannt. Nach seiner Rückkehr starb er 1624 als Märtyrer.

22 Eigentlich Deshima, eine kleine künstliche Insel vor Nagasaki, die nur zu diesem Zweck erschaffen wurde.

23 Noch Ieyasu hatte Hokkaido als Lehen an einen gewissen Matsumae Yoshihiro gegeben. Dieser hatte dort nach der Eroberung der einheimischen Ainu seine Hauptstadt Matsumae gegründet und ebenfalls die beiden Kurilen-Inseln Kunashiri und Etorofu besetzt, sodass fortan das gesamte Gebiet als japanisch betrachtet wurde.

hatten kaum Probleme mit den Ainu, aber die Russen wurden als eine ernste Gefahr gesehen.

Dazu beigetragen hatte auch ein kleiner Zwischenfall, der sich 1771 ereignete. Es begann am anderen Ende der Welt, in Europa und schien zunächst in keinem Bezug zu den russisch-japanischen Beziehungen zu stehen. Als Teilnehmer der polnischen Unabhängigkeitsbewegung gegen die Russen wurde der österreichisch-ungarische Adlige Graf Moritz August von Benjowski, eine der schillerndsten Figuren der Weltgeschichte[24], von den Russen gefangen genommen. Als Dissident verbannt[25] und nach Kamtschatka gebracht, konnte er von dort 1771 per Schiff fliehen und warnte auf seinem Heimweg die Japaner vor einer bevorstehenden russischen Invasion Hokkaidos. Dies war frei erfunden, trug aber dazu bei, das Misstrauen der Japaner gegenüber den Russen zu verstärken. Die Bitte um Aufnahme von Handelsbeziehungen anlässlich dreier Besuche russischer Schiffe in Japan in den Jahren 1778, 1792 und 1804 wurde auch prompt abgelehnt.

Zur gleichen Zeit, als im 16. Jahrhundert der erste Zar, Iwan IV. regierte, wurde die Einigung Japans vollzogen. Russland war zu diesem Zeitpunkt noch etwa 6.000 km von den Aleuten entfernt, Japan hingegen nur 1.500 km. Die Japaner hätten nur der 1.200 km langen Inselkette der Kurilen folgen müssen, um auf Kamtschatka zu stoßen, das den Russen später als Sprungbrett für die Aleuten diente. Durch seine geografische Lage war Japan eigentlich der am besten geeignete Kandidat für die Erforschung Alaskas gewesen. Die Russen haben es jedoch der isolatorischen Politik des japanischen Herrscherhauses Tokugawa zu verdanken, dass sie letztendlich zum Zuge kamen. Man hat Japan wegen seiner Inselrandlage oft mit Großbritannien verglichen und versucht Gemeinsamkeiten aufzuzeigen. Während sich die Briten jedoch als Seemacht ein weltumspannendes Weltreich aufbauten, gelang es den Japanern politisch nicht einmal, den engen Sund dauerhaft zu überspringen, der Hokkaido in Sichtweite von den Kurilen trennt.

Die Abschottung des Landes hatte für die Russen Vor- und Nachteile. Einerseits konnten sie, von den Japanern ungestört, den Nordpazifik erforschen, andererseits war ihnen jedoch dieses Land als Absatzland für ihre Handelswaren verwehrt. Aber erst nach der endgültigen Aufgabe von Russisch-Amerika sollten sich die Beziehungen beider Länder

---

24 Siehe hierzu Kurzabhandlungen S. 235.
25 Assoziationen mit späteren Verhältnissen sind durchaus berechtigt. Sibirien wurde seit seiner Entdeckung von der russischen Obrigkeit als Verbannungsort benutzt.

u.a. wegen den Kurilen und der Insel Sachalin entscheidend verschlechtern und in ernste kriegerische Auseinandersetzungen ausarten.

China

China erscheint zunächst einmal etwas abwegig als Kandidat für eine Eroberung Alaskas. Dies sicherlich zum einen aufgrund der großen Entfernung, zum anderen aber auch, weil das Land keine typische Seemacht darstellt. Beide Betrachtungen muss man jedoch relativieren.
So liegt Shanghai, im Vergleich zu San Francisco oder Vancouver, näher an der Aleuteninsel Attu. China war über Jahrhunderte die am höchsten entwickelte Nation der Erde. Es verfügt mit seinen zahlreichen Häfen über direkten Zugang zum Pazifik. Bereits im 12. Jahrhundert wurden von dort Handelsreisen über den Indischen Ozean nach Ostafrika unternommen, die einer Strecke von mehr als 8.000 km entsprachen. Zu diesem Zeitpunkt tasteten sich die späteren europäischen Seefahrernationen noch ängstlich entlang der Küsten. Eine Ozeanüberquerung, auf der wochenlang kein Land zu sehen gewesen wäre, erschien zu diesem Zeitpunkt den Europäern völlig undenkbar.[26]
Neben Ägypten ist China das älteste bis auf den heutigen Tag bestehende Land. Die Geschichte Chinas umfasst nach traditioneller chinesischer Geschichtsschreibung 29 Dynastien. Während der längsten, der Chou-Dynastie (etwa 1122 bis 221 v. Chr.), begründeten etwa Philosophen wie Konfuzius oder Laotse den außerordentlichen Ruf Chinas als Land der Denker. Diese Zeit markiert aber auch die Übergangsphase vom Sklavenzeitalter zur Feudalkultur mit einer Vielzahl von Lehnstaaten. Als stärkster aller Lehnstaaten erwies sich letztlich der Staat Ch'in, dessen Führer Shih Huang Ti es 221 v. Chr. gelang, alle anderen Lehnstaaten zu erobern und sich selbst zum ersten Kaiser Chinas auszurufen. Auf den Namen Ch'in-Dynastie lässt sich wahrscheinlich die europäische Bezeichnung für *Ch'in*-a zurückführen. Seit 300 v. Chr. bildeten die Hunnen eine immer wiederkehrende ernste Gefahr, sodass hier der erste Ausbau der Chinesischen Mauer begann. Die Hunnen sollten sich im Laufe der Jahrhunderte unter verschiedenen Namen und

---

26 Die Europäer schienen die seemännischen Kenntnisse der Wikinger vergessen zu haben. Erst die Entwicklung der ozeantüchtigen Karavelle unter dem Portugiesen Heinrich dem Seefahrer im 15. Jahrhundert öffnete wirklich den Weg auf das offene Meer.

Gruppierungen als die größte permanente Bedrohung für China erweisen.

Gerade auch während der Han-Dynastie (206 v. Chr. bis 9 n. Chr.) hatte China sich schwerer Angriffe der Hunnen zu erwehren. Die Han-Dynastie behielt jedoch die Oberhand und benutzte ihre militärische Stärke zur Ausweitung des Landes. Ihre Vorstöße reichten bis nach Ferghana in Zentralasien und jenseits des Pamir Gebirges, wo 42 v. Chr. ein Truppenkontingent patrouillierender römischer Legionäre zerschlagen wurde. Diese Eroberungen brachten den Chinesen reiches Wissen über die westlichen Länder, die Öffnung der Seidenstraße ermöglichte einen direkten Handelsweg von der chinesischen Hauptstadt Ch'ang-an[27] bis nach Rom. Aber auch nach Norden und Süden wurde die Expansionspolitik betrieben. Während Nordkorea und ein Teil der Mandschurei 108 v. Chr. erobert wurden, erstreckte sich die Eroberung Nordvietnams über einen längeren Zeitraum. Im Jahre 2 n. Chr. hatte China bereits eine Bevölkerung von 60 Millionen Menschen.

Zu den Erfindungen dieser Zeit zählten nicht nur Papier und Porzellan, sondern auch neue administrative Maßnahmen wie die Einführung eines neuen Steuersystems.

In den Jahren 220 bis 581 spaltete sich China in zunächst drei Reiche, dann in bis zu sechzehn Dynastien, diese teilten sich grob in einen nördlichen- und einen südlichen Machtbereich. Die Schwäche des zerfallenden Einheitsstaates nutzten nicht-chinesische Völker, allen voran die Hunnen, aus. Sie fielen erneut in das Gebiet ein und zerstörten Teil-Reiche, um dort selbst Dynastien zu gründen.

Der Wiedervereinigung Chinas unter der Sui- und der darauf folgenden T'ang-Dynastie brachte für das Land eine neue Blütezeit. Die Hauptstadt Ch'ang-an war zu dieser Zeit mit 2 Millionen Einwohnern die größte Stadt der Welt. Administrativ wurde das Reich in Provinzen, *Dao*, aufgeteilt, ein neues Rechtssystem geschaffen und ein Postsystem mit über 1.600 Poststationen errichtet. Verschiedene Religionen wie der persische Zoroastrismus[28], das Judentum und der Islam fanden Eingang nach China. Das nestorianische Christentum[29] erlebte bis zum Ende der Mongolen-Dynastie (1368) eine sieben Jahrhunderte dauernde Blüte.

---

27 Das heutige Siam.

28 Auf den persischen Propheten Zarathustra (Zoroaster) zurückgehende Religion (zw. 1000 u. 600 v. Chr.). Verkündete Dualismus zwischen dem Bösen und dem Guten.

29 Christliche Lehre nach Nestorius (428-431). Verkündete u.a. das Christus Mittler zwischen Gott und den Menschen ist.

Aber während innenpolitisch das Land erstarkte, zogen an den Grenzen neue Gegner auf. Im Norden kam es zu Kämpfen mit Turkvölkern, die sich im Jahre 781 in Ost- und Westtürken spalteten. Nach langen Kämpfen gelang es, die Osttürken nach Europa abzudrängen. Im Westen hatte sich tibetische Stämme vereinigt und ein riesiges Reich errichtet, das große Teile des heutigen China, Nepal und Teile Nordindiens einschloss. Trotz gelegentlicher Kämpfe entwickelten sich enge Beziehungen zwischen Chinesen und Tibetern. Der Herrschaftsbereich Chinas im Westen reichte damals über das Pamirgebirge bis an den Oxus und den Indus.

Chinas eigene Expansionsgelüste hatten unterschiedlichen Erfolg. Im Nordosten gelang es ihm trotz mehrerer Feldzüge nicht, Korea unter seine Herrschaft zu bringen. Im Süden jedoch wurde in Vietnam ein Protektorat geschaffen.

Dem Untergang der T'ang-Dynastie folgte ein halbes Jahrhundert der Aufspaltung in fünf Dynastien und zehn Staaten. Die Wiedervereinigung gelang der Sung-Dynastie (960 bis 1280) jedoch mit einem wesentlich kleineren Reich. Zentral- und das südliche Asien standen nicht mehr unter der Oberhoheit Chinas. Der Handel erfuhr eine Intensivierung. Chinesische Schiffe überquerten unter Zuhilfenahme eines Kompasses sogar den Indischen Ozean und tauschten Güter mit Völkern in Indien, Japan und Afrika.

Im Norden waren verschiedene Nomadenvölker erstarkt und hatten nach chinesischem Vorbild Dynastien gegründet. Das Reitervolk der Kitan bildete hierbei eine der mächtigsten. Da bis heute ihre Schrift nicht entziffert werden konnte, ist die ursprüngliche Herkunft dieses Volkes bislang ungeklärt. Vermutungen über ihre Abstammung reichen von den Tungusen[30] über die Türken bis zu den Mongolen. Ihr Name hat jedoch in den slawischen Ländern (russisch: *Kitai*) als Bezeichnung für China überlebt.[31]

Im Norden drängte ein kriegerisches Volk langsam, aber unaufhaltsam auf die große Bühne der Weltgeschichte, die Mongolen. Ihre Stammeshäuptlinge und Sippenältesten wählten im Jahre 1206 Dschingis-Khan zum *qagan* (= Khan), zum Kaiser der mongolischen Steppenvölker. Unter ihm und seinen Nachfolgern wurden zunächst die Tungusen[32], dann die Jin und schließlich die Tibeter erobert. Unter dem Enkel

---

30 Halbnomadische Nachfahren der Tschurtschen.
31 Die Kitan errichteten ihre Hauptstadt im heutigen Peking.
32 Bei diesem Eroberungsfeldzug starb Dschingis-Khan 1227.

Dschingis-Khans, Kublai-Khan, beherrschten sie seit 1279 ganz China. Die Hauptstadt wurde von Karakorum nach dem heutigen Peking verlegt. Die Dynastie erhielt den Namen Yüan[33]. Diese Dynastie war die erste Fremd-Dynastie, die das gesamte Staatsgebiet Chinas direkt unter ihrer Kontrolle hatte.

Die Mongolenkaiser zeigten in Bezug auf die etablierten Religionen in China eine erstaunliche Toleranz. Die gewaltige Ausdehnung ihres Reiches überbrückte tiefgreifende kulturelle Unterschiede zwischen China und Europa. Es kam zu einem regen Austausch von Gütern und Gedanken. Europäische Berater wie Marco Polo wurden ebenso willkommen geheißen, wie die Taufe von Tausenden von Menschen als Christen, ja sogar die Errichtung eines katholischen Erzbistums Peking.

Interne Thronmachtkämpfe, eine hohe Inflation und verheerende Naturkatastrophen führten jedoch zu immer größeren Unruhen in der Bevölkerung. 1368 gelang es dem Bauernführer Tschu Yün-Tschang, Peking einzunehmen und sich selbst zum Kaiser der neuen, rein chinesischen, Ming-Dynastie zu ernennen.

Diese Periode ist gekennzeichnet durch eine lange Zeit des Friedens während sich das Land zu einem blühenden Staatswesen entwickelte. Ab 1421 war Peking, durchgängig bis 1926, Hauptstadt des Reiches. Der kaiserliche Eunuch Cheng Ho, ein gebürtiger Moslem, unternahm in den Jahren 1405 bis 1433 See-Expeditionen nach Java, Sumatra, Indien, Ceylon, Arabien, Persien und Ostafrika mit bis zu 60 Schiffen und 28.000 Menschen. Aber schon Jahre zuvor hatte China bereits damit begonnen, das Reich systematisch nach außen hin abzusichern. Nicht zuletzt wollte man dadurch dem Eindringen der Europäer und den ständigen Überfällen von mongolischen Stämmen und japanischen Seeräubern entgegenwirken. Seit Anfang des 16. Jahrhunderts wurde China durch Hungersnöte, Pest und auch durch Überschwemmungen geschwächt. Aber letztlich führten ab etwa 1620 die von der „Sekte vom weißen Lotos"[34] initiierten Aufstände zum Untergang der Ming-Dynastie. Auf Grund dieser veränderten Bedingungen musste China seinen ehemals großen Forschungsdrang abrupt beenden und anderen Nationen den Ozean überlassen. Wir erleben hier einen der Wendepunkte in der Weltgeschichte. Hätte China seine militärische Seemacht weiter ausgebaut, die Geschichte, auch Russisch-Amerikas, wäre sicher-

---

33 Übersetzt: Ursprung, Anfang.
34 Die Sekte „Vom weißen Lotus" war eine Geheimsekte. Sie verkündete das Erscheinen eines „Erleuchteten".

lich anders verlaufen. China isolierte sich jedoch immer weiter von der Außenwelt. Ähnlich wie später in Japan durften seine Bewohner das Land nicht mehr verlassen. Die einst so große Seemacht war im 16. Jahrhundert japanischen Seeräubern, die teilweise mit bis zu 6.000 Mann angriffen, fast hilflos ausgeliefert. Der Kaiserpalast wurde zur „Verbotenen Stadt", von deren Mauern aus das Reich für die nächsten 500 Jahre regiert wurde.

In der zweiten Hälfte des 16. Jahrhundert unterhielt China Handelsbeziehungen mit den Spaniern auf den Philippinen. Seide, Porzellan und andere Güter wurden nach Südamerika und Europa transportiert. Die Bezahlung erfolgte mit peruanischem Silber. Im 17. Jahrhundert erreichten einige holländische und englische Händler China. Aber, anders als in Japan, fand Holland in China keinen längerfristigen Handelspartner und wurde 1662 endgültig aus dem Land vertrieben. Zwischen England und China kam es erst nach einigen Jahren zu wirtschaftlichen Handelsbeziehungen.

Im selben Jahrhundert erwuchs den Chinesen im Nordosten der größte und gefährlichste Feind. Tungusische Stämme hatten sich zusammengeschlossen und nach dem Vorbild ihrer Stammesvorfahren, der Tschurtschen, die neue Ch'ing-Dynastie in der Mandschurei gegründet. 1644 eroberten sie die Hauptstadt Peking, nachdem sich der letzte Ming Kaiser erhängt hatte. Die fremde Ch'ing-Dynastie sollte China bis 1911 regieren. Sie ist die letzte in einer langen Reihe von Dynastien in China. Ebenfalls im 17. Jahrhundert kam es zu dauerhaften Kontakten mit einer weiteren Nation im Norden, den Russen. Die Grenzen zwischen beiden Staaten wurden 1689 in einem Abkommen geregelt. Dies ist der erste Vertrag Chinas mit einer europäischen Macht. Die Russen, bis dahin auf dem Marsch quer durch Sibirien, wurden fürs Erste bei ihrer Ausdehnung nach Süden gestoppt und wurden so weiter nach Osten abgelenkt. Durch diesen starken Sperrriegel nach Süden hat China sicherlich dazu beigetragen, dass die Russen immer weiter nach Osten und letztendlich bis nach Alaska drangen. Sie selbst aber hatten ihre seemännischen Ambitionen schon lange aufgegeben.

Der Weg nach Sibirien

Wie wir gesehen haben, gab es verschiedene externe Gründe die es gerade Russland ermöglichte, den Sprung über den Nordpazifik zu wagen. Andere Nationen waren anfangs sicherlich besser platziert, hatten aber ihre eigenen Gründe sich nicht an diesem Unternehmen zu beteiligen.

Spanien, das von allen infrage kommenden Nationen über die ausgereifteste Seetechnologie verfügte um Expeditionen in größerem Stil durchführen zu können, befand sich bereits frühzeitig auf dem Kontinent. Jedoch hatte es wenig Interesse an einer Gegend mit solch ungewohnten klimatischen Bedingungen. Zudem war dieses Gebiet kaum bewohnt und versprach auch keinerlei wirtschaftliche Vorteile in Form von Gold oder Silber.

Japan lag zwar an einer geografisch prädestinierten Stelle. Seine Herrscher jedoch verfolgten über Jahrhunderte eine Politik, die das Land effektiv von der Außenwelt abschloss und keinerlei Interesse an einem weiteren Gewinn von neuem Land zeigte.

China verfügte bereits über ein riesiges Territorium und musste sich im Laufe seiner langen Geschichte fast fortwährend seiner Feinde erwehren, was nicht immer gelang. Diese Feinde kamen, von Japan abgesehen, immer auf dem Landwege. Es ist deshalb nicht verwunderlich, wenn die Blickrichtung Chinas fast ausschließlich landwärts anstatt über das Meer hinaus gerichtet war.

Wäre die Erde im 16. Jahrhundert vollständig bekannt gewesen und jemand hätte auf eine politische Weltkarte geschaut, er hätte als vielversprechendsten Kandidaten vielleicht Japan oder China für die Eroberung Alaskas genannt, noch vor den damaligen dominierenden Seemächten Spanien, Frankreich oder Großbritannien. 1579, in dem Jahr als Francis Drake sich an der kalifornischen Küste befand, war Russland noch 6.000 km von der Pazifikküste entfernt. Es bedurfte zunächst der Eroberung des riesigen Gebietes Sibiriens, um überhaupt an die Erbauung eines Pazifikhafens mit einer Schiffswerft denken zu können. Dieser Hafen sollte dann letztlich als Sprungbrett genutzt werden, für die Erforschung und Besiedlung Alaskas. Erstaunlicherweise schafften dies die Russen innerhalb von nur 60 Jahren. Dass Russland zu einer solchen Leistung fähig war versteht man erst, wenn man sich die Entstehung dieser Nation etwas näher betrachtet.

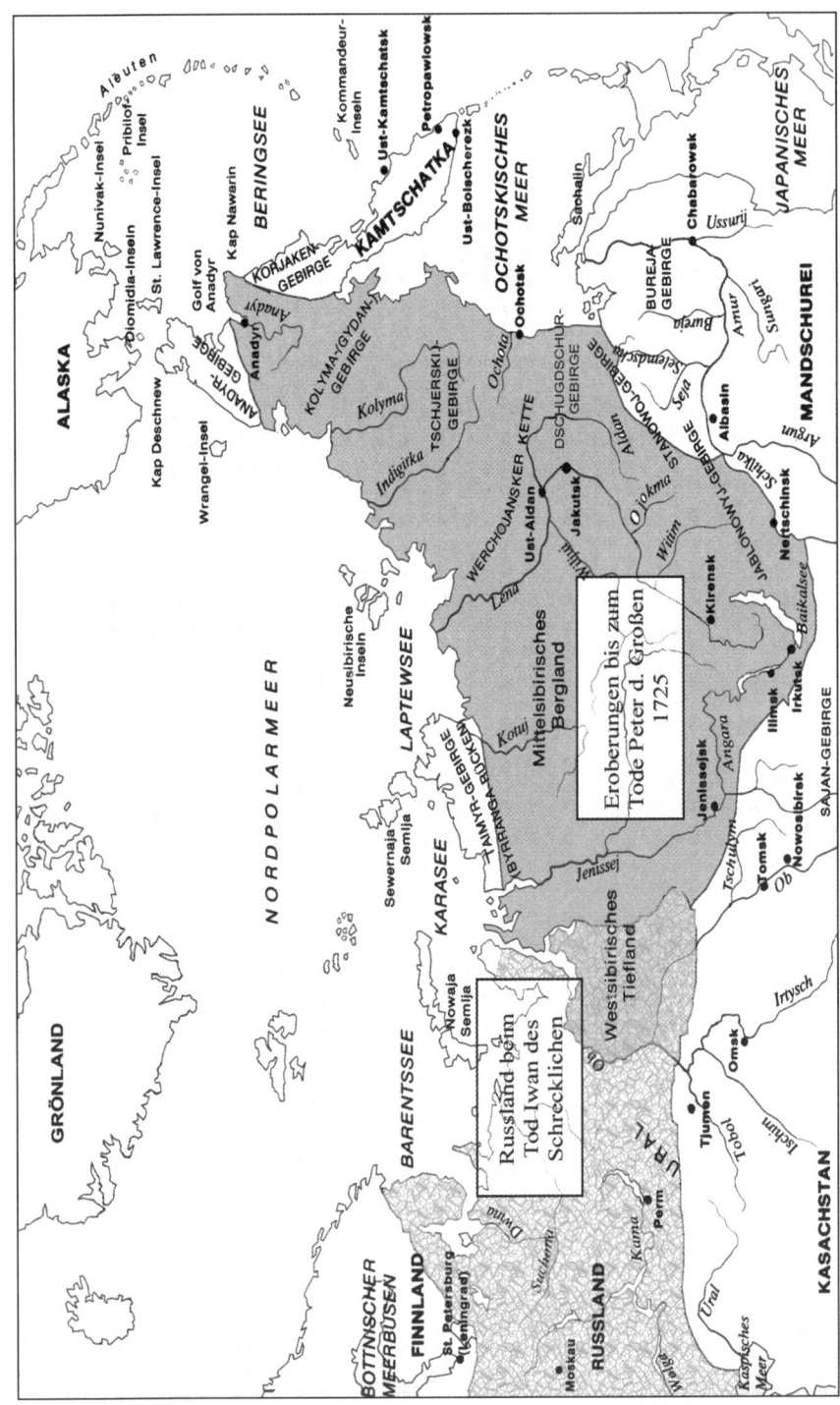

Die Erweiterung des russischen Herrschaftsgebiets im 16. und 17. Jahrhundert

Entwicklung Russlands
in vorzaristischer Zeit

Die Ursprünge Russlands gehen zurück auf das 9. Jahrhundert. Ost-
slawische Stämme im Nordwesten des heutigen Russlands (Raum
Nowgorod) fochten ständig heftige Konflikte miteinander aus. Nach
der Überlieferung riefen sie schließlich freiwillig den Warägerfürsten
Rurik um Hilfe und baten ihn, sie zu einem starken Staat zu vereinen.
Zur selben Zeit, 862, errangen die beiden Warägerfürsten, Dir und
Askold, die Herrschaft über Kiew. Daher wird dieses Jahr als der
Beginn des russischen Reiches angesehen. Von den skandinavischen
Warägern, die von den Slawen *Rus* genannt wurden, leitet sich nach
einer Theorie der Name *Russland* ab. Die Einsetzung Ruriks führte tat-
sächlich zu einer Ausweitung der Slawen insbesondere in den Norden.
Die spätere Einsetzung eines Ältestenrats (*Starsinstwo*) nach Ruriks Tod
sollte die Reichseinheit garantieren, bewirkte allerdings genau das
Gegenteil, nämlich die Entstehung und Festigung von Teilfürstentü-
mern.

Fürst Oleg, Regent für Igor, den noch unmündigen Sohn Ruriks, ließ
882 die Waräger Kiews töten und vereinigte beide Zentren. Als Hauptstadt wählte er Kiew. Oleg führte seine Krieger bis Konstantinopel, mit
dem er 911 einen Handelsvertrag schloss. Seit dieser Zeit bestanden
enge Verbindungen mit dem Byzantinischen Reich. 955 wurde die
Tochter und Nachfolgerin Igors, Olga, als Christin getauft. Ihr Sohn
Swatoslaw wurde der erste Fürst aus dem Hause Rurik, der einen slawischen Namen trug. Kiew wurde unter seiner Herrschaft zum Zentrum
der Macht ausgebaut. Als großer Militärführer weitete er das Reich insbesondere nach Süden hin aus.

Nach Konflikten in der Thronfolge wurde der jüngste Sohn, Wladimir
der Große, 980 sein Nachfolger. Er trat acht Jahre später zum Christentum über und erhob diese Religion zur Staatsreligion Russlands. Folge-
richtig verstieß er seine heidnischen Frauen und heiratete Anna, die
Schwester des byzantinischen Kaisers, Basil II. Von nun an stand die
russisch-orthodoxe Kirche unter dem Einfluss der byzantinischen Mut-
terkirche. Doch obwohl sie kanonisch noch unter der Autorität des
Patriarchen von Konstantinopel stand, war der russische Herrscher ihr
tatsächliches Oberhaupt.

Der russische Staat Kiew erreichte seine größte Machtentfaltung unter
dem Enkel Swatoslaws, Jaroslaw dem Weisen. Er führte prunkvolle
Bauten aus (Sophienkathedrale der „Heiligen Weisheit"), eröffnete

Schulen und revidierte den „Russischen Ehrenkodex"[35]. Nach seinem Tod 1054 zerfiel das Reich in viele Kleinstaaten, die fast ständig gegeneinander Krieg führten. In dieser Zeit, 1147, wurde erstmals ein kleines Dorf urkundlich erwähnt, Moskau.

Der Niedergang Kiews beschleunigte sich mit dem Verlust des einträglichen Handels mit Konstantinopels, das 1204 durch die Kreuzfahrer eingenommen wurde. Gleichzeitig kam es zum Aufblühen Nowgorods als Hansestadt. Im 13. Jahrhundert war Russland nur noch eine lose Föderation von Stadtstaaten, die nur noch mühsam durch eine gemeinsame Sprache, Religion und Tradition zusammengehalten werden konnte. Kiew, trotz seiner 400 Kirchen, hatte seine kulturelle Zentrumsstellung an Susdal und Wladimir verloren. Im Westen drangen Polen, Litauer und der Deutschritterorden ebenso auf russisches Gebiet wie im Süden nomadische Stämme.

Immer mehr Völker wanderten nach Norden, wo in Nowgorod seit 1192 ein eigenes deutsches Hansekontor bestand, der Petershof. Der Hof war ziemlich umfangreich und zeitweise beherbergte er bis zu 200 deutsche Kaufleute. Zu ihm gehörten zahlreiche hölzerne Wohnhäuser, Kaufläden und Lagerschuppen. Genauso wie eine Bäckerei, ein Brauhaus, eine Krankenstube, ein Bad und ein Gefängnis. Anfang des 14. Jahrhunderts hatten die deutschen Hansekaufleute ihre mehr bäuerlichen Konkurrenten aus Gotland verdrängt und erfreuten sich freundschaftlicher Beziehungen zu den Nowgorodern. Für lange Zeit erfolgte der Handel über Austausch von Ware gegen Ware. Durch den Verfall Kiews und später den Einfall der Mongolen, waren die Nowgoroder gezwungen viele ihrer gewohnten Waren, z.B. Bernstein, Silber und Glaswaren nun über diese Hansebeziehungen einzuführen. Die deutschen Kaufleute erhielten im Gegenzug Wachs und vor allem Pelze. Zur Beschaffung der Felle beauftragten die Nowgoroder eigene Fallensteller. Genau wie Russland während seiner gesamten östlichen Expansion, so begingen auch die Nowgoroder einen folgenschweren Fehler: Sie überjagten die Tiere dermaßen, dass die Jäger gezwungen waren, immer

---

35 In Anlehnung an die Nachkommensregelung der Rurikiden (Rurikides-Recht). Diese beinhaltete die administrative Führung eines Gebietes für jeden der geborenen Söhne (inklusive des Steuer-, Handel- und Militär-Monopols). Jaroslaw hingegen wollte Autorität und Sozialordnung, auf der Grundlage des Rurikiden-Rechts, als einheitliches Rechtssystem durchsetzen. Einer der Gründe hierfür, war sicherlich die Angst vor der Entstehung seperater Herrschaftsgebiete mit eigener Rechtsordnung. Dies wäre, nach der Nachkommensregelung der Rurikiden, durchaus möglich gewesen.

weiter in ein ihnen unbekanntes Land vorzudringen. So überquerten diese Fallensteller bereits im 14. Jahrhundert den Ural und drangen bis nach Westsibirien vor, mehr als 1.500 km östlich von Nowgorod.

Sie praktizierten zu dieser Zeit bereits etwas, dass die Nowgoroder Kaufleute von den Mongolen übernommen hatten, Jasak. Das Wort ist abgeleitet von *Jasa*, dem Namen für die Gesetzessammlung Ghengis-Khans. Sie beinhaltete den Kodex für Organisation, Disziplin und Schlagkraft des Heeres und war die Grundlage der mongolischen Herrschaft. Jasak hingegen bedeutete die Zahlung von Tribut in Form von Pelzen und Fellen und sollte für die Erforschung und Errichtung Russisch-Amerikas von bestimmender Signifikanz werden.

Überhaupt ging die rege Handelstätigkeit der Nowgoroder, trotz aller Gefahren für ihre Grenzen, einher mit einem großen Forscherdrang. So entdeckten sie bereits lange vor dem Holländer Barents die weiter nördlich liegende Insel Spitzbergen, die sie Grumant nannten. Im 16. Jahrhundert entdeckten sie eine Seeroute vom Weißen Meer bis an die Mündung des Ob. Aber all diese positiven Entwicklungen hatten den ernsten Prüfstein der Geschichte erst noch zu überstehen.

1223 erschienen die Mongolen unter Dschingis-Khan zum ersten Mal im Südosten Russlands. Obwohl sie die Russen überzeugend schlugen, zogen sie sich wieder nach Asien zurück. 1237 erschienen sie erneut unter einem Enkel Dschingis-Khans, Batu-Khan. Sein Heer umfasste 50.000 disziplinierte Reiter ausgestattet mit Helmen, Brustpanzern, Bogen und Krummsäbeln. Ihnen folgten die Reserve und der gesamte Logistikapparat. Insgesamt mehr als 70.000 Mann, die frische Pferde zur Verfügung hielten und Ausrüstungsgegenstände auf den Rücken von Kamelen transportierten. Rjasan[36] war die erste Stadt, die angegriffen wurde. Sie fiel nach fünf Tagen Belagerung. Die Stadt geriet dadurch unter die Schreckensherrschaft der Mongolen.[37] Auf ihrem Marsch nach Norden zerstörten die Mongolen die meisten Städte der Region Wladimir-Susdal, so auch Moskau, mit unvorstellbarer Grausamkeit.

In den unwegsamen Wäldern südöstlich von Nowgorod kam ihr Vorstoß jedoch zum Stillstand. Sie wendeten sich Richtung Südwesten und zerstörten 1240 Kiew, drangen weiter über Polen und Ungarn bis an das

---

36 Etwa 200 km südöstlich von Moskau.
37 Menschen wurden bei lebendigem Leibe gebraten und aufgespießt. Ihnen wurde die Haut vom Körper gezogen. Als Beweis für diese Gräueltaten wurde den Opfern ein Ohr abgeschnitten (zumeist das linke). Säckeweise wurden diese dann an den Groß-Khan gesandt.

Adriatische Meer vor. Die Geschwindigkeit ihres Vormarsches war atemberaubend. 1241 stellten sich Deutsche und Polen in einer hastig geschmiedeten Koalition den Mongolen halbherzig in der Schlacht von Liegnitz[38] entgegen. Sie wurden prompt geschlagen. Das Tor nach Westeuropa war jetzt für die Mongolen weit geöffnet. Doch sie nahmen diese Gelegenheit nicht wahr und kehrten stattdessen plötzlich um. Die Gründe hierfür sind nicht eindeutig nachvollziehbar. Wahrscheinlich aufgrund ungeklärter Fragen zur Nachfolge des Groß-Khans Ügedei, kehrte Batu-Khan frühzeitig nach Zentralasien zurück. Möglicherweise haben es die Westeuropäer nur diesem Umstand zu verdanken, dass die Mongolen ihre Expansion Richtung Westeuropa nicht weiter verfolgt haben. 1242 errichtete Batu-Khan seine Hauptstadt Sarai[39] am Unterlauf der Wolga und gründete das Khanat, das als „Goldene Horde" bekannt wurde und praktisch unabhängig vom übrigen Mongolenreich war.

Die umliegenden russischen Gebiete wurden tributpflichtig. Deren Adlige reisten jährlich nach Sarai, um ihren Tribut zu entrichten. Dazu benötigten sie, in ihrem eigenen Land, eine Art Durchreiseerlaubnis. Die Hauptstadt war, nach Nomadenart, eigentlich eine riesige Zeltstadt, die erst später einige niedrige Lehmziegelbauten erhielt. Batu-Khan residierte in einem großen goldenen Zelt. In diesem empfing er auch, auf einem Thron aus purem Gold sitzend, seine Untertanen. Nicht zuletzt wurde die Missachtung der russischen Würde und des russischen Stolzes von Seiten der Mongolen, durch einen vorgeschriebenen Fußfall vor dem Khan und das Küssen seines Gewandes überdeutlich.

Die russischen Staaten wurden nicht selbst von den Mongolen regiert, sondern sie mussten einen mongolischen Statthalter in ihren Hauptstädten akzeptieren. Sie hatten durch diese Kontrolle keinerlei Chance, ihre Selbstständigkeit wiederzuerlangen. Auch Nowgorod folgte letztendlich dem Beispiel der anderen russischen Staaten.

Es war gleichwohl nicht erobert worden, sah sich jedoch gleichzeitig mehreren Fronten ausgesetzt. Im Süden Nowgorods waren die Mongolen zwar nicht weitergekommen und abgedreht, 1240 kamen jedoch aus dem Baltikum die Schweden mit einer Armee bis an die Newa. Sie wurden von dem Nowgoroder Fürsten Alexander Jaroslawitsch vernichtend geschlagen. Zwei Jahre später rückte der Deutsche Orden

---

38 Heute das polnische Legnica (ehemaliges Oberschlesien), ca. 65 km nordöstlich von Wroclaw (Breslau).
39 Etwa 50 km vom heutigen Wolgograd entfernt.

(Deutschritterorden) von Westen her auf Nowgorod zu. Aber auch er wurde endgültig geschlagen. Trotz dieser Siege sah Alexander jedoch, wegen der ständigen Bedrohung von fast allen Seiten, nur eine Möglichkeit zur Rettung seines Fürstentums: Er schlug 1247 das Angebot des Papstes Innozenz IV. zur gemeinsamen Bekämpfung der Mongolen aus und ließ sich stattdessen zu einer Versöhnung mit dem Khan ein, dem er sich mit Tributzahlung unterwarf.

1250 wurde er vom Khan zum Großfürsten von Kiew ernannt (nachdem der Khan zuvor seinen Vater Jaroslaw vergiften ließ). Zwei Jahre später wurde Alexander auch zum Großfürst von Wladimir ernannt. Er setzte die Politik der Mongolen mit aller Härte durch und festigte so seine eigene Position gegenüber den russischen Fürsten und den Mongolen selbst. 1263 übergab Alexander die im Fürstentum Wladimir gelegene Stadt Moskau an seinen Sohn Daniel (Ahnherr vieler Moskauer Großfürsten). Dieser eroberte 1300 Kolomna an der Mündung von Moskwa und Oka. 1323 wurde Karelien zwischen Schweden und Nowgorod aufgeteilt.

Daniels Sohn, Prinz Iwan I. (1325-1341), verlegte 1328 seinen Amtssitz von Wladimir nach Moskau, dessen Bevölkerung in diesem Jahr auf 30.000 angewachsen war. Iwan I. wurde zum Großfürsten von Moskau ernannt. Dieser Rang ging einher mit der Funktion des Haupteintreibers für den Khan. Selbstredend fanden große Summen den Weg in die Taschen des Großfürsten.[40] Der Khan, der den größten Teil der Einnahmen bekam, ließ Iwan I., einen dankbaren Verbündeten, gewähren. Dieser strebte die Wiedervereinigung der Gebiete des Kiewer Reiches an („Sammlung der russischen Erde").

Die Moskauer ihrerseits nannten die Mongolen *Tataren*[41]. Sie machten sich einige der von den Tataren eingeführten Regelungen und Gesetze zu Eigen. So übernahmen sie z.B. die Leibeigenschaft, die bis dahin unbekannt war. Sie wurde nun Adligen, als eine Art Belohnung, zuerkannt. Die Bestrafung von Kriminellen wurde nach bestimmten, von den Tataren festgelegten, Foltermethoden vorgenommen.[42]

Kein Wunder also, dass immer mehr Menschen, einfache Bürger und

---

[40] Ironischerweise hatte Iwan I. schon zu Lebzeiten den Spitznamen „Geldbeutel" erhalten.

[41] Im Laufe der Zeit änderte sich die dominierende Oberschicht von einer rein mongolischen in eine mehr von Turkvölkern abstammende. So änderte sich auch der Gebrauch des Namens für die Eroberer von Mongolen in Tataren.

[42] Strafen waren u.a. aufgeschlitzte Nasen, gebranntmarkte Wangen und abgeschnittene Finger.

ehemalige Soldaten, nach Süden flüchteten, außerhalb der Reichweite Moskaus. Hier im Süden, an der Wolga, errichtete diese merkwürdige Mischung aus allen Ständen und Nationen ihre eigene Existenz. Sie wurden als Kosaken bekannt. Im Laufe der Zeit änderte sich ihr Verhältnis zu Moskau. Waren sie auf der einen Seite, vor allem durch lukrative Geschäfte, mit Moskau verbunden, so betätigten sie sich auf der anderen Seite als Räuber und Flusspiraten. Als solche machten sie den Moskauer Kaufleuten und der Obrigkeit schwer zu schaffen.

Das riesige Mongolenreich zeigte schon bald erste Risse. Möngke, ein weiterer Enkel Dschingis-Khans, war der letzte Mongolenherrscher, der den Titel Groß-Khan trug. Nach seinem Tod 1259 wurde das Reich schon ein Jahr später in vier Teile gespalten. Außerdem kristallisierte sich eine Aufsplittung in West- und Ostmongolen heraus. Im westmongolischen Khan der „Goldenen Horde" zeichneten sich durch Erbfolge-Konflikte und durch die Einschaltung militärischer Emporkömmlinge ebenfalls schon bald deutliche Schwächen ab. Kurz nach 1362 drangen die Litauer bis Kiew und Moskau vor. Es schien, als ob nur die stärkste Macht (Moskau) die erneute Einigung Russlands herbeiführen könnte.[43] Großfürst Dimitri Iwanowitsch (Donskoi) gelang es 1380 in der Schlacht von Kulikowo Pole[44] die Tataren der „Goldenen Horde" erstmals zu besiegen. Damit konnte er den Moskauer Führungsanspruch endgültig durchsetzen. Die Schlacht selbst muss ein gigantisches Ausmaß gehabt haben. Insgesamt wurden 50.000 bis 60.000 Tote auf dem Schlachtfeld hinterlassen. Diese Schlacht gilt nicht nur als die größte des Mittelalters, sondern markiert auch den Wendepunkt der mongolischen Macht über Russland.

Der völlige Verfall des Khanats wurde noch einmal von 1389 bis 1405 von dem großen, äußerst brutalen Mongolenführer, Tamerlan[45], für kurze Zeit aufgehalten. Er gewann die Kontrolle über die „Goldene Horde" und gliederte sie in sein neu geschaffenes Reich ein. Im Zuge seiner Eroberungszüge drangen seine Truppen 1394 sogar bis Moskau vor und schlugen 1399 die Litauer. Aber diese Vorstöße beeinträchtigten die Geschicke Russlands nicht nachhaltig. Nach Tamerlans Tod gab es keinen ebenbürtigen Nachfolger mehr, die soeben wiedergewonnene Eintracht war nun endgültig zerstört. Das Khanat der „Goldenen Horde" wurde aufgelöst und in vier unabhängige Tataren-Khanate auf-

---

43 Insbesondere nach dem Machtzuwachs durch die Personalunion mit Polen 1386.
44 Übersetzt: „Schnepfenfeld" (in der Nähe des Don).
45 Oder Timur-Leng (nicht verwandt mit Dschingis-Khan).

geteilt[46]. Diese Aufteilung bedeutete für Moskau, dass eine weitere östliche und südliche Ausdehnung ohne Krieg nicht möglich war. Doch diese Möglichkeit sollte sich bald ergeben.

Zunächst gewann Moskau 1392 Gebiete in der Wolgaregion. 1453 eroberte Sultan Mehmet II nach einigen vergeblichen Versuchen[47] Konstantinopel. Durch den Verlust dieses christlichen Zentrums orientierte sich die christlich-orthodoxe Kirche ganz nach Russland. Moskau wurde „Das Dritte Rom". Unter Großfürst Iwan III. kam das Fürstentum Jaroslaw hinzu (1463-71). Nachdem Iwan 1472 eine Nichte des letzten byzantinischen Kaisers geheiratet hatte, übernahm er den byzantinischen, doppelköpfigen Adler als Emblem. Er erklärte sich daraufhin zum Oberhaupt aller Russen. Im Laufe der folgenden Jahre fielen Teile des Fürstentums Rostow, genauso wie das Fürstentum Nowgorod, endgültig an Moskau. Iwan III. fühlte sich nun stark genug, die Tributzahlungen an die Tataren einzustellen. Nachdem die Tataren daraufhin die Wolga aufwärts zogen, trat er ihnen 1480 mit einer beeindruckenden Streitmacht entgegen. Daraufhin zogen sich die Tataren zurück, ohne dass es zu einer Schlacht gekommen war. Die Abhängigkeit Moskaus von den Mongolen war nach fast 250 Jahren beendet.

Aber der russische Tatendrang war noch nicht erschöpft. Während Konstantinopeleroberer Mehmet II. 1475 das Khanat der Krimtataren zu seinem Vasallenstaat machte, gelang es Iwan III. 1485 das Fürstentum Twer zu integrieren. Die Beziehungen zur der an Bedeutung verlierenden Hanse verschlechterten sich beträchtlich. Für Moskau hatte diese ihren Nutzen verloren. In zwei so genannten litauischen Kriegen wurden 1503 ehemalige Teile des Fürstentums Kiews zu Moskaus neuen Grenzlanden. Litauen erkannte Iwan III. als Herrscher aller Russen an. Unter den Nachfolgern Iwan III. gelangte Russland zum Höhepunkt seiner Macht und beherrschte letztendlich die gesamte Wolgaregion[48].

Bei der rückblickenden Betrachtung der mongolischen Eroberungszüge ist man leicht versucht, diese glorifizieren zu wollen. Ihr Anführer Dschingis-Khan hatte sicherlich eine ungemeine Willenskraft, mit der er seinen Plan der Weltherrschaft in die Tat umsetzen wollte. Doch darf man nicht vergessen, dass die Mongolenstürme Millionen Menschenopfer kosteten. Unzählige Kunst- und Kulturschätze wurden in Schutt und Asche gelegt, u.a. die blühenden zentralasiatischen Städte Samar-

---

46 Krim 1430, Kasan 1445, Astrachan 1466 und Sibir Khanat, bereits seit 1217/18 mongolisch/tatarisch.
47 Zuerst 1337.
48 Die Wolga ist mit 3.530 km der längste Fluss Europas.

kand, Buchara und Taschkent. Für das einfache mongolische Volk brachten diese Kriege keine Freiheit, sondern Elend und Tod. Viele zehntausende Mongolen wurden in dieser Zeit aus ihrer Heimat fortgeführt und starben auf den Schlachtfeldern für die Raubgier und den Größenwahn ihres Feudaladels.[49]

Will man der mongolischen Expansion einen positiven Aspekt abgewinnen, so muss man wohl herausheben, dass sie es Moskau ermöglicht hat, als anfänglich eher unbedeutendes Dorf letztendlich zur erneuten Einigung Russlands beizutragen. Russland gehörte von nun an zur Elite der europäischen Nationen. Um dies zu erreichen, bedurfte es einer Reihe kleverer, willensstarker und risikofreudiger Herrscher. Moskau war glücklich genug über genau diese Menschen zu verfügen, die Gründerfürstentümer Nowgorod und Kiew hatten sie nicht. Vor diesem Hintergrund verwundert es nicht, dass bei der offiziellen Ernennung Iwan IV. zum Zaren von Russland (1547), Moskau als Staatsgebilde bereits Geschichte war und die Politik Iwan IV. und aller nachfolgenden Herrscher sich ausschließlich auf Russland als Nation konzentrierte.

Eroberung des Fernen Ostens unter den Zaren

Die Gestalt des ersten russischen Zaren, Iwan IV., erweckt beim Betrachter zwiespältige Gefühle. Zum einen durch die Ablehnung seiner unverständlichen Grausamkeit und seines religiösen Despotismus,[50] zum anderen war seine staatsmännische Weitsicht und Energie, mit der er die immensen Probleme Russlands zu lösen versucht hat, bewundernswert. Er ist trotz seines Rufes zu Recht einer der bemerkenswertesten Herrscher Russlands und ist der Potentat, der Russland den Weg nach Sibirien und konsequenterweise nach Amerika öffnete.

Geboren wurde Iwan IV. 1530 als Sohn des Großfürsten Wassili III. und seiner zweiten Frau Jelena Glinskaja. Als sein Vater drei Jahre später starb übernahm seine Mutter für ihn die Regentschaft. Aber auch sie starb fünf Jahre später, wahrscheinlich wurde sie vergiftet. In der Folge-

---

49 Für Westeuropa hatten die Mongolen zwar nicht die dauernde politische Konsequenz wie für Russland, dafür brachten sie aber einen ganz anderen Schrecken über die Bevölkung, die Pest. Sie war den Mongolen auf ihren Eroberungszügen aus dem Innern Asiens bis an die Schwarzmeerhäfen gefolgt, von wo aus sie sich über ganz Europa ausbreitete.
50 Dies hat ihm den Beinamen „der Schreckliche" eingebracht.

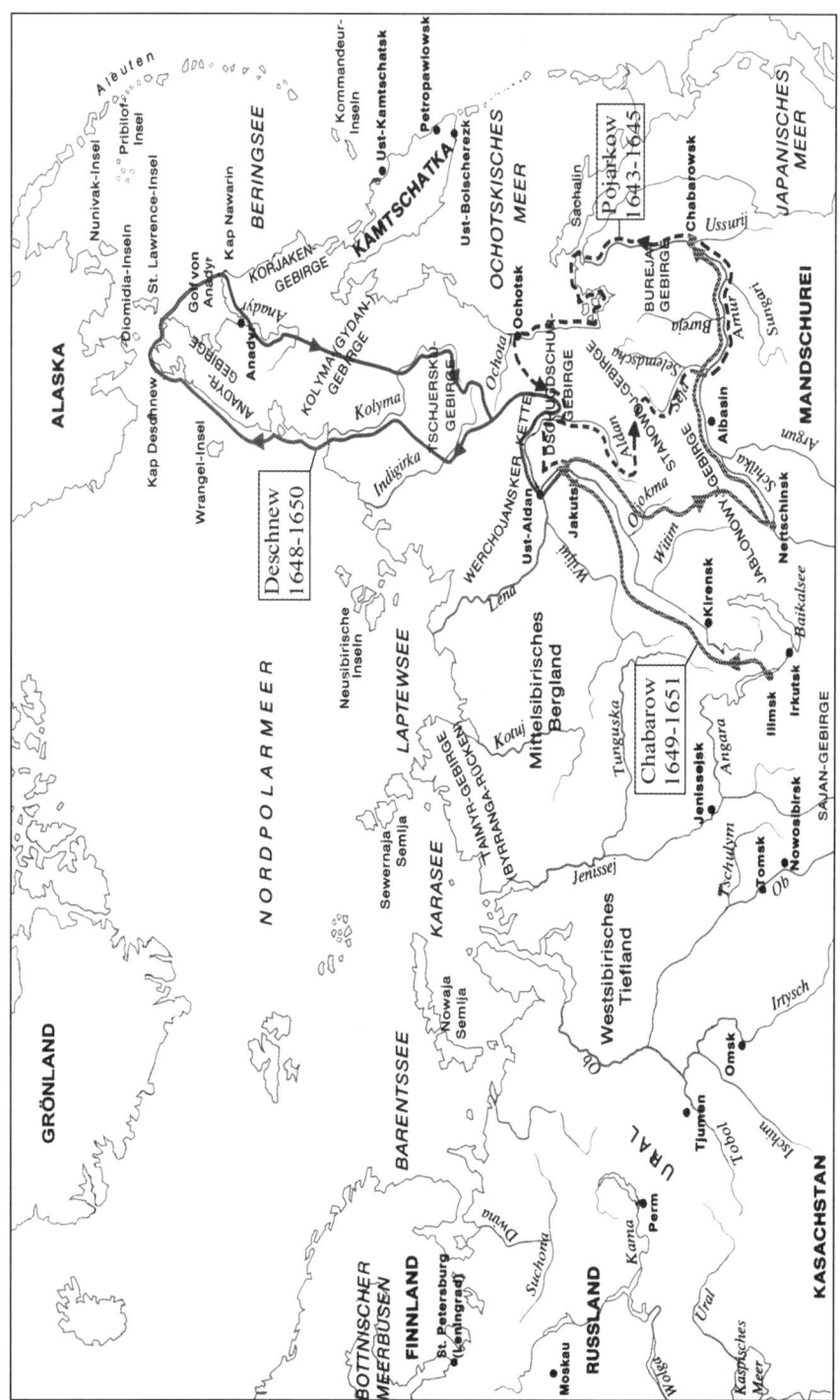

Die Erschließung Sibiriens im 17. Jahrhundert

zeit wurde der junge Iwan Zeuge, wie die *Bojaren*[51] um die Macht kämpften und sich dabei gegenseitig töteten. Diese Erfahrungen müssen auf Iwan einen lebenslang prägenden Einfluss gehabt haben. Mit 13 Jahren beteiligte er sich selbst aktiv an diesen Machtintrigen und ließ einen seiner politischen Gegenspieler, Fürst Schuiski, foltern und töten. 1547, in dem Todesjahr König Heinrichs VIII. von England, wurde er mit siebzehn Jahren zum Zar von Russland gekrönt.

Sein Ziel war es, den Staat von der Basis her zu reformieren. Er brach die Macht der verhassten Bojaren und schaffte sich seinen eigenen Dienstadel. Er ordnete die Stände und lud ausländische Handwerker, Kaufleute, Ingenieure und Wissenschaftler in sein Reich ein. Klar sah er vor Augen, dass Russland, wollte es sich einen dauerhaften Platz an der Spitze der europäischen Nationen sichern, gezwungen war, andere Maßnahmen zu ergreifen. In dieser Zeit zeigten die großen westeuropäischen Staaten wieder Interesse an Russland. Nicht zuletzt auf Grund der Schriften des Habsburger Diplomaten, Siegmund Freiherr von Herberstein, über seine beiden Russlandreisen, 1516/17 und 1525/26.

Innenpolitisch schaffte Iwan IV. sich eine Leibgarde, die berüchtigte *Opritschniki*. Sie bestand aus etwa 1.500 Soldaten aus dem niederen Landadel.[52] Diese bekamen durch den Zaren Land zugewiesen, welches ehemals dem Hochadel, den Bojaren, gehört hatte. Die Mitglieder der Opritschniki waren dem Zaren direkt unterstellt und hatten anfangs uneingeschränktes Recht, Verräter im Namen des Zaren zu bestrafen. Sie selbst gingen auch bei grausamsten Verbrechen straffrei aus. Iwan benutzte sie später bei innenpolitischen Rebellionen der Bojaren, ebenso wie 1570 bei dem Aufstand der Nowgoroder, die die außenpolitischen Schwierigkeiten Russlands ausnutzen wollen. Er drang gewaltsam in die Stadt ein und ließ seine Opritschniki mit einem blutigen Strafgericht sechs Wochen lang wüten. Dabei wurden 60.000 Menschen auf grausamste Art gefoltert, erschlagen oder in dem Fluss Wolchow ertränkt. Die Stadt hat sich, bis auf den heutigen Tag, nicht von diesem Massaker erholt.

Außenpolitisch richtete sich Iwan zuerst gegen die verbleibenden Tataren-Khane. So besiegte er u.a. das Khanat Kasan und das Khanat Astrachan. Das östliche Khanat von Sibir jenseits des Ural-Gebirges, hätte Iwan nur unter sehr hohem Risiko erobern können.

---

51 Angehörige des alten russischen Adels.
52 Sie trugen eine schwarze, mönchskuttenähnliche Uniform, auf der ein Hundskopf und ein Besen eingestickt waren.

Somit richtete er sein Augenmerk nun eher gen Westen. Trotz der riesigen, bis dahin größten Landmasse, die Russland jemals besessen hatte, verfügte es über keinen eisfreien Hafen. Im Südosten saßen die starken Osmanen, im Westen die baltischen Staaten und die nicht minder zu unterschätzenden, militärisch hochentwickelten Polen. Doch Iwan war absolut entschlossen, die Landblockade Russlands zu durchbrechen. So griff er 1558 Livland an, getarnt als „göttlichen Feldzug" gegen die ungläubigen römischen Christen. Er eroberte die größte Hafenstadt Narva und den bedeutenden Handelsplatz der Hanse, Dorpat. Nach dem Eingreifen Schwedens und Polens in den Konflikt kam es letztendlich 1582 zum Waffenstillstand. Die Auseinandersetzung um den baltischen Staat wurde beendet durch den Verzicht Iwan IV. auf Livland.

Im Osten hingegen entwickelten sich die Dinge besser für ihn. Man hatte in Russland seit Langem spekuliert, wo wohl ostwärts der Ozean begann. Vielleicht war dort die Errichtung eines eisfreien Hafens möglich. Es war bekannt, dass der Pazifik irgendwo hinter den unendlichen Wäldern Sibiriens, der Taiga, lag. Aber über die Entfernung und dem, was möglicherweise dazwischen lag, hatte man nur eine sehr vage Vorstellung.

Auch war man besorgt über die Tätigkeiten anderer Nationen, die versuchten, entlang der nördlichen Küsten Russlands einen Weg von Europa nach China zu finden. 1553 hatten drei englische Schiffe den Auftrag erhalten, die so genannte Nordostpassage durch den Arktischen Ozean zu finden. Doch ihr Versuch endete für zwei ihrer Schiffe und deren Besatzung unter dem Kommandanten Richard Willoughby tödlich. Sie wurden im darauf folgenden Jahr an der Küste der Kola-Halbinsel von Russen erfroren aufgefunden. Das dritte Schiff unter Richard Chancellor wurde an der Mündung des Dwina-Flusses gerettet. Chancellor war überrascht, so weit nördlich Russen vorzufinden. Er wurde freundlich am Zarenhof empfangen. Dieser Vorfall eröffnete einen regen Handel zwischen England und Russland. So unternahm der Engländer Anthony Jenkinson in den Jahren 1557 bis 1562 im Auftrage Iwans Reisen über das Kaspische Meer hinaus bis nach Buchara.[53]

Im Laufe der nächsten Jahrzehnte unternahmen die Engländer noch weitere Versuche, die Nordostpassage zu finden, so 1555 durch den ehemaligen Steuermann Chancellors, Stephen Burrough, 1608 unter Henry Hudson und 1613/14 unter William Baffin. Die Dänen erreichten, unter

---

[53] Iwan hatte in einem der erhaltenen Briefe sogar um die Hand Königin Elisabeth I. angehalten, was aber höflich abgelehnt wurde.

Teilnahme des Berichterstatters Dithmar Blefken, 1564 die arktische Insel Novaia Zemlia, mussten aber wegen Packeises wieder umkehren. Ein späterer dänischer Versuch (1619) unter Kapitän Johann Munk endete in einem Desaster. Nur mit knapper Not gelang es Munk in einem kleinen Boot, mit nur zwei weiteren Seeleuten, nach Hause zurückkehren. Auch die Holländer unter Jan Huygen van Linschoten und Willem Barents scheiterten nach zwei Versuchen. Barents fand dabei 1597 den Tod. Seine Reiseberichte wurden 274 Jahre später fast unversehrt in der Arktis gefunden.

Bereits nach der Einnahme des Khanats von Kasan hatte Iwan IV. einer Petition für mehr Land im Jahr 1558 stattgegeben, eingereicht von einer Nowgoroder Handels- und Bankiersfamilie unter ihrem Patriarchen Anikita Stroganow. Die Stroganows waren eine sehr einflussreiche Familie, die ihr Geld unter anderem mit dem Handel von Salz, Kaviar, Wachs und Wein verdienten.

Der Ursprung der Familie geht auf das Jahr 1381 zurück. Nach dem grausamen Tod ihres Mannes Spiridon, der als mongolischer Verräter in Moskau verhaftet wurde, floh seine Witwe in den Nordosten Russlands. Sie verdiente sich ihren Unterhalt durch das Trocknen von Salz aus einem nahen Salzsee. In Erinnerung an die Foltermethode, durch die ihr Mann ums Leben kam (ihm wurde, bei lebendigem Leib, die Haut vom Körper gezogen), nahm sie den Namen Stroganow[54] an.

Zwei Generationen später, die Familie war inzwischen wohlhabend, zahlte der Enkel, Luka Stroganow, einen Teil des Lösegeldes für den Moskauer Fürsten Wassili. Dieser war ungeschickterweise den Mongolen in die Hände gefallen. Diese Zahlung sicherte der Familie die Gunst der Herrschenden bis in das 19. Jahrhundert. Ihr Hauptinteresse galt mittlerweile jedoch dem Pelzhandel. Luka Stroganow kaufte die konkurrierenden Unternehmen anderer Nowgoroder Geschäftsleute auf und holte europäische Ingenieure ins Land um die Salzgewinnung technologisch zu verbessern. Er bekam das Salzmonopol und begann Salz gegen Pelze einzutauschen. Diese Pelze verkaufte er dann weiter, an der Hanse vorbei, über das Weiße Meer direkt nach England.

Die Familie unterhielt aber auch eine ganze Reihe von *Promyschlenniks*, Jäger und Fallensteller, die sich auch als Händler betätigten und in etwa vergleichbar waren mit späteren kanadischen Voyageuren oder amerikanischen Trappern. Ihr Handelsimperium, geleitet nach Anikitas Tod

---

54 Vom russischen strogat = abziehen, schälen.

1570 von den drei Söhnen Grigori, Jakow und Semen, beschäftigte 10.000 Angestellte und 5.000 Leibeigene. Iwan IV. gab Grigori eine 20-jährige Pacht auf das Land an der Kama und seinen Nebenflüssen mit dem Recht, Städte zu gründen und eine eigene Privatarmee aufzustellen. Außerdem wurde er von der Steuerpflicht befreit und bekam das Privileg auf die Salzgewinnung. Das ließen sich die Stroganows nicht zweimal sagen, zumal die Engländer in der Zwischenzeit die „Moskauer Company" gegründet hatten, einem begierigen Aufkäufer von Pelzen. Die Nachfrage nach ihren Pelzen war so groß, dass die Stroganows immer wieder um weitere Pachten für mehr Land nachfragten, die ihnen auch gewährt wurden. Im Jahre 1574 gewährte Iwan den Stroganows die Hälfte des Landes, das bis dahin noch dem letzten verbleibenden Tataren-Khan, Kuschum (aus dem Sibir Khanat) gehörte. Ein riesiges Terrain mit unzähligen Pelztieren. Die Sache hatte nur einen Haken, die Stroganows mussten sich dieses Land erst selbst erschließen. Dabei kam ihnen der Zufall zu Hilfe.

Die Kosaken waren mittlerweile zu einer ernsten Plage geworden. Viele unter ihnen waren, wie erwähnt, Straßenräuber, Plünderer oder Flusspiraten. Iwan musste immer wieder Truppen in die südlichen Regionen schicken, um den Handel vor diesen räuberischen Banden zu schützen. Auf einige dieser Kosakenanführer war ein hohes Kopfgeld ausgesetzt worden. Einer der berüchtigtsten unter ihnen war der Anführer einer Bande von Flusspiraten, Wassili Timofejewitsch Olenin, kurz Jermak genannt. Es gelang ihm, mit seiner Bande vor den anrückenden russischen Soldaten in die Kama-Gegend zu flüchten. Dort traf er auf einen Neffen von Anikita Stroganow, Maxim Stroganow. Dieser erkannte sofort die Gelegenheit und heuerte Jermak mitsamt seiner Truppe von Banditen als Söldner an. Ihr Auftrag – die Sicherung der Promyschlenniks in den neuen Gebieten vor den Tataren. 1579 und im folgenden Jahr unternahm Jermak erste erkundende Vorstöße in das westsibirische Gebiet. Hier kam es zu kleinen, kriegerischen Auseinandersetzungen mit den Tataren. Während Iwan IV. aber jegliche Konfrontation mit Kutchum-Khan vermeiden wollte, führte Jermak 850 seine Männer eigenmächtig in den Krieg gegen das Khanat Sibir. Über den Ural drangen sie in die Gegend des Zusammenflusses von Tobol und Irtysch vor. In einem Überraschungsangriff gelang ihm, was vorher selbst der Zar nicht gewagt hatte, die Einnahme der Hauptstadt des Khanats Sibir. Jermak schickte unmittelbar nach der Einnahme Gesandte an den Zaren mit einer Beute von einigen tausend Fellen und Pelzen von Füchsen, Zobeln und Bibern. Iwan IV. begnadigte Jermak, obwohl dieser entgegen seiner Anweisungen gehandelt hatte und sandte ihm stattdessen, zur Unterstützung, weitere russische Truppen.[55] In den darauf folgenden Jahren wurden die Reste der Tataren in mehreren Kämpfen endgültig geschlagen. Jermak jedoch fand 1585 selbst, genauso wie die meisten seiner kosakischen Gefolgsleute den Tod[56], nur 125 überlebten letztendlich. Der Weg nach Sibirien war jedoch offen und die Kosaken sollten einen großen Anteil an der nun beginnenden Erforschung und Kolonisierung haben.

Jermak hat Iwan nur kurz überlebt. Nachdem Iwan 1582, geistig umnachtet seinen ältesten Sohn getötet hatte, starb er selbst zwei Jahre später, am 28. März 1584.

Sibirien war bis zu diesem Zeitpunkt eine von den großen Nationen fast unbeachtete Region gewesen.[57] Hier wohnten viele Völker mit ebenso vielen Sprachen. Die größten Flüsse, einige von ihnen die längsten der Erde, froren im Winter völlig zu. Obwohl seit 300.000 Jahren bewohnt, war Sibirien in seiner Gesamtheit ein unbekanntes Land geblieben. Die eigentliche Geografie Sibiriens, der Verlauf seiner Grenzen, war zu dieser Zeit noch nicht bekannt. Nur die Randgebiete dieser riesigen Fläche hatten historische Kontakte mit der Außenwelt gehabt.

Die Eroberung dieses Gebietes war, anders als in Amerika, nicht größtenteils eine Unternehmung privater, wagemutiger Individuen. Der russische Staat hatte von Anbeginn an seine Interessen vertreten und diese organisiert. Dies trat besonders in Form der Tributzahlungen auf, die nichts anderes als eine Art Steuererhebung für unterworfene Stämme waren. Die Einrichtung des Jasak war, wie erwähnt, nicht eine russische Erfindung, sondern wurde von den Mongolen übernommen. In Sibirien und Russisch-Amerika bezahlte man mit Fellen und Pelzen. Jasak war bei den Einwohnern Sibiriens bereits durch die Tataren eingeführt worden. Für die Einheimischen bedeutete somit die Eroberung durch die

---

55 Außerdem erhielt Jermak, als persönliches Geschenk einen wundervollen Waffenanzug, bestehend aus einem bronzenen Kettenhemd samt Kettenpanzer mit dem doppelköpfigen Adler als Wappen.

56 In den Chroniken wird beschrieben wie Jermak und seine Mannen nachts schlafend von Tataren in ihrem Lager abgeschlachtet wurden. Jermak, der die Aussichtslosigkeit der Lage erkannte, versuchte noch vergeblich zu einem nahen Boot zu fliehen. Er wurde am 5. August 1585 in einem Kanal ertränkt.

57 Mit einer West-Ost Ausdehnung von ca. 4.500 km und einer Nord-Süd Ausdehnung von ca. 3.000 km bestand sie fast völlig aus der baumlosen Tundra im Norden und ansonsten einem riesigen dichten Waldgebiet, der Taiga.

Russen keine großartige Änderung: Anstatt an die Tataren, mussten sie nun ihre Felle an die Russen abliefern.

Jasak war eine persönliche Form der Tributzahlung. Die Anzahl der abzuliefernden Pelze wurde jedem Familienoberhaupt jährlich vorgeschrieben. Diese vorgeschriebene Liefermenge konnte, je nach Region, ja sogar von Mann zu Mann, sehr unterschiedlich sein. Die Russen hatten zu berücksichtigen, dass sich die Pelzertragskraft des Landes ständig änderte. So konnte ein Mann in einem Jahr bis zu 22 Felle abliefern, in anderen Jahren jedoch nur fünf oder sogar nur ein oder zwei Felle. In besonderen Fällen kam es vor, dass Stammeshäuptlinge ganz von Jasak befreit wurden und zwar dann, wenn sie dem Staat andere wertvolle Dienste zur Verfügung stellen konnten.

Nur erstklassige Felle wurden akzeptiert, die bei der Abgabe genau inspiziert wurden. Man zwang die Einheimischen einen Eid zu leisten, der sie u.a. dazu verpflichtete, nur die besten Pelze abzuliefern. Bei Misstrauen musste der Lieferant eine Geisel stellen, die so lange festgehalten wurde, bis der Jasak entrichtet war. Ausnahmen wurden bei Krankheit oder Behinderung gemacht. Kam es zu Jasak Verweigerungen, wurden die Geiseln getötet oder die Dörfer verbrannt. Zwischen 1638 und 1642 sammelte der *Woiwode* (eine Art Militärgouverneur) von Jakutsk, Peter Golowin, über 100.000 Zobelpelze ein. Jede Pelzlieferung wurde von den Russen dokumentiert. Über jeden männlichen Bewohner einer Siedlung wurden schriftliche Aufzeichnungen geführt. Genauso bewahrte man alle Quittungen über abgelieferte Felle auf. Probleme gab es mit nomadisierenden Sippen, die, wenn der Zeitpunkt der Jasak-Entrichtung kam, einfach aus dem Gebiet verschwanden. Jasak wurde gewöhnlich im Herbst oder frühen Winter eingesammelt, wenn die Tiere ihren dichtesten Pelz trugen und somit am wertvollsten waren.

Diese Art der Steuereintreibung musste von den Russen organisiert werden. So wurden im Laufe der Zeit strategische Festungen aufgebaut. Diese lagen zumeist an Flüssen und weiteten sich mit der Zeit zu Städten aus. Reisen war am einfachsten im Winter. Zu dieser Jahreszeit gab es keine Behinderungen durch Sümpfe, Morast oder Moskitoplagen. Außerdem konnten Schlitten auf den zugefrorenen Flüssen benutzt werden. So war ein schnelleres Fortkommen möglich. Wenn ein erobertes Gebiet verwaltungsmäßig erfasst und die Jasak Sammlung organisiert war, zogen die Promyschlenniks und die im Staatsdienst tätigen Kosaken in die nächste Gegend. Dort errichteten sie zunächst eine feste Unterkunft, eine *Zimowe*. Sie bestand manchmal nur aus einer Holzhütte an einer strategisch wichtigen Position, etwa einem Zusammenfluss von Flüssen oder einer *Portage*[58]. Die Zimowen waren auch Winterquartier und Anlaufpunkt für die Promyschlenniks. Bekam eine Gegend immer mehr Zulauf, dann wurden aus diesen Zimowen *Ostrogs*, größere Ansiedlungen, mit einer ausgeweiteten Befestigung zur Verteidigung. Einige der größten Ostrogs erhielten einen Woiwoden, der von Moskau eingesetzt wurde und gewöhnlich dem Adel angehörte. Aber Jasak war nicht die einzige Einnahmequelle für Pelze. In manchen Fällen brachten die Einheimischen, als Zeichen ihrer Untertänigkeit, Geschenke für den Zaren in Form von Fellen zu den Ostrogs (in der Hoffnung weiter „gut" behandelt zu werden). Manchmal wurden auch andere Güter und Waren gegen Felle getauscht. Jeder private russische Fallensteller und Pelzhändler musste außerdem 10% seiner Felle an den Staat abgeben, die an designierte Zollstationen in Sibirien abgeliefert werden mussten.

Der Staat hatte auch das Monopol auf Alkohol. Diesen verkaufte er, gegen Bezahlung in Pelzen, an die Promyschlenniks. Der Alkohol- und Waffenhandel mit den Einheimischen war untersagt, was letztendlich in Russisch-Amerika nicht immer eingehalten wurde. Aber auch in einer anderen Weise kam es zu einem „Handel" mit den Einheimischen. So verkauften einheimische *Entrepreneure*[59] Frauen und Kinder als sexuelle Sklaven an die Promyschlenniks. Von ihnen wurde dann die „Menschenware" zumeist an das im Staatsdienst stehende Personal weiterverkauft. Dieser Menschenhandel konnte von der Obrigkeit nie richtig unter Kontrolle gebracht werden. Kein Wunder, denn es waren oftmals die Woiwoden selbst, die sich privat durch derartigen Handel immens bereicherten. Dabei schreckten sie auch nicht vor brutalen Maßnahmen gegen ihre eigenen Landsleute zurück.[60] Dadurch wuchs im Volk der Hass auf die Woiwoden. So kam es, dass zwischen 1677 und 1697 die Woiwoden von Jakutsk, Albazin, Nertschinsk und Irkutsk allesamt von ihren Untergebenen ermordet wurden. Diejenigen, die ihre vertragliche Dienstperiode überlebten, endeten in aller Regel vor einem Disziplinargericht in Moskau, angeklagt wegen Korruption und Grausamkeit. Innerhalb des russischen Staatsapparates wurden alle Aktivitäten von der *Prikaz* (Abteilung) für sibirische Angelegenheiten kontrol-

---

58 Dies war eine Strecke Landes über das Boote getragen wurden, um von einem Flusssystem in ein anderes zu gelangen.
59 Übersetzt: Unternehmer.
60 So quälte Peter Golowin seine Untergebenen mit glühenden Kohlen oder auch mit Zangen und züchtigte sie mit der Knute.

liert[61]. Die größten administrativen Einheiten wurden, als Russisch-Sibirien größer wurde, weiter unterteilt in eine Art erst- und zweitrangige *Woiwoda*[62].

Die Menschen, die Sibirien besiedelten und erkundeten waren anfänglich die russischen Promyschlenniks oder die meist vom Staat in Dienst genommenen Kosaken gewesen. Nach und nach, auch durch die Eroberung anderer Stämme, entstand ein neues Völkergemisch. Später wurden Menschen niederer sozialer Ränge, teilweise mit staatlicher Förderung, nach Sibirien gelockt. Diese Einwanderer waren oftmals Leibeigene, die so ihrem Schicksal versuchten zu entfliehen. Sie waren angelockt worden durch Berichte über Goldfunde oder die Entdeckung riesiger Kupfererzvorkommen. Da die Ausdünnung der Leibeigenen im Westen des Landes bald zu einem Problem wurde, entstand entlang des Urals eine Art sibirischer Grenzübergang mit dem Ziel, die Flut dieser Flüchtlinge einzudämmen.

Der Drang Russlands nach Osten war also gekennzeichnet durch ein staatlich organisiertes Expansionsstreben und durch die kommerzielle Gier nach Pelzen. Im Jahre 1605 repräsentierten die durch Jasak gewonnenen Pelze 11% der gesamten Steuereinnahmen des russischen Staates.[63] Mit der Expansion des Staates kam es auch gleichzeitig zu einer Verbreitung der russisch-orthodoxen Kirche.

Indes ist die unglaubliche Geschwindigkeit des russischen Vorstoßes in Sibirien überraschend. Die Durchdringung des Landes geschah auf zunächst zwei Routen entlang der Flusssysteme, einer nördlichen und einer südlichen. Im Norden wurden die Orte Berewow und Obdorsk im Jahre 1593 gegründet, Mangazeia folgte 1601 und schließlich Turuchansk 1607. Diese nördliche Route wurde aber bald wieder aufgegeben. Es bestand die Furcht, die anderen europäischen Nationen könnten die Route, vom Arktischen Ozean kommend, ebenfalls nutzen und die Russen somit aus dem Geschäft drängen.

Im Süden wurden u.a. die Orte Tobolsk (1587 am Zusammenfluss von Tobol und Irtysch) und Tomsk (1604 am Ob) gegründet. Streitigkeiten

---

61 Diese Abteilung bestand von 1637 bis 1763, hatte aber ihre Arbeit von Anfang des 18. Jahrhundert bis 1730 unterbrochen.

62 Unbedeutende Woiwodas wurden den bedeutenden unterstellt (z.B. im Falle von Irkutsk). Der zweitrangige Woiwode unterstand somit dem erstrangigen. Der erstrangige Woiwode wurde von der Prikaz Sibirien vorgeschlagen.

63 Zu Beginn des 17. Jahrhundert konnte z.B. ein Mann für ein Paar erstklassige Schwarzfuchs-Pelze so viel Geld erhalten, dass er sich davon eine große Farm samt dazugehörigem Inventar kaufen konnte.

zwischen den Woiwodas von Tobolsk und Tomsk über die Grenzen ihrer Territorien führten zu innerrussischen Auseinandersetzungen. Diese wurden mit der Einrichtung der Woiwoda Jakutsk im Jahre 1638 beendet. 1651 wurde Irkutsk am Baikalsee gegründet.

Die Stanowoi Gebirgskette war jetzt noch die letzte Barriere zum Pazifischen Ozean. 1639 beauftragte der Woiwode von Jakutsk den Kosaken Dimitri Kopylow, diese letzte Hürde zu nehmen. Er gründete am Zusammenfluss von Maya und Aldan ein Ostrog. Dann sandte er eine Gefolgschaft unter Iwan Moskowitin mit 30 Mann den Ulia Fluss hinab. Der Fluss mündete in einer Großen Meeresbucht, die mit Nebel verhangen und deren Ufer über und über mit Treibholz bedeckt war. Nur 60 Jahre, nachdem der Ural von dem Kosaken Jermak zum ersten Mal überquert worden war (1579), hatten die Russen den Pazifik erreicht. Moskowitin errichtete eine Zimowe und erforschte die Küste von dort aus weiter. Die einheimischen Tungusen berichteten ihm von einer großen Insel (Sachalin) und einem fruchtbaren Land weiter im Süden. Vor dem Hintergrund der katastrophalen Ernährungslage in Sibirien sollte sich diese Gegend noch als äußerst wichtig erweisen. Moskowitin selbst kehrte nach zwei Jahren, mit reicher Beute nach Jakutsk zurück, sein Bericht über das fruchtbare Land im Süden wurde dort mit Interesse aufgenommen.

Doch zunächst hatte 1647 ein anderer Kosak, Semjon Schelkownik, ca. 100 km nördlich die Mündung der Ochota[64] erreicht. Mit seinen 40 Mann hatte er eine Schlacht gegen mehr als 1.000 Tungusen zu bestehen. Nach erfolgreichem Abwehrkampf errichtete er eine Zimowe und gründete Ochotsk, den später so wichtigen Ausgangspunkt für die russischen Fahrten nach Kamtschatka und Alaska.[65]

Den Russen war zu dieser Zeit nur allzu bewusst geworden, wie schwierig die Durchquerung und Besiedlung eines Landes ohne jegliche Landwirtschaft war. Unter diesen harten klimatischen Bedingungen erwies sich der Ackerbau als nahezu unmöglich. Nahrungsmittel mussten über den Ural oder von Westsibirien aus über Tausende von Kilometern nach Osten geschafft werden. Dies führte durch den Mangel an Früchten und Gemüse zu Skorbut, Pellagra (ebenfalls eine Vitaminmangel-Krankheit) und Beriberi (Reisesserkrankheit). So waren die Men-

---

64 Übersetzt: Jagd.
65 Ochtosk wurde während des gesamten 17. Jahrhunderts von den Tungusen sehr hart bekämpft und u.a. 1653 niedergebrannt. Als 1716-1717 der Kosake Kosma Sokolow die Seeroute über das Ochotskische Meer nach Kamtschatka entdeckte, begann der eigentliche Aufstieg von Ochotsk.

schen manchmal gezwungen, Gras oder Wurzeln zu essen und in ganz seltenen Fällen kam es auch zu Kannibalismus.

Der Woiwode, Peter Golowin[66], rüstete 1643 eine Expedition unter Führung des Kosaken Wassili D. Pojarkow aus. Dieser hatte den Auftrag, mit 150 Mann in der Gegend des Zeya Flusses, mehr als 1.000 km Luftlinie südlich von Jakutsk, den Gerüchten über das fruchtbare Land nachzugehen, von dem Moskowitin berichtet hatte. Pojarkow erreichte den Zeya Fluss, einen nördlichen Nebenfluss des Amur und folgte seinem Lauf bis zur Mündung. Auf der Rückreise sichteten sie als erste Russen die nordwestliche Küste der Insel Sachalin. Als Pojarkow nach 4.500 km wieder Jakutsk erreichte, lebten nur noch 20 seiner Männer.[67] Pojarkow war mit einer Beute von 480 Zobelpelzen zurückgekehrt. Er gab einen optimistischen Bericht über das, seiner Meinung nach, von schwachen einheimischen Stämmen kultivierte Becken des Amur-Stromes. Diese Stämme standen unter dem Einfluss der Chinesen. Pojarkow glaubte jedoch, die Region könnte mit nur 300 Mann erobert werden. Ein Irrglaube, wie sich später herausstellen sollte.

1649 wurde eine zweite Amur-Expedition unter dem Promyschlennik Erofei P. Chabarow ausgerüstet. Die Russen gründeten Siedlungen am Amur (Albazin 1651) und am Schilka, einem der beiden Amur-Ursprungsflüsse (1654 Nertschinsk, wurde vier Jahre später Ostrog).

1658 kam es zu ersten Auseinandersetzungen zwischen Chinesen und Russen. Sieben Jahre später wurde Albazin von umherziehenden Kosaken übernommen, die eine eigene Republik unter russischer Obhut gründeten. Zeitweise verzeichneten sie bis zu 10.000 Anhänger unter dem fähigen polnischen Offizier Nikefor Chernigowski. Davon aufgeschreckt begannen die Chinesen ab 1680 auf ihrer Route an den Amur Festungen zu errichten und sie mit befestigten Straßen zu verbinden. Als Russland 1684 zusätzlich 2.000 Mann nach Albazin beorderte, wurde der Woiwode Tolbuzin ultimativ von den Chinesen aufgefordert, dieses Heer nach Jakutsk zurückzusenden. Da er der Forderung nicht nachkam, zogen die Chinesen ein Jahr später mit ihrer Armee nach Norden. Der russisch-chinesische Grenzkonflikt eskalierte und wurde schließlich im ersten europäisch-chinesischen Vertrag von 1689 („Vertrag von Nertschinsk") beigelegt. Die Verhandlungen auf russischer Seite wurden hierbei von Graf Fjodor Golowin geführt. Das militärisch stärkere China zwang Russland jedoch zum Verzicht auf das Amurge-

---

66 Siehe hier auch Fußnote 56.
67 Pojarkow wurde später in Moskau u.a. wegen Kannibalismus angeklagt.

biet. Als Grenze wurden u.a. die Flüsse Amur, Schilka und Gorbitsa festgelegt.[68]

Auf der anderen Seite erhielten russische Kaufleute das Recht, Handelsgeschäfte mit chinesischen Partnern abschließen zu dürfen. China hingegen konnte Russland auch weiterhin als Absatzland für seinen Tee nutzen, der mittlerweile schon zu einem alltäglichen Getränk in Russland geworden war.

Irkutsk wurde durch seine hervorragende geografische Lage auf halbem Weg zwischen beiden Hauptstädten bald zur reichsten Stadt und später zur Hauptstadt Ostsibiriens. Selbst in Moskau wurde der Verlust dieses Gebietes von der Größe Frankreichs leicht verschmerzt, im Austausch für ein Handelsabkommen mit China. Graf Golowin machte weiter Karriere.

Aber die Bedeutung dieses Vertrages ging weit über die kommerziellen Interessen Russlands und Chinas hinaus. Für Russland wurde die Tür in Richtung Süden nachhaltig für die nächsten 200 Jahre geschlossen. Von nun an richteten sie ihr Augenmerk verstärkt nach Norden und Osten.

Bereits 1638 war Werchojansk[69] gegründet worden. Durch seine Freundschaft mit dem Woiwoden von Jakutsk erhielt der Kosak Michail Staduchin 1642 das Kommando über eine Erkundungsreise in den äußersten Nordosten Sibiriens. Er erreichte den Kolyma Fluss und gründete 1644 *Nischne*[70]-Kolymsk an dessen Unterlauf. Staduchin kehrte mit einer reichen Beute nach Jakutsk zurück. Sein Begleiter, der Pelzhändler Popow F. Aleksejew, der nicht mit nach Jakutsk zurückgekehrt war, organisierte 1647 eine weitere Expedition. Unter Führung des Kosaken und staatlichen Jasak-Eintreibers, Semjon Iwanowitsch Deschnew, wollte er noch weiter nach Osten vordringen. Im Sommer desselben Jahres schifften sich die 63 Mann in vier Booten den Kolyma Fluss hinunter bis zu seiner Mündung in den Arktischen Ozean. Sie mussten aber wegen des dichten Packeises wieder umkehren.

Im Sommer des darauf folgenden Jahres wurde ein zweiter Versuch gestartet. Diesmal waren es insgesamt 90 Mann, die auf sieben Einmast-

---

68 Der weitere Grenzverlauf über den Kamm der „Steinberge" wurde nicht genau auf einer Karte festgelegt. Es wurde bestimmt, dass Flüsse, die diesseits der „Steinberge" in den Amur fließen, zu China gehören, und Flüsse die jenseits der „Steinberge" fließen, zu Russland gehören sollten. Eine zu ungenaue Absprache, die noch bis in das 20. Jahrhundert für Reibungen zwischen beiden Ländern sorgte.

69 In dessen Nähe liegt der Kältepol der nördlichen Erdhalbkugel mit Temperaturen von bis zu -71 C.

70 Übersetzt: unteres.

schiffen[71] ihr Glück versuchten. Das Meer war eisfrei und die Männer segelten nach Osten um das Ostkap[72] herum. Sie ahnten nicht, dass zu ihrer Linken, nur 80 km entfernt, der Amerikanische Kontinent begann. Kurz danach trennte ein Sturm Aleksejew und Deschnew. Als Letzterer im Oktober endlich die Mündung des Anadyr Flusses erreicht hatte, waren er und seine 25 Besatzungsmitglieder die ersten bekannten Menschen, die die Beringstraße durchfahren hatten[73].

Deschnew verblieb noch Jahre in dem Gebiet und kam erst 1662 in die Zivilisation nach Jakutsk zurück. Dort verfasste er einen Reisebericht. Dieser wurde jedoch nie nach Moskau weitergereicht, sondern landete in den Archiven von Jakutsk und wurde, genauso wie Deschnew selbst, von der Nachwelt völlig vergessen[74].

Die Entdeckung Deschnews wurde von manchen russischen Historikern in einem neu erstarkenden Nationalgefühl, nach dem Zusammenbruch des Kommunismus, als eines der bedeutendsten Ereignisse der Weltgeschichte herausgestellt. Kritik ist hier sicher angebracht. Gerade auch, weil es als sicher gilt, dass Deschnew nicht einmal selbst wusste, was er mit seiner Reise erreicht hatte. Dieser Reise wurde keinerlei Bedeutung beigemessen und sie löste auch keine bedeutenden Anschlussaktivitäten aus. Trotzdem haben wir hier zum ersten Mal einen Namen für eine solche, zweifellos großartige, persönliche Leistung. Ob möglicherweise Aleuten, Eskimos, Tschuktschen oder auch deren Vorfahren solch eine Reise schon früher unternommen haben, ist höchstwahrscheinlich, aber nicht nachprüfbar. Es bleibt jedoch festzustellen, dass der unbekannte erste Mensch, der vor vielleicht 12.000 Jahren diesen Schritt ostwärts unternahm und den Nachfolgenden den Weg für

---

71 Genannt Koch.

72 Heutige Kap Deschnew, der östlichste Punkt des asiatischen Festlands.

73 Aleksejew und seine Männer wurden nie wieder gesehen. Ein Hinweis auf sein Schicksal tauchte 1937 auf, als auf der alaskanischen Halbinsel Kenai eine angeblich 300 Jahre alte europäische Siedlung entdeckt wurde. Die von russischen Historikern geäußerte Vermutung, dass hier Aleksejew und seine Männer nach dem Sturm gestrandet waren, muss schon aus geografischer Sicht zurückgewiesen werden. Es ist wahrscheinlicher, dass Aleksejew und seine Männer das Schicksal teilten, von dem Deschnew noch 1654 erfuhr und berichtete. Sie waren demnach ebenfalls an die Küste gelangt wo Aleksejew an Skorbut starb. Seine Männer waren dann weiter nach Kamtschatka gesegelt, wo alle von Einheimischen getötet wurden.

74 Deschnew übernahm noch einige administrative Posten in Sibirien und begleitete mit einer Sicherheitseskorte 1670 einen großen Pelztransport von Sibirien nach Moskau. Kurz nach dem Eintreffen starb Deschnew dort gegen Ende des Jahres 1672.

die Erschließung des Doppelkontinents Amerika eröffnete, der wahre Entdecker ist, der die Weltgeschichte änderte.

Die erste Expedition auf die Halbinsel Kamtschatka wurde 1696 von dem Kosaken Luka Morozko durchgeführt. Ursprünglich aus Irkutsk, sammelte er am Opuka Fluss Jasak ein. Hier wurde er durch Einheimische auf neues Land im Süden aufmerksam gemacht. Er erreichte den Tigil Fluss an der Westküste Kamtschatkas[75]. Ein Jahr später reiste der Anführer der Siedlung von Anadyr[76], der Kosak Wladimir Atlasow, mit sechzig Getreuen und weiteren sechzig Einheimischen auf Rentieren erneut an die Westküste Kamtschatkas[77]. Er überquerte die Halbinsel an der engsten Stelle nach Osten bis an die offene Pazifikküste und erreichte den Kamtschatka-Fluss. Dort nahm er Kamtschatka offiziell für Russland in Besitz. Nach zwei Jahren kehrte er zurück[78]. Sein Bericht löste eine brutale Ausnutzung der einheimischen Bevölkerung durch gesetzlose Kosaken aus. Der russische Staat hatte so weit im Osten keine Gewalt mehr über die Menschen.

1704-1706 wurden die Orte *Werchne-* (oberes) und *Nischne-* (unteres) Kamtschatsk gegründet. 1707 wurde Atlasow vom Militärgouverneur der Jakutsk-Region erneut nach Kamtschatka befohlen um die Ordnung wieder herzustellen. Er brachte jedoch sowohl die Einheimischen als auch seine ihm untergebenen Kosaken gegen sich auf. 1711 wurde er im Gefolge einer Meuterei erstochen. Kamtschatka blieb sich selbst überlassen. Es kam erneut zu großen Aufständen der Einheimischen, die brutal unterdrückt wurden. Innerhalb eines halben Jahrhunderts (bis 1750) wurde die einheimische Bevölkerung von 20.000 auf 8.000 reduziert.

Damit war im Großen und Ganzen der russische Festlandteil des Fernen Osten bekannt, aber noch längst nicht erobert und für Russland

---

75 Die Entfernungen Kamtschatkas sind nicht zu unterschätzen. Die Nord-Süd Ausdehnung beträgt etwa 1.200 km. Die Gesamtfläche ist wesentlich größer als die der BRD.

76 Gegründet 1649 von Deschnew.

77 Unter ihnen übrigens Ljubima, der Sohn Deschnews aus seiner ersten Ehe mit der einheimischen Jakuten-Frau, Abakajada Sichju (sie starb im Winter 1666/1667).

78 Mit Heim brachte Atlasow auch einen Japaner mit Namen Dembei. Es ist die erste bekannte Geschichte von japanischen Seeleuten, die an den Küsten Russlands strandeten. Dembei und seine Landsleute hatten bereits seit zwei Jahren unter den Einheimischen Kamtschatkas gelebt, bevor sie von Atlasow entdeckt wurden, der sie zunächst für Inder hielt. 1702 erhielt Dembei als erster Japaner eine Audienz bei einem Zaren, Peter dem Großen. Er berichtete von den Kurilen-Inseln und seinem Heimatland. Dadurch wurde in Russland die Hoffnung auf einen einträglichen Handel mit Japan genährt.

gesichert. Die Russen mussten sich einiger Angriffe mongolischer Stämme und anderer Turkvölker erwehren, bis ihre Macht endgültig gefestigt war.

Wie auch immer, die pazifische Küste war erreicht. Was dahinter im Osten lag war unbekannt. Aber aus dem Inneren Sibiriens drangen immer mehr wagemutige Kaufleute und Händler an die Küste. Es war nur eine Frage der Zeit, wann der Sprung über diesen unbekannten Teil des Pazifiks gewagt wurde. Der Anstoß dazu kam vom russischen Staat selbst. Russland hatte unter Zar Peter I. erneut einen starken Herrscher, der die erforderlichen Voraussetzungen für weitere Expeditionen mit sich brachte: Wissbegierde und Durchsetzungsfähigkeit.

Die Erkundung Alaskas

Peter der Große

Wegen der herausragenden Bedeutung Peter des Großen für Russisch-Amerika ist es angebracht, sein Leben etwas eingehender zu betrachten. Die Chancen Peters, jemals Zar zu werden, waren eigentlich recht gering. Sein Vater, Zar Alexej Michailowitsch, hatte aus seiner ersten Ehe fünf Söhne und sechs Töchter. Drei der Söhne waren schon kurz nach der Geburt gestorben. Von den Töchtern war Sophie (geb. 1657) die bemerkenswerteste. Sie besaß ein hohes Maß an Geschick und Intelligenz. Nach dem Tod der Zarin 1669 machte sich Alexej Michailowitsch erste ernsthafte Gedanken um seine Thronnachfolge. Sie blieb zunächst jedoch ungeklärt. Die beiden überlebenden Söhne des Zaren schienen als Thronfolger gänzlich ungeeignet. So war zwar Feodor (geb. 1661) recht begabt, wirkte aber eher schwächlich, während Iwan (geb. 1657) an einer Geisteskrankheit litt. Eine weibliche Thronfolgerin kam für den Zaren nicht in Frage. So entschloss er sich erneut zu heiraten. Auf einer im Jahre 1670 stattfindenden *Smotrini* (Brautschau) wählte er Nathalie Naryschkin als zweite Ehefrau aus.[79] Rund vier Monate später fand die Hochzeit statt. Am 30. Mai 1672 gebar Nathalie ihm den gewünschten Sohn. Peter strotzte, anders als seine Halbgeschwister, vor Gesundheit. Ihm wurde schon damals eine große Zukunft vorausgesagt.[80]

Kurz vor seinem Tod, 1676, bestimmte der Zar jedoch, zur Verwunderung vieler, seinen Sohn Feodor zu seinem Nachfolger. Nur wenige Jahre dauerte die Regentschaft Feodors als Zar Feodor III. Er starb 1682.[81] Da er kinderlos war[82] und keinen Nachfolger bestimmt hatte, war die Thronfolge auch hier zunächst ungeklärt. In einer hastig einberufenen Versammlung von Bojaren, kirchlichen Würdenträgern und Offizieren, wurde schließlich der zehnjährige Peter zu seinem Nachfol-

---

79 Natürlich kannte der Zar das junge Mädchen seit einiger Zeit. Mit der Smotrini hatte er lediglich dem Brauch Genüge getan, die Entscheidung war längst vorher gefallen.
80 Nathalie führte ein recht ‚offenes' Leben, dem der Zar wissentlich die Augen verschloss. Zweifel an seiner Herkunft plagten Peter den Großen zeitlebens.
81 Es gab Gerüchte, dass er von seiner Schwester Sophie vergiftet wurde.
82 Sein Sohn aus erster Ehe starb ebenso kurz nach der Geburt wie seine Tochter aus zweiter Ehe.

ger gewählt. Seine Mutter Nathalie wurde Regentin. Wegen dieser Entscheidung kam es, entfacht durch Peters Halbschwester Sophie und seinen Halbbruder Iwan, zu einer Palastrevolte. Daraus resultierend wurden letztendlich Iwan V., als erster Zar und Peter, als zweiter Zar, gekrönt, die jedoch keine Regierungsgewalt hatten. Als Regentin wurde nunmehr Sophie bestätigt.

Der junge Peter wurde mit seiner Mutter in ein Dorf in der Nähe von Moskau verbannt und erschien nur bei offiziellen Anlässen im Kreml. Obwohl äußerst ehrgeizig, scheute sich Sophie jedoch vor dem letzten konsequenten Schritt: der Tötung ihrer beiden Brüder. Peter erhielt eine Erziehung, welche die Kunst des Segelns, Navigierens und eine militärische Ausbildung unter holländischen, schottischen und deutschen Lehrern mit einschloss. Im Februar 1689 heiratete er die zwanzigjährige Eudoxia auf Anraten seiner Mutter. Im Sommer desselben Jahres befreite er sich gewaltsam von der vormundschaftlichen Regentschaft seiner Halbschwester Sophie. Diese wurde ihrer Ämter enthoben und für den Rest ihres Lebens in ein Kloster verbannt. Mit siebzehn Jahren war Peter praktisch zum Alleinherrscher Russlands geworden.[83]

Schon zu Beginn seiner Regierungszeit widmete er sich dem Aufbau einer russischen Kriegsflotte. Er ernannte einen Schweizer(!) zum Großadmiral, einen Venezianer zum Vize- und einen Franzosen zum Konteradmiral. Im 1. Türkischen Krieg (1695-1706) gewann Peter die Festung Asow und somit den Zugang zum Schwarzen Meer.[84] Letztendlich entscheidend für die Rolle Russlands als Großmacht war der 2. Nordische Krieg (1700-1721) gegen Schweden. Entscheidend war hier vor allem die Schlacht an der Poltawa, die mit der Niederlage Schwedens endete. Durch den „Frieden von Nystad" bekam Russland, anstelle Schwedens, die überragende Stellung an der Ostsee.[85] An der Mündung der Newa gründete Peter 1703 die Stadt St. Petersburg.[86] 1713 wurde sie an Stelle von Moskau Hauptstadt des russischen Reiches.[87] Im

---

83 Russland war damals das größte Land der Erde, eine Position, die es auch heute noch, nach mehr als 300 Jahren innehat. Iwan V. starb 1696, dadurch war Peter auch offiziell alleiniger Zar.

84 Im 2. Türkischen Krieg (1710-1711) verlor er diese Festung allerdings wieder.

85 Riga und Reval, später Livland, Estland, Ingermanland, Teile Kareliens mit Wyborg und die Inseln Ösel und Dagö gelangten in russischen Besitz.

86 Die Stadt wurde 1914 in Petrograd und 1924 in Leningrad umbenannt, zu Ehren des im selben Jahr verstorbenen Revolutionsführers. Seit 1991 heißt die Stadt wieder St. Petersburg.

87 Nach 205 Jahren als Haupstadt, verlegte im Februar 1918, während des Ersten Weltkriegs, Lenin den Regierungssitz wieder nach Moskau, da Petrograd vor den anrückenden Deutschen nicht mehr sicher schien.

Feldzug gegen das Persische Reich (1722/23) fiel u.a. die Hafenstadt Baku, am Kaspischen Meer gelegen, an Russland.

Um die Verbreitung von Wissen zu beschleunigen, gründete Peter die erste Schule für Mathematik und Navigation in Moskau (1705)[88], die Marineakademie (1715) und die Russische Akademie der Wissenschaften in St. Petersburg (1724). Er schickte Schüler nach Deutschland, Holland, England und Frankreich, die mit reichlich neuem Wissen nach Russland zurückkehrten. Sein Interesse an wissenschaftlichen Problemen erörterte er mit damaligen geistigen Größen wie z.B. Leibnitz. Dieser weckte in ihm auch das Interesse, herauszufinden, ob es zwischen Asien und Amerika eine Verbindung gab (Deschnews Reise war wie erwähnt längst in Vergessenheit geraten). Ein Angebot der Pariser Akademie, anlässlich seines Besuches in Frankreich im Jahre 1717, eine Überlandexpedition zur Klärung dieser Frage durchzuführen, lehnte er ab. Dies war eine russische Angelegenheit.

Aber noch war die Zeit der privaten oder regional staatlich initiierten Reisen nicht ganz vorbei. 1716 wurde eine solche, etwas voreilig „Große Kamtschatka-Expedition" genannte, Reise ausgerüstet. Diese sollte die Frage nach einer Verbindung zwischen Asien und Amerika klären. Die Expedition hatte die Aufgabe, von der Mündung der Kolyma und des Anadyr nach Osten zu segeln. Dabei sollte nach Inseln und dem Festland gegenüber der Tschuktschen-Halbinsel gesucht werden. Sie hatten jedoch keine Wissenschaftler dabei und das Unternehmen war auch nicht sehr sorgfältig organisiert worden. So musste der Leiter Prokofei Nagibin den Bau eines Schiffes aus eigener Tasche bezahlen. Es ist daher auch kein Wunder, dass die Expedition letztlich zu keinem Ziel führte.

Die erste von Peter dem Großen initiierte wissenschaftliche Expedition wurde von Fedor F. Luschin und Iwan M. Ewreinow durchgeführt, die an der Marineakademie ausgebildet worden waren. Sie hatten die Aufgabe, die Inselkette der Kurilen[89] nach Metallen abzusuchen und sollten „nebenbei" feststellen, ob es eine Verbindung zwischen Amerika und Asien gab. Luschin und Ewreinow brauchten zwei Jahre um Kamtschatka überhaupt zu erreichen. Sie erkundeten die Südspitze Kamtschatkas und die nördlichen Kurilen-Inseln. 1723 kehrten sie nach

---

88 Unter der Leitung des russischen Unterhändlers beim „Vertrag von Nertschinsk" 1689, Graf Fedor A. Golowin.

89 Die Holländer hatten schon 1643 unter de Vries, mit zwei Schiffen von Süden kommend einen Vorstoß unternommen, der sie bis zur Insel Sachalin und den südlichen Kurilen-Inseln geführt hatte.

St. Petersburg zurück, um dem Zaren zu berichten. Die Reise hatte nicht den erwarteten Erfolg gehabt. Für Peter I. stellte sich nun eine andere Frage in Bezug auf die beiden Kontinente: War es möglich, östlich entlang der Nordküste Sibiriens und dann zwischen Asien und Amerika hindurch südlich nach China oder Japan zu segeln?

Bering und die erste Kamtschatka-Expedition

Da eigentlich keine seiner Fragen von der Luschin/Ewreinow Expedition beantwortet worden war, begann der Zar sofort eine weitere Unternehmung auszurüsten. Auf seine Anordnung hin musste das Admiralskollegium geeignete Offiziere finden. Es war verständlich, dass Peter I. es sich wegen seiner nunmehr 28 Jahre andauender Kriege nicht leisten konnte, einen seiner hochgradigen Offiziere auf eine solche Expedition zu schicken. Auch folgte er der Tradition, nur Freiwillige anzunehmen. So wurde Kapitän Vitus Bering als Expeditionsleiter vorgeschlagen.

Vitus Johanssen Bering wurde 1681 in Dänemark geboren.[90] Als junger Mann heuerte er als Matrose auf einem holländischen Schiff an, mit dem er bis nach Indien reiste[91]. Von der Reise zurück, begegnete er dem Norweger Cornelius Cruys an, der an dem Aufbau der russischen Flotte beteiligt war. Diese Bekanntschaft führte 1703 dazu, dass Bering in Amsterdam in den russischen Marinedienst eintrat. Er wurde im Range eines zweiten Leutnants an die baltische Flotte abkommandiert. 1705 kommandiert er einen Schoner, der Nutzholz nach Kronstadt transportieren sollte.[92] Ein Jahr später wurde er zum Leutnant ernannt und 1710, im Rahmen des Türkenkrieges, nach Asow abkommandiert und zum Kapitänleutnant befördert. 1712 war er zurück bei der baltischen Flotte. An eigentlichen Frontmanövern hatte Bering nie teilgenommen, seinen Dienst versah er hauptsächlich auf Kreuzern. 1715 wurde er nach

---

90 In der jütländischen Stadt Horsens, ca 50 km südlich von Aarhus. Der Name Bering stammt von einem Gut in der norddänischen Provinz Vibork, auf dem der Familienbegründer Jens Madsen (Bering) in der Mitte des 16. Jahrhunderts gelebt hatte. Bering war der Sohn des Kirchendieners Jonas Svensen und seiner Frau Anna Pedersdatten Bering. Er nahm also den Namen seiner Mutter an. Vitus hatte zwei Brüder, Jonas und Jorgen, sowie zwei Schwestern.
91 Auf dieser Reise begleiteten ihn sein Kousin Sven und sein Freund Sievers.
92 Russischer Marinestützpunkt im Finnischen Meerbusen, ca 25 km vor St. Petersburg.

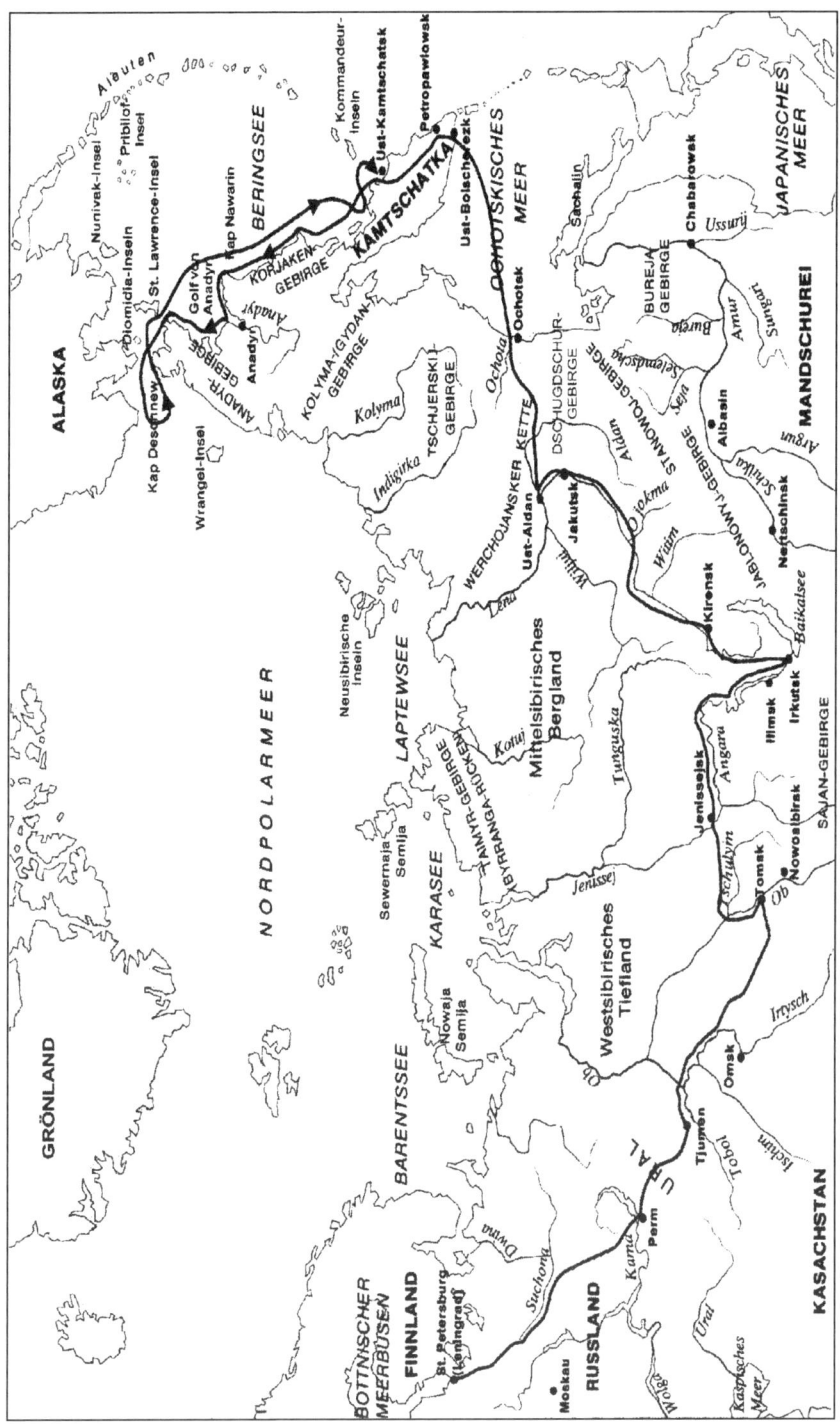

Berings erste Forschungsreise 1725-1730

Archangelsk am Weißen Meer abkommandiert, wo er das neu gebaute, mit 52 Kanonen bestückte Schiff *Selafail* übernahm und es, nun als Kapitän dritten Ranges, nach Kopenhagen überführte. 1716 segelte Bering als Kommandant der *Perle*, als Teil einer alliierten Flotte nach Bornholm. 1720 wurde er zum Kapitän zweiten Ranges befördert. Als 1722 nach dem „Frieden von Nystad" die russischen Marineveteranen befördert wurden, wurde Bering übergangen. Gekränkt reichte er im Januar 1724 die Bitte um seinen Rücktritt ein, mit dem Wunsch, in sein eigenes Land zurückkehren zu können. Einen Monat später wiederholte er seine Bitte. Am 26. Februar wurde dieser stattgegeben und Bering ging im Range eines ersten Kapitäns und mit zwei Monaten Sold in Pension. Er hatte 21 Jahre treu und ergeben, aber eher unauffällig, als russischer Marineoffizier gedient. Auf seiner Heimreise nach Dänemark kam er aber nur bis Wyborg. Es wurde ihm wohl bewusst, dass er finanziell seine Familie nicht unterhalten konnte. Dagegen hätte ihn der Rang eines Konteradmirals hingegen finanziell abgesichert. So bat er Peter den Großen nach fünf Monaten, ihn wieder in die russische Kriegsmarine mit gleichem Rang aufzunehmen. Seine Bitte wurde von seinem alten Freund Sievers, nun Vizeadmiral in der russischen Marine und seinem Schwager, Konteradmiral T. Sanders[93], unterstützt. Der Zar gab daraufhin dem Admiralskollegium Anweisung, Bering wieder mit seinem alten Rang anzunehmen. Bering leistete am 3. Oktober 1724 erneut den Eid und wurde nach Kronstadt gesandt um dort das Kommando der *Lesnoe* (dasselbe Schiff, dass er zuletzt kommandiert hatte) zu übernehmen.

Im Anschluss hat sich Bering möglicherweise selbst für die Kamtschatka-Expedition vorgeschlagen. Wahrscheinlich, weil sie einerseits einen schnelleren Weg zur Beförderung darstellte und andererseits die Möglichkeit für einen persönlichen Erwerb von Pelzen bot. Die Tatsache, dass er viel Tauschware für Pelze mitnahm und eine Beschlagnahmung seiner persönlichen Habschaften (angeordnet vom Admiralskollegium während seiner Anreise durch Sibirien) unterstützen diese Annahme. Dass die Wahl letztendlich tatsächlich auf ihn fiel, hat er wiederum wahrscheinlich seinem Freund, dem dänischen Admiral in russischen Diensten, Sievers, zu verdanken.

Die Rekrutierung für die Expedition war im Januar 1725 komplett. Da Bering zu dieser Zeit bei seiner Familie weilte, übernahm einer seiner

---

93 Britischer Marineoffizier, der 1718 in den russischen Dienst eintrat. Sanders war mit einer Schwester Bering's verheiratet.

beiden Hauptoffiziere, Leutnant Alexei Iljitsch Tschirikow[94], die Überwachung der Expeditions-Ausstattung. Man entschied sich, nur Dinge von St. Petersburg mitzunehmen, die man in Sibirien nur schwer bekommen konnte. Der Rest sollte später nach Kamtschatka geschafft werden. Am 24. Januar 1725 setzte sich eine lange Reihe von 25 Schlitten (nur mit Tschirikow als Leiter) für die 10.000 km lange Reise nach Kamtschatka in Bewegung. Am 6. Februar 1725 verließen auch Bering und sein anderer Hauptoffizier, der Däne Martin Spanberg, St. Petersburg in Richtung Sibirien. Die schriftlichen Instruktionen Peter des Großen hatte Bering im Gepäck. Er war zu diesem Zeitpunkt der Einzige der Expedition, der sie im Detail kannte.

Zwei Tage später, am 8. Februar 1725, starb Zar Peter I., der Große, an den Folgen einer vernachlässigten Erkältung, im Alter von nur 52 Jahren. Er hatte insgesamt 15 Kinder gezeugt, von denen 12 vor ihm gestorben waren.[95] Seine zweite Frau, Katharina I., wurde Zarin Russlands. Sie folgte den ausdrücklichen Wünschen ihres Mannes und unterstützte die Expedition auch weiterhin.

Nach einer langen und ereignisreichen Reise erreichte die Expedition endlich Ochotsk am Pazifischen Ozean. Bering hatte 52 Mann verloren, sieben waren gestorben, 47 waren zum Teil wegen der Brutalität Spanbergs desertiert oder fortgeschickt worden.

Im Juni 1727 war das erste Schiff in Ochotsk fertig gestellt worden. Man gab ihm den Namen *Fortuna*, in der Hoffnung auf eine bessere Zukunft. Das Schiff war ein typisches russisches *Shitik*, ein Kleinschiff, bestehend aus Birkenholzplanken, die mit einem Weidenrutengeflecht zusammengehalten wurden. Im September erreichte die Besatzung nach Überquerung des Ochotskischen Meeres die Mündung des Bolschaja Flusses im Südwesten Kamtschatkas. Dort bekam das Schiff ein Leck. Mit der Flut kamen sie flussaufwärts und schlugen sich nach Bolscheresk durch, einer, für die Verhältnisse in Kamtschatka, größeren russischen Siedlung, mit damals immerhin 17 Gebäuden. Der Plan war, von Bolscheresk über Werchne-Kamtschatsk nach Nischne-Kamtschatsk zu gelangen. Dieser Ort lag direkt an dem in den Pazifik fließenden Kamtschatka- Fluss. Dort konnte man überwintern und dann, im darauf folgenden Sommer, ein neues Schiff für die weitere Reise nach Norden bauen.

---

94 Auf die Person Tschirikows soll im nächsten Kapitel noch näher eingegangen werden.
95 Von den drei überlebenden Kindern starb Nathalie nicht einmal einen Monat später, am 4. März. Sie wurde gemeinsam mit ihrem Vater beigesetzt. So haben ihn praktisch nur 2 seiner 15 Kinder überlebt.

Am 13. Juli 1728 schließlich segelte die *St. Gabriel* mit 44 Mann an Bord langsam den Kamtschatka-Fluss hinab, dreieinhalb Jahre nach der Abreise von St. Petersburg.[96]

Die Küste entlang segelnd, sichteten sie Wale, Seelöwen, Walrosse und Delfine. Am 8. August, etwa auf Breitengrad 64°32', trafen sie unweit der Küste auf ein Boot mit acht einheimischen Tschuktschen. Diese erzählten Bering von einer Insel im Osten, die man nur bei sehr klarem Wetter sehen konnte. Am 10. August sichteten sie diese Insel, der sie nach dem Heiligen des Tages, den Namen St. Lawrence-Insel gaben (heute USA). Sie gingen allerdings nicht an Land. Als sie etwa Breitengrad 65°30' erreicht hatten, noch weit entfernt von Kap Deschnew, rief Bering seine Offiziere, Tschirikow und Spanberg, zu sich und breitete vor ihnen die schriftlichen Instruktionen Peters des Großen aus. Es kam zu einer Diskussion, ob man weiter nach Norden segeln oder besser umkehren sollte, da der Expeditionszweck, so argumentierte Bering, bereits erreicht war. Das, was Bering von den Tschuktschen gehört hatte, ließ nach seiner Meinung nur eine Schlussfolgerung zu: Amerika und Asien mussten voneinander getrennt sein.[97] Man konnte also kein weiteres Land mehr im Norden erwarten. Somit hatte man wohl offensichtlich die Trennungsstraße zwischen Asien und Amerika schon durchfahren.

Bering hatte zwar grundsätzlich Recht mit seiner Annahme. Er wusste jedoch zu diesem Zeitpunkt nicht, dass sich das Land sehr wohl noch weiter erstreckte und erst die Passage vorbei am östlichsten Kap Asiens, dem Kap Deschnew, seine Annahme hätte stützen können. Zu dem Zeitpunkt der Konferenz der Expeditionsoffiziere lag Bering somit, wie sich später herausstellte, zwar richtig, aber er hatte für seine Annahme keine handfesten Beweise. So bat er seine Offiziere darum, schriftlich ihre Meinung zu diesem Thema abzugeben.

Tschirikow wies in seiner schriftlichen Antwort darauf hin, dass man nicht wüsste, wie weit nördlich die Küste Asiens verlaufen würde. Obwohl sie jetzt nach Westen „weglaufen" würde, hätte sie im Norden jederzeit wieder „zurückkommen" und sehr wohl eine Landbrücke mit Amerika bilden können. Es bestand also seiner Meinung nach die Möglichkeit, dass man jetzt unbekannterweise lediglich in eine große Bucht hineinfuhr. Man würde erst eine definitive Antwort haben, wenn man

---

96 Die *Fortuna* hatte es noch um die Südspitze der Halbinsel nach Nischhne-Kamchatsk geschafft, wurde aber nicht auf die Reise mitgenommen.

97 Die Tschuktschen hatten Bering berichtet, dass das Land nach Westen hin quasi „verschwinden" würde. Bezogen auf ihren Blickwinkel (vom Kap Tschuktschen aus) hatte dies sicherlich seine Richtigkeit.

entweder im Norden auf Eis träfe oder um die Ostspitze Asiens herum nach Westen segelnd, in bekanntes russisches Gebiet am Kolyma Fluss gelangen würde. Tschirikow schlug vor, weiter der Küste zu folgen, alles andere hielt er für eine Missachtung der Anweisungen Peter des Großen. Auch Spanberg hatte in seinem einen Tag später gelieferten Bericht[98] leichte Zweifel geäußert und schlug als Kompromiss vor, noch weitere zwei Tage nach Norden zu segeln.

Dieser Vorfall war bezeichnend für Bering. Nie sonderlich an der Wissenschaft interessiert, unterwarf er sich auch keinerlei Beweispflicht. Man muss es klar ausdrücken. Wäre die Reise allein nach Berings Wunsch verlaufen, dann hätte man die nach ihm benannte Straße nicht einmal durchfahren. Es ist vor allem Tschirikow zu verdanken, dass diese Reise ein solches Ergebnis brachte. Man kann noch einen Schritt weiter gehen. Tschirikow gab außerdem in seiner Antwort den Rat, falls nötig, sich einen Überwinterungsplatz zu suchen und dorthin zu segeln, wo „Wälder waren". Nun, auf der Tschuktschen-Halbinsel gab es auf dieser nördlichen Höhe keine Wälder. Was er meinte, war Amerika, das nicht weit entfernt sein konnte. Sie hatten nämlich vorher auf dem Weg durch Sibirien in dem Dorf Ilimsk einen Bericht von dem dortigen Verwalter Peter Iwanowitsch Tatarinow gehört. Dieser hatte von 1713 an, für einige Jahre, in Anadyrsk Ostrog und auf Kamtschatka gearbeitet. Er kannte die örtlichen Bedingungen gut und hatte Informationen aus erster Hand. Die einheimischen Tschuktschen hatten klar von Wäldern gesprochen. Wäre man dem Rat Tschirikows gefolgt, wäre man schon 1728 auf dem amerikanischen Festland gewesen – und Bering hätte vielleicht einen anderen, leichteren Tod gefunden.

Am 14. August segelte man durch die engste Stelle[99] der Beringstraße. Durch Nebel und tief hängende Wolken konnte man zunächst weder die asiatische Küste, noch eine der Diomedes-Inseln sehen, die inmitten der Beringstraße lagen. Dann plötzlich, als der Himmel sich für einen Moment etwas aufklärte, sichtete man im Süden Land. Dies konnte nur die Große Diomedes-Insel sein, heute Ratmanow-Insel genannt, 35 km vom Kap Deschnew entfernt. Gleich neben ihr lag die Kleine Diomedes-Insel (USA), nur einen geografischen Steinwurf (3,5 km) voneinander getrennt.[100] Und nur weitere 35 km westlich lag das amerikanische Festland, am Kap Prince of Wales.

---

98 Übrigens in Deutsch, da sein Russisch nicht besonders gut war.
99 Etwa 85 km trennen hier Asien von Amerika.
100 Heute verläuft die Grenze zwischen Russland und den USA sowie die internationale Datumslinie zwischen diesen beiden Inseln.

Kurze Zeit später tauchte im Nordwesten, ca. 24 km entfernt, gebirgiges Land auf – das Ostkap (Kap Deschnew).

Bering entschied, dass dies der östlichste Punkt Asiens sein musste (womit er Recht hatte). Somit, so meinte er, hatte er bewiesen, dass es zwischen Asien und Amerika keine Verbindung gab (womit er Unrecht hatte – es war zwar faktisch der Fall, aber längst nicht bewiesen). Zur Sicherheit segelte er noch zwei Tage nach Norden und als er kein Land mehr sichtete, entschied er sich, unter teils fadenscheinigen und risikoscheuen Argumenten umzudrehen.[101] In der Tat eine merkwürdige Entscheidung, war man doch so nahe, eine über jeden Zweifel erhabene, wissenschaftlich abgesicherte Gewissheit zu erlangen. Es scheint schier unverständlich, warum Bering, nach dreieinhalb Jahren Strapazen und dem Verlust so vieler Menschen, so kurz vor dem Ziel, umkehrte. Warum überhaupt erst losfahren, möchte man fragen.

Auf der Rückreise Richtung Süden, sah man im Westen Land, die asiatische Küste. Im Osten, in der Richtung, in der Amerika liegen musste, sichtete man in einer Entfernung von ca. 25 km „Land mit hohen Bergen, von dem wir glauben, das es eine Insel ist", schrieb Tschirikow in das Wachbuch. Hierbei handelte es sich aber erneut um die Ratmanow-Insel.

Auf der weiteren Fahrt sahen sie einige einheimische Tschuktschen an Land und einmal kamen 40 von ihnen in vier Booten zum Tauschhandel längsseits des Schiffes. In der darauf folgenden Unterhaltung wurden sie von der Besatzung gefragt, ob es in diesem Landstrich Inseln oder Land im Meer, gegenüber von ihrem Land (dem der Tschuktschen) geben würde. „Uns gegenüber (!) sprechen die Menschen die gleiche Sprache, die wir Tschuktschen sprechen", antworteten sie. Bering war sicherlich ein intelligenter Mann. Er musste ahnen, ja fast sicher sein, dass Amerika nicht sehr weit sein konnte. Und doch konnte er sich nicht zu dem entscheidenden Vorstoß durchringen.

Am 2. September erreichte die *St. Gabriel* wieder den Kamtschatka-Fluss. Die 51-tägige See-Expedition war vorbei. Bei der Rückkehr erfuhr Bering vom Tod der Zarin Katharina I. und ihrem Nachfolger, Zar Peter II. Bering musste hier auf Kamtschatka überwintern und hatte somit Zeit genug, über die Reise des vorangegangenen Sommers nachzudenken. Möglicherweise war er dabei zu dem Ergebnis gekommen,

---

101 Bering gab an, aus Angst vor einer möglichen Strandung des Schiffes im Nebel oder vor einem Auflaufen auf einen Felsen, nicht weiterfahren zu wollen. Diese Angst ist zwar nicht ganz von der Hand zu weisen, trifft aber auf jeden Seefahrer in unbekanntem Gebiet zu.

Abb. 2:
Einwohner der
Kamschatka-Halbinsel.
Zeitgenössischer,
handcolorierter Stich.

dass die Admiralität den Erfolg seiner Expedition keinesfalls so positiv bewerten würde wie er. Dies hätte den nächsten Schritt der Beförderung, den er dringend brauchte um sorglos in Pension gehen zu können, gefährdet.

Während dieses Aufenthaltes auf Kamtschatka hörte er einige interessante Berichte. Zum einen wurde ihm von einem schmalen Boot erzählt, in dem einige Japaner an Kamtschatkas Südküste angelandet wurden. Zum anderen hatten ihm die Einheimischen von einem Land erzählt, welches man an klaren Tagen im Osten sehen konnte.[102] Auf der Insel

---

102 Da die nächsten Inseln, die Kommandeurs-Inseln, ca. 185 km von Kamtschatka entfernt waren und auch bei klarstem Wetter nicht gesehen werden können, handelt es sich hier wahrscheinlich um das in der Seefahrt wohl bekannt Phänomen von Meeresspiegelungen (vergleichbar mit Fata Morganas in Wüsten).

Karaginsk[103] hatte Bering von einem Einheimischen erfahren, dass es dort, wo er herkam, Pinien und auch Föhren geben würde. Auf Kamtschatka gab es diese Bäume nicht. In der Tat waren des Öfteren derartige Baumstämme an die Küste der Insel angeschwemmt worden. Die Tschuktschen erzählten Bering, dass die bärtigen Menschen, die östlich der Tschuktschen-Halbinsel lebten, ihnen Marderfelle zum Verkauf bringen würden.

Bering kam so zu dem Schluss, dass er es vielleicht noch einmal versuchen sollte. Im Frühjahr 1729 rüstete er deshalb die *St. Gabriel* noch einmal aus und segelte am 5. Juni zunächst in südöstlicher Richtung in den Pazifik hinaus. Drei Tage später jedoch gab Bering die Hoffnung auf und kehrte um. Zu diesem Zeitpunkt befand er sich in der Nähe der zu den Kommandeurs-Inseln gehörenden, später nach ihm benannten Bering-Insel, ohne sie jedoch zu sichten. Er sollte später auf dieser Insel seinen Tod finden.

Über Ochotsk und quer durch Sibirien erreichte er am 28. Februar 1730 wieder St. Petersburg, fünf Jahre nachdem er es verlassen hatte. Dort verfasste er für die Admiralität zwei Berichte, die auch die exzellenten Aufzeichnungen Tschirikows beinhalteten. Sie wurden jedoch mit Skepsis aufgenommen, ja es wurde sogar festgestellt, dass die Bestätigung der Trennung Asiens von Amerika zweifelhaft und nicht zuverlässig war. Wie auch immer, die Ergebnisse der Expedition waren in anderer Hinsicht großartig. Zum ersten Mal konnte eine zuverlässige Karte, beruhend auf genauen Messungen, erstellt werden.[104] Weite Teile der Küsten Kamtschatkas und der südlichen Tschuktschen-Halbinsel waren nun bekannt und kartografiert. Man bekam eine genauere Vorstellung über die Organisation einer solchen Forschungsreise von St. Petersburg bis in die letzten Zipfel des Reiches. Die Schüler der von Peter dem Großen errichteten Schulen zeigten hier zum ersten Mal ihr ganzes Können.

Bering/Tschirikow und die zweite Kamtschatka Expedition

In St. Petersburg hatte sich in der Zwischenzeit einiges getan. Katharina I. war 1727 gestorben, ihr Nachfolger und Enkel, Peter II. starb ebenfalls bereits am 19. Januar 1730 und mit ihm starb die männliche Linie

---

103 Der nördlichen Kamtschatka-Halbinsel nur ca. 20 km vorgelagert.
104 Die Genauigkeit der Angaben auf dieser Karte wurde 50 Jahre später von Kapitän James Cook ausdrücklich gelobt.

der Romanows aus. Anna Iwanowa, eine Nichte Peter des Großen, trat 1730 seine Nachfolge an. Weder Katharina I. noch Peter II. hatten den Enthusiasmus Peter des Großen geteilt, wohlmöglich auch im Hinblick auf die durch Kriege arg gelittene Staatskasse. Die europäischen Nationen, insbesondere England und Frankreich, beobachteten das sich entwickelnde Russland sehr argwöhnisch. Es lag die Gefahr eines größeren Konflikts in der Luft. Russland hatte sich mit den riesigen Gebieten im Fernen Osten eine neue Einnahmequelle gesichert. Auch war dieses Gebiet strategisch von Bedeutung, da Russland die neuen europäischen Kolonien im Pazifikraum bedrohen konnte. Doch Russland hatte ein Problem zu lösen. Die genauen Umrisse Sibiriens und dessen Entfernung von Amerika waren nicht genau bekannt. Auch war man sich nicht sicher, wie weit die Europäer schon entlang der amerikanischen Pazifikküste nach Norden vorgedrungen waren. Wie groß war dieses Vakuum an der amerikanischen Küste, an der noch keine europäische Macht zur Stelle war? Und wie groß war ein mögliches Handelspotenzial mit Japan oder vielleicht sogar mit China über eine Nordmeer/Pazifikroute? So wurde trotz aller finanzieller Bedenken die weit reichende Entscheidung getroffen, den Fernen Osten noch genauer zu erkunden, endgültig Russland einzuverleiben und durch eine Pazifikflotte abzusichern. 1732 wurde ein großartiges Programm für die Erforschung Fernosts beschlossen. Es hatte zwei Hauptziele, die mit der zweiten Kamtschatka-Expedition, besser bekannt als die „Große Nordische Expedition", erreicht werden sollten: Erstens, die genauere Erforschung der Nordküste Sibiriens einschließlich der Möglichkeit, eine Seehandelsroute vom Weißen Meer nach Kamtschatka aufzubauen. Zweitens, die Erkundung Nordamerikas und die Kontaktaufnahme mit Japan[105]. Peter der Große hätte seine wahre Freude daran gehabt, zu sehen, wie konsequent das, was er angefangen hatte, nun ausgebaut wurde.

---

[105] Man hatte in der Zwischenzeit etwas mehr Informationen aus erster Hand von diesem Land erfahren. Dank eines Zwischenfalls, der sich 1729 ereignet hatte. Davon erfuhr auch wie erwähnt Bering, während er auf Kamtschatka weilte. Ein großes japanisches Handelsschiff, beladen mit Reis, Seide, Papier und Rosenholz war auf seinem Weg von der Provinz Satsuma (Südspitze der Insel Kyuschu) nach dem Handelszentrum Osaka auf Grund widriger Winde stark vom Kurs abgekommen und nahe Kap Lopatka an der Südspitze Kamtschatkas gestrandet. Fünfzehn der siebzehn Schiffbrüchigen wurden von einer Kosakenbande sofort getötet. Die zwei Überlebenden, der 36-jährige Kaufmann Suza und der 11-jährige Gonza erreichten nach fünfjähriger Odyssee St. Petersburg, wo sie sich in einer Audienz bei Kaiserin Anna bereits in Russisch unterhielten. Später waren sie als Lehrer tätig, nachdem die erste japanische Sprachschule 1736 von der Akademie der Wissenschaften in St. Petersburg gegründet worden war.

Die Entfernung Sibiriens von Amerika kannte man in der Zwischenzeit etwas genauer. 1725 berichtete Afanasi Melnikow, ein staatlicher Jasak-Eintreiber, von einem Treffen mit zwei Männern auf der Tschuktschen-Halbinsel. Diese hatten Teile von Walrosszähnen durch ihr Gesicht gebohrt und erzählten von einer Meeresinsel, die eine Tagesreise von der Tschuktschen-Halbinsel entfernt liegen würde. Diese Insel war ihrerseits eine weitere Tagesreise von dem „Großen Land" entfernt, in dem Zobel, Füchse, Biber, Flussvielfraß, als auch Luchs und Rehwild vorkamen. Auch gab es verschiedene Arten von Wäldern und Rentiere sowie „Fuß-Eingeborene". Etwas mehr Aufklärung brachte 1732 die Reise von Michail Gwosdew und Iwan Fedorow auf der *St. Gabriel*. Sie durchfuhren die Beringstraße, entdeckten hierbei die beiden Diomedes-Inseln wieder und sahen am 21. August als erste Europäer das Kap Prince of Wales – das amerikanische Festland. Von einem Einheimischen, der in seinem Kajak zu ihnen ruderte, wurden sie auf das „große Land mit Wäldern, Flüssen und Tieren" aufmerksam gemacht. Obwohl Gwosdew und Fedorow wahrscheinlich nicht an Land gingen, kannte man nun die Entfernung zwischen den beiden Kontinenten zumindest auf diesem Breitengrad.

1733 wurden die Pläne und deren Ausführung verfeinert und das Personal für die zweite Kamtschatka-Expedition bestätigt. Das ganze Programm wurde in sieben Sonderkommandos aufgeteilt. Die Gesamtführung wurde wiederum Bering übertragen, erneut mit Tschirikow und Spanberg als seinen Assistenten. Man war sich den Schwächen Berings bewusst. Er war jedoch ohne Zweifel ein erfahrener und verlässlicher Marineoffizier, der aus seiner ersten Expedition die Gegend und die Gefahren kannte. Mit Tschirikow hatte er nunmehr einen der besten russischen Offiziere seiner Zeit zur Hand, auf dessen Urteilsvermögen er in Zeiten wichtiger Entscheidungen vertrauen konnte.

Alexei Iljitsch Tschirikow wurde 1703 geboren. Sein Vater war Kommandant der Kiew-Region. Er besaß bedeutende Liegenschaften und führte einen großen Haushalt mit zwanzig Dienern. Alexei war nicht besonders kräftig gebaut, aber zäh und voller Energie und Durchhaltevermögen. 1715 trat er der von Peter dem Großen gegründeten Schule für Mathematik und Navigation bei, an der u.a. der russische Mathematiker Magnitski[106] unterrichtete. 1716 wechselte Tschirikow an die gerade gegründete Marineakademie in St. Petersburg über. Zu dem umfangreichen Lehrstoff gehörten Unterrichtsfächer wie Arithmetik, Geome-

---

106 Leonti Magnitski veröffentlichte 1703 sein grundlegendes Werk *Arithmetika*.

Abb. 3:
Alexei Iljitsch
Tschirikow, 1703-1748.
Begleiter Berings auf
seinen beiden Reisen.

А.И. ЧИРИКОВ

trie und Algebra, aber ebenso die folgenden Fächer: Trigonometrie, Navigation, Führen des Logbuches, Astronomie, Geodäsie[107], Artillerie, Zivilgesetzgebung, Schiffsbau und Marinearchitektur, Takelage und eine Auswahl aus sieben Sprachen[108]. 1721 schloss Tschirikow diese Ausbildung mit Auszeichnung ab. Er wurde direkt zum Unterleutnant befördert und der baltischen Flotte zugeordnet. Ende 1722 begann er selbst eine Karriere als Lehrer an der Marineakademie, an der die zukünftigen Offiziere der russischen Kriegsmarine erzogen wurden. Der später bekannte russische Gewässerkundler Alexej I. Nagaew wurde sein Assistent. 1724 genehmigte Peter der Große einen Vorschlag der Admiräle Sievers und Seniawin, Tschirikow auf eine Expedition zu schicken. Er wurde zum Leutnant befördert und dem Kapitän Vitus Bering unterstellt. Jetzt nach seiner Rückkehr von der ersten Expedition wurde er zum Kapitänleutnant und zwei Jahre später, noch während der Vorbereitungen zur zweiten Expedition, zum Kapitän dritten Grades befördert. Während die Vorbereitungen für die große geplante See-Expedition nach Amerika andauerten, erforschte und kartografierte das erste

---

107 Wissenschaft und Technik von der Vermessung der Erde.
108 Englisch, Französisch, Deutsch, Schwedisch, Dänisch, Italienisch und Latein.

Sonderkommando von 1734 bis 1737 die Nordküste Sibiriens vom Petschora-Fluss bis an den Ob. Das zweite Sonderkommando unter einem der erfahrendsten Offiziere, Dimitri L. Owtsyn, erreichte vom Ob aus 1737 die Mündung des Jenissei und schipperte von dort flussaufwärts bis Turuchansk, wo sie überwinterten.[109] Das nächste Sonderkommando unter Fedor Minin untersuchte die Küste östlich der Jenissei Mündung bis zum Kap Sterlegow[110] an der Tajmyr-Halbinsel. Weitere Sonderkommandos erkundeten die Küste von der Lena Mündung bis zur Tschuktschen-Halbinsel, verfehlten jedoch das Ziel. Sie wollten wie Deschnew, das nach ihm benannte Kap, von Osten kommend, umrunden.[111] Doch insgesamt gesehen, erreichten diese von Bering organisierten Sonderkommandos Hervorragendes. So gelangte z.B. auf einer der Bootsreisen Semen Tscheljuskin bis an das nach ihm benannte Kap auf 77°34', dem nördlichsten Punkt Eurasiens[112].

Als ein gesonderter Teil der Expedition wurden ebenfalls Wissenschaftler der Russischen Akademie der Wissenschaften in St. Petersburg eingeladen, Kamtschatka zu erforschen. Es waren die Professoren Gerhard Friedrich Müller[113], Johann Georg Gmelin[114] und Louis de L'Isle de la Croyère[115], die dem Ruf folgten. Außerdem wurde der junge Student der Slawisch-Griechisch-Lateinischen Akademie in Moskau, Stepan Petrowitsch Krascheninnikow mitgenommen. Diese Wissenschaftler reisten getrennt nach Sibirien. Gemeinsam erreichten sie 1735 Irkutsk, von wo aus sie eine Erkundungsreise in das Amur-Gebiet unternahmen. Im folgenden Jahr erreichten sie Jakutsk, wo der kranke Müller sich jedoch entschied, zunächst nach Irkutsk zurückzukehren[116]. Gmelin begleitete ihn. De la Croyère wollte die Mündung der Lena erforschen.

---

109 Auf seiner Rückkehr wurde er in Tobolsk wegen seiner Verbindungen zu Prinz Dolgoruki, der unter Hochverratsverdacht stand, festgenommen und zum einfachen Matrosen degradiert. Man schickte ihn zu Vitus Bering, der auf dem Weg nach Sibirien war.
110 Benannt nach dem zweiten Steuermann auf dieser Reise.
111 Insbesondere sind hier zu nennen Wasili M. Pronchischchew (fand den Tod), Peter Lasinius (schwedischer Immigrant, fand ebenfalls den Tod) und die beiden Laptev Brüder, Khariton und Dimitri.
112 Wie bemerkenswert das Erreichen dieses Punktes ist, ersieht man bei einem Blick auf die Karte. Kap Tscheljuskin entspricht etwa der Breite von Thule – im Norden Grönlands.
113 Deutscher Historiker aus Herford, Westfalen (1705-1783).
114 Deutscher Botaniker aus Tübingen, Württemberg (1709-1755).
115 Französischer Astronom, Bruder des Hauptastronomen der Akademie, Joseph Nicholas, der später als mutmaßlicher Spion Frankreichs ausgewiesen wurde.
116 In den Archiven von Jakutsk fand Müller den vergessenen Bericht von Deschnew über seine Durchquerung der Beringstraße im Jahre 1648 wieder.

Krascheninnikow wurde nach Kamtschatka vorausgeschickt, um die Ankunft der sich bis dahin hoffentlich wieder erholten Professoren vorzubereiten. Er überquerte das Meer von Ochotsk nach Bolscheresk in der alten und lecken *Fortuna*, die Bering auf seiner ersten Reise hatte bauen lassen. Das Schiff wurde bei der Ankunft in Kamtschatka nach einem schweren Erdbeben aufgegeben, wobei auch Krascheninnikow alles was er für sich und die Wissenschaftler bei sich hatte, verlor. Trotzdem begann er gleich wissenschaftlich zu arbeiten und erforschte drei Jahre lang, fast immer allein, in einer großartigen Leistung Kamtschatka. Ab September 1740 arbeitete er mit dem Wissenschaftler Georg Wilhelm Steller[117] zusammen. Steller war später als die anderen zu der Expedition gestoßen und hatte die Reise durch Sibirien nach Kamtschatka allein geschafft. Eine Einladung von Bering, ihn auf der Schiffsexpedition nach Amerika zu begleiten, nahm er an.

Als Krascheninnikow nach Sibirien zurückreiste, traf er Müller und Gmelin. Diese hatten unterdessen gebeten, von der Expedition entbunden zu werden. Sie sollten, auch später, nie nach Kamtschatka gelangen. Nach Stellers Tod wurde Krascheninnikow 1750 sein Nachfolger als Professor für Naturgeschichte und Botanik an der Akademie. In seinem Hauptwerk verfasste er eine exzellente Geschichte und Beschreibung Kamtschatkas, indem er Stellers und seine Aufzeichnungen miteinander verband. Aber auch Krascheninnikow starb an den Spätfolgen der Expedition 1755 im Alter von 44 Jahren.

Als weiteres Sonderkommando der Expedition wurde nun Spanberg auf den Weg geschickt. Er hatte die Aufgabe, die Kurilen und die Insel Sachalin zu erkunden und freundschaftliche Beziehungen zu Japan aufzunehmen. Am 18. Juni 1738 verließ Spanberg Ochotsk mit drei Schiffen und segelte über das Meer an die Mündung des Bolschaja Flusses auf Kamtschatka. Nachdem er dort mehr Proviant an Bord genommen hatte, segelte er am 6. Juli in Richtung Süden. Spanberg entdeckte und kartografierte fast 30 Inseln der Kurilen. Am 20. Juli verloren sich die Schiffe im Nebel und führten die Reise getrennt weiter. Als der Herbst hereinbrach, kehrten alle Schiffe nach Kamtschatka zurück. Im darauf folgenden Jahr setzte Spanberg mit vier Schiffen erneut aus. Sie erreichten den 42. Breitengrad, auf dem nach Angaben des Hauptastronomen de L'Isle das sagenhafte „Da-Gama-Land"[118] liegen sollte. Als sie aber

---

117 Deutscher Arzt und Botaniker aus Windsheim, Franken (1709-1746).
118 Benannt nach dem portugiesischen Seefahrer Joao da Gama (eine mögliche Verwandtschaft mit dem berühmten Seefahrer Vasco da Gama ist nicht sicher). Er wurde 1589 dabei erwischt, als er illegal mit den Spaniern auf dem Schwarzen Markt han-

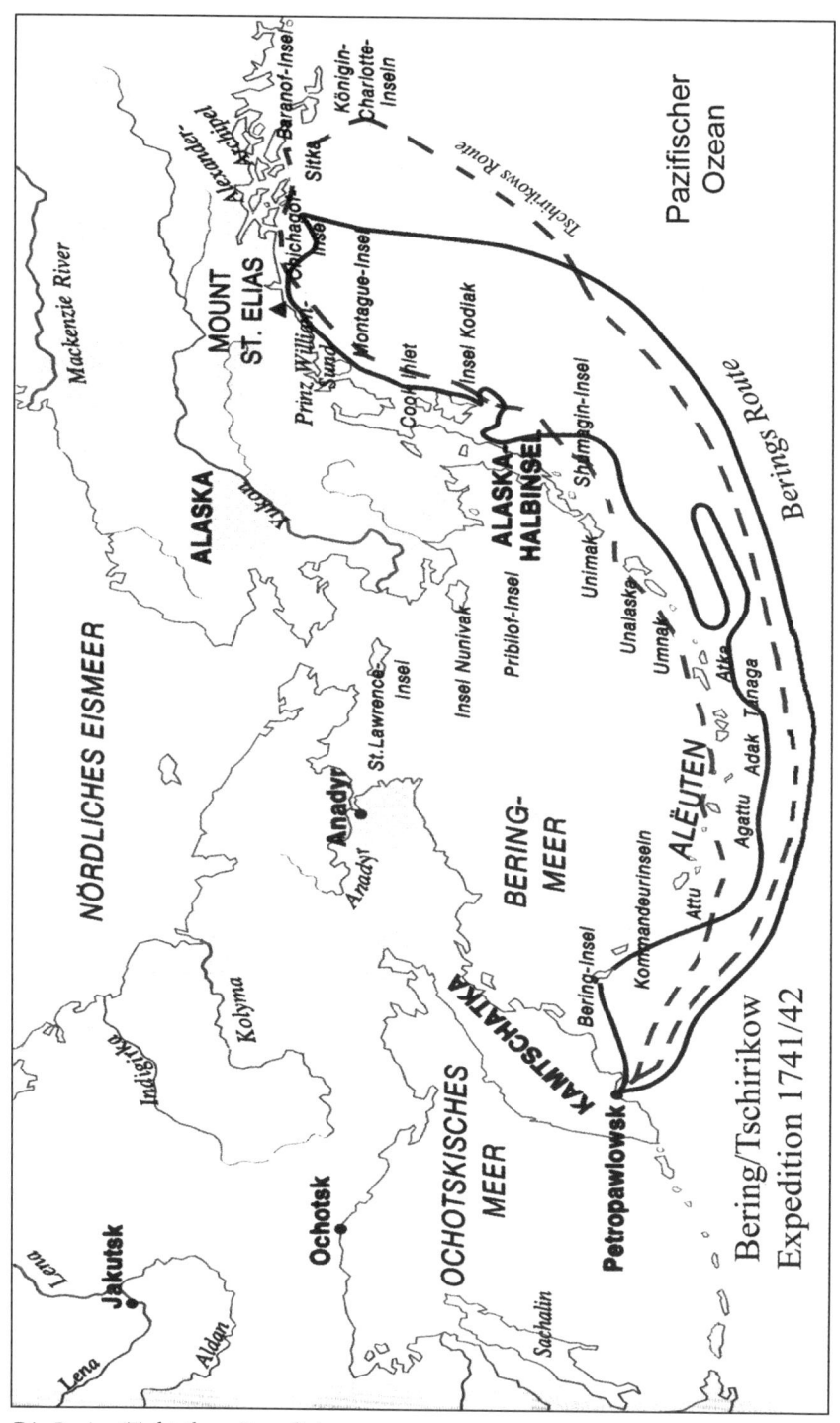

Die Bering/Tschirikow Expedition

kein Land entdeckten, entschieden sie sich auf Breitengrad 39 aufzugeben und direkt westwärts Richtung Japan zu segeln. Am 16. Juni 1739 erreichten sie eine der Kurilen-Inseln und folgten ihrer Küstenlinie weiter nach Süden. Im Juli kamen sie an der nördlichsten japanischen Insel Hokkaido an, wo sie Geschenke mit den freundlichen Japanern austauschten. Nach mehreren Stürmen erreichten sie wieder Bolscheresk und befanden sich am 14. August 1739 wieder in Ochotsk.

Nach dem Eintreffen aller Expeditionsbeteiligten, einschließlich der verbliebenen Wissenschaftler, wurden im Sommer 1740 die beiden Paketschiffe *St. Peter* und *St. Paul* in Ochotsk fertig gestellt. Am 8. September wurde Ochotsk in Richtung Kamtschatka verlassen, wo man am 6. Oktober in der geschützten Awatscha Bucht an der Südostküste Kamtschatkas ankam. Dort wurde ein Hafen gebaut und nach den beiden Schiffen, Petropawlowsk, genannt. Während der Überwinterung machten die Expeditionsteilnehmer interessante Beobachtungen und erlebten vier Erdbeben. Am 4. Juni 1741 setzten sich die beiden Schiffe von der Awatscha Bucht aus in Bewegung. Ihre Richtung war zunächst Südost, um ein für alle Mal die Existenz des „Da-Gama-Landes" zu klären.[119] Auf der *St. Peter* unter dem Kommando von Bering standen 77 Mann, darunter der schwedische Leutnant Sven Waxell, Steller und Owstyn. Auf der *St. Paul* unter Tschirikow segelten 75 Mann, darunter Leutnant Tschichatschew, Schiffsmeister Dementew und der Astronom de la Croyere, dem Tschirikow zutiefst misstraute und den er fast völlig ignorierte. Als man am 12. Juni kein Land gefunden hatte, wurde die Suche einvernehmlich aufgegeben und ein Kurs Nordost gefahren. Am 20. Juni wurden beide Schiffe etwa auf dem 49. Breitengrad in schlechtem Wetter getrennt. Gegen 3 Uhr morgens am 21. Juni, sahen die Männer der *St. Paul* Berings Schiff, die *St. Peter*, noch einmal nördlich, für etwa zwei Stunden, bevor es sich endgültig von ihnen entfernte. Sie sollten das Schiff nie wieder sehen.

Nach drei Tagen gab Tschirikow die Suche nach der *St. Peter* auf und segelte allein in Richtung Amerika. Auf einem östlichen, dann nordöstlichen Kurs, sah er um 2 Uhr am Morgen des 16. Juli 1741 Land. Es

---

delte. Um nicht in Ketten nach Portugal zurückgeschickt zu werden, entschied er sich, über den Pazifik direkt nach dem spanischen Acapulco zu segeln. Dabei behauptete er, dass er nördlich von Japan Land gesehen hätte (bestenfalls die Kurilen). Bei seiner Ankunft in Acapulco 1590 wurde er jedoch verhaftet und später in Sevilla vor ein Gericht geführt. Der Name des sagenhaftes Landes blieb als ‚Da-Gama-Land' haften und erschien auf Karten.

119 Gegen den Willen von Tschirikow, der dieses sagenhafte Land für ein Hirngespinst hielt.

waren die Umrisse der Baker-Insel auf dem 55. Breitengrad[120]. Ein aus-
gesetztes Landungsboot bestätigte jedoch, dass es keine geeignete Bucht
gab um an Land gehen zu können. So wurde die Reise in nördlicher
Richtung, dicht an der Küste entlang, fortgesetzt. Zwei Tage später entdeckten sie am 58. Breitengrad die Necker-Insel, am Eingang zum Sitka
Sund. Tschirikow schickte den Schiffsmeister Dementew mit zehn
bewaffneten Männern an Land. Aber auch nach sieben Tagen kam
Dementew nicht zum Schiff zurück. Dann bemerkten sie ein Feuer am
Strand. Sie nahmen an, dass das Landungsboot beschädigt war und
Dementew deshalb nicht zum Schiff zurückkonnte. Am nächsten Tag,
das Feuer am Strand war schon lange wieder erloschen, sandten sie
einen Schiffszimmermann und einen Kalfakter[121], begleitet von zwei
Matrosen, zusammen mit allem Werkzeug in einem kleinen Boot an
Land. Aber auch sie verschwanden spurlos.

Einen Tag später ruderten zwei Boote mit Einheimischen auf Tschirikows Schiff zu. Die Einheimischen winkten und riefen, kamen aber
nicht näher und ruderten schon bald zum Strand zurück. Die Crew kam
zu dem Urteil, dass Demetew und seine Männer von den Eingeborenen
getötet worden waren. Trotzdem wartete Tschirikow noch eine Nacht
und einen Tag und segelte dann weiter. Die Männer wurden nie wieder
gesehen.[122] Die Russen hatten vielleicht einen ersten Vorgeschmack von
den Einheimischen an dieser Küste bekommen. Am 26. Juli sahen sie
voller Bewunderung in der Nähe der Lituya Bucht die hohen schneebedeckten Berge des heutigen Glacier-Bay-Nationalparks. Doch schon
einen Tag später entschieden sie sich, nach Kamtschatka zurückzukehren. Die meisten der Männer litten bereits unter Skorbut und das Trink-
wasser war knapp geworden. Während der Rückreise trafen sie einige
Male sowohl auf Inseln, als auch auf die amerikanische Küste[123] und
hielten pflichtbewusst alles was sie sahen schriftlich fest.

---

120 Die Russen haben in späteren Disputen, besonders mit den Spaniern, immer
darauf bestanden, dass wegen der Landung Tschirikows auf diesem Breitengrad, alles
nördlich davon russisches Gebiet war.
121 Bezeichnung für jemanden der allerlei Arbeiten und Dienste verrichtet. Unter
„kalfatern" (arab.-niederl.), einem Ausdruck aus der Seemannssprache, verstand
man das abdichten der Fugen von hölzernen Schiffswänden.
122 Im Jahre 1822 sandte der russische Minister in Washington, Chevalier de Poletica, eine Depesche an den amerikanischen Außenminister, in der er behauptete: „Im
Jahre 1789 fand das spanische Schiff *San Carlos,* kommandiert von de Haro, auf den
Breitengraden 58 und 59 insgesamt 8 russische Siedlungen mit 20 Familien und 462
Personen. Das waren die Nachfahren von Tschirikows Verschwundenen." Diese
Aussage ist mehr als zweifelhaft.
123 Kenai-Halbinsel, Kodiak-Insel und die Albatross Bank.

Am 9. September liefen sie fast auf die Felsenküste der Adakh-Insel auf, die größte der Andreanow Gruppe, mitten in der Kette der Aleuten-Inseln. Hier hatten sie zum ersten Mal Kontakt mit den Aleuten. Auch die Boote der Eingeborenen sahen sie hier zum ersten Mal, von deren Seetüchtigkeit sie sehr beeindruckt waren. Um so viel ursprüngliche Gegenstände der Einheimischen mitbringen zu können wie möglich, tauschten sie die begehrten Messer und eine Axt in einen der eigenartigen Hüte der Aleuten sowie in Vogelfedern, Seelöwenbarthaare und vier Pfeile. Einer dieser Pfeile, mit denen die Einheimischen Vögel und Meerestiere jagten, war aus Zypressenholz. Essbare Wurzeln wurden gegen Kekse eingetauscht. Außerdem nahmen sie etwas Frischwasser auf, das ihnen in großen Tierblasen an Bord gebracht wurde. Am nächsten Tag segelten sie weiter. Der Skorbut forderte nun viele Opfer. Am 22. September sahen sie wieder Land. Es war die Insel Agattu, die vorletzte der Aleuten-Inseln. Trotz der Krankheiten an Bord untersuchten sie die Insel und sahen zum ersten Mal, seit Kamtschatka, wieder Seeotter. In einiger Entfernung tauchte die letzte der Aleuten-Inseln, Attu, auf. Tschirikow war nun ernsthaft krank und übergab das Kommando an seinen Steuermann, den zuverlässigen Iwan Elagin[124]. Am 12. Oktober segelten sie wieder in den Hafen von Petropawlowsk. Dort erfuhren sie, dass Spanberg von einer weiteren Japanreise zurückgekehrt war, man von Bering jedoch nach wie vor kein Lebenszeichen erhalten hatte.

Dieser hatte nach der Trennung von Tschirikow ebenfalls noch drei Tage vergeblich nach diesem gesucht und war dann auf Ost- bis Nordkurs Richtung Amerika gesegelt. Am 17. Juli, anderthalb Tage nach Tschirikow, sichteten sie auf Breitengrad 59°40' in etwa 30 km Entfernung zum ersten Mal Land. Als sie der Küste zwischen der heutigen Yakutat Bucht und der Ice Bay näher kamen, tauchte vor ihnen der beeindruckende, 5.489 m hohe, St. Elias Berg auf. Sie folgten der Küste und nahmen am folgenden Tag große Wälder wahr, die bis an die Küste reichten. Weiter nach Nordwesten fanden sie am 20. Juli die bergige Kajak-Insel, die völlig von einem Tannen- und Fichtenwald bedeckt war. Am Abend wurde der Schiffsmeister Kitrow mit weiteren 11 Mann an Land geschickt. Zur selben Zeit ging Steller in einem kleinen Boot ebenfalls an Land. Als Kitrow mit seinen Männern zurückkam, berich-

---

124 Tschirikow schrieb später, dass er sich damals schon auf den Tod vorbereitet hatte und es nur Elagin zu verdanken war, dass sie wieder Kamtschatka erreicht hatten.

tete er von Hütten auf der Insel und mehreren Feuerstellen. Steller gelang es während dieses 10-stündigen Aufenthaltes, unglaubliche 160 Arten von Pflanzen und Tieren zu beschreiben. Die Männer nahmen frisches Wasser auf und hinterließen aus Dankbarkeit einige Textilien, zwei Tabakspfeifen und ein Pfund Tabak in einer der Hütten. Bering sollte nie erfahren, dass ca. 600 km südöstlich, Tschirikow zur selben Zeit 15 seiner Männer verlor.

Am nächsten Tag entschieden sich die Männer ebenfalls, nach Kamtschatka zurückzukehren. Auch Bering hatte stark mit Skorbut und Trinkwasserknappheit zu kämpfen. Nach stürmischem Wetter und dichtem Nebel liefen sie am 2. August fast auf die Tschirikow-Insel auf, südwestlich der Kodiak-Insel. Bering selbst war bereits sehr krank und hatte das Kommando an Leutnant Waxell abgegeben. Am 29. August ankerten sie in einer kleinen Inselgruppe, um Frischwasser aufzunehmen. Hier starb der allseits beliebte Matrose Schumagin, sodass sie die Inselgruppe zu seinen Ehren Schumagin-Inseln tauften. Sie gingen an Land und tauschten Geschenke mit den einheimischen Aleuten aus. Diese wurden von ihnen als ziemlich groß und gut gewachsen, mit rot, manchmal blau angemalten Gesichtern und Gras in der Nase beschrieben. Auch sie sahen hier zum ersten Mal die schnellen, wendigen Boote der Einheimischen, die sie *Baidarka* nannten. Sie gaben einem älteren Einheimischen eine Tasse Wodka, den dieser nach dem ersten Schluck mit einem fürchterlichen Schrei wieder ausspuckte. Das Vertrauen der Aleuten verlierend, kehrten die Russen auf ihr Schiff zurück. Einen Tschuktschen, den sie als Übersetzer mitgenommen hatten, behielten die Aleuten als Geisel. Er konnte sich jedoch später selbst befreien. Als sie am Morgen des 6. September abreisen wollten, kamen zwei Baidarkas nahe an das Schiff und überbrachten Geschenke.

In den folgenden zwei Monaten hatte die *St. Peter* schlechtes Wetter und konträre Winde. Auf Grund von dichten Wolken konnten sie weder die Sonne noch die Sterne beobachten und wussten nicht mehr, wo sie waren. Einen fürchterlichen Sturm, der 17 Tage andauerte, beschrieb Steller später: „Jeden Augenblick erwarteten wir die Zerstörung des Schiffes. … Die eine Hälfte der Crew lag krank und schwach danieder, die andere … war fast wahnsinnig geworden von den furchtbaren Bewegungen des Schiffes und der See."

Sie sichteten am 25. September und noch einmal am 12. Oktober Inseln. Am 4. November sahen sie Land mit einem schneebedeckten Berg – Kamtschatka! Aber als sie näher kamen, stellte sich heraus, dass sie sich geirrt hatten, es war nicht Kamtschatka, sondern eine der Komman-

Abb. 4: Aleuten mit ihren Baidarkas, russischer Stich.

deurs-Inseln[125], später Bering-Insel genannt. Alle an Bord litten unter Skorbut und Trinkwassermangel. Keiner war mehr in der Lage, das Schiff zu führen. So entschlossen sie sich, an Land zu gehen. Einige der Männer starben schon bald. Sie sandten mehrere Erkundungstrupps aus, die Seeotter und Füchse beobachteten. Da sie nicht an Menschen gewöhnt waren, zeigten die Tiere keinerlei Angst. Aufgrund dieser und auch weiterer Beobachtungen vom Gipfel des Berges aus schloss man, dass man sich wohl auf einer Insel befand. Diese war ganz mit Schnee bedeckt und die Saison der starken Fröste hatte gerade begonnen.

Am 8. Dezember befahl der todkranke Bering, ihn bis zum Hals in den Boden einzugraben, um ihn warm zu halten. Stunden später war er tot.[126] Die anderen Männer überlebten, indem sie Seeotter, Pelzrobben und Seekühe[127] aßen und deren Felle sie sammelten. Einmal fanden sie

---

125 Vor der Küste Kamtschatkas auf dem 55. Breitengrad. Bestehend aus der ca. 90 km langen Bering-Insel und der kleineren ca 50 km langen Mednyy-Insel (Kupfer-Insel). Heute russisch, gehörten sie aber geologisch zur Aleutenkette.

126 Sein Grab wurde 1991 durch eine dänisch-russische Expedition gefunden und die Überreste zur forensischen Untersuchung nach Moskau gebracht. Unter anderem wurde nach dem Schädel sein Gesicht rekonstruiert. 1992 wurden seine Überreste wieder auf der Bering-Insel begraben.

127 Nach dem Wissenschaftler „Stellers Seekuh" genannt (bereits nach 27 Jahren, 1768 ausgestorben). 1999 fand man Knochen auf der Buldir-Insel, der westlichsten der Rat-Insel-Gruppe. Diese lassen die Annahme zu, dass die Seekühe bereits von

einen gestrandeten Wal. Steller riet ihnen im Frühling, zur Bekämpfung des Skorbuts, frisches Gras zu essen, das sie auch zur Teezubereitung benutzten. Steller war unermüdlich und stellte während dieser neun Monate einen Katalog von 218 Pflanzen und Tieren der Insel zusammen. Aus der auf einem Untergrundfels gestrandeten *St. Peter* zimmerten sie sich unter Anleitung des Kosaken Starodubtsew ein kleines Schiffsboot, das sie ebenfalls *St. Peter* nennen. Am 13. August verließen 46 Überlebende unter Leutnant Waxell die Insel und erreichten am 27. August Petropawlowsk.[128]

Im Frühjahr desselben Jahres hatte Tschirikow in Petropawlowsk darüber nachgedacht, noch einmal nach Amerika zu segeln. Obwohl er und seine Mannschaft immer noch nicht bei bester Gesundheit waren, überholten sie die *St. Paul* und stachen am 2. Juni noch einmal in See. Am 9. Juni sichteten sie Land, das Tschirikow bald als die äußerste Aleuten-Insel, die Attu-Insel wieder erkannte, die Insel die er bereits ein Jahr zuvor gesehen hatte. Am 17. Juni jedoch beschlossen sie, nach Kamtschatka zurückzukehren. Sie waren einfach zu schwach und das Risiko wäre zu groß gewesen. Fünf Tage später sichteten sie eine weitere Insel, deren Berge Schnee bedeckt waren und deren steile Küsten vor ihnen auftauchten. Da sie nicht an Land gingen, konnten sie nicht wissen, dass die Überlebenden der *St. Peter* zur gleichen Zeit auf dieser Insel als letzte Verzweiflungstat ein kleines Boot aus den Überresten ihres Schiffes zusammenzimmerten. Am 1. Juli 1742 erreichte die *St. Paul* wieder die Awatscha Bucht. Später wurde festgestellt, dass sich die Routen der *St. Peter* und der *St. Paul* mehrmals gekreuzt hatten, tragischerweise nie zur selben Zeit. Die Expedition hatte viele Opfer gefordert.[129] Auch

---

den nach Westen vorrückenden Aleuten auf ihr letztes Refugium, die Kommandeurs-Inseln, zurückgedrängt worden waren und somit bereits im Aussterben begriffen waren. Die Russen haben diesen Prozess nur beschleunigt.

128 Auf Empfehlung Waxells wurde Starodubtsew später in den nicht vererbbaren sibirischen Adel aufgenommen.

129 In seinem unermüdlichen Forscherdrang bereiste Georg Wilhelm Steller unmittelbar nach seiner Rettung den Norden der Kamtschatka-Halbinsel zu Fuß und auf Hundeschlitten über Hunderte von Kilometern. Dabei wäre er einmal fast umgekommen, als das Eis unter ihm plötzlich nachgab. Steller überwinterte bei den einheimischen Kamtschadalen und geriet bald in Konflikt mit den örtlichen Behörden über deren Behandlung durch die Russen. Als er einige in Gewahrsam genommene Kamtschadalen freiließ, wurde formal eine Anklage vorbereitet, die ihn der Anführung einer Rebellion bezichtigte. 1744 machte er sich endlich auf die lange Rückreise nach St. Petersburg. Auf dem Weg wurde sein Fall in Irkutsk entschieden und Steller freigesprochen. Als er den Ural auf dem weiteren Heimweg bereits überquert hatte, wurde er zunächst ohne ersichtlichen Grund festgenommen. Schon bald

Tschirikow sollte nicht verschont bleiben. Bei seiner Rückkehr 1746 wurde er zum Direktor der Marineakademie ernannt. Kurze Zeit später erfolgte eine Berufung in das Moskauer Büro des Admiralitätskollegiums. Dort starb Tschirikow, der sich von den Strapazen seiner Expeditionen nie richtig erholte hatte, Ende November 1748 im Alter von 45 Jahren an Tuberkulose. Er hinterließ zwei Söhne und drei Töchter.

Diese zweite Kamtschatka-Expedition war sicherlich eines der größten Forschungsunterfangen, welches die Menschheit bis dahin unternommen hatte. Insgesamt waren etwa 10.000 Menschen an der Vorbereitung und Durchführung beteiligt. Es gebührt Bering die uneingeschränkte Ehre, ein solches Unterfangen geplant, organisiert und die entscheidende Reise auch selbst ausgeführt zu haben. Man darf nicht übersehen, dass Russland zu diesem Zeitpunkt eine Landmacht mit kaum seemännischer Erfahrung war[130]. Trotz dieser großartigen Leistung bleibt jedoch nüchtern festzustellen, dass Bering weder der erste bekannte Mensch war, der die nach ihm benannte Straße zwischen Asien und Amerika durchfahren hatte (das war Deschnew 1648), noch war er der Erste, der die Aleuten (das war Tschirikow am 9. September 1741, Adakh-Insel), oder auch Alaska gesichtet hatte (das war die Gwosdew/Fedorow Expedition 1732). Er hätte wahrscheinlich mehr erreichen können, wäre er nicht so zurückhaltend und übervorsichtig gewesen. Letzten Endes mangelte es ihm an einem „expansiven Forschergeist". Tragischerweise kostete ihn später nicht Courage, sondern Entschlusslosigkeit und Zaudern das Leben.

---

wurde jedoch klar, dass die Nachricht von seinem Freispruch St. Petersburg noch nicht erreicht hatte, sodass von dort eine neue Festnahmeverfügung gegen ihn ausgesprochen worden war. Er befand sich somit wieder zurück auf dem Weg nach Sibirien, um vor Gericht zu erscheinen, diesmal als Gefangener. Schließlich wurde der Gefangenentransport von einem Kurier überholt, der die Nachricht von Stellers Freispruch überbrachte. Endlich ein freier Mann, machte Steller sich zurück auf den Weg nach St. Petersburg. Er kam aber nur bis Tjumen, wo er 1746 an einem Fieber starb und an einem Steilufer des Tura Flusses begraben wurde. Aber schon kurze Zeit später machten sich Räuber über sein Grab her, stahlen den Umhang, in dem er gelegen hatte und überließen den Leichnam den Hunden und Wölfen.

130 Erst 1749 veröffentlichte das mathematische Genie Leonhard Euler, der an der St. Petersburger Akademie lehrte, das erste grundlegende Werk über Schiffbau und Navigation *Scienta navalis seu tractatus de construendis ac dirigendis navibus*.

Entlang der Aleuten[131] bis zur Kodiak-Insel

Die Expedition hatte außer dem großen wissenschaftlichen Interesse, dass ihr entgegengebracht wurde, noch einen ganz anderen Effekt. Die Nachricht, dass die Überlebenden des Bering-Schiffes erstklassige Felle von Seeottern mit sich brachten, lief wie ein Lauffeuer um die Halbinsel. Kamtschatka war zu diesem Zeitpunkt bereits mit Jasak-Eintreibern und privaten Fallenstellern durchdrungen. Man konnte hier, wie auch in anderen Regionen Sibiriens absehen, dass es bald nicht mehr genug Felle geben würde. Noch gab es sie, aber die Chance neue Jagdgründe zu erkunden, wurde von den Wagemutigen mit Begeisterung aufgenommen. Einer dieser Männer war Emelian Basow. Er kommandierte eine kleine Einheit von Kosaken in dem gleichen Ostrog, in dem Bering auf seiner ersten Reise das Schiff *St. Gabriel* am Kamtschatka-Fluss gebaut hatte. Basow hatte schnell begriffen, dass man nur die ca. 185 km herüber zur Bering-Insel segeln musste, um an die begehrten Felle zu kommen. Aber er hatte ein Problem. Er konnte zwar die Männer, die eine solche Jagd benötigte, organisieren, aber er hatte nicht das Geld, um ein Schiff für die Überfahrt zu bauen. Es gelang ihm jedoch den Pelzhändler Andrej Serebrennikow zu überreden, als Teilhaber einzusteigen. Im Sommer 1743 hatte Basow sein Schiff, ein typisches russisches Shitik, fertig gestellt und gab ihm den Namen *St. Kapiton*. Mit einer Reihe von Promyschlenniks machten sie sich als erste Pelztierjäger, die über offenes Meer zur Jagd fuhren, auf den Weg zur Bering-Insel. Sie überwinterten auf der Insel und kehrten 1744 wieder zurück. Die Fahrt war so erfolgreich, dass Basow sich zu einer zweiten Fahrt entschloss.[132] Wir wissen noch von einer dritten und vierten Reise Basows, diesmal aber mit seinem neuen Partner Trapeznikow. Spätestens nach der letzten Reise war es zu geschäftlichen Streitigkeiten zwischen Basow und seinem neuen Partner gekommen. Diese führten letztlich zur Trennung der geschäftlichen Verbindung. Nichtsdestoweniger hatte Basow eine Unmenge Geld verdient. Er widmete sich nachfolgend der Erschließung von Kupfervorkommen, die auf der Mednyi-Insel vermutet wur-

---

131 Die Aleuten sind eine 1.800 km lange Inselkette, die die Bering See im Norden vom offenen Pazifik im Süden trennen. Sie bestehen aus 14 großen und 96 größeren Inseln sowie einer Vielzahl Inselchen und aus dem Meer ragenden Felsen. Das insgesamt 37.840 km² große Gebiet wird in vier Hauptinselgruppen eingeteilt; Fox-, Andreanow-, Rat- und Near-Inseln.
132 Diese brachte 1.600 Otterfelle, 2.000 Pelzrobbenfelle und 2.000 Blaufuchsfelle ein. Die Ware hatte den für damalige Verhältnisse phänomenalen Wert von 200.000 Rubel.

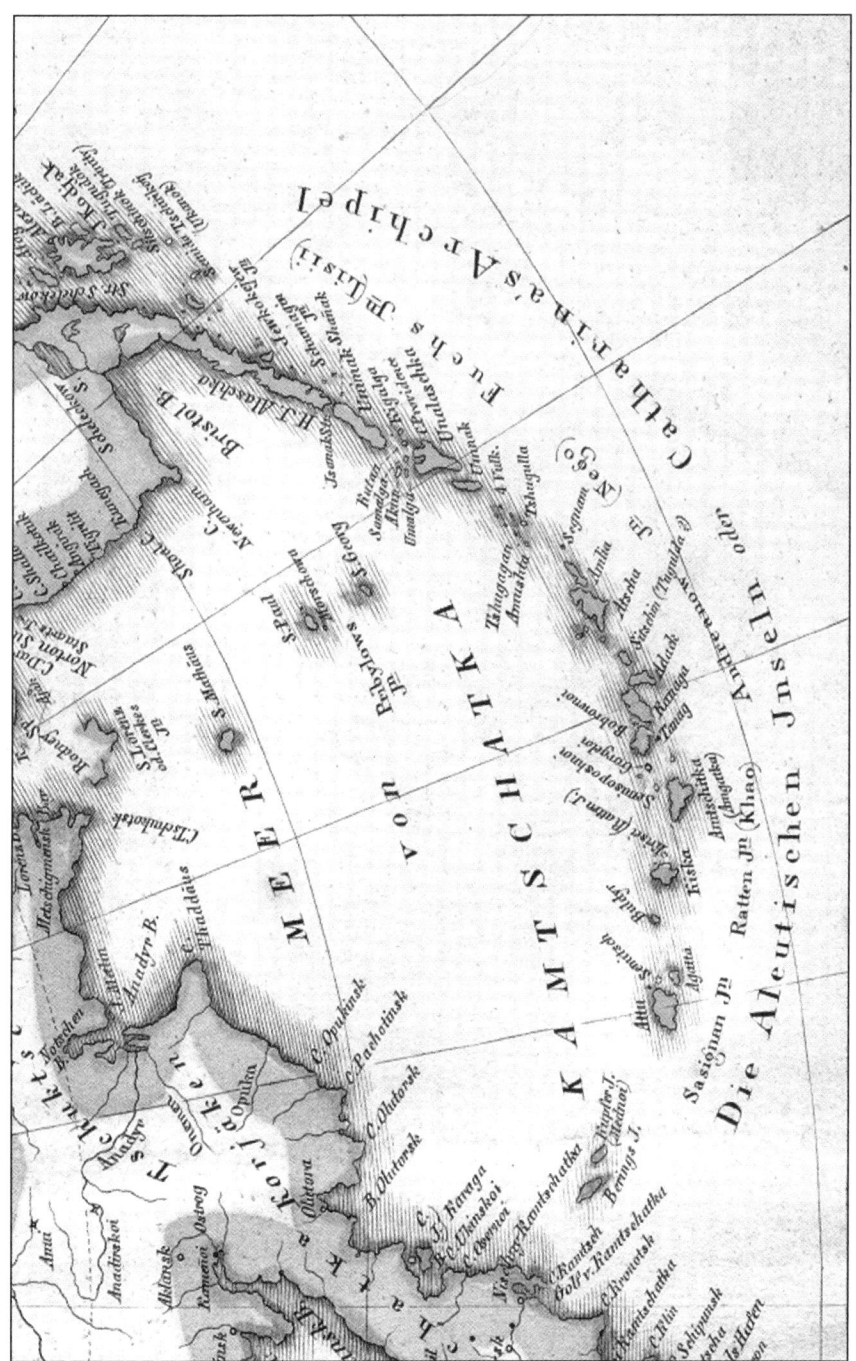

Auf dieser frühen deutschen Karte (1823), die noch nicht die später einheitlichen Bezeichnungen aufweist, erkennt man deutlich die Rolle der Aleuten als Verbindung zwischen Sibirien und Alaska.

den. Dazu reiste er intensiv auf eigene Kosten sogar bis St. Petersburg. Doch niemand interessierte sich für seinen Bericht. So geschah es, dass Basow, einst einer der reichsten Männer Kamtschatkas, bettelarm wurde. Doch es kam noch schlimmer. Besessen von seiner „Kupferidee", begann er, Münzen nachzumachen und wurde 1756 prompt als Fälscher erwischt. In Irkutsk zu harter Arbeit verurteilt, wurde Basow zuvor noch öffentlich ausgepeitscht. Er starb wahrscheinlich um 1765 als Strafgefangener in den Bergwerken von Nertschinsk im Amurgebiet.

Andere hatten zunächst abgewartet, wie die erste Reise Basows ausgehen würde. Als sie jedoch seine Beute sahen, begannen sich sofort andere Partnerschaften zu formen, die Shitiks für eine Überfahrt bauten. Man erinnerte sich auch an die Informationen der Tschirikow Gruppe, die von weiteren Inseln östlich im Meer gesprochen hatte. 1745 gab der Kommandant von Kamtschatka den beiden Kaufleuten Tschabewskoi und dem vormals erwähnten Trapeznikow die Erlaubnis, eine Expedition zu den Aleuten auszurüsten. Sie gaben ein großes Shitik in Auftrag, dass sie nach der ersten Frau Peter des Großen, *Eudoxia*, tauften. Zum Expeditionsleiter wurde Yakow Chuprow ernannt, der eine Crew von etwa sechzig Männern, darunter auch Einheimische, zusammenbrachte. Steuermann war der junge Michael Newodtschikow, der den Vorteil hatte, schon bei der letzten Bering-Expedition mit dabei gewesen zu sein. Sie starteten etwas spät in der Saison und verließen Kamtschatka erst am 25. September 1745. Sechs Tage später sichteten sie zum ersten Mal Land. Es war die äußerste Aleuten-Insel Attu, die Tschirikow vorher schon zweimal gesehen hatte. Aus irgendeinem Grund entschieden sie sich jedoch erst am nächsten Tag auf der ca. 35 km entfernten Agattu-Insel zu landen. Die Insel war etwas kleiner als die Attu-Insel, hatte aber einen nicht so hohen Berg.[133] Vielleicht hatte man auch auf Agutta Anzeichen für eine Besiedlung gesehen. Man brauchte diese erfahrenen Einheimischen, die Aleuten, um den Ertrag dieser Reisen noch zu erhöhen. So ankerten sie für die Nacht unweit der Insel. Am nächsten Morgen sahen sie um die hundert Aleuten[134] am Strand, die mit erhobenen

---

133 Die Aleuten sind im Grunde genommen die Bergspitzen einer durch tektonische Verschiebungen entstandenen nordpazifischen Gebirgskette, die vom alaskanischen Festland bis zur Halbinsel Kamtschtka verläuft. Sie beherbergen auch heute noch Vulkane und gehören zum pazifischen *Ring of Fire*.

134 Die ersten Aleuten besiedelten die Inseln von Alaska kommend seit etwa 2000 v. Chr. Ihre Sprache kannte drei Dialekte und sie waren mit den Eskimos in Sprache, Rasse und Kultur eng verwandt. Als die Russen sie erstmals erreichten, lebten etwa

Abb. 5: Eingeborener Aleute.

Speeren und Pfeilen, wahrscheinlich nach Aleuten Tradition, einen
Willkommenstanz aufführten. Die Russen waren sich jedoch nicht ganz
sicher, was dieses eigentümliche Verhalten zu bedeuten hatte. Sie warfen
ihnen Pakete mit kleinen Geschenken zu. Die Aleuten warfen ihnen
ihrerseits frisch getötete Vögel zurück. Chuprow orderte daraufhin
seine Leute an Land, bewaffnet mit Musketen und der Ermahnung auf
der Hut zu sein. Sie waren bald von den Aleuten umringt und verteilten
Tabak und Pfeifen. Obwohl die Aleuten nichts damit anzufangen wuss-

---

25.000 Aleuten auf den Inseln, heute sind es noch etwa zwischen 2.000 und 8.000,
einschließlich der etwa 350 auf den russischen Kommandeurs-Inseln. Aleuten ist ihr
russischer Name, sie selbst nennen sich *Unangas*, was in etwa „die Menschen"
bedeutet (analog der Selbstbezeichnung *Inuit* für Eskimo).

ten, gaben sie ihnen als Gegengeschenk einen Stock, der als Kopf einen geschnitzten Robbenschädel hatte. Sie erwarteten nun ein weiteres Geschenk und zeigten auf die Musketen. Aber Chuprow hatte nun genug von diesem lächerlichen Spiel und verweigerte ärgerlich jede Annäherung oder gar das Betasten einer Muskete. Die Aleuten erschraken vor diesem Benehmen und zogen sich einige Schritte zurück. Sie begannen ihr typisches Geheul und machten die Russen nur noch nervöser, die es jetzt an der Zeit fanden, wieder zurück auf ihr Schiff zu gelangen. Wie auch immer, es entwickelte sich ein Handgemenge bei dem mindestens einer der Russen die Nerven verlor und einen Aleuten erschoss. Die Russen zogen sich gänzlich zurück, segelten zur Insel Attu und gingen dort an Land. Irgendwie war jedoch die Nachricht über das Ereignis auf der Nachbarinsel bereits zu den Einheimischen vorgedrungen. Sie zogen sich bei Erscheinen der Russen sofort in das Innere der Insel zurück. Es gelang jedoch dem Russen Schekurdin zwei dieser Aleuten zu fangen und zu Chuprow zu bringen. Sie wurden gut behandelt und mit der Zeit kam das Vertrauen der Aleuten langsam zurück. Sie empfingen kleine Geschenke und stimmten sogar zu, Geiseln zu stellen, welche die Russen immer forderten, wenn sie auf unbekannte Einheimische stießen. Die Russen errichteten auf der Insel mehrere Lager, da sie bereits gesehen hatten, wie viele Seeotter sich in den umliegenden Gewässern tummelten. Aber in einem der Lager brach der Frieden abrupt ab. Es ging höchstwahrscheinlich um Frauen, welche die Russen einfach gegen kleine Geschenke erhalten konnten. Im Verlauf dieser Auseinandersetzung wurden 15 einheimische Aleuten erschossen. Als einzige Reaktion nach dem Erhalt dieser Nachricht im Hauptlager bekamen die Männer von ihrem Anführer Chuprow lediglich neue Munition zugesandt.[135]

Während des ganzen Sommers über wurden Pelztiere gejagt und erst im September 1746 verließ man die Insel wieder, beladen mit reicher Beute. Die Rückreise dauerte nicht sechs Tage wie die Hinreise, sondern wegen der in dieser Saison stark aufkommenden Gegenwinde sechs Wochen. Am Ende war das Schiff so sehr beschädigt worden, dass man es auf einer kleinen Insel vor der Küste Kamtschatkas aufgeben musste. Zwölf Russen verloren dabei ihr Leben und nur 300 Seeotterpelze konnten gerettet werden. Trotzdem wurde die Reise als ein Erfolg gesehen. Man muss jedoch sagen, dass das Verhalten von Männern eines Schlages wie

---

135 Aber in Bezug auf diesen Vorfall gab es später ein Gerichtsverfahren gegen Chuprow und seine Konsorten.

Chuprow leider symptomatisch und nicht die Ausnahme war. Auch seine Nachfolger zeichneten sich durch eine unnötige Brutalität aus, die viele Aleuten das Leben kostete.

Die Russen lebten wie kleine Könige. Nachdem sie üblicherweise ihre Schiffe am Strand festgemacht hatten, bauten sie sich aus Strandholz und allem was sie sonst noch finden konnten, ein Lager. Sie kleideten sich nicht nur wie die Aleuten, sondern sie aßen auch das Gleiche wie sie (u.a. Tran und Speck der Meeressäugetiere). Sie nahmen sich die Frauen der Aleuten, während die Männer auf der Jagd für sie waren, diese bezahlten sie dann wie es ihnen passte (oft in Eisen, das auf diesen Inseln sehr begehrt war).

Zur Ehrenrettung sei jedoch gesagt, dass sich nicht alle derart benahmen, es gab auch andere Beispiele. Der Kaufmann Andrian Tolstyk baute sich 1750 auf eigene Kosten das Shitik *St. Johannes* und segelte mit seiner Crew von Promyschlenniks, mit einem Zwischenstopp auf der Bering-Insel, zur Attu-Insel. Er behandelte den Häuptling der dortigen Aleuten mit Respekt und überreichte ihm als Geschenk einen Kupferkessel und russische Kleidung. In weiser Voraussicht führte er auf der Insel arktische Füchse ein, die er von der Bering-Insel mitgenommen hatte. Um überwintern zu dürfen, bot er den Aleuten einen guten und fairen Preis für die Felle an, die sie für ihn fingen. Er kam mit der außerordentlichen Beute von 5.000 Otterfellen zurück, die ungefähr 500.000 Rubel wert waren. Leider war Tolstyk trotz dieses Erfolges ein Einzelfall.[136] Auch Anstrengungen der russischen Regierung die Missstände aufzuheben, scheiterten letztendlich. So wurde Tolstyk zum Beispiel, die 10%ige Steuer, die er an den Staat zu entrichten hatte, erlassen. Aber kaum einer seiner Nachfolger sah dies als ausreichenden Anreiz für die Zukunft. Die administrative Aufsicht über die Inseln wurde sogar nach Ochotsk verlegt. Aber trotzdem war dieser Ort mehr als 2.000 km Seefahrtslinie von der nächsten Aleuten-Insel entfernt. Über Schiffe, die auf dem Weg zu den Aleuten waren, hatte man keinerlei Kontrolle mehr, wenn sie einmal den Hafen verlassen hatten. Die einzige Abschreckung, die dem Befehlshaber von Ochotsk zur Verfügung stand, war die Androhung von Bestrafungen. Man versuchte auch, die Einheimischen vor ansteckenden Krankheiten zu schützen. Dies war ein altes Gesetz, dass schon Peter der Große in Kraft gesetzt hatte und

---

136 Tolstykh zeigte den Einwohnern Attu's 1758 die Jagd auf Seeotter mit Netzen und nahm zwei Jahre später die erste Zählung des Aleuten Volkes auf der Insel Adakh vor. Er starb 1765 auf der Fahrt zu den Kurilen als sein Schiff verunglückte und außer drei Mann, alle an Bord ertranken.

in dem härteste Strafen für Zuwiderhandlungen angedroht wurden. Jeder Teilnehmer einer Fahrt zu den Aleuten musste bevor er sein Schiff betrat, vor dem Kommandanten von Ochotsk schwören, dass er völlig gesund war. Trotzdem konnte nicht verhindert werden, dass z. B. in einer Pockenepidemie (Blattern) zwei Drittel der einheimischen Bevölkerung von Kamtschatka ausgelöscht wurden.

Mit den Einheimischen durfte nicht mit hochprozentigen Getränken gehandelt werden. Das Einzige erlaubte alkoholische Getränk war *Kwass*, eine Gebräu aus fermentiertem Korn, Früchten oder Sonstigem, das zur Gärung gebracht werden konnte. Dieser Trank wurde schon seit langem als Vorsichtsmaßnahme gegen Skorbut benutzt.

Auf der anderen Seite forderte man von den Aleuten Jasak. Bereits 1748 hatte Zarin Elisabeth per Dekret verfügt, dass auf jedem Schiff, das die Aleuten anlief, ein Jasak-Eintreiber an Bord sein musste. Das Konzept der Tributzahlung war den Aleuten im Gegensatz zur sibirischen Bevölkerung völlig neu. Sie hatten in ihrer Geschichte nie einer anderen Macht unterstanden. Für sie war Jasak nur eine Ausrede, billig und ohne viel Aufwand an Felle heranzukommen. Der ihnen durch die Tributzahlungen versprochene Schutz wurde selten eingehalten und bekam durch verantwortungsloses Verhalten einen bitteren Beigeschmack. Jasak-Eintreiber wie Gavril Puschkarew waren zum Beispiel für den Tod von 23 Aleuten Mädchen und einer größeren Anzahl anderer Verbrechen verantwortlich. Zum Glück für die Russen wehrten sich die Aleuten zwar vehement, aber nicht so ausdauernd wie die Tschuktschen. Diese machten es den Russen über Jahrzehnte derart schwer, Jasak zu einzusammeln, dass diese seit 1764 immer mehr darauf verzichteten.[137]

Da die Felle mit der Zeit auf Kamtschatka und sogar auf der Bering-Insel knapp wurden, waren die Russen gezwungen, immer weiter die Aleutenkette hinaufzufahren. Dass dort mehr Inseln lagen, wusste man von der Bering/Tschirikow Expedition. Auch fand man immer mehr bestätigt, was schon Tschirikow vermutet hatte: Es musste mit den Aleuten eine Inselgruppe existieren, die bis an das amerikanische Festland führte. Dessen Küste führte dann wahrscheinlich in einem weiten Bogen bis hinunter zum 55. Breitengrad, wo Tschirikow zum ersten

---

137 Übrigens wurde aus dem selben Grund per Dekret von Zarin Katharina II. seit 1779 darauf verzichtet, Jasak von den Ureinwohnern Japans, den Ainu, einzutreiben, die die südlichen Gebiete der Kurilen und Sachalins bewohnten. Die Tschuktschen haben bis in das 20. Jahrhundert hinein, christlichen Missionaren das Leben nicht leicht gemacht.

Mal Land gesichtet hatte. Ziemlich sicher reichte diese Küste sogar noch weiter südlich bis zu den Spaniern in Kalifornien.

Im selben Jahr, in dem Tolstyk auf der Attu-Insel verweilte, erlitt das russische Schiff *St. Peter* auf den Near-Inseln, zu denen auch Attu gehört, Schiffbruch. Die Crew wurde von Einheimischen gerettet. 1753 ereilte das Schiff *St. Yermia* das gleiche Schicksal. 1756 entdeckte Peter Baschmakow 13 neue Inseln. 1758 landete der Navigator Pankow auf den Fox-Inseln. Im selben Jahr beendete das Schiff des Pioniers Basow, die *St. Kapiton* ihr Dasein vor der Kiska-Insel (eine der Rat-Inseln[138]). 1757/58 entdeckten der Kosak S. T. Ponomarew und der Kaufmann S.G. Golikow von Nischne-Kamtschatsk kommend, die dem amerikanischen Festland am nächsten liegenden Aleuten-Inseln, Umnak und Unalaska. Ein Jahr später kam es dort zu weiteren Auseinandersetzungen zwischen einer russischen Jagdgruppe und den Aleuten. 1764 erkundeten die Kosaken M. Lazarew und P. Vaiutinski die Andreanow-Inseln genauer, die schon Tschirikow fast 20 Jahre zuvor, im September 1741, gesehen hatte. Bereits ein Jahr vorher, 1763, erreichten einige sibirische Jäger unter Stephan Glotow die große Insel Kodiak und blieben dort acht Monate lang. Sie überwinterten an der Alitak Bay im Südwesten der Insel und mussten sich einiger Angriffe der Einheimischen erwehren.[139] Sie waren die ersten Russen, die die gesamte Aleutenkette

---

138 Die Rat-Islands (Ratten-Inseln) erhielten ihren heutigen Namen, als am 20. Juli 1784 ein japanisches Schiff mit siebzehn Mann Besatzung vor der zur Rat-Island-Gruppe gehörenden Amchitka Insel strandete und Ratten an Land gelangten. Ihre Geschichte ist fast unglaublich. Die Japaner, unter ihnen der reiche Kaufmann Koodai, hatten auf einer internen Handelsreise vor einem aufkommenden Sturm in einer japanischen Bucht Schutz gesucht. Unglücklicherweise wurden sie jedoch von einem anderen Schiff gerammt, wobei ihr Ruder abbrach. Sie trieben auf die See hinaus und mussten bei dem Sturm sogar ihren Mast kappen, um nicht zu kentern. Nachdem sie sieben Monate (!) den Elementen hilflos ausgeliefert waren, erreichten sie endlich Land. Am Abend wurden sie von zufällig anwesenden Promyschlenniks besucht. In der Nacht kam ein erneuter Sturm auf, der alle Schiffe und Boote zerstörte. Aller Hoffnung beraubt, verbrachten die Jäger und die Japaner gemeinsam die nächsten drei Jahre und einen Monat auf der Insel, bevor ein russisches Schiff sie rettete und nach Kamtschatka brachte. Nur neun Japaner überlebten diese Jahre, drei weitere starben auf Kamtschatka. 1789 erreichten sie Irkutsk und 1791 wurde Koodai nach Moskau und St. Petersburg begleitet. Auf Anordnung von Zarin Katharina II. wurden vier Japaner nach neun Jahren 1792 unter Leutnant Adam Laxmann nach Japan zurückgebracht. Zwei Japaner waren zum christlichen Glauben übergetreten und verblieben in Russland. Einem der zurückkehrenden Japaner, Daikokuya Kodayu, der Kapitän des Schiffes, wurde verboten, über diese Reise zu sprechen. Er verbrachte den Rest seines Lebens in einem Distrikt von Tokio, wo er heiratete und 1828 starb.
139 Glotow hatte schon vorher, 1758, friedlich mit den Inseleinwohnern von Umnak und Unalaska Handel betrieben.

hinaufgesegelt waren – eine erstaunliche Entwicklung. 1639 hatten die Russen zum ersten Mal den Pazifik in der Nähe von Ochotsk gesehen. Nach 124 Jahren waren sie nun fast 4.500 km von diesem Punkt entfernt – und 14.000 km von der Hauptstadt, St. Petersburg.

Doch die Unruhen der Einheimischen nahmen immer mehr zu. 1762 wurde ein russisches Schiff von Aleuten vor der Unalaska-Insel zerstört. Zwei Jahre später kam es auf der Umnak-Insel zu einem schweren Vorfall. Die Einheimischen hatten sich schon vorher gegen die brutalen Methoden der Russen gewehrt. Als in diesem Jahr erneut versucht wurde, mit fünf Schiffen Jasak einzufordern, töteten sie eine große Anzahl der Russen. Nur wenige überlebten, indem sie sich an abgelegenen Orten der Insel versteckten. Vier der fünf Schiffe wurden zerstört. Die Russen rüsteten zu einer großen Strafaktion unter dem Navigator Iwan Solowjew. Auf einer Strecke von mehr als 600 km, angefangen mit der Inselgruppe der Vier Berge (*Four Mountains*) wurden größte Zerstörungen durchgeführt. Der Rachefeldzug der Russen, auf dem viele der Einheimischen brutal getötet wurden, führte über Umnak, auf der alle Siedlungen zerstört wurden, und Unalaska, wo 18 Dörfer dem Erdboden gleichgemacht wurden, bis zur letzten der Aleuten-Inseln, Unimak.

Doch der Pelzhandel boomte wie noch nie und die Russen suchten fieberhaft in allen Ecken nach Pelzen. 1763 wurde die Bären-Insel von dem Russen Andrejew vermessen. Diese lag weit vor der Mündung des Kolyma Flusses in den Arktischen Ozean. 1767 wurde auf einer „heimlichen Expedition" von Leutnant Synd die St. Matthew-Insel in der Bering-See gesichtet. Andere Entdeckungen wurden eher zufällig gemacht. Entweder waren die Schiffe in einem Sturm vom Kurs abgeraten, wie die *Heilige Zosima und Savati*, die 1.800 km weit in den offenen Pazifik „geblasen" wurde, oder die Schiffsführer kamen durch navigatorische Fehler vom Kurs ab. Die Pribilof-Inseln[140] zum Beispiel, wurden 1786 entdeckt, weil der als Trunkenbold bekannte Steuermann Gerasim Pribilof mit dem Rest seiner betrunkenen Mannschaft in dichtem Nebel keine Ahnung mehr hatte, wohin er eigentlich steuerte. Nur durch das eindringliche Bellen der Robben geleitet, gelangten sie schließlich auf die Saint-George-Insel, wo sie überwinterten. Im darauf folgenden Jahr sah einer der Männer an einem ungewöhnlich klaren Tag von einem der Berge auf der Insel, in etwa 60 km Entfernung, ver-

---

140 Inselgruppe in der Bering-See, ca. 350 km nördlich der Aleutenkette gelegen. Die Pribilofs haben auch heute noch die weltweit größte Population von Pelzrobben.

schwommene Umrisse von Land. Eine kleine Gruppe erreichte daraufhin auf Baidarkas die Nachbarinsel St. Paul.[141]

Das 18. Jahrhundert war für Russland auch ein Jahrhundert von großem wirtschaftlichen Aufschwung. Seit 1762 war Russland das bevölkerungsreichste Land Europas.[142] Man hatte dank der Uralvorkommen Schweden in der Eisenproduktion überholt und belieferte insbesondere den britischen Markt.[143] Doch die Pelze repräsentierten mittlerweile den beträchtlichsten Anteil des Handelsvolumens. Diese Entwicklung war durch den Abschluss günstiger Handelsabkommen für Russland erreicht worden.

Dem „Vertrag von Nertschinsk", der die Russen zwar das Amurgebiet auf absehbare Zeit kostete, aber dafür den Handel mit China eröffnete, folgte 1727 der „Vertrag von Kjachta"[144]. In ihm wurden die ungenau und unzureichend definierten Grenzen des Nertschinsk Vertrages eindeutiger geregelt.[145] Die Russen ihrerseits erhielten das Recht, über die Grenzstadt Kjachta regelmäßig mit China Waren auszutauschen, dies war ähnlich wie bei den europäischen Seemächten. Diese durften nur den Hafen Kanton als einzigen Im-/Exporthafen nutzen. Die Russen erhielten darüber hinaus aber auch das Recht, alle drei Jahre eine Karawane direkt nach Peking schicken zu dürfen und dort eine christlich-orthodoxe Mission zu unterhalten. Bei der Abwicklung von Handelsgeschäften waren alle Nationen strengen Einschränkungen unterworfen. So durften sie ihre Waren nicht frei verkaufen, sondern hatten sich an direkte, offizielle Handelspartner, die so genannten *Cohong*, zu wenden. Die Cohong waren chinesische Kaufleute. Als solche konnten sie sich von der Regierung das Recht für den Handel mit den Europäern erkaufen. Umgekehrt waren sie dafür verantwortlich, dass der Verkehr mit den Ausländern reibungslos verlief. Sie wurden zur Verantwortung gezogen, wenn dies nicht der Fall war. Sie hatten so eine Art Vermittler-

---

141 Der Gesamtwert der Ladung, die Pribilof zurückbrachte, betrug sagenhafte 258.018 Rubel.

142 In Russland lebten in diesem Jahr 23.2 Millionen der 130 Millionen Einwohner Europas (= 18%).

143 Zwischen 1770 und 1800 importierte Großbritannien 60% seiner gesamten Eiseneinfuhren aus Russland.

144 In der Mongolei, ca. 450 km südlich von Irkutsk.

145 Die Chinesen waren daran interessiert, die Russen aus der Mongolei auszuschließen und diese als Pufferstaat unter ihrer Kontrolle zwischen sich und Russland aufzubauen. Sie benutzten, wie schon vorher, die Handelsbeziehungen beider Länder als Hebel, um die Russen zur einer Vertragsunterzeichnung zu zwingen. Damit hatten die cleveren Chinesen ihre gesamte nördliche Grenze durch Verträge abgesichert.

funktion zwischen den chinesischen Behörden, die die Ausländer gar nicht zu Gesicht bekamen und den Kaufleuten aus dem Westen.

Der gesamte Pelzhandel Russlands mit China wurde über Kjachta abgewickelt. Die Chinesen favorisierten die Russen, weil ihre Pelze eine überragende Qualität hatten, verglichen mit den Fellen und Pelzen, die die britische *Hudson's Bay Company*[146] aus Nordamerika über Kanton in das Land brachte. Es dauerte nach dem Vertragsabschluss noch bis 1744, bis der Handel in vollem Umfang organisiert war und florierte[147]. Russland exportierte schon bald mehr amerikanische als sibirische Pelze nach China. In der Mitte des Jahrhunderts wurden Pelze im Wert von durchschnittlich 4 Millionen Rubel im Jahr über die Grenze verkauft. Die Nachfrage war teilweise so groß, dass die Russen paradoxerweise manchmal Pelze aus England importieren mussten und an die Chinesen verkauften.

Die Grenzstadt Kjachta bestand eigentlich aus zwei Teilen, einem russischen und, etwa 150 Meter entfernt, einem chinesischen. Die Chinesen nannten ihren Stadtteil Maimaicheng[148]. Dieser war umgeben von einer hohen Holzwand, vor der ein Graben verlief. Innerhalb befanden sich Tempel, Lagerhäuser, Gerichtshof und die Residenz des chinesischen Gouverneurs. Die chinesischen Geschäftsleute, die Cohongs, hatten ihre eigenen Quartiere. Ihre Angestellten wechselten üblicherweise im Jahresrhythmus. Es gab keine Frauen, da diesen der Kontakt mit Ausländern verboten war. Die meisten Cohongs hatten ihr Hauptquartier in Kanton, hier in Kjachta bestand nur eine Filiale. Der bekannteste der chinesischen Geschäftsleute war Wu Ping-Chien (1769-1843), genannt Howqua II. Dieser hatte 1822 ein geschätztes Vermögen von 26 Millionen Dollar und war damit wahrscheinlich der reichste Mann der Erde zu dieser Zeit.[149] Sein Geheimnis war seine Zuverlässigkeit und die

---

[146] Gegründet durch eine königliche Charter unter Charles II. im Jahre 1670 erwarb die Hudson's Bay Company Pelzjagdrechte über ein Gebiet von mehr als 3,8 Millionen km². Sie wurde die größte Pelzhandelsfirma der Welt und besteht heute noch als Kanadas älteste Firma und größte Kaufhauskette (mehr als 500 Stores) mit Hauptsitz in Toronto und einem Umsatz von knapp 7,5 Milliarden kanadischen Dollar im Jahre 2001/2002.

[147] Der Kjachta Handel dauerte mehr als zwei Jahrhunderte. Erst am 1. Oktober 1861 wurde die Zollstation nach Irkutsk zurückverlegt.

[148] *Mai* bedeutet sowohl kaufen als auch verkaufen; *cheng* bedeutet Platz oder Stadt. Man könnte *Maimaicheng* also annähernd übersetzen mit *Handelsplatz*.

[149] Die chinesischen Behörden hielten ihre Hände im großen Stil auf. Allein 1806 mussten die Cohong zwischen 3 und 4 Millionen Dollar als „freiwillige Abgaben" an den Staat zahlen. Es war daher kein Wunder, dass Korruption im chinesischen Staatsapparat weit verbreitet war.

Qualität der chinesischen Erzeugnisse. So konnte er höhere Preise verlangen, die die Amerikaner und Briten auch gerne bezahlten, da sie auf den Heimmärkten diese hohen Preise weitergeben konnten. Howqua Produkte, insbesondere Tee, waren zu einem Markenzeichen geworden.

Die sich intensivierenden Handelsbeziehungen mit China brachten für Russland eine neue Informationsquelle. Da es für die nichtchinesische Welt praktisch nur zwei Orte, Kjachta und Kanton, für den Im- und Export von und nach China gab und fast der gesamte Handelsverkehr durch lizenzierte chinesische Firmen abgewickelt wurde, wusste man in Kjachta sehr bald was sich in Kanton abspielte und umgekehrt. Die anderen europäischen Länder hatten eine hervorragende Quelle für Informationen aus Russland, insbesondere über den Pelzhandel. Man war sich also in England, Frankreich und Spanien durchaus darüber im Klaren, dass Russland immer weiter nach Osten entlang der Alaska Küste vordrang. Diese Kaufmanns-Nachrichten wurden abgesichert und ergänzt durch Nachrichten vom russischen Hofe. Eine neue Freizügigkeit und Offenheit, die die neue Zarin Katharina II. mit sich brachte, ermöglichte dies.

Die Zarin war 1762 endgültig an die Macht gekommen, indem sie die Ermordung ihres Mannes, des Zaren Peter III., unterstützte. Sie hatte sich schon vorher, durch eine vorangegangene Palastrevolte, als Monarchin bestätigen lassen. Katharina hatte ihre eigenen, teilweise revolutionären, Ansichten über die Führung eines Staates. Sie war belesen, insbesondere in Philosophie und nahm reges Interesse an den Begebenheiten während der Französischen Revolution.

Ihre schwache Seite war sehr persönlicher Natur. Auch sie erlag den Verführungskünsten schneidiger Kammerherrn am Hofe. Eine Tatsache, an die man bereits gewöhnt war, nicht zuletzt durch die „schwelgerische Schamlosigkeit" und der „Neigung zum Trunk" ihrer Vorgängerin, der Zarin Elisabeth. Katharina war mehrmals schwanger und hatte mehrere Fehlgeburten.

So interessant diese Details auch für den ein oder anderen sein mögen[150], so sollte nicht das oftmals gezeichnete Bild eines „Lustweibes auf dem Zarenthron" vorherrschen, sondern ein realistischeres, nämlich das einer erfahrenen und gewieften Politikerin. Sie hatte die Balance zu halten zwischen ihrem Reformwillen und den Mächten, die sie an die Macht gebracht hatten. So revidierte sie ihre Meinung über Libera-

---

150 Siehe dazu ihre eigenen Memoiren.

Abb. 6:
Zarin Katharina II.,
die Große.

lismus und Freiheit, insbesondere als sie die Folgen der Französischen Revolution für die Monarchie beobachtete.

Ein Beispiel für ihren anfänglichen freiheitlichen Geist wurde deutlich in ihren Anweisungen an die Kommission, die sie 1767 einsetzte, um eine neue Gesetzesordnung zu schaffen. Die alte, noch von Peter dem Großen begründete, sollte reformiert werden. Sie gab der Kommission eindeutig zu verstehen, dass sie in diesem neuen Rahmenwerk, Russland fest als ein europäisches Land verankert sah. Aufgabe der Monarchie war es nicht, die Freiheit der in ihr lebenden Menschen zu beschränken, sondern sie nur zu korrigieren, um das Gute zu erreichen. Sie wendete sich gegen die Folter und verurteilte ein Recht als „vernichtend", das es gestattete, jemanden ohne Beweis zu betrafen. Niemand sollte als schuldig angesehen werden, bevor sein Urteil gefällt war. Außerdem war es besser Verbrechen zu verhindern als sie zu bestrafen. So wollte sie Russland zur gerechtesten Nation auf Erden machen.

Dies sind sehr fortschrittliche Gedanken, die Katharina hier mehr als 20

Jahre vor der Französischen Revolution äußerte und die später in ähnlicher Weise wieder in der Amerikanischen Verfassung auftauchten.[151] Diese Offenheit, Ausdruck der einsetzenden Periode der Aufklärung, hatte jedoch an ihrem Hofe noch eine andere Konsequenz. Jedes Land hatte natürlich seine eigenen Spione am jeweiligen Herrscherhof. Obwohl das Gastland so gut es ging versuchte, die Informationen zu kanalisieren und sowenig wie möglich nach außen dringen zu lassen, war es Katharina II. selbst, die manchmal ziemlich freizügig mit ausländischen Diplomaten über innerrussische Angelegenheiten plauderte.

So war es nicht verwunderlich, wenn insbesondere Spanien wegen der bekannt werdenden Aktivitäten Russlands in Nordamerika auf den Plan gerufen wurde. Es hatte seit 1759 ebenfalls einen neuen Monarchen, Karl III. Um dem Niedergang Spaniens entgegenzuwirken hatte man begonnen, die Administration im Lande selbst zu reformieren. Der Bourbone Karl setzte nun diese Arbeit in den amerikanischen Kolonien fort und weitete die Aufgabe auch auf die Verteidigung aus. Diese Schwäche Spaniens war während des siebenjährigen Krieges um so deutlicher geworden, als Großbritannien die befestigte Stadt Havanna auf Kuba ohne große Probleme einnahm. 1764 wurde eine Militärmission unter Führung von Generalleutnant Juan de Villalba y Anguelo und seinem Offizier Marquez de Rubi nach Mexiko gesandt, um die Verteidigungsanlagen zu inspizieren und auch gegen den Willen des Vizekönigs von Neu-Spanien, Antonio Maria de Bucareli, wenn nötig, zu reorganisieren. Als erstes Ziel wurdne die internen Anlagen verbessert, die den Attacken der Indianer, besonders Komantschen und Apachen, ausgesetzt waren. Marquis der Rubi schlug einen Kordon von *Presidios*[152] entlang der Grenze vom Golf von Kalifornien zum Golf von Mexiko vor. Ein Teil dieser Maßnahmen wurde von einem extra ernannten Hauptinspektor[153] in die Tat umgesetzt. Sie waren aber nur ein Teil eines großen Planes, der von einem gewissen Jose de Galvez im Auftrag des Königs durchgesetzt werden sollte.[154] Galvez traf im Som-

---

151 Als Kontrast schlossen z.B. die Amerikaner noch 100 Jahre später 1867 im Kaufvertrag für Alaska „primitive, einheimische Stämme" als gleichrangig mit anderen Bürgern aus (siehe Vertragstext im Anhang).
152 Übersetzt: Befestigte Lager.
153 Der irische Oberstleutnant, Hugo O'Conor, einer der vielen „Wildgänse" der Geschichte.
154 Galvez, geboren 1720, war ein typischer Karrierebürokrat, der aus einer verarmten Adelsfamilie stammte. Er studierte Recht an der Universität von Salamanca und fand eine Position im spanischen Außenministerium. Er fiel schon bald durch seine Intelligenz, seine Dynamik und seine Rücksichtslosigkeit auf.

mer 1765 in Mexiko ein. Aber anders als de Rubi und besonders Vizekönig Bucareli, sah Galvez die weitere internationale Herausforderung,
vor der Spanien stand. Der Vizekönig hatte der Ausbreitung Russlands
in Alaska nicht die Priorität eingeräumt, die es Galvez nach verdiente.
Eine weiteres Augenmerk war immer auch auf England zu richten.
Obwohl die genauere Geografie der Rocky Mountains, der Sierras und
des dazwischenliegenden Großen Beckens nicht genau bekannt war,
glaubte man, dass die Engländer eines Tages mit Sicherheit von Osten
her an den Pazifik kommen und somit eine Gefahr für die Spanischen
Kolonien bedeuten würden (was sich später als richtig erwies, nur
waren es die Amerikaner und Kalifornien nicht mehr spanisch, sondern
mexikanisch). Darüber hinaus hatte ein spanischer Jesuit bereits 1757 in
seinem Buch *Noticia de la California* vor der „Bedrohung durch Russland" gewarnt. Zwei Jahre später veröffentlichte der Franziskaner Jose
Torrubia ein weiteres Buch mit dem Titel „Moskauer in Kalifornien"[155],
mit dem gleichen Tenor, basierend auf Nachrichten aus seiner Zeit in
Mexiko und den Philippinen. Der Plan, den Galvez entwickelte und der
von König Karl III. gutgeheißen wurde, beinhaltete eine Neuauflage
einer 60-jährigen Idee, die zuerst der weit gereiste Jesuit Eusebio Francisco Kino geäußert hatte. Man wollte alle aussichtsreichen Plätze für
einen Hafen entlang der kalifornischen Küste besetzen und so das Land
gegen eine ausländische Besetzung schützen. Als Ausgangspunkt und
erster Hafenplatz wurde die Bucht von San Diego bestimmt, die man
schon seit 1542 kannte, als Juan Rodriguez Cabrillo sie entdeckte und
kartografiert hatte. Nördlichster Punkt war Monterey, dass ebenfalls
schon von den Fahrten Vizcaino's 1602-03 als hervorragender Platz für
einen sicheren Hafen bekannt war.[156] Die ca. 700 km dazwischen wollte
man später mit Presidios füllen. Als 1768 der spanische Botschafter in
Russland warnte, dass eine große Anzahl Russen an der kalifornischen
Küste gelandet seien (unwahr), gab der spanische Außenminister Marquez de Grimaldi die Anweisung an Galvez, Maßnahmen zu treffen, um
die russischen Absichten „auf jedem möglichen Wege zu vereiteln".
Doch der Plan Galvez' hatte mit enormen Schwierigkeiten zu kämpfen.
Die Gegend war sehr trocken, oft wüstenartig, sodass die Versorgung

---

155 Erschien kurioserweise unter dem Titel *„I Mosoviti Nella California"* in Italien.
156 Dem Leser sei nochmal in Erinnerung gerufen, dass die wesentlich bessere
Alternative, die San-Francisco-Bucht, den Europäern 1768 noch unbekannt war,
obwohl bereits eine Reihe von ihren Schiffen diese Küste befahren hatten, ohne die
Bucht zu entdecken.

einer Expedition eine Herausforderung sein würde, die nur mit Hilfe der einheimischen Indianer überwunden werden konnte. Nun hatten die spanischen Militärs aber kaum Erfahrung im friedlichen Umgang mit Indianern. Dies war ein Gebiet auf dem jedoch die missionarischen Jesuiten einen reichen Erfahrungsschatz gesammelt hatten. Leider war jedoch Karl III. dem Beispiel Portugals und Frankreichs gefolgt und hatte 1767 angeordnet, alle Jesuiten des Landes zu verweisen und sie durch Franziskaner zu ersetzen. Dies galt auch für die Kolonien. Galvez, gerade im Begriff diese Direktive umzusetzen, hatte keine andere Wahl, als die Franziskaner um Hilfe zu bitten, die wiederum als Gegenleistung das Recht forderten, Missionen entlang der Route nach Monterey einzurichten.

Galvez betraute Kapitän Gaspar de Portola[157] mit der „Heiligen Expedition" gegen die russische Bedrohung, unter dessen Kommando der franziskanische Bruder Junipero Serra[158] die Missionsgründungen beaufsichtigte. 1769 erreichten sie über Land, mit ungefähr siebzig Mann und einer Karawane von Packmaultieren, die Gegend des heutigen San Diego. Serra errichtete hier die erste Mission auf amerikanischem Boden, San Diego de Alcala. Obwohl eine Seeunterstützung nach einer katastrophalen Fahrt nicht zur Verfügung stand, sechzig der neunzig Seemänner auf zwei Schiffen waren an Skorbut gestorben, traf Portola die Entscheidung, weiter nördlich bis nach Monterey zu marschieren. Dort angekommen, konnte er die Bucht nicht erkennen, weil die alten Beschreibungen Vizcaino's für einen sicheren geschützten Hafenplatz viel zu optimistisch waren. Alles was Portola vorfand, war eine weite, zum Meer offene Bucht. Er marschierte deshalb weiter nach Norden auf der Suche nach Monterey. Dabei entdeckten einige seiner Männer die San-Francisco-Bucht, dessen Bedeutung Portola sofort erkannte. Aber er wusste auch, dass er zu weit gegangen war und versuchte auf dem Rückweg erneut, Monterey zu finden. Ohne Erfolg

---

157 Portola wurde 1717 oder 1718 in Katalonien als Sohn eines adligen Landbesitzers geboren. Mit siebzehn trat er in die Armee ein und kämpfte in Schlachten in Italien und Portugal. 1764 wurde er als Kapitän nach Neu-Spanien gesandt, wo er drei Jahre später Gouverneur von *Baja* (Unter) und *Alta* (Ober) Kalifornien wurde. 1786 kehrte Portola nach Spanien zurück, wo er als königlicher Stellvertreter seiner einheimischen katalonischen Region Lerida diente. Der lebenslange Junggeselle wurde jedoch krank und starb einige Monate später.
158 Geboren auf Mallorca und Mönch des Klosters San Francisco el Grande in Palma, gab Serra 1749 eine Professur für Philosophie auf, um Indianer zu bekehren und als Märtyrer zu sterben. Dieser hart gegen sich selbst agierende Mann wurde der bekannteste und kontroverseste Priester in der amerikanischen Geschichte.

kehrten sie im Januar 1770 nach San Diego zurück, unterwegs aus schierer Not sogar ihre Maultiere als Nahrung verzehrend. Als sie dort ankamen, fanden sie die Mission mit nur zwanzig Überlebenden vor. Ohne Proviant und Hilfe der Indianer setzte Portola den 20. März 1770 als den Abmarschtag für alle fest. Es sollte zurückgehen in die Sicherheit Neu-Spaniens, aber Portola wusste, dass es ein Marsch in den Tod werden würde. Nur das glückliche Erscheinen der *San Antonio*, einen Tag vor dem Abmarschtag, verhinderte das Ende der spanischen Kalifornien Mission. Neu versorgt, setzte Portola noch einmal nach Norden aus und gründete eine Mission und ein Presidio in der Monterey Bucht, um „uns von Angriffen der Russen zu verteidigen, die dabei sind, sich auszubreiten". Im Juli desselben Jahres kehrte der Gründer Montereys und San Diegos und Entdecker der Bucht von San Francisco auf der *San Antonio* nach Neu-Spanien zurück, um nie wieder nach Kalifornien zurückzukehren. Die Franziskaner gründeten in der Nachfolgezeit zwischen 1771 und 1823 noch weitere 19 Missionen wie Perlen an einer Kette, während die Spanier ihre Presidios etablierten, u.a. auch den Vorläufer der Stadt San Francisco[159]. Etwas provokant könnte man formulieren, dass die drei größten Städte Kaliforniens, Los Angeles, San Francisco und San Diego ihre Gründung direkt dem russischen Unternehmergeist verdanken.

Aber, wie bereits erwähnt, stand das Entgegenwirken der russischen Expansion nicht an erster Stelle auf der Prioritätsliste des Vizekönigs von Neu-Spanien, Antonio Maria de Bucareli. Erst auf nachhaltigen Druck des spanischen Hofes in Madrid autorisierte er endlich 1773 eine Expedition mit dem Ziel, über die San-Francisco-Bucht hinaus bis zum 60. Breitengrad Nord nach Ausländern Ausschau zu halten. Mit der Mission wurde Juan Perez beauftragt, der schon vorher auf der *San Antonio* gesegelt war. Auf dem Weg nach Norden stoppte er 1774 kurz in San Diego und Monterey, um Proviant abzuladen und segelte dann in den Ozean hinaus[160]. Am 42. Breitengrad in Höhe der heutigen Grenze zwischen den beiden US-Staaten Kalifornien und Oregon traf er wieder auf die Küste, der er weiter in einiger Entfernung bis zum 55. Breitengrad Nord folgte, dem Breitengrad an dem Tschirikow 33 Jahre früher gelandet war. Dort drehte er wegen der sich verschlechternden Bedin-

---

159 Über die Gründung der Stadt San Francisco siehe Kurzabhandlungen.
160 Entlang der kalifornischen Küste herrscht eine starke südliche Meeresströmung vor, sodass nach Norden fahrende Schiffe zunächst weit in den Pazifik hinaussegelten, um dort bessere Wind- und Strömungsverhältnisse für ihren Weg nach Norden vorzufinden.

Abb. 7:
Eingeborene des
Nootka-Sunds,
Vancouver Island,
handcolorierter Stich.

gungen um und folgte der Küste südwärts, die er nun etwas näher untersuchte. Dabei identifizierte er einige Schlüsselörtlichkeiten wie den Nootka Sund auf der Vancouver-Insel und sah auch den schneebedeckten Berg Olympus im heutigen US-Staat Washington. So kam es, dass bis auf weiteres die pazifische Küste ab dem 55. Breitengrad nordwärts durch Russland (Tschirikow) als ihr Territorium angesehen wurde und südlich davon durch Spanien (Perez), ohne dass sich beide Nationen in diesen Gewässern bis dahin begegnet waren.

Aber die Spanier waren nicht die Einzigen, die die Aktivitäten der Russen beobachteten. Die Engländer wussten über ihre Handelsbeziehungen in Kanton von den Chinesen, welche enorme Mengen an Pelzen die Russen in das Land brachten. Man wusste über Berings Reisen ziemlich genau Bescheid, war sich jedoch nicht völlig klar darüber, wie weit es den Russen im Anschluss schon gelungen war, an der Küste Alaskas entlangzufahren. Obwohl man noch nichts gehört hatte, bestand die Gefahr, dass die Russen die Nord-West-Passage zwischen Pazifik und Atlantik entdeckten und damit dem britischen Handel einen enormen Schaden zufügen könnten. 1775 wurde Kapitän James Cook von der britischen Admiralität deshalb angetragen, u.a. dieser Frage nachzugehen. Cook war nach zwei Weltreisen bereits in Pension gegangen, hatte sich aber nur allzu gern bereit erklärt, diese dritte Reise zu unternehmen. Nach langen Vorbereitungen[161] segelten die *Resolution* und die *Discovery* 1776 von Plymouth um das Kap der Guten Hoffnung herum, über den Indischen Ozean in den Pazifik. Dort entdeckten sie im Januar 1778 die Sandwich-Inseln[162] (Hawaii). Einem nordöstlichen Kurs folgend, sichteten sie am Morgen des 7. März 1778 zum ersten Mal die amerikanische Küste, nördlich von Newport, im heutigen Oregon. Bei schlechtem Wetter folgte Cook der Küste nach Norden, bis er am 29. März in den Nootka Sund einsegelte, den vier Jahre vor ihm schon der Spanier Perez gesichtet hatte. Umringt von zahlreichen einheimischen Indianern, handelten sie Häute und Pelze von Bär, Wolf, Fuchs, Hirsch, Waschbär, Iltis und in besonderem „Seebiber, die gleichen, die man an der Küste Kamtschatkas findet".[163] Cook segelte entlang der Küste Alaskas, drang in den nach ihm benannten Cook Inlet ein, wobei er dachte, dass er einen Fluss entdeckt hätte.[164] Die Kodiak-

---

161 Einer der Gründe war die sorgfältige Rekrutierung einer ausgezeichneten Mannschaft und deren Offiziere. Viele der Teilnehmer dieser Expedition wurden später selbst berühmt, darunter George Vancouver und William Bligh, der Kapitän der *Bounty*, um nur zwei zu nennen.

162 Das heutige Hawaii wurde von Cook nach seinem Förderer John Montague, dem vierten Earl of Sandwich (1718-1792) benannt. Der Earl war der Erste Lord der Admiralität und ein bekannter Spieler. Bei einer der Spielgelegenheiten hatte er, wie so oft, keine Zeit für eine richtige Mahlzeit. Er fragte deshalb einfach nach „etwas Fleisch zwischen zwei Scheiben Brot". Die nach ihm benannten charakteristischen dreieckigen belegten Brote waren „erfunden". Der Earl trennte sich von seiner ersten Frau, die an einer Krankheit litt und lebte von da an mit der 17-jährigen Martha Ray auf seinem Landgut Hitchinbrooke zusammen. Martha Ray wurde am 7. April 1779 von einem irren Bewunderer durch einen direkten Kopfschuss getötet. Daraufhin zog sich der Earl fast vollständig aus dem öffentlichen Leben zurück.

163 Gemeint ist natürlich der Seeotter. Die Bezeichung Seebiber kommt von dem russischen Namen für dieses Tier, *Morskoi Bobr*, wörtlich Meerbiber.

164 Mit einem Tidenhub von 11 Metern, einer der größten Gezeitenunterschiede der Erde. Der Autor hatte selbst die Gelegenheit, eine in den Cook Inlet dringende Springflut zu beobachten, die dabei auf das noch aus dem Inlet in Richtung Meer zurückfließende Wasser traf. Hierbei entstand eine etwa 2 Meter hohe, sich „flussaufwärts" bewegende Welle, die wirklich den Anschein erweckte, als wäre der Cook Inlet tatsächlich ein Fluss, dessen Wassermassen sich den Weg ins offene Meer gegen

Abb. 8:
James Cook,
1728-1779,
der „Entdecker der
Südsee“.

Insel umfahrend, segelte er an einer besonders engen Stelle durch die Aleutenkette und erforschte die Bristol Bay im Bering Meer. Kurze Zeit später durchfuhr er die Beringstraße und drang nach Norden bis an die Packeisgrenze vor. Diese segelte er vom amerikanischen Festland im Osten bis zum asiatischen Festland im Westen entlang und stellte so zweifelsfrei fest, dass es keine Landverbindung zwischen Asien und Amerika gab. Auf der Rückreise durchquerte er erneut die Beringstraße und nahm Kurs in Richtung auf die Aleuten. Bis dahin war Cook noch auf keinen Russen gestoßen, war sich allerdings deren Präsenz durchaus bewusst. Sie hatten mehrmals einheimische Aleuten getroffen, die belustigenderweise nach europäischer Art ihren Hut vom Kopf nahmen und sich tief verbeugten. Auch war ihnen von einem der Aleuten auf den Schumagin-Inseln, wo die Bering-Expedition 1741 einen Matrosen

___

die einströmende Flut „erkämpfen“ müssen. Anchorage, die größte Stadt Alaskas, liegt am Turnagain Arm, einem Nebenarm des Cook Inlet.

gleichen Namens beerdigt hatte, ein in russisch geschriebenes Schriftstück gezeigt worden. Es stellte sich heraus, dass es eine Quittung für abgeliefertes Jasak aus dem gleichen Jahr, 1778, war.

Am 3. Oktober ankerten sie nahe der Unalaska-Insel um Reparaturen an der *Resolution* vornehmen zu können. Dabei angelten sie mehrere Lachsforellen und einen Heilbutt, der 254 Pfund wog! Am 10. Oktober kamen zum ersten Mal drei russische Seeleute an Bord. Sie unterhielten sich in freundlicher, offener Atmosphäre und es stellte sich heraus, dass die drei eine Menge von den Reisen Tschirikows, Spanbergs und Berings wussten, von dem sie in größter Wertschätzung sprachen. Als Cook ihnen seine Karten ausbreitete, fiel ihm auf, das ihnen die amerikanische Küste, mit der kleinen Ausnahme der gegenüberliegenden Seite der Beringstraße, völlig unbekannt war. Einer von ihnen behauptete, auf Berings Amerikareise mit dabei gewesen zu sein, was Cook aber wegen seines unpassenden Alters anzweifelte. Nachdem die Russen die Nacht als Gäste an Bord verbracht hatten, verabschiedeten sie sich am nächsten Tag mit dem Versprechen, mit einer Karte Kamtschatkas zurückkommen zu wollen.

Zwei Tage später, als Cook ein Aleutendorf besuchte, trafen sie auf einen gewissen „Erasim Gregorioff Sin Ismyloff", den sie auf Grund seines Auftretens als eine Art örtlichen Chef der Russen ansahen.[165] Nach einer ersten Einladung an Bord, wo er für die Engländer ungläubig von Reisen nach Japan, China und Frankreich erzählte, kam Izmailow am 19. Oktober mit den versprochenen Karten zurück. Cook erhielt freundlicherweise die Erlaubnis, die Karten der Kurilen, der Aleuten und Kamtschatkas kopieren zu dürfen und stellte abermals mit Überraschung fest, dass die Russen vom amerikanischen Festland so gut wie keine Ahnung hatten. Trotzdem war Cook von der Intelligenz und dem naturwissenschaftlichen Wissen seines Besuchers beeindruckt.

Schon einen Tag später bekamen sie Besuch von einem gewissen Jacob Iwanawitsch, Kommandant eines russischen Bootes oder kleinen Schiffes auf der Insel Umnak. Dieser Mann schien das genaue Gegenteil eines typischen Russen zu sein, denn er hatte einen „großen Anteil Bescheidenheit und trank keinen starken Schnaps". Er konnte Cook genauer

---

165 Es handelte sich um Gerasim Grigorewitsch Izmailow (1745-1795), einem russischen Abenteurer, der schon vorher an der Revolte des Grafen Benjowski (1771, siehe Kurzabhandlungen) und an der „heimlichen" Expedition Leutnants Sinds (1764-1767) teilgenommen hatte. Beim Zusammentreffen mit Cook befand er sich gerade auf einer fünfjährigen Jagdreise zu den Fox-Inseln, wobei er seine Basis auf der Unalaska-Insel aufschlug. Wir werden ihm noch begegnen.

berichten, welche Güter er im Hafen Petropawlowsk auf Kamtschatka für seine Weiterreise laden konnte.[166] Nachfolgend besuchten seine Männer die Russen in ihrer kleinen Siedlung einige Male und wurden, wie sie berichten, immer freundlich aufgenommen. Cook, immer wissbegierig und treulich notierend, berichtete, dass die russische Siedlung aus einem Wohnhaus und zwei Lagerhäusern bestand. Einheimische waren sowohl unabhängig als auch versklavt, denn sie sahen etwa 20 Kinder, alle männlich, die von den Russen gekauft worden waren, um für sie Arbeiten zu verrichten. Alle lebten unter einem Dach, die Russen an einem Ende, die Sklaven am anderen. In einem riesigen Topf wurden diverse Meeresfrüchte zusammen mit wilden Wurzeln und Beeren gekocht. Die russische Küche wurde von Cook als wohlschmeckend gelobt. Er aß von ihnen sogar Walfleisch und ein Pfannengericht aus Lachsrogen. Die Russen kleideten sich mit den Häuten einheimischer Tiere, einer Pelzmütze und Stiefeln aus Leder. Sie schienen nur an Seeotter interessiert zu sein, da Cook oder seine Männer niemals hörten, dass sie sich nach anderen Pelztieren erkundigten. Am 26. Oktober verließ Cook die Aleuten in Richtung Sandwich-Inseln, wo er überwintern wollte. Auf diesen Inseln wurde einer der wohl größten Seefahrer aller Zeiten am 14. Februar 1779 durch Eingeborene getötet, als er ein gestohlenes Boot zurückholen wollte. Die Briten segelten im selben Jahr unter Cooks Nachfolger, Kapitän Clerke, nochmals durch die Beringstraße und wurden abermals durch Eis gestoppt.[167] So endeten die ersten Zusammentreffen zwischen Russen und Briten im Pazifik. Cook hatte das Versäumnis Berings nachgeholt und ein für alle Mal die Frage nach einer Verbindung Asiens und Amerikas geklärt. Er hatte sogar Abschnitte Alaskas entdeckt, in welche die Russen noch nicht vorgedrungen waren. Diese wiederum hatten zwar die meisten Inseln zwischen Kamtschatka und Alaska erforscht, wussten aber vom eigentlichen Festland Alaskas kaum Genaueres. Doch die Russen waren gewarnt. Sie waren längst nicht mehr alleine im Nordpazifik. Die Bri-

---

166 Cook hatte mit dem Gedanken gespielt, Petropawlowsk anzulaufen, verschob aber wegen des nahenden Winters und der dortigen knappen Ressourcen, wie Iwanawitch berichtete, die Fahrt dorthin auf den Mai des nächsten Jahres.

167 Clerke besuchte auf der Rückfahrt Kamtschatka. Er starb dort am 22. August 1779, wahrscheinlich an Tuberkulose und ist in Petropawlowsk begraben. Seine Gebeine wurde im Juni 1818 in ein anderes Grab umgebettet. Der russische Weltumsegler Fedor P. Litke (siehe Fußnote 287), der diesem Ereignis beiwohnte, bemerkte traurig, dass sein Sarg keinen Deckel hatte, aber „seine Knochen und Haare unversehrt sind." Die Expedition wurde schließlich durch die Kapitäne King und Gore sicher nach England zurückgeführt.

Abb. 9:
Grigori Iwanowitsch
Schelikow, 1748-1795.

ten, das hatten sie gezeigt, konnten mit ihrer überlegenen Seefahrtstechnik fast jeden Ort der Welt erreichen. Es war für die Russen an der Zeit, ihre Interessen in Amerika zu organisieren und anderen europäischen Mächten den Zugang zu erschweren.

Die Russisch-Amerikanische Kompagnie

Die Schelikows

Wegen der Unruhen mit der einheimischen Bevölkerung in den sechziger Jahren kam es bis zum Anfang der siebziger Jahre des 18. Jahrhunderts zunächst zu einer Verlangsamung der russischen Aktivitäten in Alaska. Die Fahrten wurden zu riskant und nur die gut finanzierten Unternehmen wagten noch, das hohe Risiko einzugehen. Erst ab etwa 1770, als nach russischen Strafexpeditionen die Aleuten fürs Erste ruhig gestellt waren, wurden wieder verstärkt Reisen unternommen. Diese folgten nun einem geänderten Muster: Private Unternehmungen zeigten den Weg auf und staatliche Expeditionen versuchten das Entdeckte zu verifizieren und zu erfassen. Der russische Staat stellte immer noch sicher, dass alles unter seiner Kontrolle geschah, weil er mehr als je zuvor befürchtete, dass internationale Konflikte auftreten könnten. Die heimlich ausgerüsteten Expeditionen hatten die Aufgabe, die neuen Gebiete zu inspizieren und von dort erhaltene Berichte zu bestätigen oder zu verwerfen. So wurden z.B. Peter K. Krenitsyn und Michail D. Levaschew 1764-1769 damit beauftragt, die neuen Erkundungen einiger Promyschlenniks zu bestätigen und wenn möglich, zu erweitern. 1785-1792 führten Joseph J. Billings und Gabriel A. Sarychew auf Anordnung der Zarin, Katharina II., eine ähnliche, aber „offenere" Fahrt durch, die außerdem noch das Ziel verfolgte, anderen Nationen als Warnung zu dienen, um somit zur Respektierung der russischen Besitzungen in Amerika beizutragen[168].

Die privaten Unternehmungen wurden auf unterschiedliche Weise finanziert. Zum einen investierten reiche Kaufleute aus anderen Industrien, wie der Eisenindustrie, in diese Fahrten, indem sie entweder Schiffe bauen ließen oder sich an bestehenden Schiffen beteiligten. Die Organisation und Ausstattung der Fahrten überließen sie erfahrenen Pelzhändlern vor Ort. Auf der anderen Seite sahen auch die örtlichen Pelzhändler, welche Chancen und Profite in diesem Geschäft lagen. Sie taten sich deshalb mit ehemaligen Promyschlenniks und anderen Kauf-

---

168 Diese mit großem Aufwand durchgeführte Fahrt brachte wenig neue Ergebnisse. Billings, geboren 1761 in Turnham Green bei London, war schon Teilnehmer an der dritten Cook-Reise. Er bot anschließend Russland seine Dienste für eine ähnliche Expedition an.

leuten zusammen, um neue Fahrten zu finanzieren. Dabei kauften sie nur Anteile an einem Schiff, um das Risiko zu begrenzen.

Doch einige dieser frühen Entrepreneure setzten alles auf eine Karte und versuchten, ganz allein eine Fahrt zu finanzieren, zu organisieren und erfolgreich durchzuführen. Manche dieser Fahrten endeten in einem Desaster. Sie bedeuteten oftmals durch den kompletten Verlust seines Schiffes das Ende für den Kaufmann. Dieser hatte alles riskiert und alles verloren. Als Beispiel mag Nikifor Trapeznikow aus Irkutsk dienen. Er hatte, wie erwähnt, die dritte und vierte Reise Basows und 1745 die Chuprow-Expedition mitfinanziert, die auf den Near-Inseln die Einheimischen so brutal behandelt hatten. Trapeznikow finanzierte zwischen 1743 und 1764 insgesamt 18 Reisen. Er verdiente und verlor dabei ein Vermögen. Schließlich starb er als staatlicher Unterstützungs-empfänger und wurde in einem Armengrab beigesetzt.

Diejenigen jedoch, die durch ihre ersten erfolgreichen Fahrten auch mal den Totalverlust eines Schiffes verkraften konnten, wurden immer erfolgreicher. Im Laufe der Zeit kristallisierten sich einige Firmen her-aus, die durch Glück und Können einen beträchtlichen Teil der Pelzjagd dominierten. Es waren die Fahrten dieser Unternehmen, die die Kennt-nis über Alaska erweiterten und deren Anführer Karten der neuen Gebiete, in denen sie operierten, skizzierten und verbreiteten.

Ein interessantes Beispiel war die Partnerschaft der Popow-Brüder, die praktisch durch „eigene Muskelkraft" aufgebaut wurde. Wassili und Iwan, Söhne des Kaufmanns Simeon Popow aus Lalsk,[169] waren von Anfang an, seit 1742 dabei. Anfangs hatten sie als kleine Teilhaber an der Konstruktion von Schiffen mitgearbeitet und später selbst an Reisen, als einfache Mannschaftsmitglieder, teilgenommen. Jagdgruppen von ein-heimischen Aleuten wurden oftmals von ihnen geführt. Mit der Zeit tra-ten auch ihre Söhne und Neffen in die Partnerschaft ein. Die Investitio-nen in Aleutenfahrten wurden immer größer und somit agierten sie zusätzlich als Agenten für andere, größere Kaufmannsunternehmen. Zusammen mit diesen finanzierten sie manchmal komplette Fahrten. Sie waren z.B. Partner des Kaufmanns Terenti Chabaevski, ebenfalls aus Lalsk, Eigentümer von zwei Schiffen. Eines dieser Schiffe wurde 1768/69 an eine andere Unternehmung, die der Panows, verkauft. Wassili Popow war Anteilseigner des Schiffes *Sv. Zakharii I Elizaveta*. Als das Schiff im Winter 1763/64 auf den Aleuten von Einheimischen angegriffen und zerstört wurde, wurde Wassili getötet. Die Popows

---

169 Kleinstadt, ca. 800 km nordöstlich von Moskau.

müssen während der Zeit des Aufruhrs der Aleuten besonders gelitten haben, denn Iwan Popow entschloss sich nach dem Tod seines Bruders, seine gesamten Anteile an die Panows zu verkaufen. Er selbst starb 1774. Die Söhne und Neffen blieben dem Pelzhandel treu und einer von ihnen, ebenfalls Wassili Popow genannt, agierte als Agent der Panows. Die sonstige Popow-Familie investierte weiter in einige Fahrten als Teilhaber. Meistens in die der Panows, aber auch zumindest einmal in eine Fahrt des Panow-Konkurrenten Grigori Schelikow.

Die Panow-Brüder, Grigori und Peter, stammten aus Totma,[170] einem der kommerziellen Zentren im russischen Norden. Zwischen 1770 und 1790 entwickelte sich ihr Unternehmen zu einer der Hauptunternehmen im Aleutenpelzhandel, wesentlich bedeutender als die Partnerschaft der Popows. Mit der Teilfinanzierung einer Fahrt von Stepan Glotow, stiegen sie 1758 in das lukrative Geschäft ein. Der Staat zeigte in diesem, wie auch in anderen Fällen, seine Anerkennung, indem er den Panows als Belohnung eine Goldmedaille verlieh. In den weiteren Jahren übernahmen die Panows Anteile von den Kaufleuten Simeo Krasilnikow und Jakob Ulednikow aus Irkutsk. Sie waren ebenfalls mindestens Teilhaber an der Fahrt des Iwan Solowjew. Ab 1780 begannen sie Schiffe selbst zu bauen. Einen großen Teil ihres Erfolges verdankten die Panows ihren herausragenden Kapitänen. Diese wurden strikt darauf geeicht, die offizielle Regierungsorder zur guten Behandlung der Aleuten einzuhalten.[171] Einer der Skipper, der hier besonders herausragte, war Potap Zaikow. 1775 errichtete er als Kommandant der *St. Wladimir* ein Basislager am False Pass. Diese enge Meeresstraße trennt die Alaska-Halbinsel von der nach Westen laufenden Kette der Aleuten-Inseln. Von diesem Basislager aus unternahm Zaikow während der nächsten drei Jahre Fahrten in die Bristol Bay und entlang der Pazifikseite der Alaska-Halbinsel. Auf diesen Fahrten jagte er und sammelte Jasak ein. Die Quittung über eingesammeltes Jasak, die Kapitän Cook in seinen Händen hielt, als er 1778 diese Region bereiste, war von Zaikow ausgestellt worden.[172]

Zwischen 1780 und 1786 erkundeten mehrere Panow Skipper die gesamten östlichen Aleuten, den Cook Inlet und den Prinz-William-

---

170 Etwa 550 km nordöstlich von Moskau und 280 km westlich von Lalsk, wo die Popows herkamen.

171 Was nicht immer gelang. Russische Kommissionsberichte erzählen von Misshandlungen der Aleuten durch die Panow-Skipper Afanasi Ocheredin, Dimitri Polutow und besonders Stepan Cherepanow.

172 Siehe vorher S. 101.

Sund[173]. Sie hatten nur ein größeres Unglück zu beklagen und zwar als Ocheredin 1780 versuchte, sich mit 60 Aleuten auf der Kodiak-Insel niederzulassen. Während des Winters verlor er 20 Mann in Kämpfen mit den kriegerischen Einheimischen und verließ im Frühling 1781 die Insel wieder. Die Panows etablierten mehrere Basislager, von denen aus sie ihre Jagdzüge mit Hilfe der Aleuten unternahmen. Doch Anfang der 90iger Jahre des 18. Jahrhunderts zogen sie sich überraschend aus dem Pelzhandelsgeschäft zurück. Die Geschäfte wurden an die „Lebedew-Lastochkhin-Gesellschaft" übergeben und Investitionen in anderen Industrien durchgeführt. Warum sich die Panows plötzlich zurückzogen ist nicht bekannt, aber sie ermöglichten es Pawel Sergejewitsch Lebedew-Lastochkhin endgültig zu einem der Hauptakteure aufzusteigen. Er hatte praktisch nur noch einen Konkurrenten, den er fürchten musste. Das war sein alter Weggefährte Grigori Iwanowitsch Schelikow.

Geboren 1748 in Rylsk[174], einer Kleinstadt im Bezirk Kursk, erschien Schelikow 1772 in Irkutsk. In den folgenden Jahren erlernte er das Handwerk des Pelzhandels und war seit 1773 als *Prikaschtschik* (Agent) des Kaufmanns Iwan Larionowitsch Golikow aus Irkutsk tätig. Schelikow schien ebenfalls eine Weile in Kjachta als Angestellter gearbeitet zu haben. Dies gab ihm eine sehr gute Einsicht in die Organisation und vor allem in die Profitabilität des Pelzhandels. 1775 heiratete er Natalie Alexejew, die Tochter oder Witwe eines wohlhabenden Kaufmanns aus Irkutsk. Schelikow nutzte die finanziellen Mittel seiner Frau, um ernsthafter in den Pelzhandel einzusteigen. 1774 hatte er sich bereits in Ochotsk zusammen mit Pawel Lebedew-Lastochkhin an der Ausstattung für eine Fahrt zu den Kurilen beteiligt, die bescheiden erfolgreich verlief. Bis 1781 beteiligte sich Schelikow an mindestens zehn Fahrten in den Pazifik. Er behielt einen klaren Kopf und reinvestierte seine Gewinne aus seinen anfänglichen Geschäften. Es scheint, als habe er selbst an ein oder zwei Reisen teilgenommen. Bis 1783 errang er einen nicht unbeträchtlichen sozialen und politischen Einfluss. Seine finanzierten Fahrten zu den Aleuten und den Kurilen hatten sich insgesamt als recht profitabel gezeigt. Außerdem hatte Schelikow das Glück, nur wenige größere Missgeschicke erleiden zu müssen. Aber er hatte Größeres vor.

Durch seine Erfahrungen kannte er die Kosten für die Ausrüstung einer

---

173 1989 bekannt geworden als Ort der Öltankerkatastrophe der *Exxon Valdez*.
174 Etwa 25 km von der Grenze zur Ukraine entfernt.

Fahrt sehr genau. Ein Schiff musste gekauft oder gebaut werden. Der gesamte Proviant musste zu dem Ausgangshafen Ochotsk geschafft werden. Und die Erfahrungen zeigten immer wieder, dass Schiffe in den unberechenbaren Gewässern der Aleutenkette verloren gingen. Wäre es nicht einfacher, anstatt der jährlichen Fahrten von Ochotsk, einen permanenten, sich selbst unterhaltenden Handelsposten in Amerika zu errichten? So entwickelte sich langsam eine konkretere Vorstellung einer Kolonie in Alaska[175]. Trotz seines kommerziellen Erfolges war die Finanzierung eines solchen Unternehmens jedoch jenseits der Möglichkeiten, die Schelikow selbst hatte. So formte er 1781 zusammen mit seinem alten Arbeitgeber Iwan Golikow[176], dessen Neffen Michael und dem Kursker Kaufmann Alexej Polevoi[177] die „Amerikanische, Nordöstliche, Nördliche und Kurilen Gesellschaft". Später einfach als „Schelikow-Golikow-Gesellschaft" bekannt, hatte sie das Hauptziel, eine Expedition von zwei oder drei Schiffen auszustatten und eine permanente Kolonie auf der Kodiak-Insel zu gründen. Die Gesellschaft war auf 10 Jahre befristet und mit anfangs 70.000 Rubel Kapital ausgestattet. Doch als man sich an die Details machte, wurde klar, dass man mindestens einen fünf, wenn nicht den gesamten zehnjährigen Horizont zur Finanzierung in Betracht ziehen musste. Langfristige Verträge mit Promyschlenniks mussten abgeschlossen und Proviant für die gesamte Kolonie für mindestens fünf Jahre eingekauft werden. Die Beschaffung von Werkzeugen und Materialien war ebenso wichtig wie der Kauf oder der Bau benötigter Schiffe. Es ist dem ungebrochenen Tatendrang dieser Männer zuzuschreiben, dass sie all diese Hürden überwanden und durch die Einschaltung der reichen Demidow-Familie die Finanzierung gesichert wurde.

Die Demidow-Dynastie ist die Geschichte eines der märchenhaftesten Aufstiege einer Familie überhaupt. Die Geschichte dieser Dynastie ist durchaus vergleichbar mit den Carnegies, Rockefellers oder Rothschilds, im Westen aber weitgehend unbekannt geblieben bzw. vergessen worden. Die Dynastie wurde von Nikita Demidowitsch Antufjew (1656-1725) gegründet. Er war der Sohn von Demidow Antufjew und

---

[175] Einen ersten solchen Gedanken hatte vor Schelikow bereits 1775 der ansonsten unbekannte Peter Kutischkin geäußert.

[176] Golikow, geboren 1729 in Kursk, der Provinzhauptstadt von Schelikows Geburtsort Ryalsk, kam als junger Mann nach Sibirien. Seit 1774 war er in Irkutsk zuständig für Alkoholsteuer und -konzessionen. Er starb 1805 und hinterließ zwei Töchter und einen Sohn, Nikolai, der auch noch zwischen 1807 und 1818 Teilhaber an der Nachfolgegesellschaft der „Schelikow-Golikow-Gesellschaft" war.

[177] Polevoi war wie Schelikow ein ehemaliger Angestellter von Golikow.

arbeitete als Hufschmied in der Stadt Tula[178]. 1702 nahm Nikita den Nachnamen Demidow an. Er bekam den Auftrag, für die Regierung Peter des Großen Waffen herzustellen und errichtete 1696 die erste Eisengießerei. Das produzierte Eisen hatte eine höhere Qualität als das Eisen, das in Schweden oder England hergestellt wurde. 1720 wurde Demidow, ein ehemaliger Leibeigener, von Peter dem Großen in den Adelsstand erhoben. Besonders einer seiner drei Söhne, Akinfi Nikititsch Demidow (1678-1745), baute den Reichtum der Familie weiter aus. Bei seinem Tod besaßen die Demidows 25 Kupfer- und Eisengießereien im Ural und zahlreiche andere Gold-, Silber- und Kupferminen. Sein Sohn, Prokop Akinfjewitsch Demidow (1710-1786) besaß am Ende seines Lebens 55 Gießereien und Metall verarbeitende Betriebe. Diese produzierten 40% des gesamten Gusseisens Russlands.[179]

Das war die Art Unternehmer, die Schelikow und Golikow überreden konnten, ihr Abenteuer zu unterstützen.[180] Da die Finanzierung nun gesichert war, machte sich Schelikow daran, die Expedition vorzubereiten. Die erste Entscheidung, die er traf war, die Expedition selbst anzuführen. Seine Frau Natalie wollte ihn mutigerweise dabei begleiten. Am 16. August 1783 setzten endlich die drei Schiffe, *Drei Heilige*, *Erzengel Michael* und die *St. Simeon und St. Anna die Prophetin*[181] von Ochotsk aus die Segel. Die Schelikows reisten in der *Drei Heilige*. Als sie das Ochotskische Meer und die Südspitze Kamtschatkas umrundet hatten, kam ein Sturm auf, der die *Erzengel Michael* von den beiden anderen Schiffen trennte. Schelikow war gezwungen, auf der Bering-Insel zu überwintern. Im darauf folgenden Jahr segelten sie zur Unalaska-Insel, die als ein Treffpunkt ausgemacht war. Dort warteten sie und nutzten die Zeit, die Schiffe zu reparieren. Als die *Erzengel Michael* immer noch

---

178 Etwa 150 km südlich von Moskau.

179 Der Aufstieg der Familie setzte sich fort. Während der Napoleonischen Kriege war sie massiv daran beteiligt, Russland 1812 zum Sieg zu führen. Zur Zeit Prinz Pawel Pawelowitsch Demidows (1839-1885) besaßen die Demidows riesige Landflächen. Sie waren eine der reichsten Familien Europas. Über 100 Jahre lang exportierten sie Eisen vom Ural nach England. So ist z.B. das Dach des Britischen Parlamentgebäudes aus ihrem Eisen gefertigt. Mit der Oktoberrevolution Lenins 1917 endete endgültig einer der unglaublichsten Aufstiege einer Unternehmerfamilie in der Weltgeschichte.

180 Nikita Demidow gewährte der Gesellschaft ein Darlehen in Höhe von 50.000 Rubel.

181 Die russischen Namen der Schiffe waren *Tri Sviatitelia* (eng. *Three Saints*), Arkhistratig Mikhail (eng. *Archangel Michael*) und *Simeon Bogoprijmets Anna Prorochitsa* (eng. *Saint Simeon and Saint Anna the Prophetess*). Die englische Übersetzung ist hier angegeben, da teilweise die heutige Namensgebung einiger Örtlichkeiten in Alaska auf diese Schiffe zurückgehen.

Russisch-Amerika um 1790

nicht auftauchte, setzte Schelikow schließlich seine Fahrt mit zwei Übersetzern und zehn Einheimischen fort. Er wollte nicht noch einen Winter fernab von seinem Ziel, der Kodiak-Insel, verbringen und hinterließ auf Unalaska Anweisungen, für den Fall, dass die *Erzengel Michael* doch noch auftauchen sollte. Am 3. August 1784 erreichte er einen natürlichen Hafen im Süden der Kodiak-Insel und benannte ihn nach seinem Schiff, *Three Saints*[182]. Schelikow wusste, dass die einheimische Bevölkerung sehr wehrhaft war.[183] Mindestens zwei Mal hatten sie in früheren Jahren russische Promyschlenniks und deren Gefolgschaft gewaltsam von der Insel gejagt. Er war also vorgewarnt. Zunächst sandte er einige Baidarkas aus, um zu sehen, ob dieser Teil der Insel bewohnt war. Sie brachten einen Einheimischen zurück, der von Schelikow so zuvorkommend wie möglich empfangen wurde. Am nächsten Tag wurde ihm erlaubt, zurückzukehren. Aber schon am darauf folgenden Tag erschien er erneut und blieb von da an bei Schelikow, bis dieser die Insel wieder verließ. Er erwies sich als außerordentlich nützlich, denn er warnte Schelikow vor feindlichen Angriffen seiner Brüder.

Die wahre Natur der Koniags, wie sie von den Russen genannt wurden, erfuhren diese schnell.[184] Mit Baidarkas ausgestattete Suchtrupps kamen schon bald mit der Meldung zurück, dass sich eine beträchtliche Kriegerschar von Koniags auf einer unzugänglichen Felseninsel versammelt hatte.[185] Schelikow schickte zunächst eine Gesandtschaft zu ihnen, mit dem Vorschlag, in Frieden Handel zu betreiben. Aber die Koniags antworteten nur, dass die Russen unverzüglich das Land verlassen sollten. Nun ging Schelikow selbst zu ihnen und versuchte sie zu überreden. Die Antwort, die er bekam, waren Pfeile, sodass Schelikow sich schleu-

---

182 In der Nähe des heutigen Ortes Old Harbor.

183 Wahrscheinlich waren die ersten Zusammenstöße zwischen Russen und Koniags wie so oft in der Geschichte Missverständnisse. Es gibt einen Augenzeugenbericht des Koniag Arsenti Aminak über die erste Landung der Russen 1761 auf Kodiak. Er erinnert sich 1851, 90 Jahre (!) später, gegenüber dem Finnen Heinrich Johann Holmberg (1818-1864), der im Auftrag des Gouverneurs Rosenberg von der Russisch-Amerikanischen Kompagnie, in diesem Jahr eine ethnografische Studie durchführte: „Als wir in der Ferne das Schiff sahen, glaubten wir, es sei ein riesiger Wal. … Die Menschen an Bord trugen Knöpfe an ihrer Kleidung. Wir dachten, sie seien Tintenfische, aber als wir sahen, dass sie Feuer in ihren Mund nahmen und Rauch ausbliesen, konnten wir nur glauben, dass sie Teufel sind."

184 Die Koniaks selbst nannten sich *Sugpiat* = wirkliche, echte Menschen. Heute bezeichnen sich deren Nachkommen als *Alutiit*.

185 Die Koniags bauten seit 1.000 Jahren auf steilen Klippen oder unzugänglichen Felseninseln *Qiawiks*, Befestigungsanlagen, auf die sie sich bei Überfällen ihrer Feinde mit ihren Familien und ausreichend Proviant zurückzogen. Das Qiawik im vorliegenden Fall liegt auf der Sitkalidak-Insel.

nigst zurückzog. Einige Tage später attackierten die Koniags Schelikow und seine Männer in der Nacht. Der Kampf dauerte bis in den Morgen. Schließlich gelang es den Russen, ihre Widersacher in die Flucht zu schlagen, obwohl diese in der Überzahl waren. Nur kurze Zeit später erfuhr Schelikow von einem der Koniags, der auf seine Seite gewechselt war, dass seine Landsleute in Kürze mächtige Unterstützung erwarteten und erneut angreifen würden. Schelikow entschloss sich, dieser Bedrohung den Wind aus den Segeln zu nehmen. Mit fünf Kanonen[186] ausgerüstet, machten er und seine Männer sich zu den Koniags auf. Es genügten einige Kanonenschüsse, um die Koniags in alle Richtungen zu verstreuen. Bei dem anschließenden Massaker jedoch, die Einheimischen sprechen noch heute von mehr als 500 Toten, wurden auch einige Russen schwer verletzt. Schelikow nahm 20 Kinder als Geiseln und hatte von da an nur noch wenig Mühe, gelegentliche Angriffe abzuwehren. Nun änderte er seine Politik gegenüber den Einheimischen und gewann viele durch eine faire Behandlung auf seine Seite. Die Koniags begannen zu verstehen, dass dieses Mal die Russen zu stark waren und nicht wieder verschwinden würden. Kurze Zeit danach entsandte Schelikow Gruppen in das Cook Inlet, an das Kap St. Elias[187] und auf die Afognak-Insel[188], die dort Befestigungsanlagen als künftige Basis für Pelzjagden errichten sollten. Eine versuchte Attacke von einem anderen einheimischen Stamm am Cook Inlet wurde im Keim erstickt. 1786 übergab Schelikow das Kommando an seinen Vormann Samoilow[189] mit der strikten Vorgabe, die Einheimischen gut zu behandeln und machte sich auf der *Drei Heiligen* auf die Heimreise.

Als sie gerade den Hafen verlassen wollten, sichteten sie die verloren geglaubte *Erzengel Michael* mit ihrem Kommandanten Olesow. Er hatte, nachdem er von den beiden anderen Schiffen durch den Sturm getrennt worden war, auf der Kurilen-Insel Shumsu überwintert und war im darauf folgenden Jahr nach Unalaska gesegelt. Dort hatte er die Anweisungen Schelikows vorgefunden. Als sie dann jedoch den Ankerplatz verlassen wollten, liefen sie durch einen Fehler des Kommandanten auf einen Felsen auf und mussten das Schiff monatelang reparieren

---

186 Wobei die Kanonenkugeln nur zwei Pfund wogen. Sehr viel größere Kanonen konnten auf den damaligen Schiffen nur schwer transportiert werden.
187 Südöstliches Ende der langgezogenen Kajak Insel, die Bering bereits 1741 entdeckt hatte.
188 Der Kodiak-Insel im Norden direkt gegenüberliegend.
189 Konstantin Aleksejewitsch Samoilow war seit mindestens 1777 mit Schelikow liiert. Er wurde jedoch als Kommandant auf Kodiak schon bald abgelöst. Über seinen weiteren Verbleib ist nichts bekannt.

und wegen der fortgeschrittenen Jahreszeit erneut überwintern. So kam
es, dass die *Erzengel Michael* erst nach drei Jahren auf Kodiak ankam.
Schelikow enthob Olesow des Kommandos und verfügte, dass die
Erzengel Michael im weiteren Verlauf vom Hafen auf der Afognak-
Insel aus, die Südküste Alaskas erforschen sollte. Das zweite Schiff sollte auf einer Entdeckungsreise bis „zu dem Punkt segeln, wo beide Kontinente aufeinander trafen".

Schelikow und seine Frau erreichten Bolscheresk an der Ostküste
Kamtschatkas am 8. August 1786. Als sie dort an Land gegangen waren,
riss ein plötzlich aufkommender Sturm das Schiff aus dem Anker und
hinaus auf das Meer. Die Schelikows waren nun gezwungen, den
beschwerlichen Überlandweg von Kamtschatka nach Ochotsk und weiter nach Irkutsk nehmen. Mehrere Male waren sie genötigt, für einige
Tage vor den Schneestürmen Schutz zu suchen. Manchmal hatten sie
nur etwas Zucker um sich zu ernähren oder Schnee um ihren Durst zu
stillen. Am 6. April 1787 erreichten sie völlig erschöpft Irkutsk. In der
Folgezeit fertigte Schelikow einen Bericht und Karten über seine Reise
an und besprach diese mit dem Generalgouverneur der Irkutsk-Region,
Jakobi. Schelikow hatte darüber hinaus auch noch in zweierlei Hinsicht
schlechte Nachrichten erhalten. Einerseits hatten die Chinesen Kjachta
für den Handel mit Russland wieder mal geschlossen und sollten ihn
auch für die nächsten Jahre nicht wieder öffnen, andererseits musste er
erfahren, dass sein Kompagnon, Iwan Golikow, nach Kursk zurückgekehrt war. Es gelang Schelikow jedoch, Jakobi davon zu überzeugen,
dass die Zukunft der neuen Kolonie, in finanzieller und militärischer
Hinsicht, nur durch die Einschaltung des Staates gesichert werden
konnte.

Golikow hatte ihr gemeinsames Unternehmen aber nicht vergessen. Er
hatte den Bericht Schelikows erhalten und es gelang ihm, bei Zarin
Katharina II. eine Audienz in Kursk zu erhalten. Er nutzte dabei seine
Beziehungen bei Hofe und den Umstand, dass sich Katharina nach
einem Besuch im Süden Russlands auf dem Rückweg nach St. Petersburg befand. Sie durchquerte dabei die Stadt Kursk und einer alten Za-
rentradition zufolge, empfing der Herrscher in jeder Stadt einige seiner
Untertanen. Golikow gelang es, die Zarin derart zu überzeugen, dass er
und Schelikow für das nächste Jahr nach St. Petersburg eingeladen wurden. Noch bevor diese am Hofe der Zarin eintrafen, hatte Katharina in
der Zwischenzeit die positive Empfehlung des Irkutsker Gouverneurs
Jakobi erhalten und an das Handelskollegium, mit der Bitte um Stel-
lungnahme, weitergeleitet. Im März 1788 vertrat das Handelskollegium

in seiner Antwort die Ansicht, dass die Bemühungen der „Schelikow-Golikow-Gesellschaft" staatlicherseits unterstützt werden sollten. Als die beiden Geschäftspartner in St. Petersburg eintrafen, sah alles sehr gut für sie aus. Auch die erneute Audienz bei der Zarin gab allen Grund zur Hoffnung, das Katharina entgegen ihren sonstigen Ansichten, ein Handelsmonopol für ihre Gesellschaft verfügen würde. Umso enttäuschter waren sie, als die Zarin am 28. September 1788 einen *Ukas*[190] erließ, der Schelikow und Golikow zwar ein Schwert und eine Goldmedaille als Auszeichnung einbrachten, aber kein so dringend benötigtes staatliches Geld oder gar militärische Unterstützung.

Trotz dieser unerwarteten Wende, rüstete Schelikow nach seiner Rückkehr zwei Schiffe für neue Expeditionen aus. Eines sollte zu den Kurilen-Inseln fahren, das andere entlang der amerikanischen Küste weiter nach Süden vordringen, um dort weitere Örtlichkeiten für zukünftige Siedlungen zu erkunden. 1788 segelten Bocharow und Izmailow, übrigens derselbe, der 10 Jahre vorher mit Kapitän Cook persönlich gesprochen hatte, von Kodiak aus. Sie erreichten den Prinz-William-Sund und dann im weiteren Verlauf die Yakutat Bucht, die sie reich an Seeottern vorfanden. Auf der Weiterfahrt besuchten sie noch die etwas weiter im Süden gelegene Lituya Bay und trafen im Juli wieder auf Kodiak ein. Sie hatten auf ihrer Reise an verschiedenen Orten geprägte Kupferplatten hinterlassen, die eine russische Besitznahme dokumentierten.

Durch die Schließung von Kjachta war die „Schelikow-Golikow-Gesellschaft" unterdessen in finanzielle Schwierigkeiten geraten. Schelikow versuchte durch weitere Unternehmungen aus der Klemme herauszukommen. 1790 etablierte er zwei Unternehmen, die „Nordost Gesellschaft" und die „Baptisten Gesellschaft", benannt nach einem seiner Schiffe. Ein Jahr später gründete er eine dritte, die „Unalaska Gesellschaft". 1792 kehrte der fähige Delarow[191] von Kodiak nach

---

190 Russischer Zarenerlass.
191 Der Grieche Delarow wurde auf dem Peloponnes geboren. Er kam als junger Mann nach Osteuropa und ließ sich in der griechischen Kolonie in der heutigen Ukraine nieder. Als er in den Zwanzigern war, ging er nach Kamtschatka, wo er als zweiter Aufseher an Bord der Expedition von Solowjew 1764-1766 anheuerte. Dies war eine der berüchtigten russischen Strafexpedition nach den ernsten Unruhen mit den Aleuten. Sie brachten Delarow eine Anklage wegen gewaltsamer Rekrutierung (der Aleuten als Jäger) ein. 1773-1779 kommandierte er die *Sv. Muchenik Arkhidiakon Evpl*, an der er auch Teilhaber war. 1783 befehligte er die *Sv. Alexei Chelovek*, die mit zwei anderen Schiffen zum Prinz-William-Sund fuhr. Im darauf folgenden Jahr operierte Delarow mit diesem Schiff von Unga Hafen aus (Unga ist eine der Schumagin-Inseln), das bald Delarow Hafen genannt wurde. Bis 1786 war er bei den Panow-Brüdern unter Vertrag, dann wechselte er zu Schelikow. Insgesamt unter-

Irkutsk mit der Nachricht zurück, dass einige spanische Schiffe die Außenposten besucht hätten. Die Spanier erzählten zwar, dass sie noch keine Kolonien nördlich der San-Francisco-Bucht gegründet hätten, zukünftig aber durchaus auch hier ihre Besitzungen erweitern wollten[192]. Diese Meldung verstärkte in Schelikow nur noch mehr die Meinung, so schnell wie möglich weiter nach Süden vordringen zu wollen, um den Spaniern und anderen Nationen zuvorzukommen.

1794 errichtete er einen Handelsposten auf der Kurilen-Insel Urup. Auf dieser Inselgruppe hatte die „Lebedew-Lastochkhin-Gesellschaft" bereits seit 1777 einen Agenten, der jedoch nun die Gesellschaft wechselte. Schelikow verfolgte eine äußerst aggressive Strategie, um gute Leute von seinen Konkurrenten abzuwerben, dies gelang ihm aber nicht in jedem Fall. 1794 gründete er eine weitere Gesellschaft, die „Nordamerikanische Gesellschaft", die das Ziel hatte, das amerikanische Festland so weit nördlich wie möglich zu besiedeln. Schelikow fürchtete, dass das Holz auf den Inseln, dass er so dringend für den Schiffsbau benötigte, bald zu Ende gehen würde.

Über den geschäftlichen Erfolg dieser Gesellschaften ist wenig bekannt, doch zu seinem Glück wurde der Pelzhandel mit China in Kjachta wieder aufgenommen und die harten Zeiten waren vorbei. Schelikow kehrte, nachdem er diese Gesellschaften gegründet hatte, nach Irkutsk zurück und errichtete dort 1795 das administrative Hauptquartier für seine Interessen. Zu dieser Zeit waren es drei Gesellschaften, die fast den gesamten Pelzhandel in Russisch-Amerika beherrschten: Die „Lebedew-Lastochkhin-Gesellschaft" hauptsächlich von ihrer operationellen Basis in Chugach Bay aus, die „Kiselew-Gesellschaft" in den Aleuten und die „Schelikow-Golikow-Gesellschaft" von der Kodiak-Insel aus. Obwohl teilweise gegenseitig finanziell verstrickt, bekämpften sich alle drei bis aufs Messer.

---

nahm er zehn Fahrten. Er muss einer der Sparsamen gewesen sein, denn er konnte sich später an einigen Fahrten selbst beteiligen. 1787 machte ihn Schelikow als Nachfolger Samoilows zum Verwalter der Three Saints Siedlung auf Kodiak. 1788 nahm er dort den Spanier Lopez de Haro, Schiffsführer der Martinez Expedition, freundlich auf. 1791 wurde er auf eigenen Wunsch von seinem Posten abberufen und nahm von nun an aktiven Anteil, auch als Investor, an der Golikow-Schelikow-Gesellschaft. Nach Schelikows Tod war er seit Dezember 1796 einer der beiden Hauptgeschäftsführer der Gesellschaft in Irkutsk. Mit Formierung der Russisch-Amerikanischen Kompagnie wurde er Anteilseigner und als einer der Direktoren Mitglied des Vorstandes. In dieser Funktion diente er bis zu seinem Tod 1806.

192 In Wirklichkeit hatte der Spanier Martinez in offiziellem Auftrag 1789 im Nootka Sound (Westküste von Vancouver Island, heute Kanada) eine spanische Niederlassung gegründet (siehe später Nootka Krise).

Abb. 10:
Nikolai Petrowitsch
Resanow, 1764-1807.

Am 20. Juli 1795 starb Schelikow plötzlich im Alter von 48 Jahren und wurde in Irkutsk begraben.[193] Natalie Schelikow übernahm die Geschäfte, die einzige Frau in diesem harten Geschäft. Sie hatte gleich zu Anfang mit Problemen zu kämpfen. Der eine Partner in der „Schelikow-Golikow-Gesellschaft", Michael Golikow, war bereits vor einigen Jahren gestorben. Das Vermögen des anderen, Iwan Golikow, war zeitweilig wegen Unregelmäßigkeiten in der Alkoholsteuerabfuhr von der Regierung beschlagnahmt und als Pfand eingefroren worden. In dieser Situation half Natalie Schelikow ihr Schwiegersohn, Nikolai Petrowitsch Resanow[194]. Er hatte schon zuvor das vollste Vertrauen von

---

193 Sein plötzlicher Tod, vielleicht eine Herzattacke, ist nicht geklärt. Manche Historiker gehen von Selbstmord wegen seines Schuldenberges aus, andere sehen die Ursache in seiner in späteren Jahren vielleicht doch strapazierten Ehe.

194 Resanow, geboren 1764 in St. Petersburg, gehörte einer verarmten russischen Adelsfamilie an, die ihre Vorfahren 900 Jahre zurückverfolgen konnte. Sein Vater, Petr Gawrilowitsch, war Richter in Irkutsk. 1778 trat Nikolai Resanow im Alter von 14 Jahren in die Artillerie ein und wurde, durch Verbindungen seiner Familie zum zaristischen Hof, kurze Zeit später in das berühmte Ismailowski Garderegiment in St. Petersburg aufgenommen. Doch schon zwei Jahre danach, offensichtlich für den

Grigori Schelikow gehabt und kannte dessen Pläne und Absichten. Auch hatte er Zugang zu Zar Paul I.[195] und nach dessen Tod zu Zar Alexander I.

Die Schwierigkeiten in denen Natalie sich jetzt befand, hatten schon zu Lebzeiten Schelikows begonnen. Neidische Kaufleute aus Irkutsk hatten Pamphlete in den Außenposten Russisch-Amerikas verbreitetet, auf denen sie Schelikow denunzierten. Sie schickten sogar Agenten, die die Angestellten der „Schelikow-Golikow-Gesellschaft" aufforderten, kompromittierende Berichte über ihren eigenen Arbeitgeber an die Regierung zu senden. Diese Berichte wurden jedoch in den meisten Fällen ignoriert, schärften jedoch die Wachsamkeit der Regierungsstellen, diesen Kampf der „Pelzgiganten" genauestens zu beobachten. Nach dem Tode Schelikows ließen die Denunziationen nicht nach, sondern konzentrierten sich auf Natalie Schelikow. Es wurden u.a. Gerüchte in Umlauf gebracht, sie hätte ihren Ehemann vergiftet. Glücklicherweise hatte sie jedoch die Unterstützung des derzeitigen Gouverneurs von

---

Militärdienst ungeeignet, verließ er aus unbekannten Gründen das Regiment. Er arbeitete als Assessor am Zivilgericht in Pskow und fünf Jahre später im Finanzministerium in St. Petersburg. 1787 wurde er Bürovorsteher des Grafen I.G. Tschernischew, Vizepräsident des Admiralskollegiums. Bei der Ernennung des Dichters und Höflings G. R. Derschawin 1791 zum Senatsminister, wurde Resanow dessen Bürovorsteher. Derschawin war ein alter Freund der Familie. Resanow war nun am Hofe der Zarin Katharina II. beschäftigt. Er scheint sogar eine Zeit lang für den Geliebten der Zarin, Prinz P. A. Zubow, gearbeitet zu haben und wurde von der Zarin mit Sonderaufgaben betraut. So konzipierte er eine Landsteuerverteilung für St. Petersburg und Moskau, für die er den St. Anna Orden 2. Klasse und eine Jahrespension von 2.000 Rubel erhielt. Als er 1794 oder 1795 auf eine Mission nach Irkutsk gesandt wurde (sein Vater arbeitete dort immer noch als Richter) lernte der 31-Jährige die 15-jährige Tochter Schelikows, Anna Grigorewna kennen und heiratete sie kurze Zeit später (im 18. Jahrhundert war das gesetzliche Heiratsalter für Jungen 15 Jahre und für Mädchen 13 Jahre). Am 18. Juli 1801 gebar Anna ihren Sohn Petr und am 6. Oktober 1802 ihre Tochter Olga. Sie selbst starb jedoch schon 12 Tage später. Über Peter ist nichts weiteres bekannt, Olga heiratete 1821 und starb schon am 20. Juni 1828. Nikolai Resanow hatte noch eine Schwester (nichts weiteres bekannt) und einen älteren Bruder, Alexander Petrowitsch, der am 18. Februar 1853, als beinahe 100-jähriger starb.

195 Zar Paul I. (1754-1801) war seit dem Tode seiner Mutter 1796 an der Macht. Offiziell ein Kind Katharinas II. und ihres Ehemannes Peter III., erwähnt Katharina in ihren Memoiren jedoch einen ihrer Liebhaber, Grigori Orlow, als Vater von Paul I. Sie hasste ihren Sohn, der sich auch bei wohlwollender Betrachtung als eher unfähiger Herrscher entpuppen sollte. Er wurde schon bald „verrückter Paul" genannt, weil sein tyrannischer Charakter zu cholerischen und manchmal absurd kindischen Wutanfällen neigte. Nachdem er 1801 einem Regiment (!) von Kosaken befahl, Indien zu erobern, hatte man genug. Eine Gruppe von Konspirateuren ermordete Paul in der Nacht vom 11. auf die 12. März. Sein populärer Sohn Alexander, einer der Konspirateure, wurde sein Nachfolger.

Irkutsk, Geheimrat Nagel[196]. Hauptträdelsführer gegen sie war der Irkutsker Kaufmann Mylnikow. Doch dieser machte einen entscheidenden Fehler. 1796/97 hatte Mylnikow sich entschieden, mit zehn oder zwölf weiteren Partnern eine neue Gesellschaft zu gründen. Er schlug vor, diese mit 129.000 Rubel Kapital auszustatten. Die Gesellschaft sollte ein Schiff bauen und genau dort, wo die „Schelikow-Golikow-Gesellschaft" derzeit operierte, einen Konkurrenzbetrieb aufbauen. Mylnikow und seine Partner merkten jedoch bald, dass die vorgeschlagene Summe nicht nur nicht hoch genug war, die Gesellschaft war auch durch sehr schlechte Geschäfte in Schulden geraten. Als die Situation kritisch wurde gelang es ihnen, Iwan Golikow zu überreden, einzusteigen. Dieser hatte sich mit Natalie Schelikowa in der Zwischenzeit aus unbekanntem Grund hoffnungslos überworfen[197]. Sie befand sich also in der Lage, dass ihr eigener Geschäftspartner sie im Stich ließ und sich an einem Konkurrenzunternehmen beteiligte. Golikow hatte sich bei seinen neuen Partnern außerdem ausbedungen, dass Natalie Schelikow nicht ebenfalls in das neue Unternehmen investieren durfte. Aber Mylnikow und seine Partner realisierten schnell, dass sie sich zu viel vorgenommen hatten. Sie merkten, dass Jagd und Handel in Russisch-Amerika vorbei an der „Schelikow-Golikow-Gesellschaft" mittlerweile durch deren Bedeutung nicht mehr möglich war. Sie boten deshalb Natalie Schelikow, gegen den Willen Golikows an, mit einzusteigen und beide Gesellschaften zusammenzulegen.

Natalie überlegte sich das Angebot genau. Viele Gedanken müssen ihr durch den Kopf gegangen sein. Eine Zusammenlegung zu einer neuen Gesellschaft bedeutete das unwiderrufliche Ende der Selbstständigkeit, die sie mit ihrem Mann erschaffen hatte. Sicher holte sie sich auch Rat von einem ihrer mächtigsten Unterstützer, Nikita Demidow. Irgendwann wurde ihr jedoch klar, dass auch sie sich nicht alleine auf Dauer gegen diese Konkurrenz wehren konnte und auch wollte. So willigte sie schließlich ein. Am 20. Juli 1797 wurde die neue Gesellschaft gegründet.

---

196 Der Leser mag sich nicht über die immer wieder auftretenden deutschen Namen, selbst in den entlegensten Regionen wundern. Die russische Geschichte in dieser Periode war gespickt mit Deutschen, Baltendeutschen oder anderweitig deutschstämmigen Personen.

197 Es gibt Hinweise, dass bereits 1792, als Schelikow noch lebte, dieser von seinem Partner Golikow beschuldigt wurde, „die Gewinne selbst einzustreichen, sich als [alleiniger] Eigentümer auszugeben und mein Kapital mit Unterstützung meines verräterischen Angestellten Polevoi zu seinen Diensten zu verwenden". Es ist möglich, dass dieser lang anschwellende Streit zwischen den Partnern nun voll Natalia Schelikowa traf.

Die „Schelikow-Golikow-Gesellschaft" brachte ihr gesamtes Vermögen von 600.000 Rubel, neun Schiffen und alle, noch von Grigori Schelikow gegründeten Gesellschaften, in die neue Gesellschaft ein. Das Schiff *Gutes Unternehmen des Heiligen Alexander*, das Natalies Privateigentum war, verkaufte sie für 70.000 Rubel ebenfalls. Insgesamt war die neue Gesellschaft nun mit 1,1 Millionen Rubel ausgestattet, die clevere Natalie hatte die Mehrheit und war, so glaubte sie, alle Sorgen los.[198]

Doch als Kiselew und andere Kaufleute sahen, welche Konkurrenz ihnen nun entgegenzutreten drohte, versuchten sie querzutreiben. Sie strengten Gerichtsverfahren gegen die neue Firma an und überredeten sogar einige missionierende Mönche aus Alaska, heimlich nach St. Petersburg zu kommen, um gegen die neue Gesellschaft auszusagen.

Natalie Schelikow reiste unterdessen ebenfalls nach St. Petersburg, um mit Hilfe ihres Schwiegersohns Resanow eine staatliche Genehmigung für den Gesellschaftszusammenschluss zu erwirken. Als die konkurrierenden Kaufleute davon erfuhren, machten auch sie sich auf den Weg in die Hauptstadt. Dort fanden sie einen mächtigen Fürsprecher in der Person von Lopukhin, der Kaiserlicher Anwalt des Schatzamtes und somit Vorgesetzter von Natalies Schwiegersohn, Resanow war. Außerdem war er der Vater der Frau, mit der Zar Paul eine Affäre hatte. Es sah schlecht aus für Natalie. Schlimmer noch für Resanow. Nicht nur die Geschicke der neuen Gesellschaft, sondern seine ganz persönliche Zukunft standen nun auf dem Spiel. Ein Machtkampf entbrannte, in dessen Verlauf sich Resanow die Unterstützung Graf Peter Pahlens sichern konnte, einem der wenigen Ratgeber, auf die Paul I. noch hörte. Es muss eine sehr schmutzige Schlacht gewesen sein. Als Resanow einen Brief seiner Frau an ihre Schwester las, indem sie von den Intrigen erzählte, fügte er als Postskriptum den Satz ein: „Um Gottes Willen, zerreiß die Korrespondenz."

Am Ende gewannen sie mit Pauken und Trompeten. Lopukhin wurde seines Amtes enthoben und Natalie wurde sogar in den vererbbaren Adelsstand erhoben. Die neue Gesellschaft erhielt den Namen „Vereinigte Amerikanische Gesellschaft". Die Gesellschaft hatte drei Nieder-

---

198 Es gilt als sicher, dass Natalie Schelikow teilweise ein ausschweifendes Leben führte. Ihre Briefwechsel lassen die Vermutung zu, dass sie im späteren Leben zu Alkoholismus neigte. Es ist jedoch unbestritten, dass ihre Ehe mit Grigori zumindest in den Anfangsjahren glücklich war. Aus ihr gingen zehn Kinder hervor, von denen allerdings vier schon in der Kindheit verstarben. Natalie sorgte außerdem für die Erziehung einiger Aleuten-Kinder, die sie von ihrer Reise mit ihrem Mann zu der Kodiak-Insel 1786 zurückbrachte. Sie starb 1810.

lassungen, am Urak-Fluss, auf Kodiak und auf Unalaska. Leiter auf Unalaska wurde der Irkutsker Kaufmann Larionow. Lebedews Gesellschaft, die nach einigen Verlusten in Schwierigkeiten geraten war, wurde ebenfalls in die neue Firma integriert. Es gab somit nur noch eine Gesellschaft, die den gesamten Pelzhandel Russisch-Amerikas kontrollierte. 1799 gab Zar Paul I. der Gesellschaft eine erste 20-jährige Charter und das Privileg, ausschließlich für den Handel mit Pelzen autorisiert zu sein. Das Pelzmonopol war geschaffen. Mitglieder der Zarenfamilie investierten persönlich in die Gesellschaft und wurden Anteilsinhaber. Natalie Schelikow besaß auch nach dieser Kapitalumstrukturierung immer noch ein Drittel der Aktien und genoss einige Sonderrechte. Es gelang dieser höchst bemerkenswerten Frau sogar, ihren zweiten Schwiegersohn, Michael M. Buldakow, als „Vorstandsvorsitzenden" der Gesellschaft zu etablieren. Resanow repräsentierte die Regierung innerhalb des Gesellschaftsvorstands. Per Zarendekret vom 8. Juli 1799 erhielt die Gesellschaft den neuen Namen Russisch-Amerikanische Kompagnie und wurde unter den höchsten Schutz seiner Majestät gestellt. Die Geschichte Russisch-Amerikas war von nun an die Geschichte dieser Gesellschaft.

Baranow

Die dritte Reise von Kapitän Cook hatte nach ihrer Veröffentlichung in Europa ein neues Interesse an der amerikanischen Nordwestküste entfacht.[199] Zwischen 1784 und 1794 sandten mehrere europäische Nationen Expeditionen, teils unter dem Deckmantel von wissenschaftlichen Forschungsreisen, in den Nordpazifik. Sie wollten herausfinden, inwieweit sich die Russen bereits etabliert hatten und ob es eine Möglichkeit für das eigene Land gab, an dem einträglichen Pelzhandel mit Seeotterfellen teilzunehmen.

Die Amerikaner konnten seit ihrer Unabhängigkeit über ihre Handelsverbindungen frei entscheiden. Da die Briten die traditionellen Märkte

---

[199] Grund war der außerordentlich erfolgreiche Verkauf der Seeotterpelze. Diese hatte die Cook Expedition an der amerikanischen Nordwestküste von den Einheimischen gehandelt und im chinesischen Hafen Kanton verkauft. Es wäre fast zu einer Meuterei der Mannschaft gekommen, die von Kanton anstatt heim nach England, wieder zurück wollte, um mehr Pelze zu handeln. In der Tat desertierten zwei Seemänner, stahlen eines der Boote der *Resolution* und machten sich auf über den Pazifik. Man hat nie wieder etwas von ihnen gehört.

für die Amerikaner schlossen, waren diese gezwungen, sich neue Märkte zu erschließen. Durch amerikanische Seemänner an Bord von Cooks Schiffen[200] gelang die Nachricht über den einträglichen pazifischen Pelzhandel zu den Kaufleuten an der Ostküste. 1784 wurde das erste Schiff, beladen mit Ginseng Wurzeln, nach Kanton geschickt. 1788 wieder entdeckte Kapitän Robert Gray die Mündung des Columbia River und war im Verlauf seiner Seereisen der erste Amerikaner, der die Welt umsegelte.[201] In der Folgezeit entwickelten die Amerikaner einen Dreieckshandel. Waren wurden von der Ostküste nach Russisch-Amerika gebracht, dort nahm man dann Felle an Bord, um diese in Kanton zu verkaufen. Ihr Versuch, durch permanente Handelsniederlassungen das ganze Jahr über zu jagen und zu handeln, scheiterte. Dieses System wurde zu Anfang des 19. Jahrhunderts noch weiter verfeinert. Die US-Amerikaner sollten in den Anfangsjahren eine große Hilfe für die wachsende, aber sehr zerbrechliche, amerikanische Kolonie Russlands werden.

1785 unternahm James Hanna auf der *Sea Otter* als erster britischer Kaufmann eine Fahrt in die Gewässer um die Vancouver-Insel.[202] Die guten Nachrichten verbreiteten sich so rasch, dass er bei seiner Rückkehr im darauf folgenden Jahr in den Nootka Sund bereits sechs weitere britische Schiffe vorfand. Die Kapitäne Nathaniel Portlock und George Dixon, beide ebenfalls Veteranen der Cook-Expedition, berichteten von außerordentlich einträglichen Pelzgewinnen. Einige dieser frühen Wagemutigen segelten unter der Flagge anderer Nationen, denn eigentlich mussten alle Briten für ihren Handel eine Lizenz der „Südsee

---

200 John Ledyard aus Connecticut hatte 1778/79 auf Cooks *Resolution* gedient und versuchte nach seiner Rückkehr aus England von 1783-1786 in den USA und Europa eine Fahrt an den Nootka Sund zu organisieren. In Frankreich führte ihn Benjamin Franklin in die Kreise von Thomas Jefferson ein, der zu diesem Zeitpunkt noch Repräsentant der USA in Frankreich war. Auf Jeffersons Rat hin bereiste er 1787 Sibirien, wurde aber, weil er zu viel fragte und zu neugierig war, auf Anordnung der Zarin freundlichst außer Landes verbracht. Er starb kurze Zeit später in Kairo zu Beginn einer Expedition zu den Quellen des Niger im Alter von nur 37 Jahren.
201 Auf seiner zweiten Reise segelte er als erster den Columbia River flussaufwärts. Trotz all dieser Erfolge war Gray jedoch eine unehrliche Person. Auf der ersten Reise an die Nordwestküste verkaufte er 700 Seeotterfelle und andere Pelzteile in Kanton für seine Schiffseigner. Dokumente zeigen aber, dass mehr als 1.200 Felle an Bord waren. Andere Seeleute berichteten sogar von 1.500 Fellen. Gray hat wahrscheinlich seine Geldgeber im großen Stil betrogen.
202 Das kleine Kauffahrtsschiff Hannas hieß eigentlich *Harmon*. Er benannte es jedoch auf dieser Reise in *Sea Otter* um. Die Fahrt brachte 560 Seeotterfelle, die er für 20.600 Dollar in China verkaufte.

Abb. 11: Einheimische Fischerhütten in der Lituya Bay.
Stich aus der Reisebeschreibung der LaPérouse Weltumseglung.

Gesellschaft (South Sea Company)" und der „Ostindien-Gesellschaft (East India Company)" erlangen, was nur wenige taten.[203] 1793/94 erkundete George Vancouver (1757-1798), der ebenfalls bereits unter Kapitän Cook gedient hatte, die Küste Alaskas und Britisch Kolumbiens zwischen dem Cook Inlet und dem Nootka Sund.

Das Interesse Frankreichs wurde genährt durch die Reise von Jean-François Galoup Comte de LaPérouse (1741-1788). Er erkundete 1786 Lituya Bay und hielt sich ein Jahr später längere Zeit in Petropawlowsk auf Kamtschatka auf. 1788 verschwanden LaPérouse und seine Schiffe aus bisher nicht geklärten Gründen im Südpazifik. In der Folgezeit rüsteten die Franzosen vier Handelsreisen aus, 1791 mit der *La Solide*, 1792 mit der *La Flavie*, 1793 mit der *L'Emilie* und in der nachnapoleonischen Zeit 1817/18 mit der *Le Bordelais*.

Die Spanier hatten schon vor Cook, wie erwähnt, in den Jahren 1774 und 1775 Expeditionen in den Norden unternommen, aber ohne viel Erfolg. Still und heimlich hatten sie einen eigenen Pelzhandel mit China

---

203 Bereits 1781 und wieder 1784 hatte der holländische Kapitän Willem (William) Bolts geplant, unter österreichischer Flagge an dem Handel teilzunehmen. Beide Versuche mussten jedoch wegen „Intrigen" abgebrochen werden. Doch segelten John Meares 1788 unter portugiesischer, Barkley und seine Spießgesellen unter österreichischer und John Henry Cox 1789 und 1791 unter schwedischer Flagge.

aufgebaut. Die Spanier jagten an der südkalifornischen und der mexikanischen Küste Seeotter und schifften die Felle zwischen 1786 und 1791 über Manila nach Kanton. Zu ihrem Verdruss mussten die Spanier dort jedoch feststellen, dass der südkalifornische Seeotter nicht den gleichen Wert hatte wie seine nördlichen Vettern. Seine Haardichte war durch die unterschiedliche klimatische Situation in seinem Lebensraum nicht so ausgeprägt. Aufgrund dieser Tatsache, verbunden mit unterschiedlichen Interessenschwerpunkten, gaben die Spanier schließlich nach und nach den eigenen Handel bis zum Ende des 18. Jahrhunderts auf. Sie waren jedoch immer stets darauf bedacht, dass die Gebiete nördlich der San-Francisco-Bucht unterentwickelt blieben und sich keine andere Macht dort etablieren konnte. Dieses trostlose Land sollte, quasi als leere Pufferzone, ihre eigenen Kolonien schützen.

Die Briten hatten jedoch 1778 durch Kapitän Cook den Nootka Sund auf der heutigen Vancouver-Insel für Großbritannien beansprucht. Zehn Jahre später errichteten die Kapitäne John Meares und William Douglas, mit Hilfe chinesischer Arbeitskräfte Hütten und eine Schiffswerft in Yuquot[204] im Nootka Sund. John Meares behauptete, dass er das Land von dem örtlichen Häuptling Maquinna erhalten hätte. 1789 lief hier der Schoner *Northwest America* vom Stapel. Der Amerikaner John Kendrick benutzte zwischen 1787 und 1791 ebenfalls Yuquot als Handelsposten. Die Spanier erfuhren nur durch Zufälle von den Aktivitäten. Sie hatten u.a. durch Indiskretionen am Hofe der Zarin Katharina II. und durch den Franzosen LaPérouse von den derzeitigen Aktivitäten der Russen in Alaska erfahren. Alarmiert, entsandten sie 1788 Esteban Jose Martinez, 1774 zweiter Mann unter Perez, und Lopez de Haro in den Norden, um den Gerüchten nachzugehen. Sie hatten Kontakt mit den Russen in der Nähe von Kodiak und Unalaska. Nach ihrer Rückreise berichtete Martinez (fälschlicherweise), dass die Russen die Absicht hätten, im Nootka Sund eine Handelssiedlung zu errichten. Um dem zuvorzukommen, beauftragte der Vizekönig von Neu-Spanien Martinez unverzüglich, eine Siedlung im Nootka Sund zu etablieren. 1789 machte sich Martinez mit einer Anzahl von Truppen, Priestern und Ärzten in den Norden auf. Er war nicht schlecht erstaunt, als er dort angekommen, bereits eine Behausung der Briten und sowohl britische als auch amerikanische Schiffe vorfand. Während er die Amerikaner freundlich behandelte, beendete Martinez alle Aktivitäten der Briten, nahm die Kapitäne William Douglas und James Colnett fest und

---

204 Bedeutet „wo der Wind aus allen Richtungen bläst".

übernahm kurzerhand drei britische Schiffe, unter anderem auch die von John Meares. Er errichtete das spanische Fort *Santa Cruz de Nutka* bestückt mit 16 Kanonen, sowie Baracken, einer Bäckerei und allem anderen, was zu einer Siedlung gehörte.[205] Meares, der zum Zeitpunkt von Martinez' Ankunft nicht im Nootka Sund anwesend war, beschwerte sich vehement bei der Britischen Regierung, wobei er seine erlittenen Verluste übertrieb.

Dieser Zwischenfall, als *Nootka Kontroverse* bekannt geworden, sollte sich zu einem schweren internationalen Konflikt entwickeln. Die Briten mobilisierten ihre Marine und machten kompromisslos klar, dass sie nicht gewillt waren, eine solche Behandlung durch die Spanier hinzunehmen. Obwohl man hart am Rande eines Krieges stand, behielten die Verantwortlichen schließlich doch einen klaren Kopf. Man einigte sich 1790 vertraglich, dass die Spanier die zerstörte Siedlung wieder errichten und Meares eine Entschädigung bekommen sollte. Was aber viel wichtiger war: Diese Gewässer konnten künftig von beiden Nationen genutzt werden. Spanien hatte zum ersten Mal seinen alleinigen Anspruch auf die Küste bis 55° Nord aufgegeben. George Vancouver und Juan Bodega y Quadra verhandelten 1792 vor Ort im Nootka Sund über die Wiedererrichtung der Siedlung, konnten sich aber, trotz sehr freundschaftlich geführter Gespräche, nicht einigen. Durch diplomatische Verhandlungen in Europa einigte man sich jedoch darauf, dass sich

---

205 Um den Geist der damaligen Zeit zu beschreiben, hier noch eine kleine Geschichte, die Murray C. Morgan berichtet. Als Martinez sich in Nootka aufhielt segelte eines Tages ein kleiner Schoner mit fünf Seeleuten an Bord unter dem Kommando des 18-jährigen (!) amerikanischen Teenagers Thomas Humphrey Metcalfe in die Bucht. Dieser war mit seinem Vater Simon 1788 auf der *Eleanora* nach China gesegelt, um ihre Fracht gegen Tee für New York zu tauschen. Dort hörten sie jedoch vom einträglichen Seeotterhandel und beschlossen nach dem Kauf eines kleinen Schoners in Macao an die Nordwestküste zu segeln. Noch im Südchinesischen Meer trennte ein Sturm Vater und Sohn, die jedoch vorher ausgemacht hatten, dass sie in einem solchen Fall in Nootka wieder zusammentreffen wollten. Der Sohn segelte auf dem *Fair American* umbenannten Schoner alleine mit 5 Mann über die Kurilen nach Unalaska, wo Potap Zaikow sie mit Proviant versorgte und vor den Einheimischen warnte. In Nootka angekommen, wurden sie von Martinez unter Arrest gestellt. Als er sie nach San Blas (spanischer Haupthafen in Baja California) bringen wollte, erschien am Ausgang des Nootka Sunds ein Schiff, das Thomas beim Näherkommen als die *Eleanora* seines Vaters erkannte. Dieser roch den Braten jedoch und konnte entkommen. In San Blas wurde Thomas Metcalfe vom spanischen Vizekönig wieder freigesetzt und segelte zu den Sandwich-Inseln (Hawaii), wo er hoffte, seinen Vater zu treffen. Er sollte dort jedoch seinen Tod finden. Sein Vater, Simon Metcalfe, wurde 1794 mitsamt seiner Mannschaft, unter der sich auch sein zweiter Sohn Robert befand, von dem Haida Häuptling Coyah und seinem Stamm vor der Queen-Charlotte-Insel (Nordwestküste) getötet.

Abb. 12: Niederlassung am umstrittenen Nootka-Sund.

beide Nationen aus dem Nootka Sund zurückzogen. Die Krise war vorerst beendet.[206]

Spanien verzichtete schließlich bis 1794, in der zweiten und dritten „Nootka Konvention", aus Angst vor einem Krieg, auf alle Gebiete nördlich des Puget Sund[207]. Russland hatte in Amerika einen neuen Nachbarn bekommen: Großbritannien.

Nachdem Schelikow 1786 die Kodiak-Insel wieder verlassen und das Kommando dort an Samoilow übergeben hatte, übernahm kurze Zeit später Delarow auf Anordnung Schelikows das Zepter auf Kodiak. Doch auch er drängte schon bald auf seine Ablösung. Der vorsorgende Schelikow hatte aber bereits seit einiger Zeit einen Kaufmann aus Kargopol als würdigen Nachfolger im Visier: Alexander Andrejewitsch Baranow[208]. Dieser sollte sowohl die Führung der Kodiak-Insel über-

---

206 1791 erschien der in spanischen Diensten stehende Italiener Alessandro Malaspina (1754-1810) auf einer wissenschaftlichen Expedition im Prinz-William-Sund. In der Folgezeit wurden unter Francisco de Eliza, Jose Maria Narvaez, Manuel Quimper, Francisco Mourelle, Dionisio Galiano und Caetano Valdez noch einige kürzere Erkundungsfahrten unternommen und der kleine Posten Nuñez (Neah Bay) an der Einfahrt zur Juan-de-Fuca-Straße errichtet. Diese Fahrten führten aber nur zu einer besseren Kenntnis der heutigen kanadischen Pazifikküste und des südlichen Alaska und gaben dort zahlreichen Örtlichkeiten ihren spanischen Namen.

207 An dem die heutige Stadt Seattle liegt.

208 Baranow war 1780 im Alter von 34 Jahren mit seiner Familie nach Sibirien gekommen, wo er zunächst eine Glasmanufaktur und eine Destillerie in Irkutsk betrieb. 1788 errichteten er und sein Bruder Petr mit staatlicher Unterstützung eine

Abb. 13:
Alexander Andre-
jewitsch Baranow,
1746-1819,
der „Zar von Alaska".

nehmen als auch die weitere Expansion leiten. Dies hatte er aber immer wieder abgelehnt. Er hatte zu dieser Zeit zusammen mit seinem Bruder eine eigene Gesellschaft auf der Tschuktschen-Halbinsel. Als jedoch die Einheimischen sein Lagerhaus plünderten, die Angestellten töteten und sein Geschäft völlig zusammenbrach, akzeptierte Baranow eine erneute Offerte Schelikows. Am 18. August 1790 schlossen die beiden Männer eine Vereinbarung und Baranow machte sich mit einer anderen Neure-

---

befestigte Siedlung an einem Nebenfluss des Anadyr im äußersten Nordosten des Kontinents. Noch bevor er das Angebot Schelikows annahm, hatte er seine Frau Matrena zurück nach Kargopol gesandt. Er sah sie nie wieder. Baranow war 28 Jahre lang der eigentliche Motor der russischen Expansion in Amerika. 1795 nahm er sich eine einheimische Mätresse, Anna Grigorewa, die Tochter des Aleuten Häuptlings Grigori Raskaschtschikow (so sein russischer Name). Sie gebar ihm zwei Jahre später ihren Sohn Antipatr und 1804 ihre Tochter Irina. Eine zweite Tochter, Katerina, hatte wahrscheinlich eine andere Mutter. Nach dem Tod seiner ersten Frau Matrena 1806, heiratete Baranow Anna. Sein Sohn Appolon aus erster Ehe starb wahrscheinlich in der Obhut seines Bruders in jungen Jahren. Seine Tochter Afanasia aus erster Ehe heiratete einen unbedeutenden Beamten in Kargopol. Sein Sohn Antipatr verließ die Kolonien im August 1818 und trat dem Marine Kadetten Corps bei. Er starb jedoch schon früh 1821 oder 1822. Über Irina, Baranows Tochter aus zweiter Ehe, erfahren wir später etwas mehr. Von Katerina weiß man, dass sie 1821 Grogori Iwanowitsch Sungurow, einen Angestellten der „Russisch Amerikanischen Kompagnie", heiratete und 1822 ihren Sohn Nikolai gebar. 1825 verließ ihr Ehemann die Kolonien in Richtung Russland. Ob Katerina mit ihm reiste ist nicht bekannt.

Abb. 14:
St. Peter und Paul auf
der Kodiak Insel.

krutierung Schelikows, des holzbeinigen Iwan Kuskow[209], einen Tag später auf den Weg nach Kodiak. Kuskow und Baranow verstanden sich gut und Baranow machte ihn auf dieser Reise zu seinem Assistenten. Von Ochotsk aus erreichten sie die Unalaska-Insel, wo ein Sturm das Schiff, die *Drei Heiligen*, zerstörte. Baranow musste auf der Insel überwintern. Acht Monate später wurden drei neu gebaute große *Baidaras*[210] zu Wasser gelassen. Zwei davon entsandte Baranow, um die Nordküste der Alaska-Halbinsel zu erkunden.[211] Auf dem dritten Schiff erreichte er am 27. Juli 1791 endlich die kleine Siedlung Three Saints Harbor[212] auf Kodiak. Zu dieser Zeit hatte Delarow für die „Schelikow-Golikow-Gesellschaft" Befestigungsanlagen auf allen größeren Aleuten-Inseln und an einigen Plätzen auf dem Festland angelegt. 1792, kurz nach seinem Eintreffen, traf Baranow die Entscheidung, die Siedlung von Three Saints Harbor in den Norden der Kodiak-Insel zu verlegen. Der Grund waren zwei verheerende Erdbeben, die sich 1788 und 1792 ereignet hatten. 1788 hatte eine dem Beben folgende ca. 5 Meter hohe *Tsunami*[213] die Südküste der Kodiak-Insel getroffen und auf ihrem weiteren Weg fast alle Einwohner der Schumagin-Inseln getötet. Nach den

---

209 Iwan Alexandrowitsch Kuskow wurde 1765 im russischen Totma, Provinz Wologda, geboren. 1787, im Alter von 22 Jahren, versuchte er sein Glück in Sibirien. Er machte aber schnell Schulden, sodass ihm das Angebot Baranows mit ihm zu gehen, gerade recht kam. Kuskow wurde die Hauptstütze Baranows bei Aufbau und Verwaltung der Kolonie.
210 Offenes Boot mit Häuten bespannt. Konnte bis zu 30 Personen aufnehmen.
211 Bocharow, der Anführer der kleinen Crew, erkundete die Bechevin Bay auf Unimak-Insel und die Küste bis zum Kvichak-Fluss. Auf der Rückfahrt nach Kodiak endeckten sie die kürzeste Überlandverbindung zwischen Nord- und Südküste auf der Alaska-Halbinsel. Die Einheimischen wurden durch Geschenke freundlich gestimmt.
212 Siehe S. 112.
213 Riesenwellen bis über 30 Meter hoch, die durch unterseeische Beben oder große Erdrutsche ins Meer verursacht werden. Das Erdbeben von 1788 erreichte nach Schätzungen den Wert 8 auf der Richterskala.

Abb. 15:
Totempfahl der Tlingit.

Beben war die Küste darüber hinaus abgesackt und bot nicht mehr den guten Ankerplatz wie zuvor. Die Chiniak Bay im Nordosten Kodiaks schien ein sichererer Hafen zu sein und Baranow gründete dort die Siedlung Pawlowsk Gavan[214], benannt zu Ehren des Sohnes von Katharina II. und späteren Zaren Paul I. Three Saints Harbor blieb jedoch ein kleiner Außenposten.

1793 erkundete Baranow mit 30 Russen auf zwei Baidaras den Cook Inlet, um aus erster Hand die Jagd zu erfahren. Als sie dort nur 400 Pelze erbeuteten, segelten sie weiter in den Prinz-William-Sund. Dort erkundete Baranow die gesamte Bucht und nahm von drei großen einheimischen Siedlungen die obligatorischen Geiseln. Als er am Abend an Land ging, wurden sie während der Nacht von einer großen Gruppe Tlingit Indianer[215] überfallen, die sich gerade auf einem Rachefeldzug gegen andere Indianerstämme befanden. Baranow hatte es nur dem zufälligen Eintreffen von Izmailow zu verdanken, dass er mit dem Leben davonkam. Izmailow befand sich mit der *Heiligen Simeon* auf einer anderen Erkundungsfahrt. Nach hartem Kampf waren bei Morgengrauen 2 Russen, 12 Tlingit und 9 Aleuten tot.

1793 und 1794 wurde der in russischen Diensten stehende Brite Shields[216] auf eine Jagdreise in die Yakutat Bucht entsandt, von der er

---

214 Pauls Hafen, aus der sich die heutige Stadt Kodiak entwickelte.
215 Sie gehören zur Gruppe der Nordwestküsten Indianer (zusammen mit Haida, Nootka, Chinook, Makah u.a.). Die Tlingit selbst unterteilten sich in vier Gruppen: südliche, nördliche, Golfküsten und Inland Tlingit. Sie scheinen sich vor ca. 5.000 Jahren von den Athapaskan Indianern abgespalten zu haben. Zur Zeit der Ankunft der Russen fand eine Nordmigration der Tlingit in die Nähe des Prinz-William-Sund statt. Sie waren die kriegerischsten Einheimischen, denen die Russen begegneten.
216 Er war ein Schiffsbaumeister.

mit fast 2.000 Otterfellen und 15 Geiseln zurückkam. 1794 erhielt Baranow Nachricht von der Ankunft der beiden Schiffe der Vancouver-Expedition, aber er zog es vor, nicht mit Vancouver persönlich zu sprechen. 1794 erfüllte Baranow einen Wunsch Schelikows und errichtete die erste Schiffswerft in *Voschresenskaja Gaven*[217]. Als erstes Schiff wurde die *Feniks* (Phönix), ca. 23 Meter lang, mit zwei Decks und 180 Tonnen Kapazität vom Stapel gelassen. 1795 folgten die *Delfin* und die *Olga*. In diesem Jahr beschwerte sich Baranow in einem Bericht an die Gesellschaft über die Jagdaktivitäten der Ausländer und der Furcht, diese könnten eine Siedlung zwischen Nootka Sund und Prinz-William-Sund gründen. Er selbst beschloss, dem zuvorzukommen und bei erster Gelegenheit eine Siedlung südlich der Lituya Bay zu gründen.

Als ersten Schritt entsandte er den Agenten Polomoschnoi in die Yakutat Bucht, um zunächst dort einen geeigneten Platz für eine Siedlung zu finden. Das militärische Kommando über die neu gegründete Siedlung wurde dem Fähnrich Tschertowitsin überlassen. Im Juni 1795 machte sich Baranow selbst in der *Heiligen Olga* auf in den Süden. Am zweiten Tag verursachte ein großes Leck fast den Untergang des Schiffes. Nach der Reparatur machte er sich zunächst in den Cook Inlet auf. Dort erfuhr er vom Schicksal der Lebedew-Lastochkhin-Leute und führte eine Untersuchung der Ereignisse durch.[218] Zu seiner Überraschung traf

---

217 Wörtlich: Hafen der Auferstehung, heute die Stadt Seward.

218 1786 waren 38 Promyschlenniks der „Lebedew-Lastochkhin-Gesellschaft" unter ihrem Anführer Kolomin auf Kodiak gelandet, wo sie von dem Seeotter-Reichtum im nahen Cook Inlet erfuhren. Sie segelten dorthin und übernahmen kurzerhand eine halbfertige Siedlung der „Schelikow-Golikow-Gesellschaft". Dessen Leute waren gerade auf einer Strafexpedition gegen Einheimische unterwegs, die einen der Außenposten geplündert hatten. 1791 erreichte ein weiteres Schiff der „Lebedew-Lastochkhin-Gesellschaft", die *Heiliger Georg*, den Ort, der später Nikolaewsk Hafen genannt wurde. Dessen Anführer Konowalow errichtete eine Befestigungsanlage. 1793 machten sie Baranow das Leben sehr schwer und begannen, seine Außenposten zu überfallen. Obwohl kurz vorher eine Vereinbarung über die gegenseitigen Territorien beider Gesellschaften erreicht wurde, erklärten die Lebedew Leute den gesamten Cook Inlet als ihr Gebiet. Die Einheimischen verloren mit der Zeit wegen dieser innerrussischen Kämpfe den Respekt und die Furcht vor ihnen. Bei einem Angriff auf die Siedlung töteten sie schließlich 13 Russen und folterten ihren neuen Anführer, Samoilow, zu Tode. Im Mai 1798 wurden schließlich alle Lebedew-Leute von den Einheimischen gezwungen, die Siedlungen am Cook Inlet aufzugeben und wieder nach Russland zurückzukehren. Die neu gegründete „Vereinigte Amerikanische Gesellschaft" übernahm unter Baranows Stellvertreter Kuskow schließlich einige der Siedlungen und Handelsposten. Für die „Lebedew-Lastochkhin-Gesellschaft" war dies das Ende. Wie bereits angedeutet, scheint es so, dass Lebedew schließlich einwilligte, mit der von „Vereinigte Amerikanische" in „Russisch-Amerikanische" umbenannte Gesellschaft zu verschmelzen.

er dort auch auf den Häuptling eines Stammes, der mit seinen Leuten normalerweise weiter im Südosten, in der Yakutat Bucht handelte. Der Häuptling gab zu, einfach ohne Erlaubnis der Russen geflüchtet zu sein, weil es Gerüchte gab, die Tlingit würden, ausgerüstet mit Waffen von den Briten, angreifen. Baranow beschloss, den Häuptling als Warnung für andere leicht zu bestrafen, indem er ihm den halben Bart abschnitt. Im August erreichte Baranow selbst die Yakutat Bucht und setzte seine Reise weiter südlich bis zur Kruzof-Insel[219] fort, die er für Russland in Besitz nahm. Ende Herbst war Baranow wieder zurück in Kodiak, die *Olga* war durch schlechtes Wetter fast auseinander gefallen. Im darauf folgenden Jahr, 1796, verstärkte Baranow die Siedlung in der Yakutat Bucht beträchtlich, indem er, während seines zweimonatigen Aufenthaltes, Lager und Baracken errichtete. Er ließ 80 Händler und Siedler mit ihren Frauen und Kindern dort ansiedeln und nannte die Siedlung Novorossisk[220].

Im selben Jahr schickte Baranow den Briten Shields auf eine erneute Erkundungsfahrt in den Süden, um die von ihm im Vorjahr bereiste Kruzof-Insel und deren Umgebung weiter zu erforschen. In der benachbarten Sitka-Insel[221] angekommen, trafen sie auf ein englisches Schiff, die aus Indien kommende *Arthur*, unter Kapitän Barber[222]. Dieser hatte mit den Tlingit Handel getrieben und war dabei nicht zimperlich mit den Einheimischen umgegangen. Handel, wie Barber ihn verstand, bestand daraus, Geiseln zu nehmen, sie in Ketten zu legen und dann gegen Seeotterfelle freikaufen zu lassen. Wie auch immer, Baranow sandte in den folgenden Jahren weitere Jagdgruppen zur Sitka-Insel. 1798 kehrten 500 Baidarkas mit einem Rekordfang von 1.200 Otterfellen zurück. In Baranow reifte die Idee, hier eine neue Siedlung zu gründen.

Mittlerweile war er zu einem Partner der „Vereinigten Amerikanischen Gesellschaft" gemacht worden. Er erhielt 20 ordentliche Anteile und weitere 20 Schenkungsanteile, die er benutzen durfte, um sie als Anreiz für höhere Angestellte auszugeben. Ein Jahr später, bei der Formierung und Umbenennung der Gesellschaft in Russisch-Amerikanische Kompagnie, erhielt Baranow eine Goldmedaille für seine Verdienste. Er

---

219 Der heutigen Stadt Sitka am Ende der Cross Bay vorgelagert.
220 Neu-Russland.
221 Heute Baranow-Insel.
222 Henry Barber war eigentlich ein Deutscher aus Bremen (andere Quellen geben Hamburg an oder sogar England). Nach dem Zusammentreffen mit Shields segelte er nach Hawaii, wo er nahe der Insel Oahu auf Grund lief. Die Ort heißt heute noch Barbers Point.

wurde außerdem zum Hauptverwalter aller Amerikanischen Kolonien und Inseln ernannt. Der Hauptsitz der Gesellschaft blieb zunächst Irkutsk, wurde aber schon im Jahr 1800, auf Drängen Resanows, nach St. Petersburg verlegt.

1799 entschied sich Baranow, seinen Plan von einer neuen Siedlung auf der Sitka-Insel, umzusetzen. Er entsandte ein Schiff zu der Bucareli Bay an der Prinz-William-Insel, um Holz für die geplanten Gebäude zu schlagen. Das Schiff sollte ihn und eine große Jagdgruppe, die schon unterwegs war, dann später auf der Sitka-Insel treffen. Als Baranow jedoch dort ankam, musste er zu seinem Schrecken feststellen, dass 115 einheimische Teilnehmer der Jagdgruppe tot waren. Sie hatten am Strand verdorbene Muscheln gegessen und waren innerhalb von Stunden gestorben. Die anderen Jagdteilnehmer waren vor lauter Schreck geflüchtet. Trotz dieses Unglücks bauten Baranow und 20 seiner Männer während des Winters 1799/1800 ein Fort und andere Gebäude. Sie mussten dabei ständige Drohungen und Unterbrechungen der einheimischen Tlingit überstehen. Zu Ehren des Erzengels Michael nannten sie die neue Siedlung Novo-Archangelsk[223]. Im Frühjahr 1800 kamen einige amerikanische und britische Schiffe in der Bucht an. Frech handelten sie in Sichtweite der Russen mit den Tlingit über 2.000 Seeotterfelle. Die Amerikaner tauschten dabei Gewehre und Munition gegen Felle. Baranow bat sie, den gefährlichen Tlingit keine Waffen zu geben. Doch seine Warnung fand bei den Amerikanern kein Gehör, schließlich waren diese, eben wegen der Felle, fast 25.000 km gereist.

Als Baranow nach Kodiak zurückkehrte, fand er eine heillose Unordnung vor. Kaum einer der Beschäftigten oder Geistlichen folgte den Anordnungen seines Stellvertreters Kuskow. Baranow war drauf und dran aufzugeben und schrieb mehrmals an Larionow, doch bitte seinen Posten zu übernehmen. Doch dieser kannte die Probleme der Kolonien und hatte keine Lust eine derartige Verantwortung zu übernehmen. In der Folgezeit wurden die Probleme immer schlimmer. Durch den Verlust der *Feniks* und anderer Schiffe wurde die Versorgung knapp. Glücklicherweise erreichte am 24. Juni 1800 die *Enterprise*, ein amerikanisches Schiff unter Kapitän Scott, Kodiak und Baranow handelte Waren gegen Felle im Wert von 12.000 Rubel. In den folgenden zwei Jahren entsandte Baranow Schiffe zur Sitka-Insel, um die neue Siedlung zu vervollständigen. Er selbst führte kurze Inspektionsreisen zum Cook Inlet und zur nahen Afognak-Insel durch. In der Hauptsache

---

223 Heute Sitka.

Abb. 16: Novo Archangelsk (Sitka) um 1805.

beschäftigte er sich mit dem Ausbau und der Sicherung von Pawlowsk, da Gerüchte über einen bevorstehenden Krieg mit Großbritannien kursierten. Mit Datum vom 18. April 1802 erhielt er geheime Anweisungen von den drei Direktoren der Russisch-Amerikanischen Kompagnie. Diese besagten u.a.:

- Dass das Gebiet Russlands weiter südlich, bis in den Nootka Sund, ausgebaut werden sollte, also weiter als 55° nördlicher Breite. Als Argumente sollten hier die Reisen Berings und Tschirikows sowie einige private Reisen von Promyschlenniks benutzt werden. Dies sollte dazu führen, dass in Zukunft die Grenze zwischen Russland und Großbritannien vielleicht auf dem 50° oder irgendwo zwischen dem 50° und 55° Breitengrad festgesetzt werden konnte.

- Dass eine Siedlung nahe dem 55° Nord so schnell wie möglich gegründet werden und mit russifizierten Einheimischen besiedelt werden sollte.[224] Um dies zu erreichen, sollten alle Erkundungsfahrten im Norden gestoppt werden. Man sollte sich auf die Gebiete konzentrieren, wo die Briten versuchten, sich zu etablieren.

- Dass man in Zukunft vorsichtiger bei der Auswahl der Mitarbeiter sein sollte. Diese sollten auf ihre vaterländischen Pflichten hingewiesen werden. Denn anhand der Reiseberichte von George Vancouver und Peter Puget[225] und der beigefügten Karten, war zu ersehen, dass

---

224 Das Direktorium wusste bereits von der Siedlung Neu-Archangelsk auf der Sitka-Insel. Es wollte aber eine weitere Siedlung noch weiter südlich.

225 Peter Puget (1765-1822) nahm als zweiter Leutnant an der Vancouver- Expedition teil. Wurde später Marinebeauftragter für Indien und zum Konteradmiral befördert. 1819 zum Ritter geschlagen.

einige Promyschlenniks den Briten Informationen und Karten über russische Reisen gegeben hatten.

– Dass der Umgang mit Briten freundlich, aber bestimmt sein sollte. In diesem Zusammenhang sollte der in russischen Diensten stehende Shields beobachtet werden[226]. Obwohl man mit ihm zufrieden war, war er trotz alledem ein Brite.

Mit diesen Anweisungen erhielt Baranow nähere Erläuterungen der politischen Entwicklung sowie politische Magazine, sodass er sich selbst ein Bild von der Situation machen konnte. Baranow wurden auch die östlichen Aleuten und die Pribilof-Inseln unterstellt, die bis dahin unter dem Kommando von Larionow[227] gestanden hatten. Dieser hatte Baranow nun als seinen Vorgesetzten.

Im selben Jahr, 1802, erreichte Kapitän Barber überraschend Kodiak. Er brachte verheerende Nachrichten mit sich. Die einheimischen Tlingit Indianer hatten die neue Siedlung Neu-Archangelsk auf der Sitka-Insel angegriffen, als er gerade zufällig in der Nähe war. Obwohl er sofort zu Hilfe eilte, fand er nur rauchende Ruinen und fürchterlich zugerichtete Promyschlenniks vor. Es gab nur einige Überlebende, die ihm erzählten, dass die Tlingit mit einer enormen Übermacht und einer Vielzahl an Waffen angriffen hätten. Sie hatten Glück, dass sich die Hälfte der Russen bei Arbeiten außerhalb des Forts befand und sich so nur schlecht verteidigen konnten. Die Tlingit zündeten die Gebäude an. Vor den Flammen fliehende Einwohner wurden erbarmungslos ermordet. Insgesamt wurden 20 Russen und 130 Aleuten getötet, 3.000 Seeotterfelle gestohlen und ein Schiff der Gesellschaft versenkt. Barber gelang es, 3 Russen, 5 Aleutenmänner, 18 Frauen und 6 Kinder aus den Händen der Tlingit zu retten und nach Kodiak zu bringen.[228] Aber anstatt nun

---

226 Das Direktorium wusste noch nicht, dass Shields bereits tot war. Auf einer Reise von Ochotsk nach Kodiak unter seinem Kommando war die *Feniks* 1798 mit Mann und Maus untergegangen. Ein Jahr später fand man an der Südküste Alaskas Wrackteile. Ihr genaues Schicksal ist bis heute unbekannt.

227 Larionow starb schließlich 1806.

228 Die Rettung der Überlebenden spielte sich laut Barber folgendermaßen ab: Als er die flüchtenden Siedler auf sein Schiff aufnahm, folgte ihnen der Häuptling der Tlingit und forderte von Barber, sie auszuliefern. Barber legte ihn jedoch in Ketten und tauschte ihn gegen die restlichen Gefangenen, die in der Gewalt der Tlingit waren, aus. Zweifel sind bei diesem völlig skrupellosen Mann angebracht. Es gab Gerüchte, dass Barber die Tlingit selbst angestachelt hatte und bei dem Überfall erst eingriff, als schon alles abgebrannt und die meisten Siedler tot waren. Als er nach seinem Kodiak-Aufenthalt nach Hawaii segelte, erfuhr er dort von einem angeblichen Auseinanderfallen von Russland und Großbritannien. Er war wütend, dass er dies nicht eher erfahren hatte und wollte nach Kodiak zurückkehren, um die Russen dort

einfach die glücklichen Überlebenden an Baranow zu übergeben, forderte Barber 50.000 Rubel Entschädigung für die unnötige Reise nach Kodiak, die Verpflegung der Passagiere und den Verlust seiner Freundschaft mit den Tlingit. Nach langem Verhandeln wurden ihm Pelze im Wert von 10.000 Rubel ausgehändigt sowie Waren, einschließlich Waffen, im Wert von 27.000 Rubel gehandelt.

Kurze Zeit später wurde Kuskow mit seiner Jagdgruppe von den Tlingit in der Yakutat Bucht überfallen. Er konnte aber diesen Überfall erfolgreich abwehren, Geiseln nehmen und die versammelten Tlingit wieder zur Raison bringen. In Novorossisk, der Siedlung auf Yakutat, angekommen, erfuhr er von dem Indianer-Plan, die Siedlung auf der Sitka-Insel angreifen zu wollen. Nicht wissend, dass dieser Plan bereits ausgeführt worden war, entsandte er eine größere Gruppe zu der Siedlung, die jedoch schon bald mit der schlechten Nachricht zurückkam. Die Tlingit der Yakutat Bucht gaben schließlich zu, dass der Überfall von langer Hand geplant worden war und britische Schiffskapitäne sie dazu angestiftet hatten. Trotz allem war der russische Anführer Medvednikow mehrmals gewarnt worden.

Baranow war zunächst wie gelähmt. Nach einiger Überlegung entschied er sich jedoch, nicht sofort zurückzuschlagen, sondern erst einmal seine Kräfte zu verstärken. 1803 entsandte er Kuskow nach Yakutat zurück und beauftragte ihn, dort zwei Schiffe zu bauen. Dann führte er eine Bestandsaufnahme der amerikanischen Kolonien durch. Es bestanden zu diesem Zeitpunkt, 1803, die folgenden 13 Forts:

- zwei Forts auf der Kodiak-Insel, *Three Saints Harbor* und *Pawlowsk Gavan*
- ein Fort auf der Afognak-Insel
- ein Fort auf der Kenai-Halbinsel, *Alexandrowsk*[229]
- drei Forts an den Küsten im Cook Inlet, *Georgiewskoe*, *Pawlowskoe* und *Nikolaewskoe*
- zwei Forts im weiten Prinz-William-Sund, *Konstantin und Elena Harbor* an der Nuchek Bay[230] und *Delarow Harbor* auf der Montague-Insel in der Zaikov Bucht
- ein Fort am Kap St. Elias auf der Kajak-Insel, *Fort Simeon*
- zwei Forts in der Yakutat Bucht, *Novorossisk* und *Slavarossii*,
- ein nun zerstörtes Fort auf der Sitka-Insel, *Neu-Archangelsk*.

---

zu überfallen. Glücklicherweise kamen Nachrichten über eine erneute Freundschaft beider Länder auf und Barber ließ seinen Plan fallen.

229 Heute Englische Bucht.
230 Heute Port Etches.

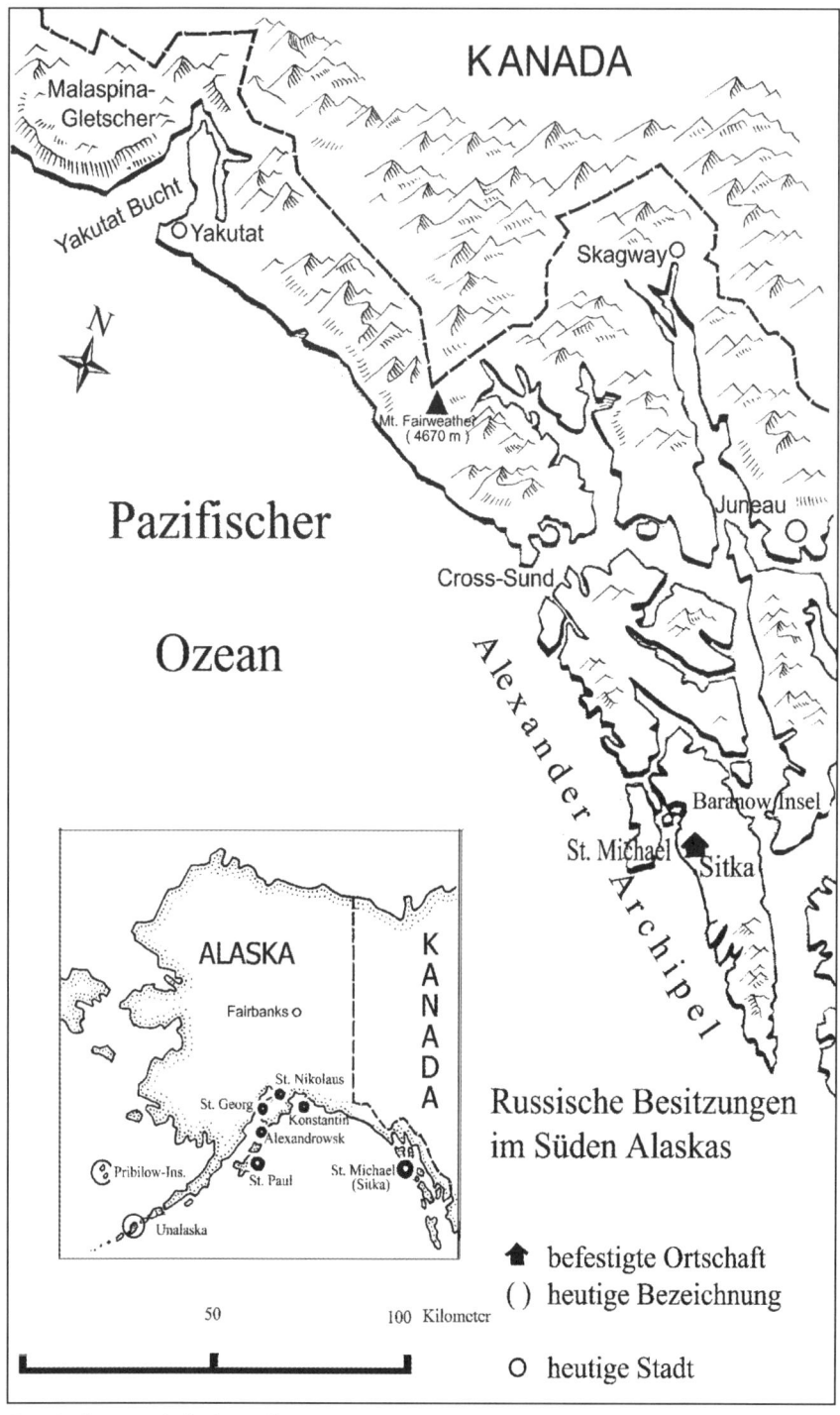

Der Süden Russisch-Amerikas um 1800

1803/4 trafen mehrere amerikanische Schiffe in Kodiak ein. Zur allgemeinen Überraschung brachten sie einen Russen und mehrere Aleuten mit, alles Überlebende des Überfalls von 1802. Die Amerikaner schlugen einen permanenten Handel vor und Baranow, einwilligend, übergab ihnen eine Liste mit Dingen, die er dringend benötigte. Einer der Kapitäne, Joseph O'Cain auf dem gleichnamigen Schiff, kannte Baranow bereits von früheren Besuchen. Er überredete diesen, eine Jagdgruppe von 34 Einheimischen unter dem Kommando eines Russen auszustatten. O'Cain würde sie zu den Jagdgründen segeln und den Gewinn mit den Russen teilen. Die Fahrt, die bis in die Nähe des heutigen San Diego führte, war erfolgreich und brachte mehr als 600 Seeotterfelle für die Russisch-Amerikanische Kompagnie ein. Sie war gleichzeitig das erste Beispiel einer praktischen Zusammenarbeit zwischen Russen und Amerikanern, welche in dieser Form 25 Jahre andauern sollte.

Andererseits wiesen diese Handelsverbindungen auch deutlich auf ein russisches Dilemma hin: Die schlechte Versorgung der russischen Kolonien. Die Verfrachtung der Güter quer durch Sibirien nach Ochotsk und dann die Verschiffung über Kamtschatka und die Aleuten nach Kodiak war lang und wie zahlreiche Schiffsverluste zeigten, sehr gefährlich. Resanow nahm deshalb eine Idee seines Schwiegervaters Schelikow auf. Er wollte die Versorgung über die Baltischen Häfen und damit eine Schiffsreise um die halbe Welt organisieren. Dies hatte überdies den Vorteil, dass auf der Rückreise die Russen ihre Felle direkt in Kanton verkaufen und sich somit die lange Überlandreise nach Kjachta sparen konnten. Graf Rumiantsew[231], Handelsminister unter dem neuen Zar Alexander I., unterstützte den Plan. Auch der Zar selbst gab die Erlaubnis für eine solche Reise. Die Expedition wurde zwei der besten Offiziere der russischen Marine unterstellt: Erster Kommandant war Kapitänleutnant Iwan F. Krusenstern[232], zweiter Kommandant war Kapitän-

---

231 Graf Nikolai Petrowitsch Rumiantsew (1754-1826), war Handelsminister (1802-1814), gleichzeitig Außenminister (1808-1814) und Vorsteher der Hofkanzlei bzw. des Staatsrats (1809-1814). Die Invasion Russlands durch Napoleon 1812 verursachte bei ihm einen Schlaganfall, bei dem er sein Gehör verlor. Nach seinem Rücktritt widmete er sich der Geschichte Russlands. Seine große Bibliothek bildete nach seinem Tod den Kern der heutigen Lenin Bibliothek.

232 Adam Johann von Krusenstern (1770-1846) war ein Baltendeutscher, geboren als jüngstes von sechs Kindern in Haggud, Estland. Zwischen 1793 und 1799 stand er, zusammen mit 11 anderen Russen (u.a. sein Freund Jakob Bering, einem Enkel von Vitus Bering) in britischem Marinedienst. Er diente unter Kapitän Cochrane, nach Nelson wohl der fähigste britische Marineoffizier seiner Zeit. Krusenstern wurde später bis zum Admiral befördert und zog sich 1842, nach 17 Jahren als Leiter des Marinekadettenkorps ins Privatleben zurück.

Abb. 17:
Adam Johann
(Iwan F.)
von Krusenstern,
1770-1846.

leutnant Juri Lisianski[233]. Die Expedition wurde gleichzeitig als Forschungsreise für eine Reihe von Naturwissenschaftler und Künstlern
ausgelegt, darunter der Deutsche Georg Heinrich von Langsdorff. Lisianski wurde beordert in Westeuropa zwei Schiffe zu kaufen. Nachdem
er in Hamburg kein Glück hatte, kaufte er in London die beiden 430
Tonnen bzw. 373 Tonnen großen Schiffe *Leander* und *Thames*, die in
Nadezhda (Hoffnung) und *Newa* umbenannt wurden. Resanow entschloss sich, an der Expedition persönlich teilzunehmen, um die Kolonien für die Russisch-Amerikanische Kompagnie zu inspizieren[234]. Von
der Regierung wurde er außerdem beauftragt, bei dieser Gelegenheit als
Sonderbotschafter neue Kontakte zu Japan zu knüpfen. Krusenstern
wurde daraufhin Resanow untergeordnet, eine Entscheidung, die Krusenstern sichtlich missfiel. Am 26. Juli 1803 verließen die Schiffe unter

---

233 Juri Fjodorowitsch Lisianski (1773-1837). Von 1793 bis 1798 diente auch er bei
der britischen Marine. In dieser Zeit nahm er an Operationen gegen die Franzosen in
Nordamerika teil. Nach der Genesung von einer Gelbfiebererkrankung wurde er
1795 von US-Präsident George Washington empfangen. Er sah während seiner aktiven Zeit so ferne Gegenden wie die Karibik, Indien, China, Südafrika und natürlich
Alaska. Einer seiner drei Söhne, Platon, trat ebenfalls der Marine bei und brachte es
bis zum Admiral.
234 Resanow war zu dieser Zeit Witwer. Seine Frau Anna, eine Tochter Schelikows,
war wie erwähnt 1802, kurz nach der Geburt ihrer Tochter Olga, gestorben.

den Abschiedsgrüßen des Zaren selbst, Kronstadt, um über Helsingsfors (Helsinki) und Falmouth (Cornwall), wo sie die Proviantaufnahme abschlossen, nach Teneriffa zu segeln[235]. Nach einem kurzen Aufenthalt dort, segelten sie über Brasilien und um das Kap Hoorn nach Hawaii, wo sie Mitte Juli 1804, nach einem Jahr Reisezeit, ankamen. Dort trennten sich die Schiffe; die größere *Nadezhda* segelte unter Krusenstern mit Resanow nach Kamtschatka, die kleinere *Newa* unter Lisianski nach Kodiak. Ende August verließ die *Nadezhda* Kamtschatka wieder und erreichte sechs Wochen später Nagasaki. Doch die Japaner hatten überhaupt kein Interesse an Beziehungen zu Russland. Sie erlaubten Resanow nicht einmal den offiziellen Brief der russischen Regierung zu übergeben, geschweige denn Geschenke anzunehmen.

Der Grund für die japanische Haltung war ein interner Machtkampf, den die russenfreundliche Seite letzlich verlor. Nachdem er lange Monate gewartet hatte, kehrte Resanow im Juni 1805 unverrichteter Dinge und völlig frustriert nach Kamtschatka zurück. Dort beorderte er Krusenstern, die Sachalin-Insel genauer zu erkunden und anschließend Pelze von Petropawlowsk auf Kamtschatka nach Kanton in China zu bringen. Dort sollte er wieder auf die *Newa* treffen. Diese erreichte auch Kanton zwei Wochen nach der *Nadezhda* und am 26. Januar 1806 verließen beide Schiffe diesen Hafen, um am 26. Juli nach genau drei Jahren wieder in Kronstadt anzukommen. Sie hatten die erste russische Weltumsegelung beendet. Resanow aber hatte die *Nadezhda* bereits in Kamtschatka verlassen und war auf der *Maria Magdalena* zu den Kolonien gereist.

Unterdessen hatte Baranow seine Kampfvorbereitungen beendet und war mit vier Schiffen in Richtung Sitka-Insel gesegelt, um dort die Tlingit zu bekämpfen und das Fort Neu-Archangelsk wieder zu errichten. Auf dem Weg machte er Halt in der Yakutat Bucht, wo er 25 Mann, darunter einige Siedler, zurückließ. Bei der Ankunft auf der Sitka-Insel war er freudig überrascht, Lisianski mit der *Newa* vorzufinden, der schon seit über einem Monat auf ihn wartete. Lisianski war, als er auf Kodiak hörte was Baranow vorhatte, schnell hierher gesegelt, um ihm beizustehen. Anfangs boten Baranow und Lisianski den Tlingit Frieden an, unter der Bedingung, dass das Fort und die gesamte Region wieder an die Russen übergeben würden. Nachdem dieser Vorschlag

---

235 Im englischen Kanal ereignete sich noch ein kleiner Zwischenfall. Das Schiff von Resanow wurde irrtümlich von einem englischen Kriegsschiff beschossen, das glaubte, Franzosen vor sich zu haben. Um diese Angelegenheit zu klären, war Resanow zu einer Kurzreise nach London gezwungen.

Abb. 18:
Juri Fjodorowitsch
Lisianski, 1773-1837.

abrupt abgelehnt wurde, attackierten die Russen die Einheimischen. Drei Seeleute der *Newa* wurden getötet und einige Russen und Aleuten, darunter auch Baranow selbst, verwundet. Der Kampf wurde mit Einbruch der Nacht unterbrochen. Am nächsten Tag wurde das Fort bis zum Abend mit Kanonen bombardiert, aber die Tlingit akzeptierten immer noch nicht die russischen Bedingungen. So wurde am dritten und an den darauf folgenden Tagen weiter bombardiert und erst am siebten Tag gaben die Tlingit auf. Sie zogen sich ca. 250 km weit vom Kampfplatz in die Gegend Chatham Straße (auf der gegenüberliegenden Seite der Sitka-Insel) zurück und errichteten dort mehrere Befestigungsanlagen.

Der siegreiche Baranow errichtete ein neues Fort Neu-Archangelsk, etwas von dem alten entfernt, auf einer Anhöhe in der Mitte der alten Tlingit Siedlung. Lisianski half mit seinen Männern bei der Errichtung der Gebäude, segelte im Herbst aber nach Kodiak zurück, um dort zu überwintern. Im darauf folgenden Jahr kam er wieder und blieb bis zum Herbst, um anschließend mit einer Ladung Pelze nach Kanton zu segeln und dort, wie erwähnt, Krusenstern und die *Nadezhda* zu treffen.

Resanow war, nachdem er Krusenstern mit seinen Instruktionen verlassen hatte, in der Zwischenzeit auf Unalaska angekommen, das unter der

Leitung von Larionow stand. Er fand das Lagerhaus voll mit unbenutzbaren Produkten. Die Verwaltung in Ochotsk lieferte den Außenposten offensichtlich keine gute Qualität. Ansonsten war er von der Harmonie zwischen Russen und Aleuten überrascht. Dasselbe fand er in Kodiak vor, welches er Ende Juli 1805 erreichte. Anschließend reiste er nach Neu-Archangelsk weiter, das er im August erreichte. Dort traf er zum ersten Mal Baranow. Dieser Mann, von dem er schon so viel gehört hatte, machte auf Resanow einen nachhaltigen Eindruck. Baranow war mittlerweile im gesamten nordpazifischen Raum bekannt.[236]

Resanow begann unverzüglich, das gesamte administrative Führungssystem der Russisch-Amerikanischen Kompagnie zu ändern. Die Promyschlenniks erhielten anstatt eines Anteils am Fang ein festes Gehalt. Dies war gerechter, denn die Fänge gingen zurück. Außerdem wurde eine Erhebung aller befreundeten Einheimischen durchgeführt. Diese ergab, dass 5.234 Menschen, darunter 1.509 Kinder, unter russischer Kolonialverwaltung in Amerika lebten. Von nun an sollte diese Erhebung jährlich durchgeführt werden. Die Jungenschule wurde wieder eröffnet und im Herbst 1805 öffnete die erste Mädchenschule mit 16 Mädchen. 4 Jungen wurden zur höheren Erziehung nach Kronstadt gesandt. Ein Krankenhaus und ein Gericht, bestehend aus zwei Russen und zwei Einheimischen, wurde vorgeschlagen. Resanow regte an, die Sprache der Einheimischen zu lehren und begann ein Wörterbuch, das bei seiner Rückkehr zur weiteren Verteilung gedruckt werden sollte. Da Ochotsk nicht genug Brot liefern konnte, regte er an, Handel mit Kalifornien und den Philippinen zu eröffnen. Schließlich sollte im Notfall der Handel mit den *Bostonians*[237] oder sogar den Chinesen oder Japanern aufgenommen werden. Er schlug Neu-Archangelsk als neuen Hauptverwaltungssitz der Gesellschaft in den Kolonien vor, mit regionalen Verwaltungen in anderen Orten. Baranow muss mehr als glücklich gewesen sein über die Hilfe und Unterstützung für „seine" Kolonie.

In Neu-Archangelsk wurden noch während des Aufenthalts von Resa-

---

236 Krusenstern, der sich nicht gut mit Resanow verstand, zeichnete ein anderes Bild: Das eines unmoralischen, grausamen Charakters. Aber er hatte Baranow nie persönlich kennen gelernt und seine Informationen waren nur aus zweiter Hand. Außerdem kannte er die Umstände nicht, mit denen Baranow fertig werden musste. Lisianski und andere, die Baranow persönlich kannten, bestätigten Resanows Eindrücke.

237 Im Pazifikraum benutzter Sammelbegriff für Amerikanische Chinahändler (siehe Kurzabhandlungen). Sie kamen nicht alle notwendigerweise aus Boston.

Abb. 20:
Blick auf
„Baranow Castle",
Novo Archangelsk
um 1805.

now zwei Schiffe gebaut. 1805 kam der Bostonian D'Wolf[238] auf der
Juno zur Sitka-Insel. Resanow machte dem Kapitän klar, dass die Russen schon bald allen Handel mit den Einheimischen verbieten würden
und die Amerikaner stattdessen direkt mit den Russen handeln müssten.
D'Wolf entschied sich daraufhin, sein 250-Tonnen-Schiff und die
gesamte Beladung an Resanow zu verkaufen. Mittlerweile wurde jedoch
die Versorgung der Bevölkerung in Neu-Archangelsk immer kritischer.
Die Menschen ernährten sich nur noch von Seelöwen- und Robben-
fleisch, da keine Fische mehr gefangen wurden. Als es immer schlimmer
wurde, aßen sie auch Adler, Krähen und Tintenfisch.
In dieser Situation, die für weitere Monate vorhersehbar war, entschloss
sich Resanow, nach Kalifornien zu segeln, um dort Nahrungsvorräte zu
kaufen. Er wusste, dass im spanischen Kalifornien bestimmte Güter,
welche die Russen handeln konnten, knapp waren. Die spanischen Sied-

---

238 John D'Wolf, geboren 1779 in Rhode Island, USA, verlor schon kurz nach seiner Geburt seinen Vater und seinen Onkel auf See. 1804 erhielt er von den Eignern
das Kommando über die *Juno*. Nachdem er 1805 das Schiff und einen Teil seiner
Fracht für 65.000 Dollar an die Russisch-Amerikanische Kompagnie verkauft hatte,
blieb er bis Juni 1806 in Neu-Archangelsk. Dort gewann er die Freundschaft des
deutschen Wissenschaftlers von Langsdorff, der mit Resanow dorthin gekommen
war. Am 30. Juni segelte D'Wolf das nur 25 Tonnen große Boot *Rostislaw* in Begleitung von Langsdorff nach Ochotsk, dass sie nach ereignisreicher Fahrt (sie waren
u.a. auf einen schlafenden Wal aufgefahren) fast genau ein Jahr später erreichten.
Nach über dreieinhalb Jahren erreichte er am 1. April 1808 wieder seine Familie in
Rhode Island, die ihn schon totgeglaubt hatte. 1809 unternahm er eine erfolgreiche
Reise nach St. Petersburg, die ihm den Spitznamen *Nor'west John* einbrachte. Nach
einigen weiteren Jahren auf See zog er sich anschließend auf seine Farm zurück. Mit
80 Jahren siedelte er zu seiner Tochter nach Dorchester, Massachusetts, wo er 1872
im Alter von 92 Jahren starb. Seine Frau, Mary Melville, war die Tante des Roman-
autors Herman Melville (Moby Dick). D'Wolf war wahrscheinlich ausschlaggebend
für Melvilles Interesse an der See.

ler waren wegen des Verbots des Handels mit Ausländern gezwungen, unter Mithilfe der Franziskaner, diese Güter heimlich von Seefahrern zu beschaffen. Ende Februar 1806 machte sich Resanow auf der *Juno* unter Leutnant Khwostow auf die Reise. Wegen des schlechten Zustands der Besatzung, die meisten litten unter Skorbut, wollte Resanow zunächst an der Mündung des Columbia River Station machen. Aber widrige Winde und eine starke Strömung hinderten das Schiff daran, zu ankern. Nach einem Monat auf See segelte die *Juno* in die San-Francisco-Bucht, ohne eine Erlaubnis der Spanier erhalten zu haben.[239] Resanow wurde in Abwesenheit des Fort Kommandanten von dessen Sohn Don Luis de Arguello empfangen. Resanow tischte eine Lügengeschichte für die unerlaubte Ankerung auf, erklärte sich selbst als Oberbefehlshaber des russischen Amerika-Reiches und gab allen wichtigen Personen wertvolle Geschenke. Dies stellte sicher, dass sie freundlich behandelt wurden. Leider war der spanische Gouverneur der Provinz, Don Arillaga, ebenfalls nicht anwesend. Aber ein kurzer Briefwechsel bestätigte, dass dieser zu Resanow kommen würde. Wegen der guten Verpflegung und dem herrlichen Klima gesundete die Schiffsmannschaft schnell; so schnell, dass zwei von ihnen desertierten.

Während der Wartezeit auf den spanischen Gouverneur, verbrachte Resanow seine Zeit im Haus des Fortkommandanten Arguello. Dieser hatte mehrere Töchter und eine von ihnen, Maria de la Concepción Marcela Arguello, genannt „Conchita" oder vornehmer Doña Conception, hatte es dem 42-jährigen Witwer Resanow besonders angetan. Sie war gerade 15 Jahre alt geworden und als das „schönste Mädchen in ganz Kalifornien" bekannt. Diese sich anbahnende Beziehung verbesserte das gute Einvernehmen zwischen Russen und Spaniern weiter. Als der Gouverneur endlich eintraf, wurde jedoch schnell klar, dass trotz der Herzlichkeiten eine Einigung über Nahrungsmittellieferungen von Kalifornien nach Russisch-Amerika nicht leicht zu erreichen war. Das Problem, das Arillaga hatte, war die internationale Situation, in der Spanien sich befand. Russland und Frankreich waren auseinander gefallen und Spanien war ein befreundetes Land Frankreichs. Es war für ihn sehr schwer gegen die Direktiven Madrids zu handeln, welche ein Handelsverbot mit Ausländern beinhalteten. Resanow änderte seine Taktik und

---

239 Sie mussten sich wegen der militärischen Stärke der Spanier auch keine Sorgen machen. Als die *Juno* einmal einige freundliche Salutschüsse abfeuerte, mussten die Garnisonssoldaten zur *Juno* rudern und um Schießpulver bitten, da sie nicht genug hatten, um den Salut zu erwidern.

machte Doña Conception den Hof.[240] Sie war bald in den gut aussehenden, älteren Mann verliebt und verstand, dass sein Erfolg nun auch von ihr abhing. Es gelang Resanow, eine Verlobung zu arrangieren, die ihm Zugang zu den innersten Informationen der Spanier gewährte, da er nun praktisch zur Familie gehörte. Auch Arillaga änderte sein Verhalten und Resanow konnte sein Schiff mit Weizen, Gerste, Mehl, Erbsen, Bohnen, Salz, Schmalz und Trockenfleisch vollladen.

Am 8. Mai 1806 verließ er wieder Kalifornien mit dem Versprechen, als Sonderbotschafter des Zaren die Beziehungen zu Spanien persönlich in Madrid zu regeln. Auf dem Rückweg über Mexiko wollte er dann seine Braut abholen. Resanow erreichte Anfang Juni wieder Neu-Archangelsk. Gerade zur rechten Zeit, denn die Siedler waren durch Skorbut sehr geschwächt. Die Tlingit hatten die Situation ausgenutzt und Novorossisk in der Yakutat Bucht zerstört. Ganze acht Männer, zwei Frauen und drei Jungen entkamen dem Tod und wurden gefangen.[241] Die Ankunft Resanows in Neu-Archangelsk kam gerade recht, um die Moral wieder zu heben. Die Ladung wurde in der gesamten Kolonie zu Tiefstpreisen verkauft. Der Erfolg seiner Mission brachte Resanow immer mehr auf den Gedanken, eine Siedlung in Kalifornien zu gründen, um die Nahrung der nördlicheren Siedlungen zu sichern. Er dachte daran, zuerst eine Siedlung etwa auf halbem Weg an der Juan-de-Fuca-Straße oder der Mündung des Columbia River zu etablieren und sich dann von dort weiter südlich nach Kalifornien zu bewegen. Er bemerkte in einem Bericht an die Gesellschaft ausdrücklich, dass wenn die Pläne Peter des Großen, besonders mit der Bering-Expedition, richtig ausgeführt worden wären, Kalifornien nie spanisch geworden wäre.

Doch Resanow war ein Mann, der eine schwere Beleidigung niemals vergaß. Noch bevor er von Neu-Archangelsk seine Heimreise nach St. Petersburg antrat, gab er einen letzten Befehl. Er beorderte Leutnant Khwostow und Seeunteroffizier Davidow mit den Schiffen *Juno* und *Avos* zu einer Geheimexpedition nach Japan. Sie sollten Japan mit Gewalt zwingen, das Land für den Handel mit Russland zu öffnen und gleichzeitig Rache für seine beleidigende Behandlung nehmen. Zu die-

---

240 Es sei daran erinnert, dass die erste Frau Resanows, Anna, die Tochter von Grigori Schelikow, auch nur 15 Jahre alt gewesen war, als Resanow sie kennen lernte.

241 Welch ein Zufall, dass unser alter Freund, Kapitän Barber, sehr bald von dem Yakutat-Massaker erfuhr. Er wollte die Schwäche der Russen sofort ausnutzen und segelte nach Kodiak, um seinen alten Plan umzusetzen und die dortige Siedlung anzugreifen. Zu seinem Unmut fand er jedoch in Pawlowsk ein bewaffnetes Schiff der Gesellschaft vor und so verschwand er mit einer fadenscheinigen Begründung wieder so schnell wie er gekommen war.

sem Zweck sollten die Offiziere die Japaner von der Insel Sachalin und der Kurilen-Insel Urup vertreiben, ihre Siedlung auf Hokkaido angreifen und die Küste verwüsten. Anfangs hatte Resanow vor, diese Expedition selbst zu leiten, änderte aber seine Meinung auf dem Weg nach Ochotsk.[242]

Auch nach dem internationalen Recht seiner Zeit kam dieser Akt einer Kriegserklärung Russlands an Japan gleich, ausgesprochen von einem Mann ohne jegliche Unterstützung oder Absprache mit der Regierung oder dem Zaren selbst. Kein Wunder, dass Resanow in Ochotsk „kalte Füße" bekam und versuchte, die Expedition umzudirigieren. Aber die neuen schriftlichen Befehle an Khwostow waren zu ungenau und eine mündliche Erklärung konnte nicht mehr gegeben werden, da Resanow sich bereits auf den Weg von Ochotsk nach St. Petersburg gemacht hatte. So entschied sich Khwostow, den Winter abwartend, im Frühjahr 1807 die ursprünglichen Befehle zu befolgen, nach Sachalin zu segeln und japanische Siedlungen zu verwüsten. Er und Dawidow hatten aber wenig Erfolg und Khwostow wurde, nachdem er nach Moskau zurückgekehrt war, angeklagt, ohne Weisung gehandelt zu haben.[243]

Resanow, voller Energie, hatte es nach drei Jahren Abwesenheit sehr eilig nach St. Petersburg zurückzukommen. Er reiste schnell, überquerte Flüsse, ohne ihr Zufrieren abzuwarten und übernachtete mehrmals im Schnee. Etwa 60 km westlich des Aldan Flusses holte er sich ein gefährliches Fieber, sank in Bewusstlosigkeit und verbrachte 20 Tage in einem Zelt bei einheimischen Jakuten. Ohne eine vollständige Genesung abzuwarten, trieb es ihn weiter und in Jakutsk angekommen, musste er erneut das Bett hüten. Aber auch hier hielt es ihn nicht lange. Er setzte seine Reise weiter fort, bis kurz vor Krasnojarsk. Dort, geschwächt durch seine Krankheit, fiel er vom Pferd und wurde ernsthaft verletzt. Resanow starb am 1. März 1807 in Krasnojarsk. Seine Verlobte, die schöne Doña Conception, wartete sehnsüchtig auf seine

---

242 Siehe hierzu auch das Kapitel „Andere Aktivitäten der Gesellschaft".
243 Das Verfahren endete ohne Urteil für Khwostow und er wurde freigelassen. Im September 1809 hörten vier Teilnehmer der Resanow Episode voneinander, dass sie alle zufällig in St. Petersburg waren. Es waren der amerikanische Händler D'Wolf, der deutsche Wissenschaftler von Langsdorff und die beiden russischen Offiziere Khwostow und Davidow. Am 4. Oktober 1809 trafen sich alle vier zu einem feuchtfröhlichen Wiedersehensabend in der Residenz von Langsdorff. Gegen zwei Uhr morgens verließen Khwostow und Dawidow die Runde und versuchten, von Alkohol umnebelt, nach Hause zu gehen. Sie fanden die Isakiewski Brücke, eine Hebebrücke, hochgezogen. So entschieden sie sich, auf eine vorbeitreibende Flussbarke zu springen. Leider verfehlten beide die Barke und wurden von der Strömung fortgerissen. Ihre Körper wurden nie gefunden.

Rückkehr, um endlich die Heirat zu vollziehen. Sie sollte erst zwei Jahre später von Resanows Tod erfahren. Doña Conception sollte auch später nie heiraten, obwohl sie genug ernsthafte Heiratsanträge bekommen hatte. Die Hochzeitskleidung, die sie sich schon hatte machen lassen, gab sie an ihre Nichten, die sie in der Familie weiter vererbten. Mit sechzig Jahren trat sie in ein Kloster der Dominikanischen Schwestern ein. Dort starb diese tragische Frau, der einst die Welt zu Füßen lag.[244]

Die Ereignisse in Neu-Archangelsk und das gehäufte Auftreten von Ausländern in der Region hatten die Anteilseigner und die Direktoren der Russisch-Amerikanischen Kompagnie überzeugt, dass eine weitere Präsenz von russischen Schiffen notwendig war. Sie gaben deshalb die Order, die *Newa* von Kronstadt aus auf eine erneute Reise rund um die Welt zu den Kolonien zu entsenden. Diesmal wurde Leutnant Hagemeister[245] das Kommando übergeben. Er verließ im Oktober 1806 Kronstadt und erreichte Neu-Archangelsk im September 1807. Nachdem er einen Teil seiner Ladung dort gelöscht hatte, segelte er nach Kodiak zum Überwintern. 1808 schickte Baranow die *Newa* auf Erkundungsreise zu den Sandwich-Inseln. Dort tauschte Hagemeister Pelzrobbenfelle gegen Sandelholz und Walrosselfenbein gegen Perlen. Über Kamtschatka gelangte er im Herbst 1809 wieder nach Neu-Archangelsk. Von dort ging es nach Kodiak, wo er abermals überwinterte und dann 1810 über Kamtschatka zurück nach Kronstadt.

Baranow hatte in der Zwischenzeit Zeit genug, die Gesamtsituation zu überdenken. Zwar war auf sein Drängen hin 1808 die Zustimmung der

---

244 Diese ungewöhnliche Liebesgeschichte hat viele Menschen bewegt. Poeten, wie der Russe Andrej Wosnesenki, dessen Gedicht später die Grundlage für das Musical *Juno und Avos* wurde, griffen sie ebenso auf wie der Amerikaner Bret Harte in seinem Gedicht *Forgotten Dreams*. Dieses Gedicht wurde 40 Jahre nach den Ereignissen während eines Banketts zu Ehren des zu Besuch weilenden Briten Sir George Simpson vorgetragen. Er erkundigte sich, was aus Conchita geworden war, ohne zu wissen, dass sie sich unter der Zuhörerschaft befand.
Ihre Bewunderer und Anhänger dieser Liebesgeschichte legten im Oktober 2000 eine Rose vom sibirischen Grab Resanows' auf ihr Grab auf dem St. Dominic Friedhof in Bernicia, Kalifornien und nahmen im Gegenzug Graberde wieder mit zurück nach Sibirien, um die beiden zumindest so symbolisch zu vereinigen. In einer zweiten Geste wurde ein Bild Conchita Arguello's, gemalt von A.A. Sokolew, aus amerikanischem Besitz in einer kleinen Zeremonie am 10. September 2001 an das staatliche Geschichtsmuseum als Geschenk überreicht. Doch bei all dieser Romantisierung des Charakters Resanow's steht eine detaillierte Analyse seines Wirkens noch aus. Die Japan Mission, seine Vergeltungsaktion und auch die persönliche Bevorzugung junger Mädchen lassen eine andere Interpretation dieses Mannes zu.
245 Ludwig von Hagemeister wurde in Russland Leonti Andreanowitsch Gagemeister genannt. Die deutsche Schreibweise „Hagemeister" wurde beibehalten.

Direktoren erteilt worden, den Kolonialsitz offiziell von der Kodiak-Insel nach Neu-Archangelsk zu verlegen. Die Versorgungslage war jedoch nach wie vor schlecht, weil der lange Weg durch Sibirien zum Hafen von Ochotsk äußerst beschwerlich war. Die anschließende Schiffsreise über Kamtschatka und die Aleuten war nicht minder gefährlich. Es gab für Baranow eine Alternative, die sich durch die immer stärker werdende Anwesenheit der Amerikaner auftat. Diese waren mehr als froh, Waren von der Ostküste zu laden und in den russischen Kolonien zu tauschen, als die gleiche Reise mit leeren Luken zu unternehmen. Die eingetauschten russischen Pelze waren die besten, die man bekommen konnte und garantierten einen sehr guten Tausch gegen chinesische Waren in Kanton. Diese waren wiederum an der Ostküste oder in Europa sehr begehrt, sodass dieses „Dreieckstauschen" einen satten Gewinn versprach, von dem letztlich alle Seiten profitierten. Die Jagdpartnerschaften mit den Amerikanern hatten für Baranow außerdem den Vorteil, dass er nicht alles mit eigenen Schiffen organisieren musste. Die gefährliche Abhängigkeit von den Lieferungen der Gesellschaft wurde so zumindest teilweise aufgehoben. Noch im Mai 1806, bevor die *Newa* von Kronstadt aus zu ihrer zweiten Weltumseglung startete, handelte Baranow in Kodiak einen Vertrag mit dem amerikanischen Kapitän Winship auf der *O'Cain* aus. Dieser begleitete eine Jagdgruppe mit fünfzig Baidarkas, jedes mit zwei Mann besetzt, in den Süden nach Kalifornien. Winship, außerdem mit dem Auftrag, Güter in den spanischen Forts für die russischen Kolonien zu handeln, hatte keinerlei Schwierigkeiten. Slobodchikow, der Anführer der Russen, konnte an der kalifornischen Küste sogar für den Preis von 100 ausgewachsenen Seeotterfellen und 50 Jährlingen ein kleines amerikanisches Schiff kaufen, dass sie *Nikolai* nannten. Aus irgendeinem Grund segelte Slobodchikow nicht direkt nach Kodiak zurück, sondern zu den Sandwich-Inseln. König Kamehameha I. begrüßte die Ankömmlinge freundlich und übergab den Russen als Geschenk für Baranow einen mit bunten Federn geschmückten Helm und einen Umhang. Mit einigem Proviant, den er gegen Felle eingetauscht hatte, erreichte Slobodchikow wieder Pawlowsk auf Kodiak.

Im selben Jahr schloss Baranow einen erneuten Vertrag mit seinem alten Freund O'Cain, der mittlerweile sein eigenes Schiff, die *Eclipse*, hatte. O'Cain sollte mit einem russischem Handelsagenten an Bord nach Japan reisen und dort Felle handeln. Sein Schiff wurde mit Pelzen im Wert von mehr als 300.000 Rubel beladen. O'Cain machte sich auf den Weg zu den Sandwich-Inseln, wo er zunächst schiffbrüchige Japaner

aufnehmen wollte, deren Rückführung sich gut als „Eintrittskarte" benutzen ließ. Er musste jedoch feststellen, dass die Japaner bereits mit anderen abgereist waren. So änderte er seinen Plan und machte sich direkt auf den Weg nach Kanton. Hier erfuhr er, dass die Beziehungen zwischen Russland und China nicht zum Besten standen. Daraufhin beschloss er, die Russen auszubooten. So sandte er als Erstes den Agenten Baranows, um ihn loszuwerden, von Kanton nach Macao und verkaufte anschließend die Felle in Kanton, ohne Teilnahme der Russen. Dem von Macao zurückkehrenden russischen Agenten erzählte er, dass die Preise derart schlecht gewesen wären, dass er die Felle weit unter Wert hätte verkaufen müssen. Nachdem man einige Waren für die russischen Kolonien eingetauscht hatte, macht man sich auf den Weg nach Kamtschatka, wo die Güter ausgeladen wurden. Auf dem weiteren Weg nach Kodiak lief O'Cain jedoch kurz vor Erreichen von Pawlowsk auf ein Riff auf und verlor sein Schiff. Die Ladung Zucker und Reis war ebenfalls verloren. Die Mannschaft konnte gerettet werden.[246]
Die Zusammenarbeit mit den Amerikanern weitete sich trotzdem immer mehr aus. 1807 kaufte Baranow chinesische Ware von Kapitän Swift, der mit der *Derby* nach Kodiak gekommen war. Gleichzeitig wurde nach altem Muster eine Jagdgruppe ausgestattet. Baranow benutzte die Amerikaner sogar zu Strafexpeditionen gegen die Einheimischen. Kapitän Kimball auf der Brigg *Peacock* wurde 1806 zur Yakutat Bucht entsandt, wo er mehrere Einheimische als Geiseln nahm und zwei Russen befreien konnte. Baranow fuhr bis zum Ende seiner Amtszeit fort, mit den Amerikanern Verträge zu schließen. Trotz der Gefahr, sich damit wohlmöglich den Unwillen der Direktoren und vielleicht auch der Regierung einzuhandeln. Aber er musste vorsichtig sein, wie nicht nur das Verhalten seines Freundes O'Cain zeigte. Berichtet wurde auch von einem weiteren Fall. Der amerikanische Skipper Bennet hatte Pelze von Baranow zu einem relativ niedrigen Preis erstanden und verkaufte diese dann zu einem höheren Preis wieder an die Russen in Ochotsk. Es gab aber auch einen weiteren Grund, den Umgang mit den Amerikanern nicht zu stark auszuweiten. Die Kapitäne verkauften oder tauschten weiterhin ohne jegliche Rücksicht Waffen, auch an die Tlingit. Im Jahr 1809 protestierte der russische Minister, Graf Pahlen offiziell bei dem amerikanischen Botschafter in St. Petersburg, John Quin-

---

246 O'Cain versuchte später die Ladung der *Eclipse* zu retten. Dabei fanden er und seine einheimische Freundin „Barbara" im Februar 1809 den Tod. Eine harte Strafe für den Bruch einer Freundschaft.

cy Adams[247]. Doch die Interessen der reichen amerikanischen Ost-
küstenhändler waren hier berührt, sodass seine Beschwerde zu keiner
Änderung führte.

Im selben Jahr kam ein Vorschlag des reichen amerikanischen Pelzhänd-
lers John Astor[248] und seiner *American Fur Company* gerade recht.
Astor hatte die Idee, an der Pazifikküste einen amerikanischen Handelsposten zu gründen und von dort mit den Russen und Chinesen
direkt zu handeln. Dies würde die weiten Reisen amerikanischer Schiffe
um das Kap Hoorn überflüssig machen und Russland den Vorteil ver-
schaffen, nur mit einem Partner handeln zu müssen. Das Hauptziel
Astor's war aber, dass er unbedingt als Erster, noch vor der britischen
Hudson's Bay Company, eine amerikanische Siedlung an der Pazifikküste gründen wollte. Dazu hatte er sich die Mündung des mächtigen
Columbia Rivers ausgesucht, im Nordwesten des damals „Oregon"
genannten Gebietes. Die *Hudson's Bay Company* war ihm mehr als
ein Dorn im Auge. Wenn es den Briten gelingen würde, sich dauerhaft
an der Pazifischen Küste zu etablieren, waren die Aussichten der
USA und damit auch für sein Geschäft, nicht sehr gut. Noch während
die Russisch-Amerikanische Kompagnie einen Vertrag mit dem Repräsentanten Astors in St. Petersburg, Bentzon[249], aushandelte, begann

---

247 John Quincy Adams (1767-1848) war wohl einer der fähigsten Diplomaten seiner Zeit („Mr. Adams ist die wichtigste, öffentliche Persönlichkeit, die wir im Ausland haben." George Washington, 1797). Er war der Sohn des 2. US-Präsidenten
John Adams. Die Familie konnte ihre Abstammung durch die mütterliche Linie bis
auf König Edward III. von England (1312-1377) zurückverfolgen. John Quincy war
zunächst ein nicht sehr erfolgreicher Rechtsanwalt in Boston, bevor er seine politische Karriere begann. Durch die vorpräsidialen diplomatischen Missionen seines
Vaters kannte er Europa sehr gut und sprach Latein, Griechisch, Französisch und
Holländisch fließend. Dazu noch ausreichend Spanisch. Er wurde als amerikanischer
Botschafter in den Niederlanden (1794-1797), Preußen (1797-1801), Russland (1809-
1814) und Großbritannien (1815-1817) berufen und war von 1817 bis 1825 amerikanischer Außenminister unter Präsident James Monroe. Von 1825-1830 wurde John
Quincy Adams als 6. Präsident der USA dessen Nachfolger. Noch vor der Unabhängigkeit seines eigenen Landes geboren, und somit als britischer Staatsbürger, hatte er
die Gelegenheit, während seines langen Lebens die tiefsten sozialen und politischen
Umwälzungen aus nächster Nähe mitzuerleben. Von den Niederlanden aus beobachtete er die Französische Revolution und blieb während des Napoleonischen Krieges gegen Russland 1812 in Moskau. Zar Alexander I. schätzte die Spaziergänge über
den Newski Prospekt in St. Petersburg in Begleitung dieses bemerkenswerten Mannes.
248 Über diesen Mann ausführlicher unter „John Jacob Astor" in den Kurzabhandlungen.
249 Adrien-Benjamin de Bentzon, war der Schwiegersohn Astor's und zugleich
Ratgeber des dänischen Königs und späterer Gouverneur der Dänischen Antillen
(heute die amerikanischen Virgin-Islands).

Baranow mit den Amerikanern direkt zu handeln. Die Geschäftsbeziehung dauerte allerdings nicht sehr lange, da die Gründungssiedlung der *Pacific Fur Company*[250], genannt Astoria, kurzerhand von den Briten in einem Handstreich übernommen und schon bald aufgegeben wurde.[251] Baranow musste sich somit andere Wege überlegen, um die Versorgung der Kolonie zu sichern.

Fort Ross

Die fortdauernde Versorgungsknappheit in den Kolonien gab Baranow die Gelegenheit, den Gedanken Resanows wieder aufzugreifen und entweder die Versorgung durch Verträge mit den Spanier langfristig zu sichern oder eine eigene Kolonie in Kalifornien zu gründen. Da diese Entscheidung seine Kompetenzen überstieg, wandte er sich direkt an die Direktoren der Gesellschaft in St. Petersburg. Diese fragten im Gegenzug 1808 die russische Regierung um Erlaubnis, den Handel mit Spanien offiziell aufnehmen zu dürfen. Da sie keine Antwort erhielten, erneuerten sie ein Jahr später ihre Anfrage. Graf Rumiantsew antwortete schließlich im Auftrag des Zaren, dass die Gesellschaft versuchen sollte, selbst einen Weg in den Handel mit den Spaniern zu finden. Für Baranow dauerte dieser diplomatische Prozess zu lange. Er wusste, dass sich nach der *Nootka Kontroverse*[252] die Spanier bis auf die San-Francisco-Bucht zurückgezogen hatten. Die Gebiete nördlich dieser Bucht konnten zumindest als „nicht eindeutig gesichert durch irgendeine

---

250 50%-ige Tochterfirma der *American Fur Company*, in der Astor seit 1808 seine gesamten Pelzhandelsinteressen zusammengefasst hatte.

251 Sie lag an dem südlichen Mündungsufer des Columbia River und war im April 1811 gegründet worden. Da seit 1812 erneut ein Krieg zwischen den USA und Großbritannien ausgebrochen war, wurde die Siedlung im Herbst 1813 von etwa 100 Männern der britischen *Northwestern Company*, einer Rivalin der *Hudson's Bay Company*, belagert. Nach kurzer Zeit ergaben sich schließlich die Amerikaner den Briten, die es in Fort George umbenannten. Nach dem Friedensschluss im „Vertrag von Ghent", 1814, wurde das Oregon genannte Gebiet gemeinsam von Amerikanern und Briten genutzt. 1817 gab es noch einmal einen halbherzigen Versuch der Amerikaner, dieses Fort zurückzugewinnen, aber vergeblich. Erst 1846 änderte sich die Situation endgültig zu ihren Gunsten, als sich Großbritannien vertraglich aus Oregon zurückzog. Aber zu diesem Zeitpunkt hatte der Chinahandel seine Bedeutung schon verloren. Astor zog sich bereits kurz nach der Übernahme der Briten aus diesem Geschäft zurück. Der Columbia River bildet heute weitgehend die Grenze zwischen den US-Staaten Washington und Oregon. Die Stadt Astoria steht heute an der Stelle des einstigen Forts.

252 Siehe S. 123, 124.

Nation" betrachtet werden. Nur eines war sicher: Entweder würden die Amerikaner oder die Briten früher oder später Siedlungen an dieser Küste gründen.[253] Baranow wollte dem zuvorkommen. Es ging ihm nicht darum, die ganze Küste für Russland in Anspruch zu nehmen. Er wusste, dass der politische Wille und die Unterstützung dafür in St. Petersburg nicht vorhanden waren. Er wollte lediglich einen „Fuß in der Tür haben", bevor andere Nationen dort Siedlungen errichteten, das Land offiziell für sich in Anspruch nahmen und dann eine Besiedlung von russischer Seite nicht mehr ohne schwere politische Verwicklungen möglich gewesen wäre.

Ohne deshalb eine endgültige Antwort aus der Hauptstadt abzuwarten, sandte Baranow seinen Stellvertreter Kuskow im Herbst 1808 mit zwei Schiffen auf die Reise in den Süden, um als vorbereitende Maßnahme geeignete Orte für den Bau eines Forts zu erkunden. Die zwei für diese Reise vorgesehen Schiffe, waren die *Kadiak* und die *St. Nikolai*. Aber es war auch eine wirtschaftlich ausgerichtete Fahrt. Kuskow sollte auf der *Kadiak* eine Jagdgruppe im Süden leiten. Die *St. Nikolai* unter Marineoffizier Leutnant Bulygin sollte zunächst entlang der Küste mit den Indianern Handel treiben und später die *Kadiak* in Grays Harbor[254] treffen. Kuskow war auf der Reise sehr erfolgreich und kehrte mit einer Beute von 2.350 Pelzen zurück. Auch hatte er einen geeigneten Platz für eine kleine Siedlung gefunden.

Die *St. Nikolai* sollte ein ganz anderes Schicksal erleiden. Sie hatte außer ihrem Kommandanten Nikolai Bulygin insgesamt 20 Menschen an Bord. 17 Männer, 4 davon Aleuten und drei Frauen, 2 von ihnen Aleuten. Unter ihnen waren der Veteran Timofei Tarakanow[255] und die attraktive 18-jährige Ehefrau Bulygins, Anna Petrowna. Die *St. Nikolai* erreichte Destruction-Island[256], als der Wind nachließ und sie in eine Flaute geriet. Die Mannschaft lotete wegen der starken Strömung konstant die Tiefe und Bulygin hielt Abstand von der Küste. Zu beschäftigt, nahmen sie jedoch kaum Notiz vom aufkommenden Wind und noch

253 Die vom amerikanischen Präsidenten Thomas Jefferson beauftragte Überlandexpedition an den Pazifik unter Lewis und Clark hatte bereits am 7. November 1805 die Grays Bay in der Ferne gesehen. Die britische *Northwest Company* aus Montreal (1821 in der *Hudson's Bay Company* aufgegangen) erreichte mit der Expedition ihres Partners Simon Fraser 1808 die Mündung des gleichnamigen Flusses im heutigen Vancouver, Kanada.

254 Große Bucht an der Küste des heutigen US-Staates Washington.

255 Tarakanow war einer der Überlebenden des Tlingit-Überfalls auf Neu-Archangelsk im Jahre 1802.

256 Etwa 90 km nördlich von Grays Harbor.

ehe sie sich versahen, waren sie in Schwierigkeiten. Der Wind drückte das Schiff immer näher an Land, sodass Bulygin den Befehl gab, alle drei Anker zu werfen. Aber die Ankertaue scheuerten sich an den unter Wasser liegenden Felsen durch. Trotzdem überstand das Schiff irgendwie die Nacht, „die so dunkel war, dass man nur einen Meter weit sehen konnte". Als die Sonne am Morgen aufging, kam das Ende. Von einem Felsen regelrecht aufgespießt, füllte sich der Bauch des Schiffes schnell mit Wasser. Es war der 1. November 1808. Glücklicherweise konnten sich alle an Land retten. Sogar einige Waffen mit Munition, Zelte, Segel, Vorräte und andere Dinge konnten gerettet werden. Bulygin wusste durch das Schicksal einiger Männer der *Eagle*, dass sie in Gefahr waren.[257] Noch während die Crew am nächsten Tag versuchte, die geretteten Dinge zu ordnen, bemerkten sie, dass sie von Indianern beobachtet wurden. Auch diese hatten im Laufe der Zeit immer wieder Kontakt mit den Weißen verschiedenster Nationen.[258] Tarakanow sah, dass sie nicht so weit entwickelt waren wie die Tlingit. Sie hatten nur Speere, keine Musketen und man konnte sich mit ihnen halbwegs verständigen. Neugierig kamen sie in das mittlerweile aufgebaute Zeltlager und betrachteten die Dinge der Weißen, insbesondere das goldene Haar von Anna. Sie versuchten immer wieder ihr Haar zu berühren, sehr zum Verdruss von Bulygin. Auch begannen sie, Dinge zu stehlen und in den Wald zu schleppen. Die Stimmung wurde gereizt und schließlich schlugen einige Russen Indianer, die sie beim Diebstahl erwischt hatten. Plötzlich griffen daraufhin die Indianer die gestrandete Crew mit Steinen und Speeren an. Die Russen eröffneten das Feuer und töteten drei Indianer, die sich daraufhin wieder in das Unterholz flüchteten. Bulygin wusste, dass Grays Harbor nicht sehr weit sein konnte und in der Hoffnung, dort Kuskow zu treffen, machte sich die gesamte Mannschaft zwei Tage später auf den Fußmarsch in den Süden.[259] Nach drei

---

257 Eine Bootscrew dieses Schiffes der britischen „Ostindien Gesellschaft" war 1787 auf der Suche nach frischem Wasser an diesem Landstrich von Quillayute Indianern massakriert worden.

258 Außer Briten, Amerikanern, Russen und Spaniern gibt es Hinweise, dass schon lange vorher asiatische Dschunken an dieser Küste Schiffbruch erlitten haben mussten. Sogar noch 1834 strandete ein japanisches Schiff nahe Kap Flattery. Die drei Überlebenden wurden von den Indianern einem vorbeikommenden britischen Schiff übergeben.

259 Bulygin und Tarakanow standen mehrere Informationen zur Verfügung. Sie besaßen eine Kopie der ausgezeichneten Karten Vancouvers und den Bericht des Amerikaners John Meares aus dem Jahr 1788, der in diesem Landstrich an Land gegangen war und die Örtlichkeit einer Indianersiedlung verzeichnete.

Tagen, in denen sie immer wieder von den Indianern, die Rache für ihre Toten schworen, mit Steinen und Speeren beworfen wurden, erreichten sie einen Fluss, den sie nicht trockenen Fußes überqueren konnten.[260] Am Ufer befand sich eine kleine Indianersiedlung aus mehreren Hütten. Bulygin verhandelte mit den Indianern und erreichte, dass diese zustimmten, die gesamte Mannschaft in Kanus über den Fluss zu bringen. In das größere Kanu wurden einige Männer mit Musketen geladen, in das kleinere neun Personen, unter ihnen Anna, die Aleuten Frauen, der Marinekadett Pfilip Kotelnikow und ein einziger Indianer als Paddler. Was die Russen nicht wussten war, das diese Indianer sich schon mit deren Verfolgern abgesprochen hatten und sie somit in eine Falle liefen. Als sie die Mitte des Flusses erreichten, zogen die Indianer in beiden Kanus plötzlich die Stöpsel vom Kanuboden der Boote und sprangen über Bord in den Fluss. In der Panik der sinkenden Boote wurden die Musketen der Russen im größeren Kanu nass und konnten nicht mehr feuern. Vom anderen Ufer liefen Indianer in den Fluss, um das kleinere Kanu mit Anna an Land zu ziehen und mit ihr im Wald zu verschwinden. Den Männern des größeren Kanus gelang es, zurück zum Ufer zu paddeln. Dabei wurden sie permanent mit Speeren und Pfeilen beschossen. Viele von ihnen wurden verwundet, Khariton Sowanikow steckte ein Speer im Bauch. Vom Ufer aus eröffneten die Russen mit trockenen Musketen das Feuer und töteten zwei Indianer und verwundeten mehrere. Sie mussten sich jedoch gegen eine Übermacht von 200 Indianern auf einen Hügel zurückziehen. Sowanikow wurde bei dem Rückzug auf eigenen Wunsch zurückgelassen und starb. Bulygin war durch die Gefangennahme seiner geliebten Frau am Boden zerstört. Zu alledem begann es wieder zu regnen und die Munition wurde nass. Sie zogen sich weiter und weiter in den dichten Wald zurück, weg von der Küste. Da sie keine Vorräte hatten, mussten sie sich von Pilzen und Pflanzenwurzeln ernähren. Einige von ihnen aßen sogar das Leder ihrer Stiefel. Ein weiterer Mann starb. Bulygin war nun völlig aufgelöst. Er fühlte sich nicht mehr in der Lage die Männer führen zu können und übergab das Kommando an Tarakanow. Dieser kehrte nach einem unfreiwilligen Aufenthalt bei den Indianern erst am 9. Juni 1810 nach Neu-Archangelsk zurück. [261]

---

260 Der Hoh River.
261 Nicht alle folgten ihm. Er und ein Teil seiner Männer hatten sich schließlich aufgrund ihrer ausweglosen Situation den Indianern ergeben. Sie wurden dann auf verschiedene Stämme verteilt. Der andere Teil der Männer wollte mit einem selbst gebauten Boot flüchten. Dabei ertranken alle oder wurden von den Indianern getö-

Kuskow hatte auf Anordnung Baranows im selben Jahr noch einmal mit der *Juno* versucht, eine genauere Erkundung von Bodega Bay vorzunehmen. Er wurde jedoch auf dem Weg in der Nähe der Queen-Charlotte-Insel von einer großen Anzahl einheimischer Haida Indianer angegriffen. Dabei verlor er acht Pelzjäger und musste nach Neu-Archangelsk zurückkehren. 1811 erhielt Kuskow erneute Instruktionen von Baranow. Er sollte ein Fort errichten, einen Graben drum herum ausheben, Vorbereitungen für Landwirtschaft und Viehhaltung treffen und die Reaktionen und das Verhalten der Spanier ausfindig machen. Kuskow nahm die Küste Kaliforniens nochmals unter genauere Erkundung und machte einen Platz etwa 25 km nördlich der Rumiantsew Bay (heute Bodega Bay) als idealen Siedlungsplatz aus. Dieser lag auf einem Plateau, mehr als 30 Meter über der Küste, hatte aber leichten Zugang zum Meer und konnte ebenfalls als Bauplatz für Schiffe benutzt werden. Da Kuskow jedoch, wie immer, diese Reise zur Jagd auf Seeotter nutzte, entschied er im Sommer 1811 zunächst noch einmal nach Neu-Archangelsk zurückzukehren und dort die 1.160 Seeotterfelle abzuliefern. Im November kehrte Kuskow auf der *Tschirikow* zurück, diesmal um die Siedlung zu gründen. Zunächst trat er in Verhandlungen mit den örtlichen Indianern, um das Terrain zu kaufen. Die Indianer waren nicht gut auf die Spanier zu sprechen und als sie merkten, dass sie es mit einer anderen Nation zu tun hatten, waren sie nur zu bereit, das Land gegen einige nützliche Güter einzutauschen.[262] Kuskow kehrte noch einmal nach Neu-Archangelsk zurück, um sich mit Baranow zu besprechen. Im März 1812 kehrte er dann mit mehr Material zurück und begann zwei Monate später das Fort zu errichten. Die Arbeiten sollten bis 1814 dauern. Kuskow war der erste Kommandant des neuen Forts,

---

tet. Bulygins Frau Anna, eine Kreolin (halb Einheimische, halb Russin), blieb zunächst freiwillig bei den Makah Indianern, wurde dann aber an einen grausamen Krieger verkauft oder verschenkt, der sie sehr schlecht behandelte. Anna starb im August 1809, wahrscheinlich durch Selbstmord. Ihr Körper wurde einfach in den Wald geworfen. Bulygin starb bei den Indianern als gebrochener Mann im Februar 1810, wahrscheinlich an Schwindsucht. Die restlichen Überlebenden wurden von dem amerikanischen Schiff *Lydia*, unter Kapitän Brown, gerettet und wieder nach Neu-Archangelsk zurückgebracht. Kuskow war übrigens aus unbekannten Gründen nie an den vereinbarten Treffpunkt in der Grays Bay gekommen.

262 Der Preis waren 3 Decken, 3 Paar Kniebundhosen, 2 Äxte, 3 Hacken und einige Glasperlen. Man muss jedoch generell vorsichtig mit der Interpretation derartiger Geschäfte sein. Die Indianer hatten grundsätzlich ein anderes Verständnis von Eigentum. Fast ausschließlich war in ihrem Sinne lediglich das Recht, sich niederzulassen gemeint, nicht aber die „europäische" Sicht eines bindenden Kaufvertrages.

Abb. 21: Fort Ross vom Landesinneren aus gesehen; Stich von 1828.

dem sie den Namen *Ross*[263] gaben. Das Fort wurde anfangs mit zehn Kanonen bestückt. Kuskow erlaubte den Aleuten die ihn begleiteten, ihre Hütten zu bauen, wo sie wollten. Zwischen dem Fort und der Bodega Bay mündete ein Fluss, die Slawianka (heute Russian River) in das Meer. Dieser Fluss kam aus einem See und fand seinen Weg zum Meer mit einigen Stromschnellen. Die Mündung war durch eine Sandbarriere zum Meer abgeschirmt. Bei starkem inlandigen Wind konnte es passieren, dass sich so viel Sand auftürmte, dass der Fluss Schwierigkeiten hatte, den Weg ins Meer zu finden. Der Landungsplatz war in einer kleinen Bucht südlich des Forts.

Dort baute man eine kleine Schiffswerft, wo in den Jahren 1818 und 1819 die Schiffe *Rumiantsew* und *Buldakow*, als erste vom Stapel liefen. Neben der Werft befand sich ein großes Lagerhaus, wo bei schlechtem Wetter die Baidarkas untergebracht wurden. Zwischen dem Landungsplatz und dem Fort wurden Gärten angelegt, wodurch die Siedlung mit Gemüse und dank zweier Ernten, auch mit Kartoffeln versorgt werden konnte. Außerdem wurden später Pelzrobbenfleisch und Seevögel von den Farallon-Inseln[264] hergebracht und getrocknet. Fische, so groß wie Störe, wurden aus dem Fluss geangelt und Bisons, wilde Ziegen und Schafe nahe der Siedlung gejagt. Kuskow kaufte Pferde von den umliegenden Indianerstämmen und brachte auf der *Ilmen* einige Hausschafe von den Spaniern mit in die Siedlung. Die Spanier indes waren nicht glücklich über den neuen Nachbarn, der sich so nahe an ihrer eigenen Siedlung niedergelassen hatte. Da sie aber keine Möglichkeit hatten, die Russen zu vertreiben, begannen sie stattdessen vorsichtig mit ihnen

---

263 Abgeleitet von dem Wort *Rossija* für Russland.
264 Felsinseln vor dem Eingang (Golden Gate) zur San-Francisco-Bucht.

Abb. 22: Die wiederaufgebaute Kapelle im heutigen Fort Ross Park.

Handel zu treiben, was sicherlich Vorteile für beide Seiten hatte. Offiziell aber beharrten die Spanier auf dem Standpunkt, dass sich die Russen illegal auf ihrem Land niedergelassen hatten und forderten diese auf diplomatischem Wege einige Male auf, Kalifornien wieder zu verlassen. Die politische und militärische Situation dieser Zeit stand jedoch nicht zu Gunsten der Spanier. Ab 1810 erhoben sich die lateinamerikanischen Staaten gegen die Spanier, die somit mit der Aufrechterhaltung ihrer Macht alle Hände voll zu tun hatten. Auf einen weiteren Machtkampf konnte sich Spanien nicht einlassen und so arrangierte man sich inoffiziell mit den Russen, zum Guten für beide Seiten.

Andere Aktivitäten der Kompagnie

Es kann leicht der Eindruck entstehen, dass die Russisch-Amerikanische Kompagnie ausschließlich Pelzfang in Alaska betrieb. Dies war sicherlich ihre Hauptaktivität, aber geografisch nicht die einzige Region, in der sie aktiv sein wollte. Die Gesellschaft wurde konsequent von der Regierung und damit vom Zaren dazu benutzt, die Herrschaftsansprüche Russlands zu untermauern. Man fand eine fruchtbare Symbiose zwischen dem Profitstreben Einzelner auf der einen Seite, organisiert in dieser nach außen hin privaten Gesellschaft und dem Streben nach Machtausgleich des Staates auf der anderen.
Die zeigte sich im Verhältnis zu Japan. Schon sehr früh waren die Rus-

Abb. 23: Kommandantur (Rekonstruktion) im Fort Ross Park.

sen entlang der Kurilenkette nach Süden vorgedrungen. Diese Vorstöße waren aber nur als Jagdreisen zu betrachten und konnten somit nur eine fragmentierte geografische Sicht von diesem Land wiedergeben. Die Russen hatten von den Kurilen schon gegen Ende des 16. Jahrhunderts gehört. Die Reisen Spanbergs, als Teil der zweiten Bering-Expedition in diesen Teil der Welt, brachten ein erstes genaueres Bild. Es waren anschließend die Promyschlenniks, die weitere Inseln dieser Kette erkundeten. Schelikow selbst hatte mindestens eine, wahrscheinlich mehrere Expedition in die Kurilen ausgerüstet. 1793 hatte Zarin Katharina II. seiner Bitte entsprochen und mehrere Siedlerfamilien der „Schelikow-Golikow-Gesellschaft" zugesprochen.[265] Die meisten dieser Siedler gingen von Ochotsk nach Kodiak, aber vier Familien nahmen eine andere Route. Bereits 1777 hatte die „Lebedew-Lastochkhin-Gesellschaft" Agenten zu der Kurilen-Inseln Urup gesandt. Dort trafen sie auf Japaner, mit denen sie eine Reise auf die Insel Hokkaido unternahmen. 1792 wurde durch die Reise des Leutnants Laksman neue Hoffnung geschöpft, mit Japan Handel aufzunehmen. Die ehemaligen Agenten der „Lebedew-Lastochkhin-Gesellschaft" arbeiteten jetzt für Schelikow. Zu diesen sandte er auf die Insel Urup die erwähnten vier Familien, die in Ochotsk zurückgeblieben waren und zwanzig Pelzjäger, unter der Führung von Zwesdochetow. Sie hatten den Auftrag, sich mit den Einheimischen der Kurilen anzufreunden und durch sie einen Handel mit Japan aufzubauen.

1805 wollte Resanow auf der Rückfahrt von seiner unglücklichen Japanreise diese Außenstation auf Urup besuchen. Man hatte seit 10

---

265 Viele von ihnen waren verbannt worden.

Jahren nichts mehr von ihnen gehört und war immer noch in der Annahme, dass sich mindestens 35 Männer und drei Frauen auf der Insel befanden. Aber Krusenstern konnte das Schiff angeblich wegen der flachen Gewässer nicht landen, so dass man gezwungen war, die Reise nach Kamtschatka fortzusetzen. Dies war tragisch, denn die Siedler hätten dringend einer Unterstützung bedurft. Zwesdochetow war ein unfähiger Anführer, der schon bald die Einheimischen der Insel verärgerte und zwar in dem Maße, dass alle auf die Insel Iturup umsiedelten. Auch seinen eigenen Leuten gegenüber benahm er sich wie ein Barbar. Es dauerte nicht lange, bis die Promyschlennik ihn einfach auf eine benachbarte Insel setzten, um ihn so loszuwerden. Doch Zwesdochetow gelang es, die Bewohner dieser Insel durch Geschenke auf seine Seite zu bringen und seine Autorität wiederzugewinnen. Er legte die Anführer der Revolte in Ketten und sandte sie nach Kamtschatka zurück. Seine Führung war von nun an nur noch schlimmer. Um weitere Revolten zu verhindern, durften die Männer nur in kleinen Gruppen zusammenarbeiten, deren Besetzung ständig wechselte. 1797 hatte er 14 Jäger beauftragt, nach Kamtschatka zu gehen und nach Verstärkung zu fragen. Um die Baidaras für diese Reise zu bauen, schickte er die Männer mit minimaler Verpflegung auf die andere Seite der Insel. Dort mussten sie den folgenden Winter auf der spärlichen Insel verbringen. Als sie im Frühling zur Siedlung zurückkehrten, empfing sie Zwesdochetow am Strand. Er erlaubte nur einigen wenigen an Land zu kommen und befahl ihnen, am nächsten Tag abzureisen. Mit großer Mühe erreichten die Männer tatsächlich Kamtschatka. Nachdem Zwesdochetow 1805 gestorben war, verschwanden auch die restlichen Siedler von der Insel. Das eigentliche Ziel dieser Aktion, der Aufbau des Handels zwischen Russland und Japan, war abermals in weite Ferne gerückt.

Das eher gestörte Verhältnis zwischen Russland und Japan wurde durch den von Resanow initiierten Rachefeldzug weiter verschlechtert.[266] Auf dem Rückweg von seinem Aufenthalt in den Kolonien reiste er mit der *Juno* unter Khwostow zunächst nach Ochotsk, beorderte aber die *Avos* unter Dawidow nach Aniva Bay im Süden der Insel Sachalin, um dort auf die spätere Ankunft der *Juno* zu warten. Nachdem er in Ochotsk die *Juno* verlassen hatte, machte er sich auf den Weg zurück nach St. Petersburg. Er hatte Khwostow Instruktionen für die Urup Siedlung hinterlassen. Als Khwostow in Aniva Bay ankam, brannte er die dortige japa-

---

266 Siehe hierzu auch das Kapitel „Baranow".

nische Siedlung nieder. Durch starke Winde beschädigt, erreichten beide Schiffe im Herbst mit vier gefangenen Japanern Kamtschatka.

Im Frühjahr 1807 setzten die Schiffe erneut aus und erreichten zuerst die Kurilen-Insel Iturup. Dort zerstörten sie ebenfalls die Siedlung und nahmen vier weitere Japaner gefangen. Eine andere Siedlung mit 100 Einwohnern attackierten sie mit Kanonen und nahmen weitere Japaner gefangen. Einen davon ließen sie frei mit einem Brief, der den Japanern den Grund für ihre Aktionen erklärte. Als sie anschließend in Urup landeten, fanden sie keine Russen vor, nur deren Gräber und Unterkünfte. Auf der Rückfahrt zerstörten sie in der Aniva Bay in Sachalin noch einmal drei mit Fischen gefüllte Schuppen, versengten japanische Transportboote und ließen letztendlich alle gefangenen Japaner bis auf zwei frei, bevor sie nach Ochotsk zurückkehrten. Die Strafexpedition hatte Folgen. 1807 wurde der Marineoffizier Golownin[267] beauftragt, die Kurilen-Inseln zu vermessen. Nachdem er schon bei der Fahrt um das Kap der Guten Hoffnung auf der *Diana* über ein Jahr von den Briten aufgehalten worden war, nahmen die Japaner ihn und einen Teil seiner Mannschaft 1811 in den Kurilen in Gefangenschaft. Während der nächsten zwei Jahre baute Golownin trotz eines missglückten Fluchtversuches ein fast vertrauliches Verhältnis zu seinen Gastgebern auf.[268] Als der Vizekapitän der *Diana* Rikord[269] im darauf folgenden

---

267 Wassili Michailowitsch Golownin (1776-1831) trat 1788 in die russische Marine ein und diente, wie so viele andere angehende russische Marineoffiziere, zwischen 1803 und 1806 in der Britischen Navy. Sehr schnell stieg er zum Admiral auf. Golownin war einer der entscheidenden Förderer der späteren russischen Forscher und Offiziere Fjodor Litke und Baron von Wrangel, die beide als Jungoffiziere an seiner zweiten Weltumseglung teilgenommen hatten. Er starb als eines der prominentesten Opfer der Cholera-Epidemie von 1831 in St. Petersburg.
268 Golownin veröffentlichte 1816 seine Eindrücke in dem Buch „Erzählung über meine Gefangenschaft in Japan während der Jahre 1811, 1812, 1813", das 1817 in Deutsch, 1818 in Englisch und anschließend in mehreren anderen Sprachen erschien, so auch 1825 in Japanisch (basierend auf der holländischen Übersetzung). Er notierte den hohen Stand der Erziehung, die Reinlichkeit, die Ehrlichkeit und die großen Fähigkeiten der Japaner. Obwohl er zu dem Zeitpunkt fühlte, dass die Japaner hinter den Europäern zurückstanden, sah er voraus, dass diese aufholen und zu einem möglichen Rivalen in der Zukunft werden würden. In dem russisch-japanischen Krieg von 1904/1905, den die Russen verloren, bekamen sie einen Vorgeschmack auf diese zukünftige Rivalität.
269 Petr Iwanowitsch Rikord (1776-1855), geboren in Toropets, Twer Region (ca. 370 km westlich von Moskau), schrieb seine Memoiren über diesen Fall unter dem Titel „Bericht einer Reise zu den Küsten Japans; und von den Verhandlungen mit den Japanern". Die Memoiren waren bei ihrem Erscheinen ebenso wie die Golownins sehr beliebt. Rikord diente später als Kommandant von Kamtschatka, war Konteradmiral im russisch-türkischen Krieg 1828/29 und Admiral im Krimkrieg

Jahr im Gegenzug den einflussreichen japanischen Kaufmann Takataya Kahei nahe der Kunashiri-Insel gefangen nahm, traten die Japaner in Verhandlungen ein. 1813 wurden die Gefangenen beider Seiten ausgetauscht. Trotz des herzlichen Abschieds Golownins war dies das Ende der russischen Hoffnung, einen einträglichen Handel mit Japan aufbauen zu können.

Eine kurze Episode war der Versuch, mit den Philippinen einen Handel aufzubauen. Die Idee dazu kam von dem Amerikaner Peter Dobell[270], der von 1798 bis 1806 in China gelebt und dort ein Vermögen gemacht hatte. Er unterbreitete dem Zaren seinen Plan und bekam von diesem auch die erforderliche Unterstützung. Er wurde, als er die russische Staatsangehörigkeit angenommen hatte, russischer Konsul in Manila. Baranow entsandte ein Schiff der Gesellschaft, um herauszufinden, welche Art von Handel mit den Philippinen aufzubauen wäre. Im Jahre 1816 kehrte das Schiff, die *Isabella*, zurück. Die Expedition war völlig ergebnislos. Dobell wurde von den Spaniern nicht als Konsul anerkannt, gab dort auf und reiste 1818 nach Kamtschatka und versuchte dort seine Waren zu verkaufen[271].

Wesentlich erfolgreicher schien zunächst ein anderer Versuch zu sein, den Handel und vielleicht auch das Territorium der Kolonien auszuweiten. Es ging um die Sandwich-Inseln, auf denen Kapitän Cook 1778 den Tod gefunden hatte. Einige Russen hatten die Inseln seitdem besucht und auch im bescheidenen Maße Handel mit König Kamehameha I.[272] betrieben. 1808/1809 besuchte Hagemeister auf der zweiten Weltum-

---

1854/55. Er war außerdem Mitbegründer der „Russisch-Geografischen Gesellschaft".

270 Peter Dobell (1775-1852) war eigentlich ein gebürtiger Ire, der aber als Jugendlicher mit seinen Eltern in die USA auswanderte und in Philadelphia studierte. In Kanton machte er sich später um die Krusenstern-Expedition verdient und erhielt von Zar Alexander als Anerkennung einen kostbaren Ring geschenkt.

271 Da der geschäftliche Erfolg ausblieb, kehrte Dobell 1828 nach St. Petersburg zurück und war von 1835 bis 1851 russischer Konsul in Helsingör.

272 Genannt „der Große". Er hieß eigentlich *Tamehameha* („der Einsame") und wurde zwischen 1740 und 1758 geboren. Der Legende nach warnte ein Priester seinen Großvater, Häuptling Alapai, vor der Geburt eines „Rebellenkindes", dass alle Häuptlinge töten würde. Daraufhin ließ Alapai alle männlichen Säuglinge töten, aber Kamehameha wurde in einer Höhle versteckt und von Adoptiveltern großgezogen (Irgendwie kommt einem die Geschichte bekannt vor). Nach dem Tod seines Großvaters wurde Kamehameha König der nördlichen Hälfte der Hawaii-Insel und eroberte 1790/91 die ganze Insel. In der Folgezeit wurden die Könige der anderen Inseln unter seine Herrschaft gebracht, sodass Kamehameha spätestens 1810 König der gesamten Inselgruppe war, wenngleich auch mit jeweils unterschiedlichen Autoritäten ausgestattet.

seglung der *Newa* die Sandwich-Inseln. Er berichtete über die vorteilhafte Lage der Inseln und nährte so den Gedanken, hier einen russischen Warmwasserhafen zu errichten. Der König, Kamehameha I., hatte erst kürzlich die Inseln unter seiner Herrschaft vereinigt und war bereits von den Amerikanern gewarnt worden, dass die Russen Interesse an einer Siedlung auf den Inseln hätten. Zuerst entsetzt von dieser Idee, sah er jedoch mit der Zeit die Vorteile und sandte in der Folgezeit immer wieder Signale an Baranow, einen für beide Seiten einträglichen Handel zu eröffnen. 1814 sandte Baranow in seinem Auftrag Kapitän Bennett auf der *Bering* zu Kamehameha, um dort Vorräte zu kaufen. Doch er erlitt in einem Sturm vor der Insel Kauai Schiffbruch und die dortigen Einheimischen plünderten das gesamte Schiff. Der örtliche König Kaumuali verweigerte die Herausgabe der Beute und sandte die Mannschaft der *Bering* auf einem amerikanischen Schiff zurück nach Neu-Archangelsk. Dort hatte inzwischen ein gewisser Doktor Georg Anton Schäffer, ein deutscher Arzt und Apotheker[273], der auf der *Suworow* unter Leutnant Lazarew[274] angekommen war, das Vertrauen von Baranow erlangt. Im Herbst 1815 sandte Baranow den mehrsprachigen Schäffer und Leutnant Poduschkin zu den Sandwich-Inseln, um Kamehamehas Kooperation zu erbitten und somit die Fracht der *Bering* zurückzuerlangen. Schäffer verfügte durchaus über Verhandlungsgeschick. Es gelang ihm, trotz der ausländischen Opposition, 1816 von König Kamehameha Fischrechte, Vieh und ein Stück Land für die

---

273 Schäffer wurde am 27. Januar 1779 im bayrischen Münnerstadt (ca. 25 km nördlich von Schweinfurt) geboren. Nach dem Apothekerstudium praktizierte er in Ungarn und Galizien. 1805 wurde er als Arzt in Würzburg zugelassen. Drei Jahre später wurde er nach Russland eingeladen, um an einer französisch/russischen Indien-Expedition als Arzt teilzunehmen. Da die Expedition niemals zu Stande kam, arbeitete er weiter beim Militär und nahm 1812 unter dem deutschen Scharlatan Leppich an dem Versuch teil, den angreifenden Napoleon mit seiner Armee durch Heißluftballons zu bekämpfen. Ein Jahr später verpflichtete er sich der Russisch-Amerikanischen Kompagnie und machte sich auf der *Suvorov* auf den Weg nach Neu-Archangelsk.
274 Lazarew verließ Kronstadt am 8. Oktober 1813 und erreichte Neu-Archangelsk am 14. November 1814. Im Frühjahr 1815 kam es zu ernsten Unstimmigkeiten zwischen Baranow und Lazarew, der formal unter der Befehlsgewalt Baranows stand. Hauptgründe waren die Unterminierung von Baranows Autorität durch Lazarews Benehmen und der Verkauf von Schießpulver an die Tlingit durch den ehemaligen Agenten Jakob Astors, Wilson Hunt. Lazarew aber sah in dieser Handlungsweise nichts Anstößiges. Es ging schließlich so weit, dass der cholerisch veranlagte Baranow den Leutnant unter Androhung von Strafe zwingen wollte, sein Schiff zu ankern. Dieser jedoch segelte heimlich aus dem Hafen in Richtung Heimat. Auch mehrere ihm nachgefeuerte Kanonenschüsse konnten ihn nicht zur Umkehr bewegen.

Gründung eines Forts zu erlangen. Aber die Generosität des Königs, beraten von seinem britischen „Premierminister" John Young[275], war nicht endlos. Er erlaubte den Russen nicht, neue Gebäude zu errichten und die existierenden durften nur mit seiner Genehmigung benutzt werden. Da Schäffer so zunächst nicht weiterkam, entschied er sich im Mai 1816, zu König Kaumuali auf die Insel Kauai zu reisen, um dort die Frachtrückführung der *Bering* zu regeln. Kaumuali, der etwas Englisch verstand, empfing die Ankömmlinge freundlich. Schäffer gelang es, durch seine medizinischen Kenntnisse das Vertrauen des Königs zu gewinnen. Er erreichte schließlich, dass der König mit Reparationszahlungen in Höhe von 40.000 Rubel einverstanden war. Aber ihr gegenseitiges Verständnis ging noch wesentlich weiter: Kaumuali gab Schäffer die Erlaubnis auf der Insel Kauai eine Handelsstation und eine Plantage zu errichten. Die Russisch-Amerikanische Kompagnie sollte das Monopol auf Sandelholz erhalten und in einem „geheimen Vertrag" erkannte Kaumuali sogar die Oberhoheit des Zaren Alexander I. an. Dies war strikt gegen die Instruktionen Baranows und Schäffer wohlbewusst. Doch er sah, die Chance, sein eigenes, nur dem Zaren direkt verantwortliches „Reich" zu errichten. Er informierte Baranow über die Geschehnisse nur sehr unvollkommen und sandte im August 1816 ein

---

275 John Young, geboren 1749 in Lancashire, England, war Bootsmann auf der *Eleanora*, dem Schiff Simon Metcalfes (siehe Fußnote 205). 1790 waren sie vor der Insel Maui von Einheimischen angegriffen worden und Metcalfe hatte sich bitter gerächt. Tragischerweise wurde wegen dieser Ereignisse kurze Zeit später die *Fair American* von Metcalfes Sohn, Thomas (siehe ebenfalls Fußnote 205), von Einheimischen erobert und alle sechs Besatzungsmitglieder, bis auf einen abgeschlachtet. Der einzige Überlebende des Massakers war Isaac Davis (1758-1810) aus Milford in Wales. Er wurde, gebunden an ein Kanu, halb blind und halb tot am Strand von dem Amerikaner Isaac Ridler gefunden und gesund gepflegt. Die *Eleanora* ankerte mittlerweile vor der Insel Hawaii und Young ging an Land. Hier wurde er von König Kamehameha I. zurückgehalten und die *Eleanora* musste ohne ihn weiterreisen. Beide, Davis und Young, waren für den König sehr wertvoll. Sie unterrichteten ihn in der Kriegskunst, nahmen als Kanonisten an dessen Eroberungszügen teil und gewannen mit ihm die erste große Seeschlacht der Inseln gegen rivalisierende Könige.
Davis heiratete zweimal und gründete eine Familie mit vielen Nachkommen. Betty, eine seiner der Töchter, hatte sogar in die Familie des Königs Kaumuali eingeheiratet. Davis wurde 1810 wahrscheinlich vergiftet, als er König Kaumuali vor einem Komplott warnte. Dieser war zu Kamehameha gekommen, um sich diesem zu unterwerfen.
Nach Davis' Tod adoptierte Young drei seiner Kinder aus dessen zweiter Ehe. Young heiratete ebenfalls und hatte sechs Kinder. Seine Enkelin Emma war die Frau des späteren Königs Kamehameha III. Young stieg zu einem der einflussreichsten Berater Kamehamehas I. auf. Er hatte Besitztümer auf fünf Inseln und diente auf einigen von ihnen als königlicher Gouverneur. John Young starb im hohen Alter am 17. Dezember 1835 auf der Insel Hawaii.

Schreiben auf einem amerikanischen Schiff über Kanton direkt nach St. Petersburg. Darin vertrat er den Standpunkt, dass Russland eine einmalige Chance hätte, sich auf den Sandwich-Inseln zu etablieren. Die Regierung sollte deshalb zur Unterstützung unverzüglich zwei voll bemannte und bewaffnete Schiffe senden. Der Zar möchte doch bitte in der Zwischenzeit die beigefügte Unterwerfung des Königs Kaumuali einsehen und diesen als seinen Untertanen mit allen Rechten und Pflichten anerkennen. Ohne eine Antwort abzuwarten, machte sich Schäffer daran, seinen Geniestreich zu verwirklichen. Er hatte Glück, denn mittlerweile war Tarakanow mit einigen Männern als Unterstützung aus Neu-Archangelsk eingetroffen. Diese hatte der immer noch ahnungslose Baranow Schäffer schon vor dessen Abreise versprochen. Schäffer ließ die Plantage anlegen und kaufte zwei amerikanische Schiffe. Eines diese Schiffe tauschte er gegen ein Tal mit Namen Hanalei ein. Dort errichtete er das Fort Elisabeth, das er nach der Gattin des Zaren benannte. Das Fort bestand aus Lavablöcken und hatte eine 100 Meter lange und 4 Meter hohe umgebende Mauer. Schon bald wurde das Tal in Schäffer-Tal umbenannt und zwei weitere Forts errichtet. Eines davon erhielt den Namen Fort Alexander, hier wurde in einer formellen Zeremonie am 8. Oktober 1816 die russische Flagge hochgezogen.

Als Kamehameha die volle Wahrheit von den Vorgängen auf Kauai erfuhr, befahl er Kaumuali sofort, Schäffer zu verbannen. Doch sowohl Schäffer als auch Kaumuali lachten nur darüber. Aber sie sollten nicht zu lange lachen. Die Ausländer, besonders die Briten und Amerikaner, erfuhren von den Vorgängen sehr schnell. Diese hatten sich wie ein Lauffeuer im Pazifik verbreitet. Nicht nur schienen die Russen ihre wahren Absichten gezeigt zu haben, ihnen war auch der einträgliche Handel mit Sandelholz verwehrt. Baranow bekam dies zu spüren, denn die Kapitäne sagten ihm ins Gesicht, was sie von den Ereignissen hielten und wo ihre Unterstützung lag. Der überraschte Baranow orderte daraufhin seine Männer unverzüglich zurück nach Neu-Archangelsk. Kaumuali gab mit der Zeit immer mehr nach und dies umso mehr, als die versprochene Unterstützung von russischer Seite auf sich warten ließ. Darüber hinaus war Schäffer immer tyrannischer geworden und hatte nicht nur seine eigene Mannschaft, sondern auch die Einheimischen schlecht behandelt. Diese hatten als Vergeltung eine neu gebaute Destillerie zerstört und einen der Aleuten getötet. Schließlich entschied sich Kaumuali im Mai 1817, genau ein Jahr nach ihrer Vereinbarung, Schäffer auszuweisen. Dieser versuchte zwar dies zu verhindern, wurde aber am 8. Mai von einer Gruppe Amerikanern und Einheimischen

gefangen gesetzt und auf sein Schiff, die *Kadiak* verbracht. Auf diesem lecken Schiff versuchte er, zu Kamehameha auf der Insel Hawaii zu kommen. Als die Menschen dort, angestachelt von Young, jedoch erfuhren, dass der verhasste Schäffer an Bord war, musste dieser das Angebot des amerikanischen Kapitäns Lewis, eines Freundes aus alten Tagen, annehmen. Er organisierte für Schäffer eine Fahrt, die ihn letztlich über Macao und Rio de Janeiro nach Europa bringen sollte. Im Juli 1818 in Berlin angekommen, erfuhr er, dass der Zar sich in Aachen auf der Nachkonferenz zum Wiener Kongress befand. Schäffer übermittelte seine „Memoiren von den Sandwich-Inseln" und seinen Großen Eroberungsplan[276]. Aber der Zar hatte andere Dinge zu tun. Nachdem das Außenministerium die Pläne studiert und verworfen hatte, unterstützte auch der Zar 1819 ausdrücklich diese Meinung[277].
Russland befand sich am äußersten Punkt seiner geographischen Ausdehnung. Von nun an „implodierte" das Land, nicht immer linear, aber in einem Prozess, der bis zum heutigen Tag anhält.
Es war dem ungebildeten, aber diplomatischen Veteranen Tarakanow überlassen, nach Schäffer aufzuräumen und russisches Eigentum sicher zurück nach Neu-Archangelsk zu bringen. Dieser höchst bemerkenswerte Mann löste diese Aufgabe so brillant, dass er bei seiner Abreise im Januar 1818 von der Bevölkerung herzlichst verabschiedet wurde. Es gelang ihm sogar, König Kamehameha I. davon zu überzeugen, dass Baranow nichts von den Absichten Schäffers gewusst hatte. Dieser hatte, ohne Autorität, eigenmächtig gehandelt. Der König ließ über

---

276 Das „Hawaii Abenteuer" des Dr. Schäffer kostete die Russisch-Amerikanische Kompagnie etwa 200.000 Rubel, eine beträchtliche Summe. Schäffer wurde 1819 nach Deutschland zurückgeschickt, das er 1821 wieder in Richtung Brasilien verließ. Er hatte bereits 1814 auf der Fahrt von Russland nach Alaska bei einem Zwischenstopp in Rio de Janeiro die Bekanntschaft von Kaiser Dom Pedro I. und seiner habsburgischen Gattin Leopoldina gemacht. Von ihnen erhielt er nun ein Gut, das er „Frankenthal" nannte. In der besseren Gesellschaft Brasiliens trat er als „Graf von Frankenthal" auf. 1823 kehrte er nach Deutschland zurück, in der Absicht, Siedler für Brasilien zu interessieren. Er handelte sich jedoch bald das Etikett „Seelenverkäufer" ein. Auch ein 1824 veröffentlichtes Buch über Brasilien konnte die gängige Meinung über ihn nicht ändern. 1827 kehrte er schließlich nach Brasilien zurück und starb dort im Jahre 1836.
277 Ganz anders der Vorstand der Russisch-Amerikanischen Kompagnie. Dieser fand die Pläne zu verlockend und instruierte 1819 in einem Schreiben an den Gouverneur in Neu-Archangelsk, Leontij Hagemeister, durch „friedliche Aktivitäten und vielleicht sogar durch den Kauf einer bestimmten Insel, um die Welt segelnden russischen Schiffen, einen paradiesischen Ankerplatz zu erwerben ...". Hagemeister befand sich aber bereits auf der Heimreise und auch seine Nachfolger konnten sich für die Pläne nicht erwärmen, sodass auch der Vorstand 1821 diese Idee aufgab.

Tarakanow Baranow wissen, dass er ihre alte Freundschaft erneuern wollte. Doch wie immer Baranow diese Episode auch betrachtete, er hatte sich in der Person Schäffers geirrt. Dieser hatte Russland um die Chance gebracht, sich auf den Sandwich-Inseln dauerhaft niederzulassen. Eine solche Gelegenheit sollte für die Russen nie wiederkommen.[278]

Unter Kontrolle der Marine

Es war insbesondere diese Affäre, die die Direktoren der Gesellschaft im Nachhinein darin bestätigte, die koloniale Führung der Russisch-Amerikanischen Kompagnie in professionellere Hände zu geben. Baranow hatte sein Bestes getan und man war ihm sicherlich zu Dank verpflichtet. Aber die zunehmend international werdende Situation brach-

---

278 Anders war die Situation für die Amerikaner. 1843 hatten Frankreich, Großbritannien und die USA Hawaii als eine unabhängige Nation anerkannt. Die Inseln waren zum Zentrum des Walfangs geworden. Am 11. Dezember 1872 starb mit Kamehameha V. der Letzte der Kamehameha Dynastie. Ohne direkten Nachfolger, wurde schließlich ein entfernter Verwandter, David Kalakaua, König. Er versuchte den schwindenden Einfluss des Monarchen wiederherzustellen. Da dies jedoch gegen die Geschäftsinteressen der Ausländer war, gründeten diese 1887 eine geheime Gruppe, die Hawaiische Liga. Diese zwang Kalakaua eine neue Verfassung zu akzeptieren, bekannt als die „Bayonett Verfassung". Sie räumte den Weißen Wahlrechte ein, während sie Asiaten davon ausschloss und degradierte den König zu einer Gallionsfigur. 1889 führte ein gewisser Robert Wilcox eine Rebellion gegen diese Verfassung an, wurde aber besiegt. Da er aber als Nationalheld galt, befand eine mit Einheimischen besetzte Jury ihn während seines Gerichtsverfahrens für unschuldig. 1891 starb Kalakaua in San Francisco an Nierenversagen. Seine Schwester Liliuokalani, die bereits während seiner langen Abwesenheiten von Hawaii die Regentschaft übernommen hatte, wurde die letzte Monarchin der Inseln. Sie versuchte die ungerechte „Bayonett Verfassung" zum Vorteil ihrer Landsleute zu ändern. 1893 konspirierte der US-Minister John L. Stevens mit anderen Ausländern gegen die Königin. Im Januar gingen in Honolulu Truppen von einem Kriegsschiff an Land und die Königin wurde zur Abdankung gezwungen. Vom schwachen US-Präsidenten Cleveland verurteilt, der zwar die Annexion Hawaiis strikt ablehnte, aber zuließ, dass 1894 die Republik von Hawaii unter Präsident Sandorf Dole ins Leben gerufen wurde. Ein Jahr später erhob sich eine erneute Revolte unter Robert Wilcox, die abermals nach zehn Tagen niedergeworfen wurde. Er entging der Todesstrafe nur durch Intervention der US-Regierung. Sogar die einstige Königin Liliuokalani wurde festgenommen, da man in ihrem Garten vergrabene Waffen fand. Sie wurde jedoch freigelassen und starb 1917 an einem Schlaganfall im Alter von 79 Jahren in Honolulu. 1898 annektierten die USA schließlich Hawaii und machten es 1900 zu US-Territorium. Am 21. August 1959 wurde Hawaii 50. Bundesstaat der USA. 1993 entschuldigten sich der US-Kongress und Präsident Bill Clinton formal für den Umsturz des Königreiches von Hawaii. Noch rechtzeitig für eine Zuhörerschaft; gab es zu Beginn des 19. Jahrhunderts noch ca. eine Million Einheimische, waren es 1990 noch ca. 138.000.

te sensitive diplomatische Probleme auf, die von einem hemdsärmeligen Draufgänger aus Pionierzeiten nicht mehr gemeistert werden konnten. Baranow selbst hatte mehrfach den Wunsch geäußert, seine Position aufgeben zu wollen. Genauso, wie man bereits seit 1802 konsequent Marineoffiziere als Schiffsführer in den Dienst der Gesellschaft stellte, war es jetzt an der Zeit, innerhalb der administrativen Führung eine neue Periode einzuleiten.

1816 entsandte die Gesellschaft deshalb eine erneute Expedition mit zwei Schiffen in die Kolonien. Sie wurde geleitet von Leutnant Hagemeister auf der *Kutusow*. Das andere Schiff, die *Suworow* stand unter dem Kommando von Leutnant Ponafidin. An Bord befand sich außerdem der junge Leutnant Semjon Janowski, der gerade erst in die Dienste der Russisch-Amerikanischen Kompagnie getreten war. Hagemeister hatte den Auftrag, die Verwaltung Baranows zu inspizieren, da man vermutete, dass nicht alles mit rechten Dingen zu ging. Es war ihm freigestellt, wenn notwendig, Baranow abzuberufen und sich selbst als neuen Gouverneur zu ernennen. Die erforderlichen Urkunden hatte er bei sich. Beide Schiffe erreichten im Sommer bzw. Herbst 1817 Neu-Archangelsk. Die *Suworow* kehrte alleine schon am 14. Januar 1818 zurück und erreichte am 18. Oktober 1818 wieder Kronstadt mit einer Pelzladung im Wert von 900.000 Rubel.

Hagemeister eröffnete erst nach Monaten Baranow den wahren Grund für seinen Besuch. Am 11. Januar 1818 wurde Baranow, nach einem kurzen Gespräch mit Hagemeister, als Gouverneur abberufen. Hagemeister selbst übernahm jetzt seinen Posten. Baranow war am Boden zerstört. Nach all den Jahren, in denen er und seine ihm treu Ergebenen für die Gesellschaft und für Russland gelitten hatten, nur ein kurzes Gespräch mit Hagemeister und alles war zu Ende. Baranow zog sich in ein Zimmer zurück und war mehrere Tage lang nicht ansprechbar. Man hatte sogar die Sorge, dass er sich etwas antun wollte. Nach ungefähr einer Woche kam er jedoch wieder unter die Menschheit und erklärte seine Bereitschaft mit Khlebnikow zusammenarbeiten zu wollen. Dieser war Buchhalter der Gesellschaft und ebenfalls mit Hagemeister auf der *Kutusow* nach Neu-Archangelsk gekommen. Beide Männer, Baranow und Khlebnikow verbrachten mehrere Monate damit, akribisch die Bücher der Gesellschaft zu prüfen. Am Ende stellte sich heraus, dass sie fast perfekt geführt waren. Es ergab sich über all die Jahre lediglich eine kleine Lagerdifferenz. Khlebnikow war von Baranow so beeindruckt, dass er später eine Biografie über ihn schrieb.

Hagemeister hatte in der Zwischenzeit das Regime übernommen und einige Neuerungen eingeführt. Er folgte den ursprünglichen Empfehlungen Resanows und gab das System endgültig auf, nach welchem die Jäger als Entgelt für ihre Arbeit einen Anteil am Fang erhalten hatten. Dieses System war nicht mehr aufrechtzuerhalten, da die Fänge rückläufig waren und die Jäger nicht mehr auf ihre Kosten kamen. Stattdessen erhielten sie von nun an ein festes Gehalt und eine freie monatliche Zuteilung für bestimmte Waren.[279]

Auf persönlicher Ebene hatte Baranow mehr Grund zur Freude. Der junge Leutnant Janowski hatte sich in der Zwischenzeit sehr um seine Tochter Irina gekümmert. Am 7. Januar 1818 heirateten die beiden, zur Freude von ganz Neu-Archangelsk, in der dortigen St. Michaels Kirche. Baranow hatte einen Schwiegersohn – und was für einen. Semion Iwanowitsch Janowski wurde am 15.April 1789 in Gluchow in der Provinz Tschernikow geboren. Im Alter von nur 15 Jahren trat er die Marineakademie ein und diente anschließend im Baltikum. Zwischen 1812 und 1815 segelte er auf russischen Kriegsschiffen zu den Küsten von England, Frankreich und Holland. Dies war seine erste größere Seereise gewesen. Er hatte sich einen guten Namen gemacht und insbesondere Hagemeister hatte den jungen Mann aufmerksam beobachtet.

Im Juli 1818 segelte Hagemeister nach Kalifornien um Proviant für die Kolonie zu kaufen. Er ließ Neu-Archangelsk unter der Führung von Janowski. Hagemeister kam Anfang Oktober mit 245 Tonnen Korn und anderen Dingen, aber krank zurück. Während der Reise hatte er sich eine Infektion zugezogen. Er entschied sich daraufhin, nach Russland zurückzukehren und die Kolonie, in der Zeit bis ein Nachfolger für ihn gefunden war, in den Händen von Janowski zu belassen. Die Frage war nur, was mit Baranow geschehen sollte, der seine Buchhaltungsrevision mit Khlebnikow beendet hatte. Baranow standen mehrere Alternativen zur Verfügung. Er hatte davon gesprochen in den Kolonien zu bleiben und sich in einem Haus nahe dem Fort Oserskoi, nur einige Kilometer von Neu-Archangelsk entfernt, niederzulassen. Auch dachte er darüber nach, zu seiner einheimischen Frau Anna nach Kodiak zurückzugehen. Zu einem anderen Zeitpunkt spielte er wiederum mit der Idee, zu seinem einzig verbliebenen Verwandten, seinem Bruder Petr, nach Izhiga, nahe Kamtschatka zu gehen[280] oder vielleicht sogar zu seinem alten

---

279 Siehe Anhang „Standardvertrag eines Promyschlennik um 1820".
280 Sein Bruder Petr hatte mittlerweile diesen Handelsposten für 30.000 Rubel gekauft und entwickelte ihn erfolgreich zu einem Fort. 1815 hatte er begonnen, einen Jahrmarkt für den Handel mit den einheimischen Tschuktschen zu organisieren. Petr A. Baranow starb 1844 in Izhiga.

Freund, König Kamehameha I. auf den Sandwich-Inseln. Hagemeister war darauf bedacht, dass Baranow die Kolonien verließ, da er sonst Schwierigkeiten für seinen Nachfolger sah. Baranow war während seiner fast dreißig Jahre im Dienste der Gesellschaft zu einer Ikone geworden. Er willigte letztendlich ein, die Kolonie zu verlassen. Nun hatte er die Möglichkeit entweder auf einem der oft vorbeikommenden amerikanischen Schiffe über Boston nach Russland zu segeln oder mit Hagemeister zurückzufahren. Der 72-jährige Mann entschied sich für die zweite Möglichkeit und am 27. November 1818 segelte die *Kutusow*, mit einer reichen Ladung Sandelholz und Pelzen, unter dem Kommando von Hagemeister von Neu-Archangelsk ab. Sie segelten ohne den üblichen Stop auf den Sandwich-Inseln direkt nach Indonesien, wo sie im März 1819 in Batavia (Djakarta) Anker warfen. Nun endlich sah Baranow die Stadt, von der er schon so viel gehört hatte und die er immer besuchen wollte. Aber das feuchtheiße Klima war grausam für ihn. Er wurde krank und bekam Fieber. Im April legte die *Kutusow* wieder auf See. Vier Tage später starb Baranow an Bord des Schiffes und wurde im Indischen Ozean seemännisch bestattet. Hagemeister und die *Kutusow* erreichten Kronstadt wieder am 7. September 1819.[281]

Der neue Interims-Verwalter der Kolonien, Janowski, hatte sich mit seiner frisch vermählten Frau mittlerweile in Neu-Archangelsk niedergelassen und die übliche Winterroutine aufgenommen, Bestandsaufnahmen und Reparaturanweisungen. Er hatte nicht vor, länger in den Kolonien zu bleiben. Noch am Tag der Abreise Hagemeisters hatte er geschrieben, dass „seine Familiensituation eine schnelle Rückkehr nach Russland forderte, in nicht mehr als zwei Jahren, und ich würde lieber noch eher gehen". Am 30. Juli 1819 verließ das Paar Neu-Archangelsk zu einer Inspektionsreise der Kolonie. Der erfahrene Khlebnikow blieb, um die Verwaltung stellvertretend zu führen. An Bord der *Ilmen*

---

281 Hagemeister, von einer baltisch-deutschen Landadelsfamilie aus Litauen stammend, wurde nach dieser Reise zum Kapitänsleutnant befördert. Er verließ aber die Marine 1821, um sich auf sein Gut in Pension zu begeben. Dort wurde es ihm aber zu langweilig und 1828 startete er seine dritte Weltumseglung auf der *Krotki* mit dem Ziel der russischen Kolonien im Nordpazifik. Am 3. Juni 1829 endeckte er auf dem Weg eine Gruppe von 40 Inseln, die er Prinz-Menschikow-Inseln nannte (heute Kwajalein Atoll, zu den seit 1986 selbstverwaltenden Marshall-Inseln gehörend). Über Kamtschatka, Neu-Archangelsk, Kalifornien, Tahiti und Rio de Janeiro kehrte er im September 1830 nach Kronstadt zurück. Hier wurde er zum Kapitän ersten Ranges befördert und Direktor der Trainingsschule der Handelsmarine. 1833 sollte Hagemeister seine vierte Weltumseglung unternehmen. Während der Vorbereitungen zu dieser Reise nahm er am 23. Dezember 1833 an der Beerdigung für einen Freund teil. Er erlitt einen Schlaganfall und starb auf der Stelle.

besuchten sie Kodiak, die Fox- und die Pribilof-Inseln. Während ihrer Abwesenheit kam ein amerikanisches Schiff aus Java mit einer Infektionskrankheit an Bord in Neu-Archangelsk an (vielleicht die gleiche Krankheit, an der Baranow starb). Innerhalb kurzer Zeit starben 50 Menschen. Als Khlebnikow die *Finlandia* im September nach Kodiak sandte, starben auch dort fünf Menschen. Janowski, der sich zu dieser Zeit auf Kodiak aufhielt, traf dort den Eremiten Hermann. Dieser war Mönch und lebte sonst auf Spruce-Island[282], kam aber nach Kodiak um die Kranken zu besuchen und zu trösten. Hermann hinterließ einen nachhaltigen Eindruck auf Janowski. Nach einer stürmischen Überfahrt erreichten Janowski und seine Frau am 2. Januar 1820 wieder Neu-Archangelsk. Hier schrieb dieser seinen Inspektionsbericht, indem er u.a. vorschlug, den Hauptsitz der Kolonien wieder von Neu-Archangelsk nach Kodiak zurückzuverlegen. Dieser Vorschlag wurde lange, bis 1833, diskutiert, aber nie verwirklicht. Am 11. September 1820 traf die *Rumiantsew* von Ochotsk kommend, in Neu-Archangelsk ein. An Bord war der Nachfolger Janowskis, Kapitän der russischen Marine, Matwei Iwanowitsch Murawew. Innerhalb von vier Tagen hatte Janowski das Kommando an Murawew übergeben und hatte nun die Wahl, mit der *Borodino*, die unterdessen ebenfalls in Neu-Archangelsk angekommen war, nach Hause zu segeln oder die Überlandroute von Ochotsk durch Sibirien zu nehmen. Er entschied sich für die zweite Möglichkeit und am 4. Mai 1821 segelte die Familie Janowski auf der *Rumiantsew* von Neu-Archangelsk nach Ochotsk, wo sie im Juli ankamen. Nach einem kurzen Aufenthalt bei einem dortigen Freund Janowskis und der Versorgung mit frischer Verpflegung reisten sie über Jakutsk nach St. Petersburg, das sie im Frühjahr 1822 erreichten.[283]

---

282 Dem russischen Hafen Pawlowsk auf Kodiak vorgelagerte Insel.

283 Dort verklagten sie die Gesellschaft erfolglos auf die Zahlung einer Summe in Höhe von einer Million Rubel. Dies war nach Janowskis Ansicht der Betrag, der die Gesellschaft Baranow schuldete, bestehend aus nicht gezahltem Gehalt, sonstigen Ausgaben und der Dividende seiner Anteile. Kurze Zeit später, im Jahre 1824, starb Irina, den fünfjährigen Alexander und die zweijährige Maria hinterlassend. Zwei Jahre später heiratete Janowski erneut, diesmal eine junge Frau aus einer armen Familie. Die Russisch-Amerikanische Kompagnie bot ihm 7.000 Rubel im Jahr und Unterkunft an, aber Janowski lehnte ab. Er zog zunächst mit seiner Familie in seinen Geburtsort Gluchow, wo aber die eigene Familie seine Frau nicht annahm, sodass er auf ein kleines Gut in der Nähe von Kaluga zog (ca. 150 km südwestlich von Moskau). Seine zweite Frau gebar ihm vier Kinder: Nikolai, Iwan, Elisabeth und Helena. 1834 wurde Janowski Direktor des Gymnasiums von Kaluga, musste diesen Posten aber 1852 nach Querelen mit dem Gouverneur der Kaluga Provinz und dem Erziehungsministerium wieder aufgeben. Er zog sich mit seinen zwei Töchtern aus zwei-

Der harte, schneereiche Winter 1820/21, brachte für den neuen Gouverneur Murawew eine erste Bewährungsprobe. Aber der erstklassig geschulte Offizier meisterte sie mit Bravour. Er beschäftigte seine Leute mit dem Schneiden von Holz, dem Brennen von Holzkohle und der Reparatur und dem Neubau von Gebäuden. Die Befestigungen des Forts wurden wieder in guten Stand gesetzt und neue Gebäude errichtet, wo immer sie gebraucht wurden. Murawew war der Gouverneur, der die meisten Gebäude in Neu-Archangelsk errichtete. Im März 1821 begann er für sich und seine Nachfolger ein neues Haus zu bauen, da die alten Baranow-Gebäude baufällig geworden waren.

Im Hinblick auf sein Verhältnis zu den Tlingit läutete Murawew eine neue Richtung ein. Es war bis dahin Baranows Anweisung gewesen, dass die Indianer nur in einiger Entfernung von Neu-Archangelsk siedeln durften. Baranow wollte so einen Überfall, wie er ihn 1802 erlebt hatte, verhindern. Murawew hatte jedoch beobachtet, dass Baranows Anweisung genau das Gegenteil bewirkte. Abseits aller Kommunikation und Beaufsichtigung konnten die Tlingit planen was sie wollten. Durch ihre Frauen, die tagsüber im Fort arbeiteten, waren sie immer gut über die Geschehnisse bei den Russen unterrichtet, ohne dass die Russen wussten, was bei den Indianern vorging. Das Ergebnis war, dass immer wieder Jäger und Fischer von den Indianern angegriffen wurden. Murawew änderte dies. Er versammelte alle Häuptlinge der Tlingit und eröffnete ihnen, dass sie von nun an direkt am Fort siedeln durften. Diese nahmen die Nachricht erfreut auf und innerhalb kürzester Zeit waren die Indianer umgezogen. Murawew hatte in der Zwischenzeit die Palisaden verstärkt und ein schweres Tor zur Seite der Indianersiedlung errichtet. Dies war das einzige Tor, durch das die Indianer in das Fort durften. Sie mussten dafür eine Erlaubnis vorweisen. An bestimmten Tagen, zu einer bestimmten Zeit, war es ihnen erlaubt, in einem eigens dafür abgeteilten Bereich innerhalb des Fort ihre Produkte wie Wild,

---

ter Ehe auf sein Gut zurück. In der Zwischenzeit war Maria, die ein Internat in Moskau besucht hatte, gestorben. Der älteste Sohn aus erster Ehe, Alexander, Absolvent der Marineakademie in St. Petersburg, war einem Kloster beigetreten. Janowskis Söhne aus zweiter Ehe, Nikolai und Iwan, dienten als Beamte in Kaluga bzw. als Leutnant in der Marine. Iwan starb im Alter von 24 Jahren bei der Belagerung von Sewastopol während des Krimkrieges. 1861 nahm Janowski an einer Diskussion über die Zukunft der „Russisch-Amerikanischen Gesellschaft" teil. Er sandte zwei Artikel an Zeitungen in St. Petersburg. Irgendwann danach muss er sich an den so beeindruckenden Mönch Hermann von seiner Zeit auf Kodiak vor vierzig Jahren erinnert haben. Am 1. Oktober 1864 trat er einem Kloster in Kaluga als Mönch Sergius bei. Dort starb er im Alter von 86 Jahren im Januar 1876.

Fisch und Pelze zu handeln. Während des Tages wurden die Straßen innerhalb des Forts durch bewaffnete Wachen kontrolliert. Bei Einbruch der Dunkelheit mussten alle Indianer das Fort verlassen haben. Deutlich las man nun in der Kolonie die Handschrift eines russischen Offiziers. Murawews Maßnahmen waren so effektiv, dass sie auch von seinen Nachfolgern beibehalten wurden.

Am 27. Mai 1821 verließ Murawew Neu-Archangelsk, um eine Inspektion der Kolonien durchzuführen, die ihn zu allen wichtigen Orten Russisch-Amerikas führte, mit Ausnahme der äußersten Handelsposten auf den Aleuten. Bei seiner Rückkehr teilte er die gesamte Kolonie in neue Distrikte ein, um die Verwaltung zu verbessern.

Während seiner Gouverneurszeit hatte Murawew immer wieder mit Lieferproblemen zu kämpfen, die die Kolonien an den Rand des Verhungerns brachten. Aus politischen Gründen hatte die Regierung per Zarenerlass vom 4. September 1821 verboten, mit ausländischen Schiffen Handel zu treiben. Diese Nachricht erreichte Neu-Archangelsk genau ein Jahr später. Murawew, der wie alle Gouverneure seit Baranow, bis zu einem bestimmtem Grad von den Amerikanern und Spaniern abhing, war über die Nachricht nicht besonders erfreut. Aber er würde den Erlass als guter russischer Offizier zweifelsohne befolgen. Es war ihm bekannt, dass seit dem Spätsommer 1821 zwei Proviantschiffe von Kronstadt zur Kolonie unterwegs waren, sodass er zumindest kurzfristig einige Hoffnung hatte. Im November 1822 erreichte die *Rurik* Neu-Archangelsk. Aber sie war allein gekommen. Das andere Schiff, die *Elisaveta*, hatte bei der Umrundung des Kaps der Guten Hoffnung während eines Sturms schweren Schaden erlitten und musste in der Simons Bay (in der Nähe von Kapstadt) verkauft werden. Die *Rurik* hatte zu allem Übel nicht sehr viel Proviant dabei. Die Direktoren in St. Petersburg hatten von den Amerikanern in New Bedford, Massachusetts ein anderes Schiff, die *Elena* gekauft Aber kurz vor ihrer Abreise in die Kolonien war auf einem Treffen der Anteilseigner der Russisch-Amerikanischen Kompagnie gegen eine solche Reise entschieden worden. Man war der Ansicht, dass die Kolonien eigentlich genug Proviant hätten und eine solche Reise deshalb nicht nötig wäre.

Murawew hatte nun die dunkle Aussicht, dass weder 1823 noch 1824 irgendwelche Lieferungen aus Russland zu erwarten waren. Zur gleichen Zeit erreichte ihn eine andere Hiobsbotschaft von Khlebnikow aus Kalifornien. In diesem Jahr würden die sonst üblichen Kornlieferungen wegen sehr schlechter Ernten ausbleiben. Die Lage war für Murawew und die ganze Kolonie nun nicht nur kritisch, sondern akut lebensbe-

171

drohlich. Er sandte deshalb sofort einen dringenden Appell um Hilfe nach St. Petersburg. Alle Zarenerlasse und Anweisungen missachtend, wurde im Oktober der Navigator A.K. Etholen mit der Brigg *Golownin* zu den Sandwich-Inseln entsandt, um dort unter allen Umständen Proviant zu besorgen. Unterwegs stoppte Etholen in Yerba Buena[284] und tauschte eine große Ladung Weizen gegen Pelze und Bargeld. Auf den Sandwich-Inseln kaufte er im Januar 1824 kurzerhand die amerikanische Brigg *Arab* mitsamt ihrer Ladung, benannte sie in *Baikal* um und überredete den Kapitän, Thomas Meek, sie sofort nach Neu-Archangelsk zu segeln. In der Zwischenzeit hatte Khlebnikow in Kalifornien 900 Zentner Korn besorgt, dass am 7. Februar 1824 ankam. Die glückliche Ankunft der *Rurik* und der *Baikal* am 13. Februar beendete die Krise fürs Erste. Das Leben vieler Menschen hatte durch falsche Entscheidungen und unglückliche Umstände buchstäblich am seidenen Faden gehangen. Einige Monate später legte die *Rurik* wieder in Kalifornien an, um nochmals Proviant zu kaufen. Sie war auf ihrem Weg zu den Sandwich-Inseln, um die amerikanische Crew der *Arab/Baikal* zurückzubringen. Bei ihrer Rückkehr nach Neu-Archangelsk konnte sie außerdem berichten, dass das Handelsverbot der Russen mit Ausländern aufgehoben war und Schiffe wieder in Neu-Archangelsk anlegen konnten.

Während Murawews Zeit als Gouverneur wurden einige Forschungsreisen unternommen. Die wichtigsten waren die von V.S. Chromtschenko auf der *Golownin*, A.K. Etholen auf dem Kriegsboot *Baranow* und N. Wassiljew auf der Schaluppe *Otkrytie*. Während der Jahre 1822 und 1823 wurde die Küste der Bristol Bay im Westen bis zur Mündung des Kuskokwim River vermessen, die Nunivak-Insel entdeckt und der Norton Sund entlang seiner östlichen und nördlichen Küsten erforscht. Murawew gelang es, mit der nunmehr mexikanischen Regierung von Kalifornien[285], ein Abkommen über die Jagd auf Seeotter in ihren Gewässern zu treffen. Die Erträge aus diesen Fängen, ca. 1.500 Felle in der Zeit Murawews, wurden zu gleichen Teilen geteilt.

Aber Murawews Gesundheit hatte während der Zeit in den Kolonien ernsthaft gelitten. In Zusammenhang mit seinem Hilfeappell an die Gesellschaft bat er gleichzeitig um seine Ablösung. Am 31. Juli 1824

---

284 Yerba Buena war die Vorläufersiedlung von San Francisco (siehe Kurzabhandlungen „Die Gründung von San Francisco").
285 Mexiko war seit 1821 von Spanien unabhängig. Kalifornien gehörte in dieser Zeit zu ihrem Territorium.

segelte die *Elena*, unter dem Kommando von Leutnant Petr Egorowitsch Tschistiakow, von Kronstadt aus mit einer neuer Lieferung zu den Kolonien. Sie traf fast genau ein Jahr später, am 29. Juli 1825, in Neu-Archangelsk ein. Tschistiakow übernahm vom kranken Murawew unverzüglich die Verwaltung der Kolonien. Dieser reiste am 4. November wieder auf der *Elena* zurück in die Heimat. Auf der Rückreise sollte die *Elena* eigentlich in Fort Ross beihalten, aber ein Sturm verhinderte die Landung, sodass Murawew gezwungen war, in Yerba Buena zu ankern. Von dort wurde der Proviant über Land nach Fort Ross gebracht. Murawew lag aber noch etwas anderes am Herzen. Er hatte sich in Neu-Archangelsk in die Kreolin[286] Natalie Usowa verliebt und fragte nun bei Tschistiakow an, ob es möglich wäre, sie nach Russland zu senden. Beide wussten, dass dies eigentlich gegen die Regel war, aber Tschistiakow nahm die Verantwortung auf sich. Er sandte die Frau im folgenden Frühling mit einer russischen Familie nach Ochotsk, von wo sie ihre Überlandreise durch Sibirien antraten. Es ist nicht bekannt, was aus Natalie Usowa geworden ist. Murawew jedenfalls erreichte auf der *Elena* am 1. September 1826 Kronstadt und diente weitere zwei Jahre im Büro der Gesellschaft in St. Petersburg. Anschließend hatte er mehrere Regierungsposten im Schiffsbausektor inne, bevor er 1833 starb.

Eine der ersten Maßnahmen, die der neuen Gouverneur Tschistiakow unternahm, war die Bitte an die Gesellschaft, ihm einen erfahrenen Walfänger zu schicken, um den Walfang für die Gesellschaft aufzubauen. Im selben Jahr unternahm er eine Reise zu den Aleuten und organisierte einen Handelsposten auf der Atkha-Insel. 1829 sandte er eine kleine Expedition unter Wassiljew zur Bristol Bay und den Nushagak River flussaufwärts. Die Mitglieder der Expedition fingen herrliche Fuchs- und Zobelfelle und daraufhin wurde ein permanenter Handelsposten am Kuskokwim gegründet. 1830 sandte Tschistiakow, den nunmehr zum Offizier beförderten Etholen, auf der *Chichgow* nordwärts bis zur Beringstraße.

Im Juni 1827 kam die Schaluppe *Seniawin* unter Kapitän Fjodor P. Litke[287] in Neu-Archangelsk an. Litke befand sich zusammen mit dem

---

286 Der Ausdruck „Kreole" wurde in Russisch-Amerika analog dem spanischen Ausdruck für Menschen benutzt, die aus einer Mischehe von Russen und Aleuten, Inuit oder Indianern hervorgegangen waren.
287 Fjodor Petrowitsch Litke (1797-1882) war Offizier der russischen Marine (Litke war zwar deutscher Abstammung, war aber in Russland geboren und betrachtete sich eindeutig als Russe. Die manchmal anzutreffende, verdeutschte Schreib-

zweiten Schiff, der *Moller* unter M.N. Staniukowitsch, auf der letzten großen russischen Erkundungs- und Vermessungsfahrt in dieser Region. Nach einem Monat segelte er weiter nach Unalaska und zu den Pribilof-Inseln und kehrte über die Matthew-Inseln nach Petropawlowsk auf Kamtschatka zum Überwintern zurück.

Genau wie vor ihm Janowski, drängte auch Tschistiakow die Gesellschaft, den kolonialen Hauptsitz von Neu-Archangelsk wieder zurück nach Pawlowsk, auf die Kodiak-Insel zu verlegen. Er bekam sogar die Erlaubnis dazu, aber wegen des Verzugs bei der Beschaffung des Holzes zum Bau neuer Gebäude in Kodiak wurde der Umzug verschoben. 1830 änderte die Führung der Gesellschaft ihre Meinung und ordnete an, dass keine neuen Gebäude in Kodiak gebaut, sondern bestehende lediglich repariert werden sollten.

Auch Tschistiakow war es, wie seinen Vorgängern, nicht erspart geblieben, mit leidigen Versorgungsproblemen umgehen zu müssen. Der Handel mit Ausländern ließ wegen des Rückgangs der Seeotterfelle auch nach. Nahrung aus Kronstadt, um die halbe Welt nach Neu-Archangelsk, kostete nach wie vor ein Vermögen und die Lieferungen aus Kalifornien wurden immer unzuverlässiger, weil sich die russische Regierung nach wie vor weigerte, die mexikanische Unabhängigkeit von Spanien anzuerkennen. So war Tschistiakow im November 1829 gezwungen, seinen Verwalter Khlebnikow auf der *Baikal* nach Chile zu entsenden, um dort Korn einzukaufen. Er kehrte erst am 15. Mai 1830 zurück, zu lange, um diesen Versorgungsweg als effektiv zu bezeichnen. Die Gesellschaft versuchte die Abhängigkeit von Ausländern dadurch zu verringern, indem sie begann in Ochotsk und in den Kolonien selbst

---

weise seines Namens „Lütke" ist irreführend. Litke selbst unterschrieb Dokumente ausschließlich in der angegebenen Schreibweise). Er hatte vorher vier Expeditionen in die russische Arktis um die Novaja-Zemlja-Insel geleitet und war unter W.M. Golownin 1817-1819 um die Welt gesegelt. Dabei hatten sie auch in Neu-Archangelsk Halt gemacht. Litke kannte also die Kolonien und ihre Probleme. 1829 wurde er Mitglied der Akademie der Wissenschaften in St. Petersburg und 1832 Ehrenmitglied der „Königlich-Geografischen Gesellschaft" in London. Im gleichen Jahr wurde er vom Zaren beauftragt, die Erziehung des Großherzogs Konstantin zu begleiten. 1835 wurde er zum Konteradmiral, 1843 zum Vizeadmiral und 1855 zum Admiral befördert. 1850-53 war er Kommandant und Gouverneur der Stadt und des Hafens von Reval. Während des Krimkrieges kommandierte Litke von 1853-55 als Militärgouverneur den Hafen von Kronstadt. 1855 wurde er Ehrenmitglied der Akademie der Wissenschaften in St. Petersburg und war von 1864-1882 ihr Präsident. Von 1857-1873 war Litke außerdem stellvertretender Vorsitzender der „Russischen-Geografischen Gesellschaft". Sollte bei ihnen der Gedanke aufgekommen sein – der Autor dieses Buches ist seines Wissens nicht mit F.P. Litke verwandt.

Abb. 24:
Baron Wrangel,
1796-1878.

Schiffe zu bauen. In Neu-Archangelsk wurden drei Schiffe für die Küstenfahrten gebaut sowie eine größere dreimastige Brigg, die *Urup*. Am 26. September 1830 kehrte die *Urup* von einer Reise nach Ochotsk zurück.

An Bord war der Nachfolger Tschistiakows, Baron Ferdinand Petrowitsch Wrangel. Er war der Erste, der mit seiner Frau in den Kolonien erschien. Wrangel hatte die Überlandreise durch Sibirien gewählt und währenddessen hatte ihm seine frisch vermählte Frau eine Tochter geboren. Nach zwei Tagen hatte Tschistiakow die Geschäfte an Wrangel übergeben, blieb aber noch bis zum 28. April 1831 und segelte dann mit der *Urup* nach Ochotsk zurück, um über Land St. Petersburg zu erreichen. Er ließ seine kreolische Frau Matrena Fedorowa und seine zwei Jungen, Peter und Paul zurück. Um versorgt zu sein, wurde arrangiert, dass seine Frau später den Kreolen Wassili Nedomolwin heiraten sollte. Die Gesellschaft schuldete Tschistiakow 2.500 Rubel, auf die er aber zugunsten seiner Frau verzichtete. Sie bekam das Geld zur Erziehung seiner Söhne in Raten von 500 Rubel pro Jahr ausgezahlt. Tschistiakow stieg bis zum Admiral auf und starb 1862.

Baron von Wrangel stammte aus einer baltendeutschen Adelsfamilie. Nachdem er 1807 der Marine beigetreten war, wurde er zunächst im

Baltikum stationiert. Er nahm, gemeinsam mit Litke, von 1817 bis 1819 an der Weltumseglung unter Golownin teil, kannte also bereits die amerikanischen Kolonien. Mit Litke sollte ihn eine lebenslange Freundschaft verbinden. Zwischen 1820 und 1824 hatte er die arktischen Gewässer nördlich der sibirischen Küste erkundet. 1825/26 unternahm er auf der *Krotki* eine Weltumseglung, bei der er auf den Marquesas-Inseln vier Mann durch einen plötzlichen Angriff der Einheimischen verlor. Als er den Posten des Gouverneurs angeboten bekam (übrigens von Golownin), sagte er sofort zu. Beim Abschied von allen Freunden, traf der 32-jährige zufällig die neunzehnjährige Elisabeth Rossillon. Sie war die Tochter des in Russland lebenden französischen Baron Wilhelm von Rossillon, der selbst in eine baltische Adelsfamilie eingeheiratet hatte. Die Zeit war knapp und Geld teuer und so wurde weniger als einen Monat später geheiratet. Zwei Wochen später waren beide auf dem Weg nach Sibirien, wo ihre neu geborene Tochter Marie ein Jahr später, am 30. Mai 1830, in Irkutsk getauft wurde. Die vor ihnen liegenden 1.500 Kilometer nach Jakutsk und die anschließenden 1.500 Kilometer nach Ochotsk waren für die frisch Verliebten ein Kinderspiel und so kamen sie, wie gesagt, schon bald von Ochotsk auf der *Urup* in Neu-Archangelsk an.

Wrangel war mit der leichten Führung seines Vorgängers Tschistiakow nicht einverstanden und zog die Zügel sofort wieder an. Er hatte Korruption vorgefunden und ordnete eine Revision aller Bücher der Distriktleiter an. Den in Neu-Archangelsk tätigen Priester Vater Frumenti Mordowski und den Arzt der Gesellschaft, Dr. Simon, beorderte er wegen Inkompetenz nach Kodiak, wo die Gesellschaft über ihre weitere Verwendung entscheiden sollte.[288] Vater Weniaminow holte er von Unalaska nach Neu-Archangelsk. Damit sich dieser auch richtig wohlfühlen konnte, ordnete er an, dass die sich im Verfall befindende Michaelskirche nicht repariert sondern abgerissen werden sollte. An derselben Stelle sollte eine komplett neue Kirche gebaut werden. Wrangel unternahm extensive Inspektionsfahrten. Er ließ die Befestigungsanlage St. Michael und andere Handelsposten errichten, gründete Schulen und Krankenstationen. 1833 baute er eine Sägemühle im Fort Oserskoi, die zweite an der gesamten Pazifikküste. Er sah, dass der Schiffsbau an den unterschiedlichen Plätzen nicht ökonomisch war und beendete ihn bis auf den in Neu-Archangelsk. Während seiner Zeit war seine Werft

---

288 Wegen der langen Kommunikationswege dauerte dies allerdings bis 1833. Beide wurden zurück nach Russland beordert.

die einzige an der Pazifikküste, die den Rumpf eines großen Schiffes komplett erneuern konnte.

Wrangel verbesserte die Arbeitsbedingungen und das Verhältnis zu den Einheimischen. Er stabilisierte den Pelzhandel, indem er das Überjagen der Tiere regelte. Als endlich, der noch von Tschistiakow erbetene erfahrene Walfänger eintraf, ein Amerikaner namens Barton, versuchte er sich sogar am Walfang, war aber hier nicht sehr erfolgreich. Die Gesellschaft hatte nicht genug Mittel und Schiffe, die man für diese neue Tätigkeit brauchte. Die Aleuten fanden es sowieso leichter, den Wal traditionell mit Speeren zu jagen. Wrangel beschäftigte sich auch mit der Frage des Umzugs des Hauptverwaltungssitzes nach Kodiak, entschied sich jedoch dagegen und somit war das Thema endgültig erledigt.

Während seiner Zeit kam es zu einem ernsten Zwischenfall mit der mächtigen britischen *Hudson's Bay Company*. Diese verfolgte eine aggressive Expansionspolitik. Sie errichtete Handelsposten im Inneren Alaskas und Britisch Kolumbiens und verhinderte so die russische Ausbreitung von der Küste in das Landesinnere. Darüber hinaus versuchte sie den Handel mit den Einheimischen, an den Russen vorbei, in die eigene Tasche zu leiten. Dabei sah sie zu ihrem Vorteil eine Klausel, die in einem 1825 geschlossenen Vertrag zwischen Russland und Großbritannien stand. Diese Klausel besagte, dass es der *Hudson's Bay Company* erlaubt war, alle Flüsse zu befahren, die ihren Ursprung in britischem Gebiet hatten. Da dies so gut wie alle Flüsse im russischen Herrschaftsbereich waren, hatten die Briten hier einen Freifahrtschein für jeglichen Handel und dies genau vor der Nase der Russen. 1833 wollte die *Hudson's Bay Company* diesen Vorteil ausnutzen und einen Handelsposten ca. 25 km flussaufwärts des Stikine Rivers errichten. Zu diesem Zweck rüstete sie die Brigg *Dryad* aus. Als Wrangel von der Absicht der Briten erfuhr, drängte er in einem Schreiben die Gesellschaft, auf die Regierung Einfluss zu nehmen und die Klausel anzufechten, mit dem Ziel sie ganz zu annullieren. Die Regierung gab dem auch statt und unterrichtete die britische und auch amerikanische Regierung von diesem Schritt.

Ohne jedoch eine Antwort abzuwarten, setzte Wrangel die beiden Kriegsschiffe *Chichgow* und *Chilkat* unter dem Kommando von Leutnant Dionisi Zarembo unverzüglich in Richtung Stikine River in Marsch. Dort angekommen, errichtete Zarembo die nach ihm selbst St. Dionysius genannte Befestigungsanlage auf der schmalen Halbinsel, dem heutigen Hafen der Stadt Wrangel gegenüber. Hier, genau an der Mündung des Stikine Rivers, konnte er mit seinem Fort die Einfahrt in den Fluss kontrollieren. Als die britische *Dryad* sich der Flussmündung näherte, verweigerte ihr Zarembo die Einfahrt in den Fluss. Nach einigen ergebnislosen Verhandlungsrunden und einer Kampfeswarnung der weiter flussaufwärts lebenden Indianer entschied sich das Kommando der *Dryad*, ihr Unternehmen aufzugeben und schließlich nach Fort Vancouver zurückzukehren.[289] Die *Hudson's Bay Company* forderte über die Britische Regierung Ausgleichszahlungen von Russland. Die Sache wurde schließlich durch Vermittlung Preußens, bei einem Treffen am 6. Februar 1839 in Hamburg, zwischen dem Vertreter der *Hudson's Bay Company*, Sir George Simpson, und Wrangel geregelt. Die Briten gaben ihre Forderungen auf und erklärten sich einverstanden, die russische Kolonie jährlich gegen Entgeld mit Proviant zu versorgen. Im Gegenzug erhielten sie eine Zehnjahrespacht für das russisches Küstengebiet im heutigen Südosten Alaska mit Ausnahme der vorgelagerten Inseln[290]. Dieses schloss auch Fort St. Dionysius mit ein, welches die Briten in Fort Stikine umbenannten. Der Vertrag währte zum Vorteil beider Seiten und wurde später wiederholt bis zum Ende Russisch-Amerikas verlängert.

Dieser Vorfall veranlasste Wrangel jedoch, sich erneut Gedanken um das kalifornische Fort Ross zu machen. Der Seeotterfang war stark rückläufig und der Anbau von Korn in der Gegend des Forts ergab wegen des dort vorherrschenden Küstennebels nicht genug Ernte für die Kolonie. Mexiko selbst machte nach der Säkularisation der einstigen spanischen Missionsstationen und internen Unruhen nicht den stabilsten Eindruck. 1833 reiste Wrangel mit seiner Frau nach Kalifornien, um sich selbst ein genaueres Bild zu machen. Er fand einen gutes Stück Land für eine neue Ranch, unweit der Mündung der Slawianka (Russian River), auf halben Wege zwischen Fort Ross und Bodega Bay. Dies verbesserte die Kornausbeute der Fort Ross Siedlung etwas. In seinem Bericht drängte er die Gesellschaft, das Gebiet um Ross zu vergrößern, um somit höhere Kornerträge zu erreichen.

Nachdem er die Expeditionsberichte von Wassiljew und Etholen studiert hatte, entschied Wrangel, dass zwischen der Bristol Bay und dem Norton Sund eine bessere Kommunikation auf dem Weg über Land stattfinden sollte. Er sandte deshalb Leutnant Tebenkow auf der *Urup* zum Norton Sund. Dort errichtete dieser auf einer Insel die Siedlung Michailowsk. Als alle erforderlichen Gebäude errichtet waren, wurde

---

289 Sie gingen nicht direkt dorthin, sondern legten in Neu-Archangelsk einen formalen Protest vor, aber Wrangel blieb hart.
290 Die jährlich an die Russen zu zahlende Pacht betrug 2.000 Flussotterpelze.

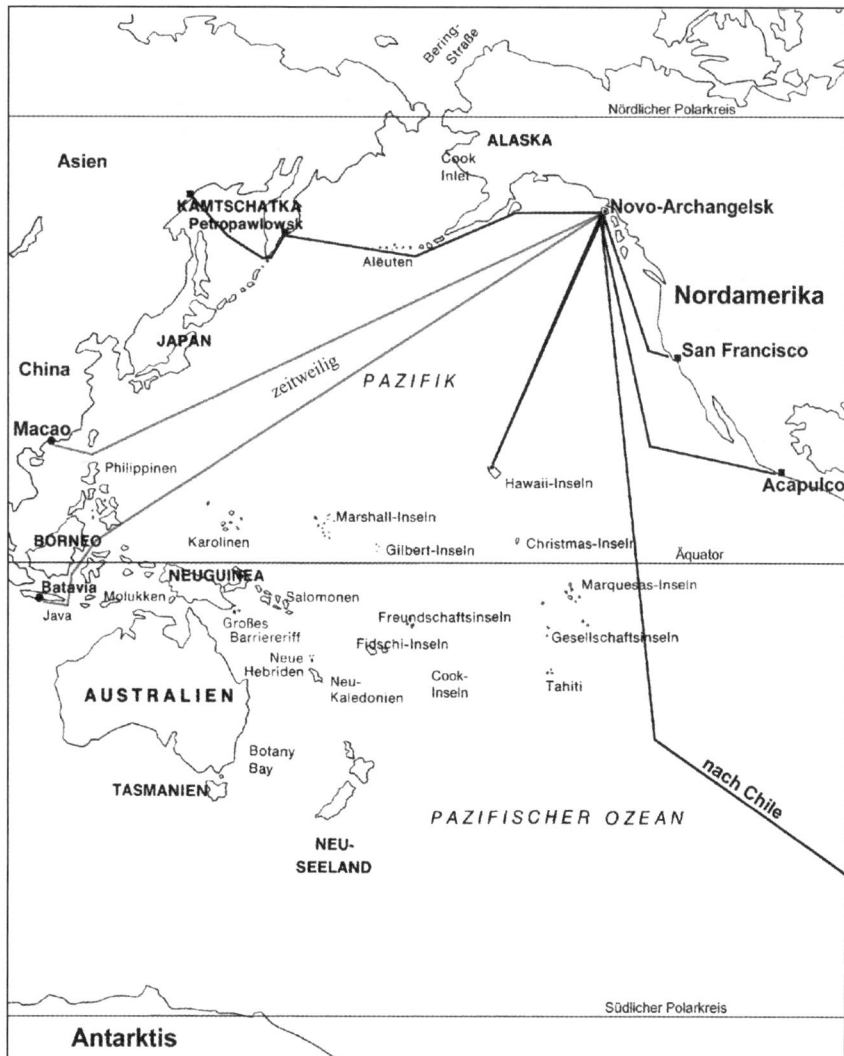

Die Handelsbeziehungen Russisch-Amerikas

ein kleiner Trupp von fünf Freiwilligen unter der Leitung des Kreolen Andrej Glasunow zur weiteren Erforschung landeinwärts entsandt.

In Bezug auf die mexikanische Frage und die Zukunft von Fort Ross, antwortete 1834 der russische Finanzminister endlich, im Namen des Zaren, der Russisch-Amerikanischen Kompagnie. Wrangel erhielt die Erlaubnis, nach Beendigung seiner Amtszeit auf seiner Heimreise nach Europa, Mexiko zu besuchen und herauszufinden, „inwieweit eine Anerkennung der Unabhängigkeit der Mexikanischen Republik die

179

Mexikanische Regierung darin beeinflussen würde, das besetzte Land in Kalifornien offiziell abzutreten". Spät im Jahr 1835, am 25. Oktober, erreichte die *Sitka* endlich Neu-Archangelsk mit dem Nachfolger Wrangels, Kapitän Iwan Kuprianow. Wrangel hatte schon fast alle Hoffnung aufgegeben, noch im selben Jahr Neu-Archangelsk verlassen zu können. In aller Eile wurden die Geschäfte übergeben und am 24. November machten sich die Wrangels auf den Weg nach Monterrey in Kalifornien. Sie schauten mit gemischten Gefühlen auf den Hafen zurück, in dem sie vor fünf Jahren angekommen waren. Sicher, Fjodor hatte sich als ausgezeichneter Gouverneur bewährt und auch Elisabeth Wrangel war sehr beliebt gewesen. Sie hatte am 25. November 1831 hier sogar ihren ersten Sohn, Wilhelm, geboren. Aber im darauf folgenden Jahr hatten sie ihre erstgeborene Tochter Marie verloren.

In Kalifornien traf Wrangel eine erneute Enttäuschung. Der mexikanische Gouverneur Figueroa, den er hier treffen wollte, war gestorben. Wrangel und seine Familie mussten nach San Blas weitersegeln und von dort ihre Reise über Land fortsetzen. Die Reise brachte kein Ergebnis, ihr Sohn Wilhelm wurde krank und wäre beinahe ebenfalls gestorben. Endlich erreichten sie den mexikanischen Hafen Veracruz am Golf von Mexiko und mit einem amerikanischen Schiff waren sie innerhalb von 19 Tagen in New York. Schon einen Tag später konnten sie auf dem amerikanischen Paketschiff *Utica* weiterreisen und erreichten nach 40 Tagen den französischen Hafen Le Havre. Sie hatten Glück und zwei Stunden später waren sie auf einem Dampfer, der sie nach Hamburg brachte. Eine kurze Reise nach Lübeck und von dort mit einem russischen Dampfer nach Kronstadt, das sie 4. Juni 1836 erreichten. Die Baronin war die erste Frau, die um die Welt gereist war, ohne den Äquator zu überqueren.

Wrangel wurde einen Monat später zum Konteradmiral befördert und erhielt den Posten eines Abteilungsdirektors innerhalb des Marineministeriums. Zwischen 1840 und 1849 diente er als einer der Direktoren der Russisch-Amerikanischen Kompagnie. 1854 starb seine geliebte Frau nach 25 glücklichen, gemeinsamen Jahren. Auch die Beförderung zum Vizeadmiral und Marineminister konnte seine Trauer nur wenig lindern. 1856 wurde er Admiral. 1864 musste er wegen Krankheit alle öffentlichen Ämter aufgeben und zog sich auf sein Gut zurück, von wo aus er sich 1867 gegen den Verkauf Alaskas an die Amerikaner aussprach. Dieser bewundernswerte, stets bescheidene, aber dennoch energische Mann, starb schließlich am 25. Mai 1870 in Dorpat. Viele Örtlichkeiten in Sibirien und Alaska sind nach ihm benannt worden.

Auch der neue Gouverneur Kuprianow hatte mit Proviantschwierigkeiten zu kämpfen. 1836 gab es in Neu-Archangelsk knappe Rationen, weil die Kornlieferungen aus Fort Ross wegen schlechter Ernte ausfielen. Im selben Jahr gab es eine der gefährlichen Blatternepidemien, die immer wieder plötzlich in den russischen Kolonien auftraten. Kuprianow förderte weitere Erkundungsfahrten in Alaska. 1836 fuhren Russen unter Kolmakow den Kuskokwim River hinauf und Leutnant Worokowski erforschte die Südküste der Alaska-Halbinsel. 1838 entsandte Kuprianow A.F. Kaschewarow auf der *Polifem* auf eine Expedition in den Norden Alaskas, die ihn bis zu einem Punkt 50 km östlich des heutigen Point Barrow brachte. 1836 wurde ein Angriff Einheimischer auf das von Wrangel gegründete Fort St. Michael erfolgreich zurückgeschlagen. 1837 trug sich eine Tragödie zu, als Leutnant Woronkowski auf der Rückreise von den Kurilen nach Neu-Archangelsk nahe der Sitka-Insel Schiffbruch erlitt und alle an Bord den Tod fanden. Im Dezember des selben Jahres starb der älteste Missionar und von Janowski so bewunderte Eremit Hermann im Alter von 81 Jahren auf der Spruce-Insel. Kuprianow musste mit den Tlingit sehr vorsichtig sein. Innerhalb der ersten zwei Jahre seiner Gouverneurschaft gab es Drohungen gegen das Fort und er war sich bewusst, dass „obwohl nur 700 in der unmittelbaren Nachbarschaft wohnten, es innerhalb von Stunden 7.000 sein können". Dank weiblicher Spione, einheimische Frauen, die im Fort arbeiteten, wussten die Russen einigermaßen über die Vorgänge in dem Dorf der einheimischen Indianer Bescheid und wurden rechtzeitig gewarnt. Kuprianow standen 40 Kanonen, die meisten von Schiffen in das Fort gebracht, zur Verfügung. Es waren 12- bis 24-Pfünder. Ausländische Besucher[291] berichteten von Neu-Archangelsk, dass, obwohl die Reinheit der Siedlung nicht der eines Kriegsschiffes entsprach, man doch überrascht war über einen vergleichbar hohen Stand von Reinheit und Komfort, besonders in der Schule und im Krankenhaus. Das Innere der neuen Kirche war wunderbar dekoriert. Sonntags versammelte man sich im Haus des Gouverneurs, nahm Tee und blieb bis zehn oder elf Uhr abends und vertrieb sich die Zeit mit Billardspielen. Im Frühjahr 1839 erreichte die *Clementine* von den Sandwich-Inseln kommend, auf dem Weg nach Kalifornien, Neu-Archangelsk. Sie hatte einige Tauschwaren

---

[291] Insbesondere der britische Kapitän Edward Belcher auf der *HMS Sulphur*. Er führte zwischen 1836 und 1842 hydrografische Untersuchungen im Pazifik durch. Am 12. September 1837 erreichte er Neu-Archangelsk. Es war das erste ausländische Kriegsschiff, dass je in diesem Hafen anlegte.

an Bord und ihr Hauptpassagier, John A. Sutter[292], blieb mehrere Wochen in Neu-Archangelsk. Ihm und seinen Begleitern fielen die schönen russischen Frauen auf, von denen manche dem russischen Adel angehörten. Sutter hatte die Gelegenheit bei einer Abendveranstaltung mit der Gattin des Gouverneurs Kuprianow zu tanzen.

Am 1. Mai 1840 erreichte der neue Gouverneur und Kapitän zweiten Ranges, Etholen, auf der *Nikolai* Neu-Archangelsk und übernahm das Kommando. Kuprianow blieb mit seiner Frau noch bis September, dann reisten sie über Yerba Buena, Valparaiso, Kap Horn, Rio de Janeiro nach Kronstadt, wo sie am 13. Juni 1841 ankamen. Kuprianow kommandierte anschließend eine Fregatte im Baltischen Meer und wurde im Oktober 1852 zum Vize-Admiral befördert. Er starb am 30. April 1857. Seine Frau lebte bis 1894 und starb im hohen Alter von 82 Jahren.

Etholen[293] war ein alter Bekannter in den Kolonien. Er kannte noch Baranow, den er gesehen hatte, als er zum ersten Mal, im Juli 1818, in Neu-Archangelsk auf der *Kamtschatka* unter Golownin dort ankam. Er erinnerte sich, dass Baranow von ihm so beeindruckt war, dass er angesichts seiner endgültigen Abreise mit Tränen in den Augen sagte: „Warum konnte die Gesellschaft mir nicht früher solche Leute wie Sie senden? Alles wäre viel besser verlaufen."

In der Folgezeit hatte er mehrere Expeditionen u.a. nach Chile, den Sandwich-Inseln und in die Bering-See im Auftrag der Russisch-Amerikanischen Kompagnie unternommen. Er hatte unter mehreren Gouverneuren in unterschiedlichen Positionen gedient und war nun selbst Gouverneur der Kolonien geworden. Auch er kam mit seiner frisch vermählten Frau, der 24-jährigen Margaretha Sundvall, der Tochter eines nordfinnischen Richters, dort an. Mit ihnen kamen mehrere Finnen und ein gewisser Uno Cygnaeus, ein junger Lutheranischer Priester, der die erste nicht orthodoxe Kapelle in Alaska baute. Er war wahrscheinlich auf Drängen der tiefreligiösen Frau Etholens mit nach Neu-Archangelsk gekommen, die ihre fünf Jahre in der Kolonie nicht ohne den Beistand ihrer Kirche überstehen wollte. Sie hatte übrigens kurz vor Erreichen von Neu-Archangelsk, ihrem ersten Sohn, Edward, das Leben geschenkt.

Als erstes ging Etholen auf eine Inspektionsreise nach Unalaska, Atkha und den Pribilof-Inseln. Er baute einen neuen Handelsposten am

---

292 Über Sutter siehe auch Kurzabhandlungen.

293 Arvid Adolf Etholen, geb. Am 9. Januar 1799 in Helsingfors, war schwedisch/finnischer Abstammung. Sein Name lautete in russisch Adolf Karlowitsch Etolin.

Unalakleet River, der in den Norton Sund fließt. Außerdem baute er den Posten in Nulato wieder auf und erneuerte das Fort Kuskokwim, das teilweise von den Einheimischen zerstört worden war.[294] Neu-Archangelsk erhielt eine neue Gerberei und die Ziegelei in Kenai wurde vergrößert.

Das Innere Alaskas wurde zum ersten Male in größerem Stile erforscht. Leutnant Zagoskin fuhr den mächtigen Yukon River 1842 und 1843 hinauf. Eine seiner Abteilungen untersuchte den Suchitna River. Aber Gruppen, die entsandt wurden, um den Copper River und den Plaveschnoi See (Tazlina Lake) zu befahren, wurden von feindlichen Indianern zurückgezwungen. Etholen selbst vermaß die Mündung des Anadyr Rivers und die Aian Bucht in Sibirien. 1845 wurde in Aian ein neuer Hafen errichtet, der Ochotsk als Haupthafen für die Fahrten nach Alaska ablöste. Um die Lebensbedingungen der Einheimischen zu verbessern, straffte Etholen die 75 Siedlungen auf Kodiak in nur noch sieben Dörfer. Er begann einen jährlichen Jahrmarkt in Neu-Archangelsk zu etablieren und baute dort eine Schule für Einheimische. Außerdem verbot er jedem Angestellten, einen Einheimischen zu schlagen, außer in Notwehr. Die Beziehungen zwischen der *Hudson's Bay Company* und der Russisch-Amerikanischen Kompagnie verbesserten sich unter Etholen. Die *Company* baute das Fort Taku Harbor südlich des Taku

---

294 Grogori Deriabin war zum Vorsteher des *Artels* (Arbeitskommandos, Arbeitsteams) von Nulato erhoben worden. Als er das Dorf am 8. September 1841 erreichte, fand er die Gebäude der Gesellschaft abgebrannt vor. Er baute den Posten wieder und dieser blieb dann weitere zehn Jahre unter seiner Leitung. Am 16. Januar 1851 traf zu aller Überraschung der 25-jährige britische Leutnant John James Barnard mit seinem Übersetzer in Nulato ein. Er war Mitglied der Expedition von Richard Collinson auf der *Enterprise*, die nach Überlebenden der Franklin-Expedition suchten. Collinson war bereits 1837 in Neu-Archangelsk unter Edward Belcher gewesen und kannte somit die Gegend. Vorher war Collinson bereits am Norton Sund im Norden gewesen und hatte dort im September an der Küste von Gerüchten Einheimischer gehört, wonach sich Weiße im Inneren des Landes aufhalten sollten. Es hatten sich vier Freiwillige gemeldet, die nun dieser Spur nachgehen wollten. Dies waren Leutnant Barnard und die Seeleute Adams, Thomas Cousins und der Übersetzer Akliaiuk. Sie wurden von Collinson mit Verpflegung für sieben Monate, in Mikhailovski (St. Michael) abgesetzt und sollten im darauf folgenden Jahr wieder aufgenommen werden. Der kommandierende Barnard ließ Adams und Cousins zurück und machte sich mit dem Übersetzer auf den Weg ins Innere Alaskas. Am frühen Morgen des 4. Februar 1851 attackierte eine Bande vom Stamm der Koyukon den Posten und tötete Deriabin. Dann drangen sie in das Gebäude ein und töteten den Aleuten Akliaiuk. Barnard wurde schwer verletzt und starb kurze Zeit später. Glücklicherweise konnte man die Angreifer dann doch vertreiben. Barnard wurde in Nulato begraben, mit der Steinaufschrift „getötet am 16. Februar 1851".

River, gab es aber 1843 wieder auf. Aber die vereinbarten Lieferungen kamen und machten somit Lieferungen aus Fort Ross überflüssig. Fort Ross hatte schon vorher seinen Nutzen verloren. Der Seeotter war auch in Kalifornien so gut wie ausgerottet und Korn wuchs wegen des oft nebligen Wetters nicht sehr gut. Als im Mai 1841 Sir George Simpson von der *Hudson's Bay Company* Neu-Archangelsk besuchte,[295] gab ihm Etholen zu verstehen, dass Fort Ross für 30.000 Dollar zum Verkauf stand. Simpson informierte London darüber, das aber nicht reagierte. Die Briten vertaten damit eine einmalige Chance, sich noch vor den Amerikanern in Kalifornien fest zu etablieren. Auch die Mexikaner lehnten dankend ab, sodass letztendlich der russische Besitz an den Neu-Siedler John Sutter verkauft wurde.[296] Wenigstens kam Etholen mit Simpson am 13. Mai 1842 zu einer Vereinbarung, jeglichen Alkohol an die Einheimischen zu verbieten, da beide der Ansicht waren, dass dies schlecht fürs Geschäft war.

Am 19. Mai 1841 wurde der zweite Sohn Etholens, Alexander, geboren. Aber im Oktober desselben Jahr starb der Erstgeborene Edward[297] und stürzte Frau Etholen in eine tiefe Depression. Im Sommer 1845 endete die Zeit Etholens als Gouverneur und er und seine Familie reisten am 16. Mai auf der *Naslednik Aleksandr* nach Ochotsk. Da der Nachfolger noch nicht eingetroffen war, überließ Etholen das Kommando zunächst dem Flottenkapitän zweiten Grades Zarembo, dem Veteranen des Stikine-Vorfalls. Auf dem Schiff befanden sich außerdem Leutnant Zagoskin, der Erforscher des Inneren Alaskas, der Arzt der Kolonie, Doktor Romanowski, Pastor Cygnaeus und der Walfänger Thomas Barton aus Baltimore. In Ochotsk angekommen, übergab Etholen seine Aufgabe an den Kapitän zweiten Grades M.D. Tebenkow und reiste mit seiner Familie nach St. Petersburg, wo er im Frühjahr 1846 eintraf. Hoch dekoriert blieb er in Diensten der Gesellschaft bis 1859. Er starb 1876, seine Frau 1894. Seine Nachkommen leben heute noch in Finnland und Schweden.

Der neunte Gouverneur der Russisch-Amerikanischen Kompagnie, Michail Dimitriwitsch Tebenkow, war auch der Erste, der jünger war als

---

295 Simpson befand sich 1841/42 auf einer Weltreise, über die er ein Buch schrieb. Wenig beeindruckt von den russischen Kolonien insgesamt schrieb er über Neu-Archangelsk, dass „… von allen schmutzigen Orten, die ich besucht habe, dies der schlimmste war."

296 Siehe „Kaufvertrag von Fort Ross 1841" im Anhang.

297 Sein eisernes Kreuz mit der Inschrift „Edvard, 25-10-1841" kann heute noch auf dem alten Friedhof von Sitka betrachtet werden.

die Gesellschaft, die er repräsentierte. Auch er war nicht neu in den Kolonien und bereits seit 1825 in den Diensten der Gesellschaft.[298] In seine Zeit als Gouverneur fiel der große kalifornische Goldrausch. Als die Russen davon hörten, ordnete Tebenkow an, alle Lagerhäuser der Gesellschaft nach „alten Ladenhütern" zu durchsuchen, um diese gewinnbringend zu verkaufen. Tebenkow sandte Leutnant Rudakow mit einer Ladung am 24. Dezember 1848 auf der *Prinz Menschikow* in das nun San Francisco umbenannte, ehemalige Yerba Buena. Gleichzeitig sandte er den Mineningenieur P. Doroschin mit weiteren vier Russen und sechs Tlingit Indianern nach San Francisco, sie sollten ihr Glück beim Goldwaschen im Auftrag der Gesellschaft versuchen. Tatsächlich waren sie auch 1849 erfolgreich und brachten es auf fast 12 Pfund reines Gold. Zusammen mit dem Erlös der *Prinz Menschikow* verdiente die Gesellschaft daran genug, um in San Francisco ein weiteres Schiff, die *Schelekow*, zu kaufen. 1849 sandte Tebenkow ein weiteres Schiff nach San Francisco, dass ebenfalls einen guten Profit brachte. Es schien, dass dieser clevere Russe den urkapitalistischen Amerikanern zeigte, wie man es machen musste. Aber ein weiteres Schiff, 1850 ausgesandt, verkaufte nur etwa ein Drittel der Ladung. Die Warenhäuser San Franciscos waren mittlerweile so gut versorgt, dass die russische Ware nicht mehr benötigt wurde. Eine Idee verkaufte sich dennoch: Tebenkow hatte in Neu-Archangelsk drei Häuser vorgefertigt, die in San Francisco nur noch zusammengebaut werden mussten.

Der Goldrausch hatte aber auch eine Kehrseite der Medaille für Russisch-Amerika. Kalifornien konnte nun nicht mehr Korn in dem gewohnten Maße liefern, weil sich kaum noch jemand um die Landwirtschaft kümmerte. Dazu kam, dass nach der Unabhängigkeit von Spanien, Chile in interne Querelen verwickelt war und als Lieferant ebenfalls nicht mehr in Frage kam. Zu allem Überfluss weigerte sich die *Hudson's Bay Company* anfangs den Pachtvertrag mit den Russen über das Gebiet im Südosten Alaskas zu verlängern. Das bedeutete, dass Lieferungen aus London zunächst ebenfalls ausfielen. Die *Hudson's Bay Company* verlor das Interesse im Pazifik. Die USA hatten das Oregon Gebiet annektiert und es war Zeit für die Briten, sich ebenfalls aus den Sandwich-Inseln zu verabschieden. 1849 schloss die *Hudson's Bay*

---

298 Es war insofern ungewöhnlich, als dass er für einige Zeit nicht nur die Gesellschaft, sondern auch die Marine verlassen hatte, um einer Karriere im Erziehungsministerium nachzugehen. Zwischen 1840 und 1844 war Tebenkow Inspektor der Studenten an der Universität von Charkow.

Company ihren Handelsposten in San Francisco[299]. Die Russisch-Amerikanische Kompagnie begann deshalb, Schiffe, insbesondere in Finnland, zu rekrutieren. Im August 1845 wurde in Abo (heutige Hafenstadt Turku in Südwestfinnland) das 470 Tonnen Kaufmannsschiff *Sitka* für eine jährliche Zahlung von 20.000 Rubel gemietet. Ein Jahr später machte sich die *Atkha* im Auftrag der Gesellschaft auf den Weg von Kronstadt nach Neu-Archangelsk.

Im Handel mit den Sandwich-Inseln erreichte Tebenkow zum ersten Mal ein positives Ergebnis. Die Anfang 1846 entsandte *Baikal* unter Skipper Lindenberg kam mit einem Gewinn von 4.000 Rubel zurück. Diesen hatten sie durch den Verkauf von geladenen Robbenhäuten, Walross-Elfenbein, Eisen, Segel, Holz und Salzfisch erzielt. Die Beziehungen zu den Einheimischen gestalteten sich gut. Der Jahrmarkt am 12. April 1846 in Neu-Archangelsk wurde von 1.500 Tlingit und ihren Sklaven besucht. Sie brachten eine Fülle von hochwillkommener frischer Nahrung mit sich. Im darauf folgenden Jahr gab es einen erneuten Jahrmarkt, der ebenfalls ein Erfolg war. Doch die wilden Tlingit waren keinesfalls gezähmt. Eine Begebenheit, die sich auf dem Jahrmarkt 1847 ereignete, soll dies verdeutlichen. Tebenkow hatte gehört, dass die Tlingit fast zum Spaß, acht ihrer Sklaven getötet hatten, ein Ereignis, dass nichts mit den Russen zu tun hatte. Er verbot jedoch daraufhin jedes weitere Blutvergießen. Es gelang ihm, mit seiner Überredungskunst und der Zahlung von Lösegeld, 10 Männer und einige versklavte Indianerfrauen und Kinder aus den Händen der Tlingit zu befreien. Das Lösegeld wurde übrigens gezahlt durch freiwillige Beiträge der Einwohner Neu-Archangelsk. Die Geretteten wurden aus Neu-Archangelsk weg-

---

299 Hauptgrund war das katastrophale Management des Leiters des Handelsposten von Yerba Buena (es wurde erst 1847 in San Francisco umgetauft, siehe Kurzabhandlungen „Die Gründung von San Francisco"), William Glen Rae. Vormals in Fort Stikine stationiert, war er als Trunkenbold und Großmaul bekannt. Er bekam den Posten in Kalifornien, weil er der Schwiegersohn von Dr. John McLoughlin war. Dieser war der Leiter des wichtigsten Handelspostens der *Hudson's Bay Company* im Westen des Kontinents, Fort Vancouver am Columbia River (nicht zu verwechseln mit der kanadischen Stadt Vancouver. Die amerikanische Stadt Vancouver, Washington existiert heute noch und liegt gegenüber Portland, Oregon). Auf seiner Weltreise hatte Sir George Simpson, Chef der *Hudson's Bay Company*, bei einem Besuch Yerba Buenas bereits im Dezember 1841 verfügt, den Posten zu schließen. McLoughlin zog die Ausführung dieser Entscheidung jedoch noch einige Jahre zum Schutz seines Schwiegersohns hin. Der Fall erledigte sich von selbst, als sich Rae am 19. Januar 1845, angesichts seiner persönlichen Schwierigkeiten das Leben nahm und sich mit einem Großkaliber in den Kopf schoss. Neun Jahre später wurde bei Abwassergrabungen sein mit Glas bedeckter Sarg gefunden. Der Kopf fehlte. Der Handelsposten wurde schließlich 1849 permanent geschlossen.

gebracht und lebten von da an in anderen Distrikten der Kolonie. Die Briten hatte übrigens ihr eigenes Los mit den Tlingit. In beiden Jahren 1846 und 1847 wurde das Fort Stikine von den Tlingit belagert. Nur einem zur Hilfe entsandten russischen Dampfboot gelang es, sie zur Aufgabe der Feindseligkeiten zu überreden und das britische Fort wieder mit Lieferungen zu versorgen.

Anfang 1848 verbreitete sich eine Masernepidemie von Fort Stikine nach Neu-Archangelsk. Die Epidemie dauerte den ganzen Sommer über und betraf die gesamte einheimische Bevölkerung. Unter den Russen waren nur einige Kinder betroffen. Auch die Tlingit schienen einigermaßen resistent gegen den Virus zu sein. Aber 10% der Kranken bei den Aleuten und den Kreolen starben, insgesamt 57 Menschen. Die Epidemie breitete sich auf Unalaska auf, wo trotz eines dort anwesenden Arztes weitere 100 Menschen starben.

1846 sandte Tebenkow eine Gruppe von Nulato den Kvikpakh River (Yukon) hinauf. Ein Jahr später segelte, im Auftrag Tebenkows, Leutnant Ruf Serebrennikow den Copper River entlang, um von dort den Kvikpakh oder einen seiner Nebenflüsse zu erreichen. In drei Baidarkas starteten sie am 14. August von der Mündung des Copper Rivers. Sie überwinterten an der Mündung des Tschistochina, umgingen im darauf folgenden Frühjahr den Plaveschnoi See (Tazlina Lake) und folgten dem Copper River weiter flussaufwärts. Am 25. Juni wurden sie plötzlich angegriffen und Serebrennikow und die meisten seiner Gruppe getötet. Es ist einem Einheimischen zu verdanken, dass die geografischen Aufzeichnungen Serebrennikows erhalten blieben. Dieser brachte sie zu Tebenkow.

Wie gewöhnlich gab es im Hafen von Neu-Archangelsk eine Menge zu tun. 1846 wurden die Schiffe *Ochotsk*, *Konstantin* und *Baikal* überholt. Zwei ausländische Walfänger aus Bremen und den USA ließen dort größere Reparaturen ausführen.

Tebenkow baute zwei neue Säge- und Getreidemühlen, die nach ihrer Fertigstellung genug Kapazität hatten, um nicht nur Neu-Archangelsk sondern auch gesamt Russisch-Amerika und die Kamtschatka-Halbinsel mit gemahlenem Getreide zu versorgen. 1847 wurde in Neu-Archangelsk damit begonnen, eine neue Kathedrale zu bauen. Die Lutheranische Kapelle, die 1848 durch ein Feuer beschädigt worden war, wurde repariert. Das Fort und die Palisade zu den Indianern wurden ebenfalls erneuert. In der Zwischenzeit bereitete Tebenkow einen Atlas der Pazifikküsten vor, in welchem er die Ergebnisse der Forschungsreisen, die er und seine Vorgänger initiiert hatten, ausarbeitete. Die Gravurplatte für

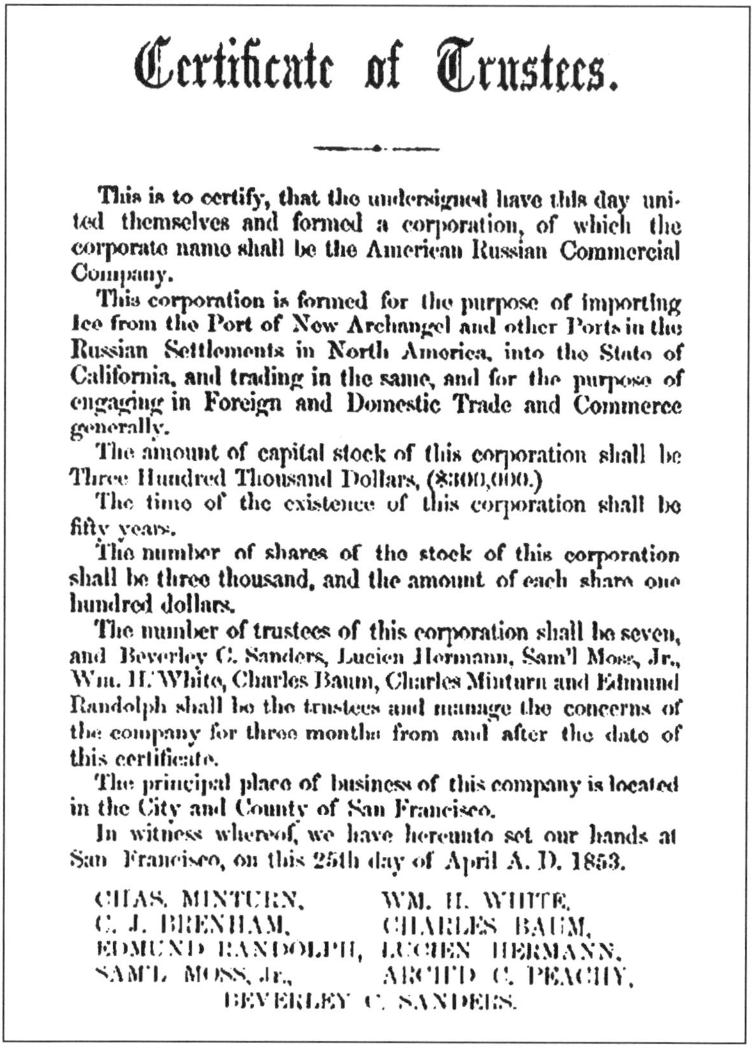

Certificate of Trustees.

This is to certify, that the undersigned have this day united themselves and formed a corporation, of which the
corporate name shall be the American Russian Commercial
Company.

This corporation is formed for the purpose of importing
Ice from the Port of New Archangel and other Ports in the
Russian Settlements in North America, into the State of
California, and trading in the same, and for the purpose of
engaging in Foreign and Domestic Trade and Commerce
generally.

The amount of capital stock of this corporation shall be
Three Hundred Thousand Dollars, ($300,000.)

The time of the existence of this corporation shall be
fifty years.

The number of shares of the stock of this corporation
shall be three thousand, and the amount of each share one
hundred dollars.

The number of trustees of this corporation shall be seven,
and Beverley C. Sanders, Lucien Hermann, Sam'l Moss, Jr.,
Wm. H. White, Charles Baum, Charles Minturn and Edmund
Randolph shall be the trustees and manage the concerns of
the company for three months from and after the date of
this certificate.

The principal place of business of this company is located
in the City and County of San Francisco.

In witness whereof, we have hereunto set our hands at
San Francisco, on this 25th day of April A. D. 1853.

CHAS. MINTURN,   WM. H. WHITE,
C. J. BRENHAM,   CHARLES BAUM,
EDMUND RANDOLPH,   LUCIEN HERMANN,
SAM'L MOSS, Jr.,   ARCH'D C. PEACHY,
          BEVERLEY C. SANDERS.

*Abb. 25: Gründungsurkunde der American Russian Commercial
Company.*

den Atlas wurde in Neu-Archangelsk durch den Kreolen Kozma
Terentiew angefertigt und später zum Druck nach St. Petersburg
gebracht.[300] Am 14. Oktober 1850 endete die Zeit Tebenkows und er
übergab die Führung an seinen Nachfolger, den Kapitän zweiten Grades, Nikolai Jakovlewitsch Rosenberg. Ende November verließ er Neu-

---

300 Kopien dieses Atlasses können heute in der Historischen Bücherei von Alaska
(*Alaska Historical Library*) in der Hauptstadt Juneau bewundert werden.

Archangelsk mit seiner Familie auf der *Atkha* und erreichte nach einer ungewöhnlich kurzen Reise im März 1851 St. Petersburg. Tebenkow ging wieder in den Dienst der Marine und wurde 1856 zum Konter- und 1860 zum Vizeadmiral befördert. Er starb am 3. April 1872.

Sein Nachfolger Rosenberg stammte aus einer baltisch-deutschen Adelsfamilie aus Litauen. Nach Absolvenz der Marine-Kadettenschule, trat Rosenberg, im untersten Offiziersgrad, 1826 in die baltische Flotte ein. Drei Jahre später verpflichtete er sich bei der Russisch-Amerikanischen Kompagnie. Von 1831 bis 1839 kommandierte er verschiedene Schiffe der Gesellschaft in Russisch-Amerika unter den Gouverneuren Wrangel und Kuprianow. Anschließend verließ er die Marine, um als Inspektor für Schiffsholz im Zivildienst zu arbeiten. 1847 trat er als Leutnant wieder in die Marine und in den Dienst der Russisch-Amerikanischen Kompagnie ein. Nach drei Jahre wurde er gleichzeitig zum Kapitän zweiten Grades und zum neuen Gouverneur befördert. Seine Zeit bedeutete auch die Hochzeit der kommerziellen Tätigkeit der Gesellschaft. Diese änderte ihre Politik. Schiffe wurden jetzt gekauft anstatt nur gemietet. 1850 wurde die in New York gebaute *Imperator Nikolai I.*[301] erworben und ein Jahr später die *Tsesarewitsch*[302] in Hamburg. Beide Schiffe machten sich ebenso auf die Reise nach Neu-Archangelsk, wie das in Lübeck gekaufte 500-Tonnen-Schiff, die *Kadiak*. 1851 wurde die gesellschaftseigene *Schelekow* an die Regierung für eine Reise zur Erforschung der Amurmündung ausgeliehen. Sie erlitt Schiffbruch und wurde durch eine neue *Schelekow* ersetzt, ein in Hamburg gebauter 270-Tonner. 1852 wurde der Stolz der Gesellschaftsflotte in Hamburg in Auftrag gegeben. Es war die 1.200 Tonnen große *Sitka*, die ein Jahr später fertig gestellt war und zusammen mit der ebenfalls in Hamburg erbauten, 900 Tonnen großen *Kamtschatka* in die Kolonien reiste. Man sieht nicht nur an der Anzahl der gesellschaftseigenen Schiffe, sondern auch an der Tonnage, dass die Gesellschaft in den 50er Jahren große Ziele verfolgte.

In diesen Jahren nahm die Gesellschaft eine andere Aktivität wieder auf, die ihr Jahre vorher wenig Glück brachte, den Walfang. Diesmal tat man sich mit einigen finnischen Schiffseignern zusammen und gründete die „Russisch-Finnische Walfanggesellschaft". 1851 wurde der erste Walfänger, die 500 Tonnen große *Suomi*, gefolgt von der *Turku* und der *Aian* in die Gewässer des Ochotskischen Meeres entsandt. Aber dieser

---

301 Ein 596-Tonner.
302 Sie war 650 Tonnen groß.

Unternehmung war kein Erfolg beschieden, denn dunkle Wolken hatten sich bereits am politischen Horizont für Russland abgezeichnet, die das Land in den Krimkrieg führen sollten.

Nachdem der Handel mit Kalifornien durch den Goldrausch einen neuen Schub bekam, wurde 1852 Peter Kostromitinow, einer von drei Brüdern, nach San Francisco als Agent der Gesellschaft und gleichzeitig russischer Vizekonsul entsandt. Er kümmerte sich in der Anfangszeit besonders um den Handel mit Eis. 1852 wurde das erste Schiff, beladen mit 250 Tonnen Eis zu einem Preis von 75 Dollar pro Tonne in San Francisco gelöscht. Im selben Jahr wurde ein Vertrag mit der in San Francisco gegründeten US-Gesellschaft *American-Russian Commercial Company* geschlossen[303]. Der Vertrag besagte, dass die Gesellschaft jährlich ein Minimum von 1.200 Tonnen Eis, zu einem Preis zwischen 20 Dollar bis 25 Dollar pro Tonne, liefern musste. Um diesen Vertrag erfüllen zu können, wurde in Neu-Archangelsk ein Eislagerhaus gebaut, dass ca. 30 mal 10 Meter groß und 6 Meter hoch war, genug um 1.500 Tonnen Eis zu lagern. Eine 640 Meter lange Eisenbahntrasse wurde vom Eislagerhaus zum Schiffsanlegesteg gebaut. Das Geschäft mit Eis schien so Erfolg versprechend zu sein, dass im darauf folgenden Jahr ein weiteres Eislagerhaus, 40 mal 12 Meter und 6 Meter hoch, gebaut wurde. Eine Holzstraße stellte die Verbindung zum Landesteg

---

303 Die Firma wurde von dem in Virginia geborenen Colonel (Oberst) Beverly Chune Sanders (1807-1883) geleitet. Ursprünglich Teilhaber eines Einzelhandelsgeschäfts und Investor in eine Dampfschifffahrtslinie in Baltimore, zog 1850 der Goldrausch auch ihn nach Kalifornien. Hier verdingte sich der Entrepreneur als Teilhaber des ersten Dampfschiffes in Kalifornien, organisierte die ersten Gaslaternen in San Francisco's Straßen und mitbegründete die San Francisco Savings Bank. 1852 wurde er zum Zolleinnehmer des Hafens ernannt und gründete im gleichen Jahr mit Geschäftsfreunden die *American-Russian Trading Company*, die ihn zum ihrem Präsidenten ernannte. Es gelang ihm auf einer Reise nach St. Petersburg den erwähnten Vertrag abzuschließen. Er traf dabei sowohl mit dem Zaren als auch mit Außenminister Graf Nesselrode und dem Bruder des Zaren, dem einflussreichen Großherzog Konstantin zusammen (er benannte diesem zu Ehren seinen Sohn Beverly Constantine).
Warum dieser eher unbedeutende Mann einen solchen Vertrag in persönlichen Verhandlungen mit den höchsten Würdenträgern Russlands abschließen konnte, ist bis heute undurchsichtig. Sanders erscheint sogar etwas zwielichtig. Es gibt einen schwülstigen Nachruf auf ihn, unterzeichnet *B.T.* Das waren die Initialen von Nathaniel Beverley Tucker, einem Südstaaten-Politiker und Freund der Familie. Tucker und ein gewisser George N. Sanders (Verwandtschaft unbekannt) wurden verdächtigt, in das Attentat auf Präsident Lincoln 1865 verwickelt zu sein. Obwohl von Präsident Johnson eine Belohnung auf ihre Ergreifung ausgesetzt war, wurden sie nie gefasst und kurz nach dem Separationskrieg (1861-1865) begnadigt.

her. Das Eis selbst wurde hauptsächlich aus einem See, dem jetzigen Swan Lake, geschnitten[304].

Außerdem wurde 1852 der Bau an einem zweistöckigen Haus für die Angestellten der Gesellschaft beendet. Ein Dampfboot, die *Nikolai I.*, wurde im Hafen fertig gestellt und die Arbeit an einem außergewöhnlichen Projekt begonnen. Es war die Konstruktion eines flachen Bootes, 26 Meter lang und knapp zehn Meter breit, das eine komplette Sägemühle von Ort zu Ort transportieren konnte.

Am 22. Oktober 1850 setzte ein britisches Kriegsschiff Anker in Neu-Archangelsk. Es war die *Enterprise* unter Kapitän Richard Collinson. Er hatte bereits eine Saison im Bereich der Beringstraße, auf der Suche nach Überlebenden der Franklin-Expedition verbracht[305]. Sie wurden

---

304 So erfolgreich dieser „Eisvertrag" auch war, er zeigte bald eine bizarre Entwicklung auf. Am 12. September 1853 unterzeichnete die Hudson's Bay Company einen Lizenzvertrag mit dem amerikanischen Kapitän W. A. Howard, indem es ihm gestattete, Gletschereis auf dem von den Russen gepachteten Land zu schneiden. Howard gründete mit weiteren Partnern schon bald die *North West Ice Company*, die jedoch wegen der ruinösen Konkurrenz bereits Anfang 1855 mir der *American-Russian Trading Company* verschmolz und von da an kurz „Ice Company" genannt wurde. Diese stoppte die Gletschereisgewinnung, zahlte aber an die Hudson's Bay Company weiter die vertragliche Lizenzsumme. So befand sich die Hudson's Bay Company plötzlich in der beneidenswerten Situation, jährlich 1.500 £ (ca. 7.200 $) an die Russen für die Landpacht zu zahlen, im Gegenzug aber 14.000 $ für die Eislizenz zu erhalten – und das, ohne einen Handschlag dafür zu tun!
Die *Ice Company* operierte noch bis zu Anfang der 80er Jahre des 19. Jahrhunderts. Gründe für ihren Kollaps waren die neu gebaute transkontinentale Eisenbahnlinie der Southern Railway, die es ermöglichte, Eis billig von den Sierras nach San Francisco zu transportierten und das Aufkommen von künstlichem Eis.
305 Am 19. Mai 1845 verließen die beiden Schiffe *Erebus* und *Terror* die Themse unter dem Kommando von Sir John Franklin, einem der erfahrensten britischen Seeleute seiner Zeit. Die Schiffe hatten insgesamt 134 Mann Besatzung an Bord und waren mit allem Komfort und den modernsten technischen Geräten ausgestattet. Dazu gehörten mit Metall verstärkte Schiffskörper gegen das Eis, 3.000 Bücher, Unterbodenheizung für die Kabinen, Nahrung in Dosen für fünf Jahre und zwei je 15 Tonnen schwere Lokomotiven der Londoner Eisenbahn, die in die Schiffsböden eingelassen waren. Mit ihren je 20 PS sollten sie die Schrauben antreiben und das Schiff gegen das erwartete Eis brechen. Das Ziel der wohlgeplanten Expedition war die Nordwestpassage, eine Schiffsdurchfahrt von Grönland bis Alaska. Nach einer Reise über die Orkney-Inseln und Westgrönland erreichten sie im Sommer die Baffin Bucht, wo sie mit zwei Walfangschiffen zum letzten Mal Kontakt mit der Außenwelt hatten. Als man 1847 noch nichts von ihnen gehört hatte, wurde die britische Admiralität unruhig. Drei auf ihre Suche gesandte Expeditionen kehrten ohne Ergebnis zurück. 1850 wurde eine hohe Belohnung von 10.000 £ für Information über das Schicksal Franklins und seiner Expedition ausgesetzt. Im selben Jahr setzte ein wahrer Wettlauf verschiedenster Schiffe und Nationen ein. Am 23. August fand man die ersten Anzeichen auf Devon Island, Kleidungsstücke und Zeichen eines Lagers. Schließlich wurden am 27. August auf der nahen Beechy-Island die Gräber

sehr freundlich aufgenommen und Collinson berichtete später anerken-
nend, dass „... die Freundlichkeit und Gastfreundschaft, die wir erhielten, ... einen Eindruck hinterließ, der, da bin ich sicher, nie wieder aus
den Erinnerungen der Offiziere der *Enterprise* gelöscht werden wird."
Collinson hatte noch das Glück, Tebenkow, der kurz vor seiner Heimreise stand, anzutreffen. Die Russen teilten ohne Vorbehalt neue Entdeckungen, die sie im Norden gemacht hatten mit den Briten. Der neue
Gouverneur Rosenberg ordnete an, dass den Briten 18 Aleuten und 20
Kajaks zur Verfügung gestellt werden sollten. Collinson konnte dieses
Entgegenkommen kaum fassen. Die Aleuten waren genau die Experten,
die er brauchte, um in der unwirtlichen Arktis seine Suche fortzusetzen.
Collinson berichtete aber auch, dass die Tlingit viele ihrer indianischen
Gewohnheiten verloren hätten. Nach wie vor traute man den Tlingit
nicht, sodass diese außerhalb des Forts siedeln mussten. Collinson
beschrieb Neu-Archangelsk als einen Ort, der „... alle Reize eines
Fjords hat, mit der Erhabenheit der alpinen Landschaft. Die Bergspitzen übertreffen in ihren zerklüfteten Umrissen die von Rio de Janeiro,
und sind wie diese, bis zum Gipfel mit Wald bedeckt". Er ließ einige
Offiziere zurück, die zusammen mit den Russen das Innere Alaskas
erforschen sollten. Sie sollten im darauf folgenden Jahr wieder aufge-

---

von drei Männern gefunden, die laut der Inschrift auf dem aus Holz geschnitzten
Grabstein, 1846 gestorben waren. Aber eine weitere Suche, u.a. durch Lady Franklin, die persönlich 1851 in die Arktis reiste, brachte keine neuen Erkenntnisse. 1854
wurde die Suche durch die Admiralität offiziell abgebrochen. Eine von Lady Franklin 1857 finanzierte Suche auf der Dampfyacht *Fox* unter dem britischen Arktisfor-
scher Leopold M'Clintock brachte ihr zumindest Gewissheit. Am 25. Mai 1859 fand
man auf der King William Insel die Überreste des Maats der *Terror*, Harry Peglar, in
voller Uniform. Unter einem Steinhaufen entdeckte man außerdem die einzigen
schriftlichen Hinterlassenschaften der Expedition. Leutnant Graham Gore gab auf
diesem Zettel die Koordinaten der Expedition bis Mai 1847 an und Sir John Franklin
immer noch als ihr Kommandant. Aber an den Außenseiten waren dann einige has-
tige Eintragungen der Expeditionskapitäne J. Fitzjames und F.R.M. Crozier zu finden. Sie besagten, dass die *Erebus* und die *Terror*, seit dem 12. September 1846 von
Eis eingeschlossen, am 22. April 1848 aufgegeben wurden. 105 hatten bis dahin überlebt, nicht so Franklin, der am 11. Juni 1847 gestorben war. Mit dem Hinweis auf die
Richtung, in die die Expedition am nächsten Tag zu marschieren gedachte, endeten
die Eintragungen. Das weitere Schicksal ist bis heute ein Rätsel. Forensische Untersuchungen an den auf Beechy-Island gefundenen Skeletten lässt die Annahme zu,
dass die Bleiverschweißungen der Nahrungsdosen zu einer schleichenden Bleivergif-
tung und zum Untergang der Männer beigetragen hatte. Trotz einiger Hinweise der
Inuit, damals und sogar bis in die heutige Zeit, wurden die Schiffe niemals gefunden.
Die im Jahre 2000 und 2001 mit Sonargeräten durchgeführten Expeditionen westlich
der Adelaide Halbinsel (kanadisches Festland), wo die Schiffe in den letzten 150 Jahren angeblich mehrmals gesichtet wurden, brachten bis jetzt kein Ergebnis.

nommen werden. Einer dieser Männer, der Leutnant J.J. Barnard, er wurde im Februar 1851 bei dem schon zuvor erwähnten Überfall der Koyukans auf das russische Fort in Nulato getötet.[306]
1852 kam es zu einem Zwischenfall innerhalb verschiedener Tlingit-stämme. Während einer indianischen Zusammenkunft in Neu-Archangelsk, in den dortigen Gasthäusern, wurden besuchende Indianer aus der Stikine Region von den einheimischen Indianern ermordet. Ihre Körper wurden anschließend in Kanus auf die nahe Japonski-Insel gebracht. Nach den Erzählungen waren die Kanus so schwer mit toten Körpern beladen, dass sie, als sie am Ufer aufsetzten, von vorne bis hinten aufspalteten. Noch bis 1922 konnte man im Strandgebüsch die Knochen der Ermordeten finden.
Indes hatte Rosenberg in der Zwischenzeit wegen Krankheit darum gebeten, von seinem Posten entlassen zu werden. Seinem Gesuch wurde stattgegeben und im Frühling 1853 verließ er die Kolonie. Er übergab das Kommando an seinen Stellvertreter, den Kapitän zweiten Grades, Alexander Iljitsch Rudakow. Rosenberg wurde 1855 zum Kapitän ersten Grades befördert und erhielt eine Position innerhalb des Marineministeriums. Er starb zwei Jahre später 1857.
Rudakow befehligte die Kolonie nur interimsmäßig für etwa ein Jahr und übergab das Kommando am 17. April 1854 an den offiziellen Nachfolger Rosenbergs, Stepan Wassiljewitsch Wojewodski. Rudakow verließ die Kolonien im selben Jahr und wurde 1865 zum Konter- und 1870 zum Vizeadmiral befördert. Er starb am 16. Oktober 1875.
Wojewodski hatte seit 1834 der Russisch-Amerikanischen Kompagnie gedient und kannte deshalb Russisch-Amerika von früheren Besuchen. Als er 1853 ankam, war er sofort mit einer schweren internationalen Krise konfrontiert, die schließlich zum Krimkrieg führte. Die großen europäischen Mächte hatten seit einiger Zeit mit Argwohn die Aktivitäten Russlands im Nahen Osten, insbesondere ihre wiederholten Kriege gegen das Osmanische Reich und Persien, beobachtet. Nicht dass es ihnen um humanitäre Gründe ging, ihre eigenen Machtinteressen waren berührt. Im März 1854 endlich erklärten Frankreich und England in seltener historischer Eintracht den Krieg gegen Russland. Die Feindseligkeiten dauerten bis Februar 1856 und waren in der Hauptsache auf das Schwarze Meer begrenzt. Aber im Nordpazifik kam es zu einem fast vergessenen, doch sehr ernsten Zwischenfall zwischen diesen europäischen Großmächten.

---

306 Siehe Fußnote 294.

Die Koalition der Briten und Franzosen hatte bei Ausbruch des Russisch-Türkischen Krieges, eines „Vorgeplänkels" des Krimkrieges, bereits eine Schwadron von jeweils drei Kriegsschiffen in den Pazifik entsandt. Als die russische *Aurora* unter Kapitänleutnant Izylmetiew auf ihrer Reise um den Globus von Plymouth kommend in Callao, dem peruanischen Hafen der Hauptstadt Lima festmachte, befanden sich diese sechs Schiffe zufällig dort. Es war das Jahr 1854 und die *Aurora* hatte nach stürmischer Fahrt dringende Reparaturen vorzunehmen. Glücklicherweise war die Nachricht von der Kriegserklärung Großbritanniens und Frankreichs gegen Russland noch nicht bis Callao vorgedrungen. Aber da man sich seit einem Jahr recht feindlich gegenüberstand, erwartete man eine derartige Nachricht jeden Tag. So wurden die Russen zunächst höflich und entgegenkommend behandelt. Man besuchte sich gegenseitig, allerdings nicht nur aus reiner Höflichkeit, sondern auch um zu erfahren, was die Gegenseite vorhatte. Die Koalition der Briten und Franzosen wollte jedoch, angesichts der fortschreitenden Reparaturen auf dem russischen Schiff, einem möglicherweise frühzeitigen Entkommen der Russen, entgegenwirken. Somit vereinbarten der britische Konteradmiral Davis Price und der französische Konteradmiral Fevrier de Point insgeheim einen Angriff für den 14. April. In der Nacht vorher jedoch ließ Izylmetiew die *Aurora* leise aus dem Hafen rudern. Als sie freies Wasser erreicht hatten, setzten sie die Segel, um zum Hafen Petropawlowsk auf Kamtschatka zu entkommen. Bei Morgengrauen war zum Leidwesen der beiden Admirale von den Russen keine Spur mehr zu finden.

Ende Mai erreichte die Nachricht vom Kriegsausbruch den Kommandanten von Petropawlowsk, Generalmajor V.S. Zawoiko. Diese Meldung wurde Anfang Juni vom russischen Generalkonsul in den USA bestätigt. Zu diesem Zeitpunkt traf die *Aurora* mit dem Bericht der feindlichen Schiffe, die sich in Callao versammelt hatten, ein. Unterstützt durch eine frühere Nachricht, die Zawoiko bereits im März 1854 über einen amerikanischen Walfänger aus den Sandwich-Inseln erhalten hatte (Kamehameha III. hatte vor einem möglichen Angriff der Briten und Franzosen auf Petropawlowsk im Sommer gewarnt), wusste Zawoiko, dass er jetzt keine Minute mehr verlieren durfte. Die *Aurora* mit ihren Männern und Kanonen kam gerade recht. Die Befestigungsanlagen der Stadt, damals ca. 1.600 Einwohner, wurden verstärkt und nach dem Eintreffen der *Aurora* boten sie alle Kräfte auf, Zivilisten wie Soldaten, Russen wie Einheimische, um den erwarteten Angriff abzuwehren. Nach dem Eintreffen von 350 Mann Verstärkung aus Sibirien hielt

Zawoiko eine „Durchhalterede" – er wusste, dass sie gegen sechs erstklassige Kriegsschiffe so gut wie keine Chance hatten.

Gegen Mittag des 17. August 1854 tauchten die britischen und französischen Schiffe am Horizont auf. Sie näherten sich langsam der Stadt und nahmen vorsichtig Tiefenmessungen vor. Am Morgen des 18. August segelten sie langsam in die Awatscha Bucht. In der Nacht vom 18. auf den 19. August fanden sicherlich die meisten Russen keinen Schlaf. Sie konnten die erleuchteten Schiffe sehen und folgten mit ihren Gläsern den Vorbereitungen an Bord. Vielleicht hätten sie bereits hier den Rückzug angetreten, wenn sie gewusst hätten, dass 2.600 hochtrainierte Männer und 216 Kanonen ihren Tod wollten. Bei Morgengrauen zog das Dampfschiff der feindlichen Schwadron drei Fregatten in Position. Es herrschte Windstille. Nachdem sie Position bezogen hatten, begannen die Schiffe zu feuern. 80 Kanonen gegen acht russische Strandkanonen in diesem Abschnitt. Sie feuerten den ganzen 18. und 19. August erbarmungslos. Die Russen erwiderten mit äußerst präzisem Beschuss. An beiden Tagen waren die Briten und Franzosen gezwungen, sich zurückzuziehen. Zudem starb der britische Konteradmiral Price unerwartet an Bord seines Schiffes, dass alleinige Kommando dem Franzosen de Point überlassend[307].

Am 20. August begann eine erneute Attacke mit Landungskräften. Es wurde sehr hart, Mann gegen Mann, Messer gegen Messer, Bajonett gegen Bajonett, gekämpft und geschossen. Die unterlegenen Russen standen wie ein Mann, auch als eine ihre eigene, die Stadt überragende, Bastion fiel. Es gelang der Rückgewinn und praktisch Meter um Meter wurden die Feinde zurückgedrängt. Im Dunkeln der Nacht des 20. August zogen sich diese auf ihre Schiffe zurück. Für drei Tage hielten sich Briten und Franzosen außerhalb der Reichweite der russischen Kanonen auf und warteten. Am Morgen des 24. August erfolgte ein erneuter Angriff. Die Admiralsschiffe, die vorderste Front einnehmend, feuerten aus allen Rohren. Die Russen schossen zurück, so gut sie konnten. Die Kanonenbatterie unter Leutnant Alexander Maksutow hielt sich trotz fürchterlichstem Beschuss 90 Minuten lang. Als nur

---

307 Während des Morgens hatte er das Bombardement der Russen beobachtet. Gegen 11.00 Uhr nahm er an der Messe mit seinen Offizieren teil und zog sich dann in seine Kabine zurück, wo er einige Eintragungen in sein Journal machte. Gegen 12.15 Uhr schoss er sich in den Kopf und konnte auch durch sofortige Hinzuziehung des französischen Arztes nicht mehr gerettet werden. Price verstarb um 16.50 Uhr. Die Ursache des Schusses ist nicht geklärt. Theorien reichen von einem Unfall beim Reinigen der Waffe bis zum Selbstmord.

noch eine Kanone funktionstüchtig war, schoss Maksutow mit dieser ein Landungsboot in Trümmern und verhinderte so zunächst die Landung. Im selben Augenblick wurde er durch ein Geschoss schwer verwundet. Hierbei verlor er seinen rechten Arm. Nur für einen kurzen Augenblick errang er sein Bewusstsein wieder und starb schließlich an der Wunde am 10. September 1854. Die Koalition bewegte sich nun auf die Stadt zu, diese schien verloren. Da befehligte Zawoiko eine letzte verzweifelte Bajonett-Gegenattacke, unter anderen mit Männern der *Aurora*, auf die Landungsgruppe. Unter einem wahren Kugelhagel griffen 300 Russen 850 Feinde an. Es war nur der Bestimmtheit der Russen zu verdanken, dass die Briten und Franzosen diesem Ansturm nicht standhielten. Sie mussten sich zum letzten Mal zurückziehen. Der Angriff auf Petropawlowsk hatte die Koalition 450 Mann gekostet. Auf russischer Seite waren 32 getötet worden. Am 27. August verließen die Briten und Franzosen die Awatscha Bucht.

Nur die *Sitka* hatte außerordentliches Pech. Sie war auf der Fahrt von Neu-Archangelsk nach Petropawlowsk, ohne zu ahnen, was in der Zwischenzeit dort vorgegangen war. Als sie am 25. August vor der Awatscha Bucht auf die Schwadron der Kriegsschiffe traf, war es bereits zu spät. Sie versuchte zwar zu fliehen, wurde aber bald eingeholt, als Preisgeld genommen und später in Frankreich verkauft. Doch das war ein kleiner Preis, den die Russen gerne bezahlten.[308]

Neu-Archangelsk selbst blieb vom Krieg verschont. Dazu beigetragen hatte eine ungewöhnliche Vereinbarung vom Februar 1854 zwischen der *Hudson's Bay Company* und der Russisch-Amerikanischen Kom-

---

[308] 1855 kamen die Feinde wieder, fanden aber Petropawlowsk von den Russen verlassen vor. Mehr aus Frustration verbrannten sie eine Barke ohne Mast, die sie am Strand fanden, zerstörten drei Baracken und einige Waffen. Das Ende des Krieges schien sich bereits abzuzeichnen und die Russen erkannten mit Erleichterung, dass dies nur ein Rache-, aber kein Eroberungsfeldzug war. Es gab noch einige andere, kleinere Vorfälle, den Pazifik betreffend. So verließ die *Tsesarewitsch* am 8. Dezember 1853 Neu-Archangelsk in Richtung Russland. Nach der Umrundung des Kap der Guten Hoffnung erfuhren sie, dass vier britische Kreuzer im englischen Kanal lauerten. Sie umrundete daraufhin Schottland im Norden und erreichte sicher Hamburg. Somit wurde auch das Zusammentreffen mit weiteren britischen Schiffen vor Helgoland vermieden. Die beiden Schiffe *Kamtschatka* und *Nikolai* mussten von 1854 bzw. 1855 bis zum Ende des Krimkrieges im neutralen amerikanischen Hafen von San Francisco ankern, um einer britischen Kaperung zu entgehen. Als die Briten 1855 weder in Kamtschatka, wie oben erwähnt, noch im Hafen von Aian, noch in Neu-Archangelsk geeignete russische Objekte fanden, um ihre Rachegelüste zu befriedigen, zog sich die Schwadron im Juli frustriert auf strategische Beobachtungspositionen zurück. Man erkannte, dass im Pazifik keine Gefahr von den Russen ausging.

pagnie. Man erklärte die Territorien der beiden kommerziellen Gesellschaften kurzerhand für neutral, da beide eine Beeinträchtigung ihrer Geschäfte fürchteten. Als am 2. Juli 1855 die britische Dampffregatte *Brisk* im Hafen von Neu-Archangelsk auftauchte, erklärte der Sekretär des russischen Gouverneurs die Kolonien für neutral. Mit dieser Erklärung zufriedengestellt, kehrten die Briten auch prompt wieder zurück.

Den einzigen ernsten Zwischenfall gab es in Neu-Archangelsk während des Krieges nur mit den Tlingit. Am 10. März 1855 versuchte ein Wachmann einige Tlingit Indianer davon abzuhalten, Holz aus Gesellschaftsbeständen zu stehlen. Sie widerstanden und einer von ihnen verwundete den Wachmann mit einem Speer. Am nächsten Tag rief Gouverneur Wojewodski die Stammesältesten zu sich und forderte, die Schuldigen zu bestrafen. Die Tlingit weigerten sich und der Fall eskalierte schnell. Die Kanonenbatterien im Hafen wurden in Stellung gebracht und zwei Kanonenschüsse als Warnung abgefeuert. Dies trug nur noch mehr zur Eskalation bei und die Tlingit griffen die Wälle des Forts an. Sie begannen, die Palisade herunterzubrechen und töteten dabei einen Mann, der obendrauf gestanden hatte. Allgemeines Gewehr- und Geschützfeuer wurde eröffnet, aber die Attacke ging weiter. Endlich, nach zwei Stunden Kampf, hatten die Russen, dank besserer Organisation, die Oberhand gewonnen. Sie hatten zwei Tote und 19 Verwundete zu beklagen, die Tlingit zwischen 70 und 80 Tote und Verwundete. Als Ergebnis dieser Konfrontation, wurde auf Bitten des Gouverneurs ein weiteres 100-köpfiges Linienbataillon aus Sibirien nach Neu-Archangelsk entsandt. Diese indes brachten Typhus mit in die Kolonie, der bis 1858 dort wütete.

Viel Geld wurde darauf verwandt, die Kohleförderung auf die Beine zu stellen. Bereits 1848 hatten russische Ingenieure verschiedene viel versprechende Kohlevorkommen entlang der Küste Alaskas entdeckt. Ihre Berichte ermutigten die Gesellschaft und sie sandten 1854 den finnischen Mineningenieur Hjalmar Furuhjelm[309] nach Neu-Archangelsk. Dieser bekam eine große Mannschaft und erkundete das Vorkommen in der Nähe der Englischen Bucht auf der Kenai-Halbinsel. Während dieser Jahre wurde ein Schacht gegraben, eine mit Dampf betriebene Pumpe installiert und ein Dorf gebaut, das zeitweilig Neu-Archangelsk in Bezug auf die Einwohnergröße in Nichts nachstand. Aber die geförderte Kohle war von minderer Qualität und obwohl auf den gesell-

---

309 In Russland wurde er Iwan Wassiljewitsch Furugelm genannt.

schaftseigenen Dampfern benutzt, war damit kein Exporthandel mit Kalifornien möglich. Im Juni 1859 wurde Wojewodski von Johan Hampus Furuhjelm, einem Bruder des vormals erwähnten Mineningenieurs, abgelöst. Wojewodski schiffte sich mit seiner Familie nach Aian ein und erreichte über Sibirien 1860 seine Heimat. Im selben Jahr wurde er zum Militärgouverneur des Hafens von Astrachan am Kaspischen Meer ernannt. 1877 zum Konteradmiral und 1879 zum Admiral befördert, starb er am 17. September 1884.

Furuhjelm hatte in der russischen Marine gedient, wo ein anderer Finne, der vormalige Gouverneur Etholen, auf ihn aufmerksam geworden war. Er wurde zum Leutnant befördert und bekam eine Position in der Hauptverwaltung der Russisch-Amerikanischen Kompagnie in St. Petersburg. 1850 wurde er nach Neu-Archangelsk geschickt. In Briefen an seine Familie pries er die Regentschaft von Etholen, hatte jedoch wenig Gutes über dessen Nachfolger Rosenberg zu sagen, den er inkompetent nannte. Er unternahm Fahrten nach Kalifornien und den Sandwich-Inseln. 1854 begleitete er Admiral Putiatin auf einer erneuten russischen Mission nach Japan. Während dieser Fahrt wurde er zum Kapitänleutnant ernannt. Während des Krimkrieges fungierte er als Befehlshaber der Häfen von Aian und Ochotsk im Range eines Kapitäns ersten Grades. Nach seiner Rückkehr nach Europa wurde er zum neuen Gouverneur ernannt. Der 37-jährige widmete sich nun der Aufgabe, schnell eine Frau zu finden und war auch bald erfolgreich. Die Erwählte war die 22-jährige Anna Elizabeth von Schoultz, die er im Februar 1859 in seinem Geburtsort Helsingfors (Helsinki) heiratete. In der Folge hatte Furuhjelm bis zu seiner Abreise etliche gesellschaftliche Abende zu absolvieren. Hierbei traf er einen seiner Vorgänger und nunmehr hohen Offiziellen der Gesellschaft, Baron von Wrangel. Außerdem begegnete er Eduard Stöckl, dem russischen Minister in den USA und nahm an der Hochzeit seines Stellvertreters, des Prinzen Maksutow[310] teil. Die Furuhjelms nahmen eine andere Route nach Neu-Archangelsk als ihre Vorgänger. Sie reisten über Deutschland, Großbritannien, Panama nach San Francisco. Dort handelte Furuhjelm mit der „Amerikanisch-Russischen Handelsgesellschaft"[311] einen neuen Eisver-

---

310 Dimitri Maksutow war der jüngere Bruder von Alexander Maksutow, der im Krimkrieg auf Petropawlowsk während des britisch-französischen Angriffs den Tod fand.

311 American-Russian Commercial Company. Dies war eine amerikanische Firma (s. Seite 189), nicht zu verwechseln mit der Russisch-Amerikanischen Kompagnie, deren Gouverneur Furuhjelm war.

trag aus, der eine Mindestliefermenge von 3.000 Tonnen mit 7 Dollar pro Tonne garantierte. Das Eisgeschäft war nach wie vor bescheiden einträglich für die Gesellschaft. 1860 war ein gutes Fischjahr und 147.850 Fische wurden durch die Gesellschaft gefangen, von denen knapp 86% exportiert wurde.

Für die Schiffe der Gesellschaft war es eine bittere Zeit. Am 1. April 1860 sank die mit 500 Tonnen Eis beladene *Kadiak*, nur 200 Meter von Spruce-Island entfernt. Am 8. November 1861 erlitt die *Nikolai* in einem Sturm Schiffbruch vor der Küste von Admirality-Island[312]. Der Skipper und seine 30 Männer gelangten an Land und zogen mit Hilfe der Einheimischen das Schiff an den Strand, dessen Maschinen später ausgeschlachtet wurden.

1861 erreichte Neu-Archangelsk die Nachricht von Goldfunden am oberen Stikine River. Obwohl auf an die Briten verpachteten Gebiet gelegen, fürchtete Furuhjelm ein Überschwappen auf russisches Gebiet. In den beiden Folgejahren entsandte er zwei Expeditionen, um hierzu näheres herauszufinden. Doch die Funde waren von niedriger Qualität und somit wurde die Aktion sehr schnell wieder beendet.

Da die Erneuerung der 20-jährigen Charter der Gesellschaft durch den Zaren wieder anstand, entsandte die Regierung 1859 den Kapitän zweiten Grades P.N. Golowin und den staatlichen Berater Sergei Kostliwtsew auf eine Inspektionsreise in die Kolonien. Nachdem sie in Neu-Archangelsk überwintert hatten, inspizierten sie 1860 Kodiak und andere Inseln. Insbesondere Golowin verfasste einen sehr offenen, kritischen Bericht, der auch nicht vor der eigenen Regierung zurückhielt. Er schlug einige einschneidende Änderungen vor, wandte sich aber gegen einen, zu diesem Zeitpunkt eventuell in Frage kommenden Verkauf der Kolonien. Doch tragischerweise trugen seine Bemerkungen mit dazu bei, dass das Gebiet letztlich verkauft wurde.

Im Juni 1862 brach eine Blatternepidemie in Neu-Archangelsk aus, die vom Norden Kaliforniens heraufgekommen war. Doch Impfungen der Russen, Kreolen und der Indianer verhinderten das Schlimmste. Im selben und im folgenden Jahr kam es zu Grippeepidemien. Furuhjelm tat viel, um die unter seinem Vorgänger beschädigten Beziehungen zu den Tlingit wiederherzustellen. Er empfing deren Häuptlinge regelmäßig und versuchte sich nicht in deren internen Angelegenheiten einzumischen. Nur in seltenen Fällen bot er sich als Moderator an. So zum Bei-

---

312 Nachbarinsel der Baranow-Insel, auf der Neu-Archangelsk (Sitka) liegt. Noch heute bekannt, als die Insel mit dem größten Bestand an Grizzly Bären pro km².

spiel bei einem Fall von „Hexenverfolgung". Zwei alte Indianerinnen wurden der Hexerei beschuldigt. Sie sollten die Krankheit eines der Häuptlinge herbeigeschworen haben. Furuhjelm gelang es, die Frauen vor der Folter und ihrem sicheren Tod zu bewahren.

Während seiner Regentschaft gebar seine Frau drei Kinder.[313] Sie waren außerdem enge Freunde seines Stellvertreters, Prinz Maksutow. Bei der Anreise der Maksutows befand sich auch Constanze, Furuhjelms jüngere Schwester, auf dem Schiff. Sie starb jedoch 1861 im Alter von 25 Jahren in Neu-Archangelsk. Als im darauf folgenden Jahr die Frau Maksutows nach der Geburt ihres dritten Kindes ebenfalls starb, wurde sie auf dem Lutheranischen Friedhof neben Constanze beerdigt. Die Furuhjelms übernahmen die Erziehung des jüngsten der Maksutow-Kinder, bis Maksutow von einem Aufenthalt aus St. Petersburg 1864 mit seiner zweiten Frau zurückkehrte. Bei diesem Aufenthalt war er zum neuen Gouverneur ernannt worden. Er sollte der Letzte sein.

---

313 Die älteste, Anna Frederika (geb. 11. Dezember 1859), wurde später als Schriftstellerin bekannt und war als Parlamentsmitglied eine engagierte Frauenrechtlerin. Otto Edwin (geb. 16. März 1861) diente in der russischen Regierung als Diplomat und Elis Campbell Nikolai (geb. 12. Dezember 1862) wurde Beamter in der finnischen Regierung.

Das Ende – eine Schmieren-Affäre

Prinz Maksutow stammte aus einer alten Tatarenfamilie in Perm[314]. Der Prinzentitel reichte bis in das frühe 16. Jahrhundert zurück. Noch bis in das 18. Jahrhundert hinein waren die Familienmitglieder Anhänger des moslemischen Glaubens. Prinz Dimitri Petrowitsch wurde 1832 geboren worden. Er genoss eine hervorragende Erziehung und trat schon im zarten Alter von nur acht Jahren in die Marineakademie in St. Petersburg ein. Mit siebzehn wurde er Offizier und diente in der Schwarzmeerflotte und später an der Pazifikküste Sibiriens. Er und sein Bruder Alexander, ein Offizier der Fregatte *Aurora*, nahmen an der Verteidigung Petropawlowsk 1854 gegen britische und französische Kriegsschiffe teil. Während Alexander, wie erwähnt, starb[315], wurde Dimitri Maksutow nach seiner Rückkehr für seinen Mut und Tapferkeit zum Kapitänleutnant befördert. Nach weiteren Jahren im Fernen Osten und in der Ostsee wurde er Ende 1858 zum stellvertretenden Gouverneur von Russisch-Amerika ernannt. Er war 25 Jahre alt. Bevor er seinen Posten antrat, heiratete er Adelaide Iwanowa Bushman, Tochter eines Englischprofessors an der Marineakademie.

Bei Ihrer Ankunft in Neu-Archangelsk, das zu damaliger Zeit etwa 2.500 Einwohner hatte, davon 400 Russen, wurde Prinz Maksutow von Gouverneur Furuhjelm mit verschiedenen Aufgaben betraut.

1863 wurde er zu Konsultationen nach St. Petersburg beordert. Dort nahm er u.a. an der Debatte über die Zukunft der amerikanischen Kolonien teil. Er sprach sich gegen einen Verkauf, aber für Reformen innerhalb der Gesellschaft aus. Seine Beförderung zum Gouverneur in der Tasche, heiratete er Anfang 1864 zum zweiten Mal, diesmal die 18-jährige Tochter des ehemaligen Generalgouverneurs von Irkutsk.[316] Über Liverpool, New York, Panama und San Francisco erreichten sie in weniger als vier Monaten Neu-Archangelsk. Sicher, dass ein Verkauf Russisch-Amerikas außer Frage stand, machte er sich daran seine Direktiven umzusetzen. Es ging darum, den zurückgegangenen Verkauf von Pelzen durch andere kommerzielle Aktivitäten der Gesellschaft zu kompensieren. Gedacht wurde an einen verstärkten Export von Holz

---

314 Erwa 1.200 km östlich von Moskau, unweit des Ural Gebirges.
315 Siehe hier Kapitel „Unter Kontrolle der Marine".
316 Siehe hierzu ebenfalls Kapitel „Unter Kontrolle der Marine".

und Fisch, dem Abbau von Kupfer und einer Entwicklung des Handels mit dem aufblühenden Kalifornien und den *Hudson's Bay Company* Territorien. Es ist nicht bekannt, inwieweit es Prinz Maksutow in den drei Jahren seiner Gouverneurschaft gelang, diese Ziele umzusetzen. Im späten Frühling 1867 erreichte ihn die schockierende Nachricht – Alaska war an die USA verkauft worden. Mit der Nachricht kamen Befehle, die Liquidation der Aktivposten der Gesellschaft einzuleiten und die Ankunft der beiden Kommissionäre abzuwarten, die die offizielle Übergabe durchführen sollten.

So überraschend die Nachricht auch kam, dies war ein Prozess gewesen, auf den Prinz Maksutow keinerlei Einfluss hatte und der an ganz anderer Stelle entschieden worden war. Der Verkauf stand am Ende einer Entwicklung die schon vierzehn Jahre vorher begonnen hatte. Bereits vor Ausbruch des Krimkrieges schrieb 1853 Nikolai Murawew[317], dass „… die Vereinigen Staaten sich sicherlich über ganz Nord Amerika ausbreiten werden. … früher oder später werden wir unsere nordamerikanischen Besitzungen aufgeben müssen". Es war diese These, die „den Wagen ins Rollen" brachte.

1841 kam ein eleganter Junggeselle, 33 Jahre alt, aus Europa in die Vereinigten Staaten. Er nannte sich Eduard de Stöckl und war der Sohn österreichischer und italienischer Eltern. Stöckl war ein typischer russischer Karrierebeamter, der in diesem Jahr dem Sekretariat der russischen Botschaft in Washington zugeordnet worden war. Zu diesem Zeitpunkt hätte er sich nicht träumen lassen, dass 27 Jahre in den USA bleiben sollte.

Washington mit seinen schmutzigen Straßen und Spucknäpfen an jeder Straßenecke, wurde von den Diplomaten seiner Zeit als eine Art Exil angesehen. Eduard de Stöckl teilte diese Meinung, aber die Amerikaner liebten ihn trotzdem. Sein Benehmen war genauso poliert wie sein Auf-

---

317 Nikolai Murawiew war mit 38 Jahren bereits Generalleutnant und bekannt für seinen auffallenden, energischen, aber auch skrupellosen Charakter. Nachdem die Briten 1840 auf leichteste Art den so genannten Opiumkrieg gegen die als unschlagbar angesehenen Chinesen gewonnen hatten, wurde Murawiew vom Zaren mit der „vorsichtigen Eroberung" des Amurgebietes von den Mandschu beauftragt. Es ging darum, die über 150 Jahre alte Schmach des Vertrages von Nertschinsk wettzumachen und das Amurgebiet für Russland zu gewinnen. Nunmehr im Range des Oberbefehlshabers für den Fernen Osten, löste Murawiew diese Aufgabe mit der ihm eigenen rücksichtslosen und konfrontierenden Art. Im 1858 abgeschlossenen Vertrag von Aigun sicherte er dem russischen Staat Tausende von km² neues Territorium und den Amur als bequemen Schifffahrtsweg von Sibirien an den Pazifik. Er gründete Wladiwostok und andere Städte und zog sich 1861 nach Paris aufs „Altenteil" zurück.

treten. Er sprach fließend Englisch. Die hohe Gesellschaft in der Hauptstadt nahm sich schnell dieses Neuankömmlings an, der einen bis dahin nicht bekannten Charme verbreitete. Russische Diplomaten wurden generell freundlich in den USA aufgenommen. Russland war, für nunmehr 40 Jahre, der Dauer-Freund der USA.

Zar Nicholas I. achtete sehr darauf, die freundschaftlichen Verbindungen zu den USA zu pflegen. James Buchanan, 1832 amerikanischer Außenminister und späterer Präsident der USA, nannte den Zaren „einen Mann ohne moralische Makel"[318]. Der Handel zwischen beiden Nationen wuchs von Jahr zu Jahr. Ihre Schiffe genossen in den Häfen des jeweils anderen Landes bevorzugte Behandlung und günstigere Tarife als ihre Wettbewerber. Aus amerikanischer Sicht gab es in den gegenseitigen Beziehungen nur einen kleinen Fleck und dieser bezog sich auf Alaska. In dem 1824 zwischen beiden Staaten abgeschlossenen Handelsabkommen weigerte sich Russland beharrlich, eine Klausel wiedereinzuführen, die es amerikanischen Schiffen erlaubte, Buchten, Häfen und andere Küstengewässer frei zu befahren. Dies bedeutete, dass der amerikanische Handel mit den Einheimischen praktisch zum Stillstand gekommen war. Stattdessen hatten die Russen einen Vertrag mit der verhassten britischen *Hudson's Bay Company* abgeschlossen, ihnen Land verpachtet und Nahrungslieferungen sichergestellt. All dies irritierte die Amerikaner. Ja, man ging 1836 sogar so weit, einen offiziellen Protest auszusprechen, weil ein amerikanisches Schiff aus einem Hafen ausgewiesen worden war. Die amerikanische Besatzung dieses Schiffes hatte, wie die Russen darlegten, mit Rum gehandelt, was gegen die Vereinbarung war. Washington bestritt dies zwar vehement, aber beide Regierungen wollten wegen der sonstigen guten Beziehungen keine Eskalation und so blieb der Fall ungelöst.

Aber es waren diese kleinen Unstimmigkeiten, die bei Stöckl ein unbehagliches Gefühl hervorriefen. Er fragte sich, inwieweit den Amerikanern wirklich zu trauen war. Obwohl er seiner Meinung nach Amerika sehr gut verstand, gab es eine Reihe von Dingen, die er nie hatte begreifen können. In seiner opulenten Korrespondenz sagte er eine Anzahl von Dingen voraus, die jedoch in den meisten Fällen nicht so eintrafen, wie er es erwartet hatte. Mit der Zeit vertrat er die Meinung, dass die Amerikaner gewalttätige Leute waren, denen man nicht trauen konnte,

---

318 Dies mag vielleicht noch in den Anfangsjahren für Nicholas I. zutreffen. Mit den Jahren entwickelte er sich immer mehr zu einem „Kommisskopp", dem später Säbelrasseln und Exerzieren nicht mehr ausreichte. Es war dieser Zar, der Russland in den Krimkrieg trieb.

wie freundlich sie auch immer waren. Die Meinung wurde durch einen besonderen Vorfall untermauert.

1823 hatte der fünfte Präsident der USA, James Monroe, in einer Rede im Kongress die europäischen Mächte, Russland eingeschlossen, davor gewarnt, sich in die westliche Hemisphäre einzumischen: „Die amerikanischen Kontinente … sind künftig nicht mehr als Gegenstand weiterer Kolonisation durch europäische Mächte zu betrachten." Diese Botschaft wurde als die *Monroedoktrin* bekannt und war ein Eckpfeiler amerikanischer Außenpolitik, dessen Nachwirkungen bis in die heutige Zeit reichen. Im damaligen politischen Umfeld war dies eine provokante, aber wohl kalkulierte Botschaft, die die Amerikaner aussandten. Es war die Zeit nach den Kriegen um die Unabhängigkeit Lateinamerikas von Spanien, dem Rückzug Frankreichs vom Kontinent und einer Einigung zwischen Spanien und Amerika über die Abtretung Floridas aus dem Jahre 1819. Die USA waren entschlossen, nicht nur den nordamerikanischen Kontinent als ihr Einflussgebiet zu betrachten, sondern drifteten zusehends in eine Art Beschützerrolle für andere Staaten in den beiden Amerikas. Während der Zeit in der sich Stöckl in den USA aufhielt, hatte die öffentliche Meinung aus der Monroedoktrin längst ein Manifest gemacht. Der gesamte Kontinent sollte erobert werden, allen Verträgen und existierenden Kolonien zum Trotz.[319] Es war diese Atmosphäre, die Stöckl misstrauisch gemacht hatte.

Daher war es nicht verwunderlich, dass er nervös wurde, als ein Mann die diplomatische Bühne in Washington betrat, der als jemand bekannt war, der bekam, was er wollte. Es war der frühere Repräsentant von Mississippi und nunmehrige Senator des neuen US-Staates Kalifornien[320], William Gwin. Als der ältere der beiden kalifornischen Senatoren und aufgrund seiner politischen Erfahrung, zog er die Strippen im

---

319 1844 gewann der Kandidat der Demokratischen Partei, James K. Polk, die Wahl zum 11. Präsidenten der USA u.a. mit dem Slogan „Fifty-four-forty or fight" („54-40 oder Kampf"). Das war an klar Großbritannien adressiert, das die pazifische Küste bis hinauf zur russischen Kolonie am 54°40 Breitengrad preisgeben sollte. Glücklicherweise schlug Polk nach dem Gewinn der Wahl moderatere Töne an und schloss 1846 den *Oregon-Vertrag* mit Großbritannien ab, der die Grenze zwischen Britisch-Kanada und den USA entlang des 49. Breitengrades zog. Eine Grenze, die noch heute besteht.

320 Kalifornien wurde 1848 nach verlorenem Krieg von Mexiko an die USA abgetreten. Im September 1850 wurde das Gebiet der 31. Staat der USA. Während andere Territorien Jahrzehnte brauchten, um anerkannter US-Staat zu werden, im Falle Alaskas dauerte es sogar 92 Jahre, schaffte Kalifornien dies in nur zwei Jahren. Der Goldrausch von 1848 (siehe „Die Gründung von San Francisco") war natürlich einer der entscheidenden Faktoren.

Hintergrund. Alaska hatte sein Interesse geweckt, als kalifornische Geschäftsleute ihn auf die Situation dort aufmerksam machten. Diese neue und aggressive Art von Businessman, insbesondere in der nach dem Goldrausch florierenden Stadt San Francisco, wollten unbedingt die Ressourcen Alaskas erforschen und sehen, ob sich das was sich in Kalifornien ereignete hatte, dort wiederholen konnte. Gold, wenn auch nicht viel, war bereits in Alaska gefunden worden. Den Amerikanern war jedoch versagt, ihre „Hand (oder besser Schaufel) darauf zu legen", ihre Schiffe konnten an den Küsten der russischen Kolonie, gemäß des Vertrages von 1824, nicht ohne Genehmigung anlegen. Und diese wurde ihnen von den Russen, die das Goldfieber quasi von der Haupt-tribüne mit Argwohn betrachteten, regelmäßig versagt. Verärgert machten die amerikanischen Geschäftsleute auf die Situation der russischen Schiffe in Amerika aufmerksam. Diese konnten die dortigen Häfen ohne jegliche Restriktionen frequentieren. In Senator Gwin fanden sie einen neuen Fürsprecher für ihre Interessen, der das Thema auf die Tagesordnung des Senats in Washington brachte. Stöckl, der vermutete, dass sich die Situation zuspitzen könnte, drängte seine Regierung zu agieren und gegebenenfalls die Restriktionen gegen die Amerikaner auf-zuheben, ansonsten bestünde die Gefahr, dass diese ihre Häfen für die russischen Schiffe schließen würden.

Aber beide Regierungen blieben ruhig. Die Russen bemerkten nur kühl, dass die Russisch-Amerikanische Kompagnie ihre Angelegenheiten selbst ordnen sollte. Die Amerikaner ihrerseits boten den Russen sogar an, die Konsulardienste der USA in China und auf Hawaii zu nutzen. Sogar Senator Gwin bot Stöckl, zu dessen Erleichterung, seine Freund-schaft an. Gwin hatte fürs Erste andere Gedanken. Seine Wiederwahl als Senator stand auf der Tagesordnung, mitsamt dem ganzen Wahlkampf-getümmel. Alaska musste warten. Gwin hatte Zeit, das wusste er als erfahrener Politiker. Die gegenseitige Zusammenarbeit zwischen Russ-land und Amerika war zu gut, als das man über diese „gefrorene Wild-nis" Alaska einen Keil in die Beziehungen treiben könnte. Gwin kannte natürlich die Geschichte beider Nationen. Die Freundschaft hatte schon lange vor dem Krimkrieg begonnen. Doch dieser Krieg hatte beide Nationen noch enger zusammengebracht. Damals hatten die Amerika-ner den Eindruck gehabt, als wenn die anderen Nationen bewusst auf Russland hätten „einstechen wollten". Sie kamen den Russen nicht nur auf diplomatischer Bühne zu Hilfe, sondern retteten auch russische Schiffe und verkauften ihnen Schießpulver und Waffen. Sie boten sogar an, 300 Soldaten an die Front auf die Krim zu entsenden, wo bereits amerikanische Ärzte ihren Dienst als Chirurgen taten. Der Minister in London und spätere 15. Präsident der USA, James Buchanan, war praktisch ein Spion Russlands und über den amerikanischen Außenminister, William Marcy, waren die Russen bestens über die Absichten der Briten informiert.[321]

Nach Gwins Wiederwahl wurden die Stimmen und das Drängen der Geschäftsleute wieder lauter. Gwin hatte in der Zwischenzeit mehr über den Wert des Pelzhandels erfahren und sich während des Krimkrieges die Situation angeschaut, in der die Russen sich befanden. Ideen wurden mit seinen engsten politischen Freunden diskutiert. Das Benehmen der USA gegenüber Russland während des Krimkrieges hatte auch bei von Stöckl einen Eindruck hinterlassen. Eines Tages wurde Stöckl, in einer gespielt unbeabsichtigten Geste, fast nebenbei von Außenminister Marcy und Senator Gwin, bei einem Zusammentreffen gefragt, ob Russland vielleicht Alaska verkaufen würde. Es gäbe Gerüchte, dass die Finanzen des Landes wegen des Krieges nicht zum Besten stehen würden. Dies sollte die Ouvertüre für mehr als ein Jahrzehnt des vorsichti-

---

321 Um dem Leser ein besseres Gefühl dafür zu geben, wie unglaublich aggressiv sich die USA gegenüber den anderen europäischen Nationen, außer Russland verhielt, sei die Geschichte des so genannten *Ostende Manifestos* von 1854 kurz erzählt, an der auch James Buchanan beteiligt war. Der damalige US-Präsident Franklin Pierce wollte die Grenzen der USA nach Süden ausdehnen und deshalb Kuba annektieren. Die später in dem Manifesto gegebene pathetische Begründung war (aus heutiger Sicht schamlos und von den Amerikanern am liebsten ungeschehen gemacht): „Kuba ist für die Nordamerikanische Republik [USA] genauso notwendig und zwangsläufig wie die anderen gegenwärtigen Staaten [US-Staaten] und es gehört [deshalb] genauso natürlich zur großen Familie der Staaten [US-Staaten], in der die Union ihre schicksalhafte Hüterin ist." Um dieses Ziel zu erreichen, instruierte Präsident Pierce über Außenminister Marcy den spanischen US-Botschafter, Pierre Soulé, Verhandlungen mit Spanien aufzunehmen. Sollte Spanien sich weigern, „richten Sie Ihre Anstrengungen auf das nächst wünschenswerteste Ziel, der Trennung dieser Insel aus dem spanischen Herrschaftsbereich". Marcy schlug gleichzeitig vor, dass sich die wichtigsten europäischen US-Minister, Pierre Soulé (Spanien), John Y. Mason (Frankreich) und James Buchanan (Großbritannien) treffen sollten, um das weitere Vorgehen abzusprechen. Diese drei trafen sich auch in Ostende und Aachen (damals Preußen) und entwarfen, was als Ostende-Manifesto bekannt wurde. Darin drängten sie darauf, dass die USA bis zu 120 Millionen Dollar für den Kauf Kubas anbieten sollten. Bei endgültiger Weigerung „ist es von den Vereinigten Staaten gerechtfertigt, es [Kuba] den Spaniern zu entreißen". Glücklicherweise wurde dieses Dokument der *New York Herald* lanciert, die es veröffentlichte. Ein nationaler Feuersturm entbrannte, aber nicht wegen der Nichtbeachtung internationalen Rechts durch eine US-Regierung, sondern weil es als ein weiterer Plan des Südstaaten freundlichen Pierce angesehen wurde, die Sklaverei weiter auszudehnen. Pierce und Marcy mussten das Manifesto formal zurückweisen. Soulé, der sich natürlich verraten fühlte, trat unter Protest zurück.

gen Taktierens beider Seiten sein und letztendlich zum Abschluss eines entsprechenden Kaufvertrages führen.

Die Amerikaner, insbesondere Gwin, beobachteten die Entwicklung in den folgenden Jahren mit Spannung. Mit Alexander II. war 1855 eine neuer Zar an die Macht gekommen. Es schien so, als wäre er ein Mann von ungewöhnlicher Willenskraft und Energie. Dazu reformbewusst und für seine Zeit liberal eingestellt. Er war fast wie der erste Alexander in seinen frühen Jahren, schien aber die Durchsetzungskraft zu haben, seine Projekte auch zu Ende führen zu können. Er verstand, dass die Monarchie flexibler sein musste und wollte sie deshalb Änderungen unterwerfen. Die Leibeigenschaft wurde abgeschafft, die Gerichte reformiert und die Regierungsgewalt dezentralisiert. In Wirklichkeit jedoch war Alexander II. alles andere als der Typ eines „Machers". Er wollte nie wirklich Zar werden. Als junger Mann hatte er davon geträumt nach Amerika auszuwandern. In seiner Regentschaft vertraute er zunehmend seinen Ratgebern, die er auswählte und die das hatten was ihm fehlte: Willenskraft.

Einer dieser einflussreichen Ratgeber war sein neun Jahre jüngerer Bruder, Großherzog Konstantin. Oft ging er Alexander mit seinem Aktionismus auf die Nerven, manchmal auch offen zeigend, dass er gerne anstelle seines Bruders regieren würde. Alexander gab Konstantin bereits vor dessen dreißigsten Geburtstag wichtige Regierungspositionen, wie Generaladmiral der Flotte, später Vizekönig von Polen und Präsident des kaiserlichen Rates. Konstantin hatte einen hitzigen Charakter, für ihn typisch waren schnelle Wutausbrüche, kurz, ein Mann, der selten vergaß und niemals vergab. In dieser Machtfülle war Konstantin ein unberechenbarer und tödlicher Gegner. Es war besser, ihm aus dem Weg zu gehen. Sein älterer Bruder Alexander konnte ihn manchmal kaum im Zaum halten.

Die Russisch-Amerikanische Kompagnie war der Todfeind Konstantins. Aus seiner Sicht war die Gesellschaft ein Monopol, das nicht in moderne, wirtschaftliche Betrachtungsweisen hineinpasste. Ihr einziges Dasein war, die Taschen der Anteilsinhaber unverhältnismäßig zu füllen. Auch die Tatsache, dass sich einiges in der Gesellschaft seit ihrer Gründung geändert hatte, ließ ihn bei seiner Meinung bleiben. Mit den ehemaligen Gouverneuren Etholen und Tebenkow saßen nun, als Admirale, zwei Marineoffiziere im Vorstand, in dem sich kein einziger Kaufmann mehr befand. Trotzdem, die Gesellschaft war ein Kropf, der abgeschnitten werden musste.

Aber auch Konstantin hatte seine Freunde, auf die er hörte. Der wohl einflussreichste war Nikolai Murawew, der „Held von Aigun" und Eroberer des Amurgebietes. Früh pensioniert und zum Grafen Murawew-Amurski ernannt, penetrierte er die gehobene Gesellschaft St. Petersburgs mit seinem zum Teil anarchistischen, zum Teil, gelinde gesagt, fantasievollem Gedankengut. Murawew war ein großer Bewunderer Amerikas und einer seiner Gedanken war wie erwähnt, bereits 1853 gewesen, das wertlose Alaska loszuwerden. Durch dieses „Geschenk" sollte Amerika geholfen werden, die Briten an der Pazifikküste zu bekämpfen. Niemand nahm ihn damit wirklich ernst oder sah in ihm einen großen Vordenker. Er verkaufte sich als eine Art „linker Revoluzzer im Millionärskostüm", der, als ihm die Zuhörerschaft ausging, sich gelangweilt nach Paris auf sein Altenteil aufmachte. Dort sollte er seine Tage, im aufkommenden, interessanten Zeitalter der impressionistischen Malerei, verbringen. Einer der Wenigen, die glaubten, dass seine Ideen umgesetzt werden sollten, war Großherzog Konstantin.

Konstantins Gegner in der Frage Alaskas war der russische Außenminister Prinz Alexander Gortschakow. Er hatte große außenpolitische Erfahrung, die er auf diversen Positionen im Ausland gesammelt hatte. Sein Respekt für die USA war ehrlich, er sagte über das Land: „Diese Union … hat der Welt [in den mehr als 80 Jahren ihrer Bestehung] einen spektakulären Wohlstand gezeigt, beispiellos in den Annalen der Geschichte." Gortschakow war nicht grundsätzlich gegen einen Verkauf Alaska's, sah aber zunächst keine politische Notwendigkeit. Aber er war sich auch Stöckl's Einstellung bewusst, der Alaska mittlerweile eine „Brutstätte für Trouble" nannte.

Großherzog Konstantin eröffnete seine Kampagne im März 1857 indem er an Prinz Gortschakow schrieb: „… wir sollten uns nicht täuschen lassen. Wir müssen voraussehen, dass die Vereinigten Staaten, die ihre Besitzungen fortwährend ausweiten und ganz Nordamerika ungeteilt dominieren möchten, die [russischen] Kolonien von uns nehmen werden, und wir nicht in der Lage sind, diese zu behalten." Er bezeichnete Alaska als wertlos und versuchte auch den Finanzminister zu beeinflussen, indem er darauf hinwies, dass der Verkaufserlös für Alaska den Kassen dienen würde. Auch die Russisch-Amerikanische Kompagnie entging seiner Kritik nicht. Er bezeichnete die Gesellschaft als für internationale Beziehungen schädlich.

Gortschakow diskutierte die Frage mit Zar Alexander und gab zu verstehen, dass nur die Höhe der amerikanischen Zahlungen ihn schwankend machen könnte. Aber die Diskussion war seiner Meinung nach zu früh geführt. Nichts sollte vor Auslauf der 20-jährigen Gesellschaftscharter in vier Jahren, im Jahre 1861, getan werden. Bis dahin sollte man das Thema behutsam angehen und sogar Konstantin stimmte einer Geheimhaltung zu. Doch schon im folgenden Jahr, 1858, wurde es unruhig. Gold war in British-Columbia entdeckt worden und 30.000 Amerikaner schwärmten in das Land. Es bestand die Gefahr, dass Großbritannien das Land verlieren könnte und die Goldsucher sich auch über Alaska hermachten. Auch gab es Gerüchte, kolportiert von Stöckl, wonach die Mormonen Utah verlassen und sich in Alaska niedergelassen hätten. Aber Gortschakow blieb ruhig. Die angebliche Bedrohung durch die Mormonen erwies sich als ein Gerücht und British-Columbia blieb genau das, was es war, britisch. Die Gesellschaft wurde ermutigt mit den Vorbereitungen für eine weitere Charter nach 1861 fortzufahren und auch ihren Vertrag mir der *Hudson's Bay Company* zum dritten Mal zu verlängern.

Die Situation änderte sich dramatisch im darauf folgenden Jahr, 1859, als Stöckl auf einem Heimatbesuch in St. Petersburg weilte. Er brachte Nachrichten mit, dass die USA wohl in naher Zukunft nicht mehr so eine starke, vereinte Nation sein würden. Ein Bürgerkrieg, mit starken Unabhängigkeitstendenzen der südlichen Staaten, lag in der Luft. Wollte man Alaska verkaufen, hieß es jetzt oder nie. Dies zeigte Wirkung. Stöckl kehrte nach Washington mit der Maßgabe zurück, ein Angebot über den Verkauf Alaskas von den Amerikanern einzuholen.

Doch der damalige US-Außenminister Lewis Cass, ein ehrwürdiger 77-jähriger Mann aus dem entfernten Michigan, war für die Idee nicht zu begeistern. Stöckl kannte aber die US-Regierung. James Buchanan, nunmehr seit 1857 der 15. Präsident der USA, war von den Fähigkeiten seines Außenministers Cass wenig überzeugt. Er sagte später über ihn: „So ängstlich war er und so wenig Vertrauen hatte er in sich selbst, dass es für ihn schwierig war, auch nur die kleinste Entscheidung zu treffen."[322] So ging Stöckl zu seinem alten Freund, Senator Gwin und dieser direkt zu Buchanan. Der Außenminister wurde so übergangen und Anfang 1860 hatte Stöckl sein Angebot – 5 Millionen Dollar.

---

[322] Es sei jedoch nicht verschwiegen, dass Buchanan als Präsident auch kaum einen Historiker überzeugte. Durch seine Unentschlossenheit ließ er sein Land in den traumatischen amerikanischen Separationskrieg (1861-1865) treiben. Er wird fast ausnahmslos als ein sehr schwacher Präsident gesehen und es ist nur ein Glück für das Land, dass er durch den stärksten Präsidenten in der Geschichte der USA, Abraham Lincoln, abgelöst wurde. Dass Buchanan selbst am Ende war, ergibt sich vielleicht aus seinen Abschiedsworten an seinen Nachfolger: „Mein lieber Herr, wenn Sie beim Einzug in das Weiße Haus genauso froh sind wie ich bei dessen Verlassen, dann sind Sie wirklich ein glücklicher Mann."

Viel zu wenig, antwortete der Taktiker Gortschakow. Stöckl wurde zurückgeschickt, um einen höheren Preis auszuhandeln. Doch mittlerweile hatte die Situation ihren Höhepunkt erreicht. Im Herbst war Buchanan selbst Geschichte und Abraham Lincoln als neuer Präsident gewählt worden. Der Krieg Amerikaner gegen Amerikaner stand unmittelbar bevor. Jeder, selbst Gwin, hatte nun andere Interessen, als sich für Alaska zu begeistern. Die Einheit des Landes stand auf dem Spiel, nicht der Zukauf weiteren Landes.

In diesem Krieg war Russland das einzige europäische Land, das offen mit der Lincoln-Regierung sympathisierte. Deren neuer Außenminister, William H. Seward, ein New Yorker, hatte alle Hände voll zu tun, Großbritannien davon abzuhalten, die konföderierten Südstaaten anzuerkennen und Frankreich zu bearbeiten, sich aus Mexiko zurückzuziehen. Gortschakow gab des Öfteren unmissverständliche diplomatische Zeichen, wo Russland sich bei diesem Konflikt befand.

Dabei hatte er selbst eine Intervention Großbritanniens und Frankreichs zu fürchten. Polen hatte sich in einem ernsten Aufstand gegen die russische Herrschaft gewandt, unterstützt von den beiden anderen europäischen Großmächten. Dieser Konflikt drohte sich auch auf den Pazifik-Raum auszuweiten und damit die russischen Kolonien zu bedrohen. Das Verhalten Großbritanniens und Frankreichs während des Krimkrieges im Pazifik noch in frischer Erinnerung, befahlen die Russen ihre Flotte deshalb, heimlich Schutz in amerikanischen Gewässern zu suchen. So kam es, dass zum Erstaunen der Amerikaner, im September 1863, plötzlich russische Kriegsschiffe in den Häfen von New York und San Francisco vor Anker gingen. Öffentlich gab es darüber keine Verlautbarungen – von keiner Seite. Dies trug dazu bei, dass die Konzentration von russischen Schiffen in amerikanischen Häfen als eine Demonstration russischer Unterstützung für die Unionisten unter den Amerikanern angesehen wurde. Niemand, außer ein paar Eingeweihten, kannte den wirklichen Grund. Sogar der amerikanische Kriegsminister schrieb in sein Tagebuch: „Gott sei Dank für die Russen." Die Schiffe blieben sieben Monate in den Häfen und wurden von der First Lady, Mrs. Lincoln offiziell besucht. Gortschakow gab sich sogar dem Gedanken hin, eine vertragliche Allianz mit den USA einzugehen. Die Beziehung zwischen den beiden Ländern standen zu diesem Zeitpunkt auf einem Höhepunkt.

Doch der glückliche Ausgang des Krieges für die Einheit der USA brachte für Alaska ein ganz anderes Auskommen. Die USA hatten Britisch Kanada wirtschaftlich seit einigen Jahren unter Druck gesetzt, um somit eine Vereinigung der beiden Gebiete zu einem großen nordamerikanischen Staat zu erreichen. Doch genau das Gegenteil bewirkten sie[323]. Die Kanadier schnallten den Gürtel enger und suchten noch größere Annäherung an ihr Mutterland Großbritannien. Jetzt nach Ende des Krieges sah es sogar danach aus, als ob es zu einer Selbstregierung Kanadas mit der britischen Königin Viktoria als Staatsoberhaupt, kommen sollte. Damit war ein kontinuierlicher nordamerikanischer Staat, nach dem Muster der USA, in weite Ferne gerückt und es sah nicht so aus, als ob Alaska jemals eine natürliche Fortsetzung des amerikanischen Staatsgebietes werden könnte. Obwohl diese Entwicklung eine persönliche Niederlage des ambitiösen US-Außenministers Seward war, blieb sein Auge trotzdem fest auf Alaska gerichtet. Er hatte persönliche Motive und sah sich als eine Art große nationale Figur in diesem politischen Spiel.

Es war die Zeit des Wiederaufbaus nach einem Krieg, der die Unionsstaaten allein 365.000 Tote und 282.000 Verwundete kostete. Die Opfer der 11 konföderierten Südstaaten waren unbekannt, aber sicher ebenso beträchtlich. Es sah schlecht aus für Sewards Ambitionen und auch die Russen hatten keine weiteren Pläne mehr für einen Verkauf. Im Gegenteil, sie wollten die Kolonie behalten. Strategisch machte dies immer mehr Sinn. Die seit langem mit Russland befreundeten USA, jetzt durch den Krieg geschwächt, konnte nicht mehr als „Hüter der Hintertür" nach Sibirien angesehen werden.

Ein weiterer Hinweis, dass Alaska nicht zum Verkauf stand, war die Abberufung Stöckls von Washington nach den Niederlanden. Im Herbst 1866 sollte er diesbezüglich in St. Petersburg erscheinen, um vom auswärtigen Ministerium in seine neue Aufgabe eingewiesen zu werden. Er selbst war darüber nicht unglücklich. Es kam einer Beförderung gleich, einhergehend mit einer finanziellen Aufbesserung seines Gehaltes und er war wieder zurück in seinem geliebten Europa. Großherzog Konstantin und der russische Finanzminister sahen ihre Felle davonschwimmen. Insbesondere das Finanzministerium war nicht begeistert, musste es doch die Kolonie zum Teil massiv finanziell unterstützen.

Umso erstaunter sahen sie sich an, als Stöckl, der sich in St. Petersburg

---

323 Die Amerikaner versuchten mit ihren Mitteln auf ihrem Kontinent zu wiederholen, was den russischen Promyschlenniks und Jasak Einsammlern in Asien mehr als 200 Jahre vorher gelang – Die Eroberung eines riesigen Territoriums. Objektiv bleibt festzustellen, dass der russische Staat in seiner Geschichte mehr als 22 Millionen km² Land beherrschte; die Amerikaner schafften nicht einmal die Hälfte – bis dato.

befand, bei einem gemeinsamen Gespräch auf ihre Frage, wie die Chancen auf einen Verkauf im Moment stünden, antwortete, dass sie eigentlich gut wären. Stöckl, immer noch der Meinung, dass er kurz vor Ausbruch des Krieges 1860 einen Verkauf hätte durchziehen können, antwortete gefühlsmäßig, ohne genaue Fakten zu besitzen.

In einem geheimen Vorgespräch, an dem nicht einmal Vetreter der Russisch-Amerikanischen Kompagnie selbst teilnahmen, wurde im Oktober 1866 von Großherzog Konstantin, Außenminister Gortschakow und Finanzminister Reutern beschlossen, Russisch-Amerika zu verkaufen. Gortschakow schlug hierzu ein Sondertreffen zur endgültigen Klärung der Alaska-Frage unter dem Vorsitz des Zaren vor. Dieser bat den Großherzog, den Finanzminister und Stöckl ihre Argumente schriftlich vorzubringen. Sie brachten nichts Neues, aber die Würfel schienen gefallen zu sein.

Das Treffen wurde am 16. Dezember 1866 in St. Petersburg heimlich abgehalten[324]. Anwesend waren neben dem Zaren, Großherzog Konstantin, Außenminister Gortschakow, Finanzminister Reutern, der Noch-Botschafter Russlands in den USA, Stöckl und Vizeadmiral Krabbe, dessen Marineministerium die Russisch-Amerikanische Kompagnie offiziell unterstand. Krabbe hatte auf Anraten Konstantin's schon vor dem Treffen seine Vorbereitungen getroffen. Man wollte nicht, dass jetzt noch etwas schief ging. Sechs Tage vorher hatte er Zar Alexander II. eine Notiz mit der Überschrift „Grenze zwischen den russischen Herrschaftsgebieten in Asien und Nordamerika" unterbreitet, die eine neue russisch-amerikanische Grenzziehung zwischen Asien und Nordamerika vorschlug. Der Zar signierte die Notiz mit der Bemerkung „Einverstanden". Zwei Tage später präsentierte Krabbe Gortschakow die Notiz mit der Bemerkung des Zaren, für eine Weitergabe an Stöckl.

Während des Geheimtreffens wurden die Fakten offen debattiert, wobei die finanziellen Aspekte den politischen den Vorrang ließen. Gortschakow hielt sich sichtlich zurück. Der Zar, wahrscheinlich ebenso müde ob dieses leidigen Themas, fragte schließlich Stöckl direkt, ob er bereit wäre, nach Washington zurückzugehen und einen Kaufvertrag auszuhandeln. Erst jetzt schlug es bei Stöckl ein. Ihm wurde bewusst, dass er mit dieser neuen Aufgabe seinen Posten in Den Haag riskieren würde –

---

324 Die Beratung fand, da Gortschakow zu dem Zeitpunkt krank war, nach Genehmigung des Zaren um 13.00 Uhr im Paradezimmer des Außenministeriums statt, nicht in seinem Winterpalast. Laut seinem „Notizheft" hatte Zar Alexander II. bereits um 14.00 Uhr seinen nächsten Termin.

aber es war zu spät. Er erhielt sogleich die Instruktionen, sich auf den Weg zurück in die USA zu machen und nicht weniger als 5 Millionen Dollar zu akzeptieren.

Am 15. Februar 1867 traf er in New York nach einer fürchterlichen Schiffspassage ein[325]. Zu allem Übel war er auch noch auf dem Schiff gestürzt, hatte sich ernsthaft einen Fuß verletzt. In den folgenden Wochen hatte Stöckl somit die Gelegenheit, seine nächsten Schritte sorgfältig vorzubereiten. Die politische Situation hatte sich entscheidend geändert. Senator Gwin hatte seine politische Laufbahn beendet[326] und der Kongress schien keinerlei Interesse an einem Kauf zu haben. Das einzige, worauf Stöckl jetzt noch zählen konnte, waren die Ambitionen Sewards. Er erinnerte diesen an die früheren amerikanischen Vorschläge hinsichtlich des Kaufes der Kolonie und deutete offen an, dass zum gegenwärtigen Zeitpunkt die russische Regierung bereit wäre, in Verhandlungen einzutreten.

Was jetzt in den nächsten knapp zwei Wochen folgte, ist auch für unsere heutige schnelllebige Zeit nicht anders als atemberaubend zu nennen. Seward war offensichtlich so leidenschaftlich an dem Kauf Alaskas interessiert, dass er sich schleunigst das Einverständnis des amtierenden Präsidenten Andrew Johnson[327] und des gesamten Kabinetts einholte,

---

325 Stöckl erreichte New York von Le Havre auf der *St. Laurent*. In einer Depesche nach seiner Ankunft bemerkte er:" Ich bin hier vor zehn Tagen nach meiner elften Atlantiküberquerung angekommen, die die stürmischste und elendeste von allen war."

326 Gwin war während des Separationskrieges als Sympathisant des Südens verhaftet worden. Nach dem Krieg war seine politische Karriere beendet und er versuchte sich, mit unterschiedlichem Glück, über Wasser zu halten. In den 20 Jahren bis zu seinem Tode war er fast völlig in Vergessenheit geraten.

327 Der ehemalige US-Senator und Militärgouverneur von Tennessee wurde im März 1865 von Präsident Abraham Lincoln nach dessen erfolgreicher Wiederwahl zu seinem Vizepräsidenten ernannt. Als Johnson nur einen Monat im Amt war, wurde auf Präsident Lincoln am 14. April 1865 um 22.15 Uhr im Ford's Theater in Washington D.C. ein Attentat verübt. Der 27-jährige Schauspieler John Wilkes Booth schoss den Präsidenten in den Hinterkopf und flüchtete. Lincoln verstarb am nächsten Tag, dem 15. April um 7.22 Uhr. Vizepräsident Johnson wurde noch am gleichen Morgen zum 17. Präsidenten der USA vereidigt. Bei der nächsten Wahl 1868 wurde er u.a. wegen des *Impeachments* (siehe Fußnote 333) nicht einmal mehr von seiner eigenen Partei, den Demokraten, als Kandidat aufgestellt. Weniger bekannt ist vielleicht die Tatsache, dass zeitgleich Attentate auf drei Personen geplant waren und nicht nur auf Präsident Lincoln. Neben diesem sollten Außenminister Seward und auch Vizepräsident Johnson getötet werden. Der zweite Attentäter, Lewis Paine, verletzte Seward bei dem Attentatsversuch in der gleichen Nacht mit Messerstichen im Gesicht und am Hals. Der dritte Attentäter, George Atzerodt, folgte Johnson zwar heimlich, verlor aber dann den Mut und betrank sich stattdessen.

um die Verhandlungen aufnehmen zu können. Er bekam zwar nur eine halbherzige Einverständniserklärung, aber Nuancen kümmerten ihn wenig. Am 14. März war er bereit, mit Stöckl die Grundzüge eines künftigen Vertrages zu skizzieren. Einer der Hauptpunkte war der künftige Kaufpreis. Wie Stöckl sich später erinnerte, bot der Außenminister ihm zunächst einen Preis zwischen 5 und 5,5 Millionen Dollar an. Stöckl bestand auf einen Preis von 7 Millionen Dollar. Schrittweise näherte sich Seward diesem Preis bis auf 6,5 Millionen Dollar an, wobei Stöckl einige Konzessionen machte. Aber er beharrte weiter auf 7 Millionen, obwohl seine eigene Regierung, gemäß den Instruktionen, schon einen Preis von 5 Millionen Dollar akzeptiert hätte. Beide Seiten konnten sich jedoch an diesem Tag nicht auf einen Preis einigen und verließen den Verhandlungsraum. Obwohl sie noch eine halbe Million Dollar trennten, war Seward wohl in der berechtigten Annahme, dass der endgültige Kaufpreis also keinesfalls 7 Millionen Dollar übersteigen werde. Auf einer Kabinettssitzung am nächsten Tag, es war Freitag der 15. März, präsentierte Seward seinen Kabinettskollegen dann auch einen Kaufpreis von 7 Millionen Dollar in Gold und einen Entwurf für einen Staatsvertrag über den Kauf. Dieser wurde grundsätzlich vom Kabinett angenommen, der Vertrag aber wegen einiger Mängel kritisiert und Seward zu Modifizierungen aufgefordert.

Nach dem Wochenende unterzeichnete Präsident Johnson am Montag, dem 18. März, die offiziellen Vollmachten für Seward, im Namen der Vereinigten Staaten die Verhandlungen zu einem Abschluss zu bringen. Schon am nächsten Tag hatte man die geänderten Grundzüge des Vertrages mit Stöckl vereinbart, auch den Kaufpreis. Die atemberaubende Geschwindigkeit mit der die Amerikaner über ein Gebiet von immerhin fast 1,5 Millionen km² verhandelten, machte es auch für Stöckl schwierig, Schritt zu halten. Noch am selben Tag schrieb er an sein Außenministerium: „... Vielleicht habe ich Fehler gemacht angesichts der Tatsache, dass die ganze Affäre nach amerikanischer Manier so schnell fortschreitet. Aber da ist eine Sache, die ... ich mir anrechne: Ich bekomme 7 Millionen, das sind 2 Millionen mehr als das Finanzministerium benötigt."

Bevor der endgültige Vertragstext zur offiziellen Befürwortung an beide Seiten gesandt werden konnte, feilten Seward und Stöckl noch daran. Sie taten dies u.a. mit Notizen, die sie sich gegenseitig zuschickten. Eine

---

Booth, nach einer Verfolgungsjagd in die Enge getrieben, erschoss sich am 26. April, die beiden anderen sowie zwei weitere Helfer und Mitwisser wurden gehängt.

dieser Notizen von Seward an Stöckl, vom 23. März, besagte, dass Seward unbedingt auf die sechste Klausel im Vertragsentwurf bestand. Diese legte fest, dass die Abtretung frei von allen Privilegien, Vorrechten und sonstigen Besitzrechten vollzogen werden sollte (siehe Übersetzung im Anhang). Gemeint war in erster Linie der bestehende Pachtvertrag Russlands mit der Hudson's Bay Company. Seward wollte damit nichts zu tun haben. Er sah wohl ohne diese Klausel einen Wust von nachfolgenden Rechtsstreitigkeiten voraus und vielleicht auch eine kleine Hintertür für die Russen. Als Konzession an die Russen, für den Einschluss dieser Klausel, bemerkte er in der Notiz, dass er „mit der Genehmigung des Präsidenten 200.000 Dollar zu der zu berücksichtigen Summe addieren werde".[328]

Zwei Tage später stimmte Stöckl zu und erbat sich noch am selben Tage, in einem verschlüsselten Telegramm an Außenminister Gortschakow, die volle Unterzeichnungsvollmacht. Er fügte hinzu, dass ihm und den Amerikanern ein bestätigendes Rück-Telegramm reichen würde. Am 28. März antwortete Gortschakow telegrafisch an Stöckl und gab ihm die Vollmacht, den Vertrag ohne weitere Konsultationen selbstständig abschließen zu können.

Am folgenden Tag, es war Freitag der 29. März, erschien Stöckl abends mit diesem Telegramm im Haus von Seward. Die nachfolgende Szene zwischen beiden Männern wurde von Seward's Sohn Frederick überliefert und später durch andere Zeugen bestätigt:

Seward spielte mit Angehörigen seiner Familie in seinem Wohnzimmer Whist,[329] als der Besuch des russischen Botschafters angekündigt wurde.

„Ich habe per Kabel eine Depesche von meiner Regierung erhalten, Mr. Seward. Der Zar gibt sein Einverständnis zu der Abtretung. Morgen kann ich, wenn Sie möchten, in das Ministerium kommen und wir können in den Vertrag eintreten."

Seward rückte mit einem befriedigenden Lächeln langsam den Spieltisch beiseite und sagte: „Warum bis morgen warten, Mr. Stöckl? Lassen Sie uns den Vertrag heute Nacht abschließen!"

„Aber Ihr Ministerium ist doch geschlossen. Sie haben keine Beamten und meine Sekretäre sind über die ganze Stadt verteilt," entgegnete Stöckl erstaunt.

---

328 Dieser endgültige Kaufpreis in Höhe von 7,2 Millionen Dollar entspricht, gemessen an der Kaufkraftentwicklung des US-Dollars seit 1867 und des Wechselkurses bei Drucklegung dieses Buches, etwa einem heutigen Preis von knapp 100 Millionen Euro oder etwa 0,65 Euro pro Hektar.
329 Ein Kartenspiel.

Abb. 26: Der Vertrag über den Verkauf Alaskas wird unterzeichnet (sitzend: Außenminister Seward; stehend: der russische Botschafter Stöckl).

„Das macht doch nichts", antwortete Seward. „Wenn Sie Ihre Delegation vor Mitternacht zusammenbekommen, warte ich im Ministerium auf Sie, das geöffnet sein wird – bereit Geschäfte zu machen."
Nicht einmal zwei Stunden später schien Licht aus den Fenstern des Außenministeriums und offensichtlich wurde gearbeitet als ob es heller Tag wäre. Um 4 Uhr morgens an diesem Samstag war der Vertrag ausgefertigt, unterschrieben, besiegelt und bereit, vom Präsidenten an den Senat übersandt zu werden.
Am selben Tag, um 10 Uhr morgens, übersandte Präsident Johnson den Vertrag an den Senat, der ihn gemäß der üblichen Geschäftsordnung zunächst an das Komitee für Auswärtige Angelegenheiten weitersandte. Da die Sitzungsperiode des Senats an diesem Tag endete, berief ihn der Präsident in eine außerordentliche Verlängerungsperiode. Er wollte den Vertrag ratifiziert haben, noch bevor die Kanadier einen Beschluss über ihre Konföderation veröffentlichen konnten[330]. Möglicherweise wäre

---

[330] Das, was sich wie erwähnt in Kanada abzeichnete, war unbekannterweise einen Tag vor der Unterzeichnung des Alaskavertrages Wirklichkeit geworden. Die britische Königin Victoria unterschrieb den *North America Act*. In ihm schlossen sich die vier Provinzen Ontario, Quebec, New Brunswick und Nova Scotia zur *Dominion of Canada* zusammen. Der kanadische Staat war erschaffen. British Columbia, zu diesem Zeitpunkt noch britische Kronkolonie, war wesentlich größer als die uns heute bekannte kanadische Provinz British Columbia. Das Gebiet gehörte damals eigentlich der Hudson's Bay Company und wurde auch *Rupert's Land* genannt. Ihr Terri-

dann das gesamte Unternehmen noch einmal zur Diskussion gestellt und vielleicht gekippt worden. Es würde den Gegnern des Vertrages außerdem zu viel Zeit geben, sich zu formieren.

Sobald die ersten Nachrichten über den Kauf in die Redaktionsräume der Journalisten drangen, wurde in ganzseitigen Ausgaben darüber berichtet. Obwohl entgegen herkömmlicher Meinung die meisten Blätter den Kauf befürworteten oder zumindest nicht widersprachen, hatten die Gegner in einigen Presseorganen geeignete Sprachrohre. Die ganze Angelegenheit wurde je nach humoristischem oder besser sarkastischem Talent des Autors als „Seward's Torheit", „Johnson's Eisbär Park", „Walrossien" oder „Seward's Eisschrank" bezeichnet.

Aber einige trafen auch deutlich unter die Gürtellinie. Stellvertretend hier ein Beispiel:

Die *New York World* vom 1. April 1867:

„Russland hat uns eine ausgelutschte Apfelsine verkauft."

Andere Zeitungen schlugen, wie gesagt, einen ganz anderen Ton an:

Die *Chicago Evening Journal* vom 1. April 1867 weitblickend:

„Der Pazifikhandel hat sich bis jetzt noch nicht zu einer bemerkenswerten Größe entwickelt, aber er ist auf dem Weg, dem auf dem Atlantik Konkurrenz zu machen oder ihn sogar zu überholen. Die Abtretung von Russisch-Amerika wird uns wahrscheinlich helfen, diesen Handel zu kontrollieren."

Der *Portland Daily Oregonian* vom 2. April 1867 in interessanten Vergleichen:

„Der Kauf der russischen Nordamerikabesitzungen durch unsere Regierung ist die wertvollste Landakquisition der Vereinigten Staaten seit der Abtretung von Kalifornien. … Wir haben zehn Millionen für Arizona bezahlt, ein Stück unproduktives Land, das niemals einen so großen Wert für die Vereinigten Staaten haben wird wie dieser neue Kauf."

Und für die Briten stellte die altehrwürdige *London Times* vom 2. April 1867 nüchtern fest:

---

torium ging im Norden bis über den Polarkreis und im Osten bis an die Großen Seen. Im November 1870 votierte British Columbia mit überragender Mehrheit für einen Beitritt zu Kanada, der im darauf folgenden Jahr formal vollzogen wurde. Die Aufteilung dieses riesigen Landes in die übrigen uns heute bekannten kanadischen Provinzen erfolgte später.

„Unsere Grundsätze sind klar. Da wir nicht das geringste Recht haben gegen eine Handlung zu protestieren, die völlig im Ermessen der Regierungen Russlands und der Vereinigten Staaten liegt, sollten wir uns nicht in eine durch eitle Vorstellungen geleitete, irrige Position begeben. Es wird gesagt, dass British Columbia fast vom Pazifik abgeschnitten ist durch die Besitznahme dessen, was ein Teil seiner Meeresküste sein sollte. Die angemessene Antwort dazu ist, dass es eigentlich schon vorher abgeschnitten war, weil Amerika nur gekauft hat, was zu Russland gehörte und kein Engländer jemals davon geträumt hat, dass Russland sich davon zu unseren Gunsten trennen würde. Materiell sind wir nicht schlechter gestellt als zuvor, während unsere moralischen Rechte in Bezug auf unsere eigenen Besitzungen völlig unberührt sind."

Die Senatoren waren wegen der Eile nicht gerade begeistert und monierten, dass der Vertrag mit allzu heißer Nadel gestrickt worden war. Das Argument mit Kanada beeindruckte sie nicht besonders. Die meisten wussten nichts oder scherten sich auch nicht um Alaska, das nun irgendwo dort im Norden, losgetrennt vom sonstigen US-Staatsgebiet, sein Dasein fristen sollte. Es gab sogar Stimmen, die meinten, dass Alaska von den Amerikanern nur gekauft werde, um Russland einen Gefallen zu tun. Sozusagen als Dankeschön für die Kriegsschiffe, die es im Separationskrieg, als sichtbare Unterstützung, in amerikanische Häfen gebracht hatte. Die ganz „Harten" schlugen sogar vor, den Russen ihre Kosten einfach zu ersetzen und dieses verdammte Alaska zu vergessen.

Das Schicksal des Vertrages hing jetzt größtenteils von der Meinung des Komitees für Auswärtige Beziehungen ab, das dem Senat eine Empfehlung geben musste. Man konnte davon ausgehen, dass der Senat einer solchen Empfehlung seines eigenen Spezialgremiums folgen würde. In diesem Komitee saß ein besonders eifriger Gegner von Außenminister Seward, der Senator des Staates Maine, William Pitt Fessenden. Beide kannten sich aus gemeinsamen Kabinettstagen noch unter Präsident Lincoln. Seward war Außenminister und Fessenden für eine kurze Zeit Finanzminister gewesen. Während der Debatte innerhalb des Komitees bemerkte Fessenden einmal sarkastisch, dass er nur unter einer Bedingung dem Kauf von Alaska zustimmen würde – Seward müsse dort leben.

Auch der Vorsitzende des Komitees, Charles Sumner aus Massachusetts, schien ein äußerst unsicherer Kandidat zu sein. Er hatte Stöckl anfangs sogar empfohlen, den Vertrag zurückzuziehen, da er seiner

Meinung nach keine Chance hatte, im Senat durchzukommen. Aber in der Folgezeit sollten die Ressentiments einer nüchternen Betrachtung weichen. Sumner kommunizierte mit vielen Politikern, Wissenschaftlern und Militärs, die ihm die Vorteile des Kaufes aufzeigten. Als am 8. April der Vertrag vom Komitee dem Senat zur Ratifizierung vorgelegt wurde, war es Sumner, nun ein vehementer Befürworter, der den entscheidenden Umschwung brachte. In einer dreistündigen Ansprache zog er alle Register eines begnadeten Redners. Er argumentierte, dass gleich der Umstände, man den Russen wegen ihrer Freundschaft verpflichtet war. Er schloss mit dem Argument: „Auch wenn man den Wert dieser Besitzungen anzweifelt, der Vertrag ist ein Zeichen guten Einvernehmens. Er ist ein erneuter Ausdruck dieser *Entente Cordiale*[331] ... Ein Phänomen der Geschichte."

Als die Senatoren zur Abstimmung kamen, war das Ergebnis eindeutig, 37 zu 2 Stimmen für den Vertrag. Trotz dieses Erfolges hätte man sich in einer so wichtigen Frage gerne als Zeichen nach außen und insbesondere im Bezug auf die russischen Freunde, ein einstimmiges Senatsergebnis gewünscht. Doch zwei Senatoren hatte man nicht umstimmen können.[332] Wie auch immer – Alaska war verkauft. Von einem Land, das es eigentlich nicht verkaufen wollte, an ein Land, das eigentlich gar kein Interesse daran hatte. Herumgestoßen wie das „hässliche Entlein" und von keinem so richtig geliebt – aber das Tauziehen war noch nicht ganz zu Ende.

Das Geld für den Kauf musste noch freigegeben werden. Aber das, so versicherte man Stöckl, war nur eine Formalität und würde in der nächsten Sitzungsperiode des Repräsentantenhauses im Sommer nachgeholt werden. So traf man Vorbereitungen für eine offizielle Übergabe des Territoriums von Russland an die USA. Diese sollte im Herbst in Neu-Archangelsk stattfinden.

Aber das Geld kam nicht, da es nicht bewilligt wurde. Es dauerte 15 Monate bis die Sache endlich im Kongress verhandelt wurde, teilweise verzögert durch die Amtsanklage (*Impeachment*) gegen Präsident Johnson[333] und durch die fortlaufenden Reaktionen gegen den Kauf in den

---

331 Französisch: Herzliches Einvernehmen. Eigentlich, seit etwa 1840, die Bezeichnung für das freundschaftliche Verhältnis zwischen England und Frankreich.

332 Dagegen stimmten William P. Fessenden und der Senator von Vermont, Justin Smith Morrill.

333 Vor dem Impeachment gegen Präsident William Jefferson (Bill) Clinton war dies die einzige Amtsanklage gegen einen US-Präsidenten. Es ging um Verstöße gegen das „Amtsdauergesetz" (*Tenure of Office Act*), das dem Präsidenten untersagte, bestimmte öffentliche Personen ohne Zustimmung des Senates zu entlassen. 1867

Abb. 27: Der Scheck über 7,2 Millionen Dollar, mit dem Alaska in den
Besitz der USA überging.

USA selbst. Endlich, Ende Juni 1868, kam es zur Debatte im Repräsentantenhaus. Diese dauerte zwei Wochen und wurde erbittert geführt.
Neue Argumente gegen den Verkauf wurden ins Feld geführt oder die
alten frisch aufgewärmt. Alles sah noch einmal unsicher aus. Dann, am
14. Juli 1868, endete die Debatte mit der letzten, entscheidenden Abstimmung. 113 Kongressabgeordnete stimmten für den Vertrag, 43 dagegen, 44 hatten erst gar nicht abgestimmt. Was war geschehen?
Der Verdacht der Bestechung war derart präsent, dass eine Untersu-

---

war das Gesetz gegen das Veto des Präsidenten vom Kongress angenommen worden.
Im Februar 1868 entließ Johnson jedoch seinen Kriegsminister Edwin M. Stanton
ohne die erforderliche Senatszustimmung. Noch im selben Monat stimmte das
Repräsentantenhaus mit 126 zu 47 für eine Amtsanklage wegen „schwerer Amtsver-
gehen". Johnson erbat sich 40 Tage Vorbereitungszeit, ihm wurden aber nur 10 Tage
gewährt. Insgesamt wurde er mit 11 konstruierten Einzelanklagen beschuldigt,
wobei die elfte eine Zusammenfassung der anderen Anklagen war. Diese elfte Anklage wurde bei Abstimmung mit 35 zu 19 befürwortet, nur eine Stimme mehr und die
erforderliche Zweidrittelmehrheit hätte Johnson nicht nur das Amt gekostet, sondern den USA vielleicht auch Alaska. 10 Tage später erreichten zwei andere der 11
Anklagen die gleiche Abstimmungszahl – und somit wieder nicht die erforderliche
Zweidrittelmehrheit. Die restlichen Anklagen wurden daraufhin nie zur Abstimmung vorgebracht. Der Demokrat Johnson überlebte das Impeachment nur, weil
sich sieben republikanische Senatoren aus Überzeugung seiner eigenen Demokratischen Partei anschlossen, um den Präsidenten zu entlasten. Sie riskierten dabei ihre
politische Karriere. Der Kriegsminister Stanton weigerte sich übrigens standhaft zu
gehen und verbarrikadierte sich in seinem Büro bis der Impeachmentprozess beendet war.
Vollständigkeitshalber sei noch erwähnt, dass 1999 gegen Präsident Clinton zwei
Anklagen wegen Meineids und Behinderung der Justiz vorgebracht wurden, die
mit 45 zu 55 bzw. 50 zu 50 jeweils nicht die erforderliche Zweidrittelmehrheit
erreichten.

chungskommission eingesetzt wurde. Stöckl wurde offiziell befragt und konnte nicht erklären, wo 125.000 Dollar von seinem Privatkonto verblieben waren. Aber man konnte letztendlich keine eindeutigen Beweise vorbringen, sodass die Sache im Sande verlief.[334]

Nach dem Tode von Präsident Johnson, 1875, tauchte eine von ihm handgeschriebene Notiz auf, die sich heute in der Bibliothek des amerikanischen Kongresses befindet. Auf dieser stand, dass Außenminister Seward ihm gegenüber zugegeben habe, dass bestochen worden war[335]. Die Notiz war so abgelegt worden, dass man sie finden musste. Die ganze Schmieren-Affäre hatte ein Ende – und wie der Name schon sagt, es lief „wie geschmiert"[336].

334 Stöckl erhielt übrigens auf persönliche Anweisung des Zaren eine Gratifikation in Höhe von 25.000 Rubel für seine Dienste, aber der Zug nach Den Haag war für ihn abgefahren. Das Angebot eines Botschafters in den Niederlanden wurde wohl auch wegen der aufgekommenen Bestechungsgerüchte nicht wiederholt. Stöckls politische Laufbahn war beendet. Er zog sich nach Paris zurück.
Seward blieb noch bis zum Ende der offiziellen Amtszeit von Präsident Johnson, 1869, dessen Außenminister. Er antwortete später auf die Frage, was sein wichtigster politischer Erfolg war, ohne zu zögern: „Der Kauf von Alaska! Aber es wird bei den Leuten wohl eine Generation dauern, bis sie das herausfinden."
335 Der genaue Wortlaut: „Am Sonntag, den 6. September 1868 fuhren Mr. Seward und ich etwa sieben oder acht Meilen entlang der Straße, die nach Marlsboro führt [Es folgt eine kurze Wiedergabe der Konversation mit genauen Angaben, wer wie viel erhielt]. All diese Beträge wurden von dem russischen Minister [Botschafter Stöckl] direkt oder indirekt an die betreffenden Parteien gezahlt … "
336 Es sei noch vermerkt, dass die mit dem Kaufpreis verbundenen Transaktionen am 1. August 1868 über die Washingtoner *Riggs Bank* und die Londoner Bank *Baring Brothers & Co* durchgeführt wurden – dies bedeutete eine Verspätung von 3 Monaten und 6 Tagen gegenüber bereits vereinbarten Terminen. Als der neue russische Botschafter in den USA, Konstantin Katakazi, im Oktober 1869 darauf hinwies, dass dem russischen Staat bei dem gegenwärtigen Zinssatz von 6% dadurch 115.200 Dollar an Zinsen entgingen, erntete er keinen Widerspruch. Es war darüber jedoch eine weitere Entscheidung des US Kongresses notwendig. Bekamen die Russen nun das ihnen zustehende Geld? Neue Dokumente weisen daraufhin, dass die Russen letztendlich umgerechnet 157.000 Rubel weniger bekamen, als ihnen zustanden.

Nachbeben

Die Reaktionen in Russland waren größtenteils negativ. Sie wurden angeführt von dem Vorstand der Russisch-Amerikanischen Kompagnie, Wassili Zawoiko.[337] Vizeadmiral Zawoiko erklärte wütend, dass er niemals ein Papier unterzeichnen werde, dass die Aktion der Regierung guthieß. Auch deren Drohung, ihn zu degradieren und zu verbannen, konnte ihn zunächst nicht besänftigen, sodass er schließlich in das Marineministerium versetzt wurde, wo man ihn besser unter Kontrolle hatte.[338]

Die Zeitungen in Russland waren in erster Linie kritisch eingestellt, drückten ihr Missfallen in Form von sarkastischen Berichten und Artikeln aus. Schließlich wurden auch diese Bemerkungen durch die zaristische Zensur unterdrückt. Diese beendete zwar die öffentliche Diskussion in Russland, konnte aber den gedemütigten Nationalstolz nicht heilen. Niemals zuvor, für kein Geld der Welt, war „heilige russische Erde" verkauft worden. Selbst die Kirche sah es als eine Sünde an, dass zum orthodoxen Glauben Konvertierte „verkauft" wurden.

Vor Ort aber, in der Kolonie, war jetzt viel zu tun. Der Gouverneur der Russisch-Amerikanischen Kompagnie, Prinz Maksutow, der von den Verkaufsverhandlungen vollständig ausgeschlossen worden war, erfuhr erst im Mai oder Juni von dem Verkauf. Auch er war ein Gegner des Verkaufs gewesen und hatte dies bei seinem Amtsantritt Großherzog Konstantin unmissverständlich erklärt. Aber seiner kalten Wut, nicht nur über den Verkauf, sondern auch wie man ihn behandelte, stand ein großes Pflichtgefühl gegenüber. In Neu-Archangelsk überbrachte er, vor mehr als 1.000 versammelten Menschen, die traurige Nachricht, die sich bald in der ganzen Kolonie verbreitet hatte. Schon im kommenden Oktober sollte die offizielle Gebietsübergabe stattfinden. Den Menschen wurde eine dreijährige Option eingeräumt, in der sie sich entscheiden konnten, ob sie die russische Staatsbürgerschaft behalten oder die neue, amerikanische, annehmen wollten. Rechtliche Unsicherheiten, insbesondere über Besitzverhältnisse, mussten geklärt werden. Russ-

---

337 Held der Schlacht um Petropawlowsk 1854 während des Krimkrieges.
338 Die Wogen schienen sich aber schon bald geglättet zu haben. Zawoiko wurde 1874 zum Admiral befördert und erhielt 1890 den Alexander Newski Orden. Er starb 1898 im hohen Alter von 88 Jahren.

land hatte zwar das staatliche Territorium verkauft, privates Eigentum war davon jedoch nicht berührt, sondern blieb bei seinem ursprünglichen Besitzer. Diese forderten, für alle Fälle, jetzt noch schnell eine Bestätigung der Besitzverhältnisse durch Maksutow. Er selbst musste sich intensiv um das Eigentum der Russisch-Amerikanischen Kompagnie kümmern. Alles was in Russland als nicht nutzbar angesehen und deshalb nicht zurückgeschifft wurde, musste verkauft werden. Dazu zählten auch die zahlreichen Gebäude, die Eigentum der Gesellschaft waren.

Für Menschen, die zurück nach Russland wollten, und das waren nicht wenige, mussten Transportmöglichkeiten geschaffen werden[339]. Und nicht zuletzt, musste die offizielle, für den Herbst geplante Übergabeprozedur vorbereitet werden.

Die Amerikaner hatten unmittelbar nach dieser Übergabe das Zepter übernommen und unterstellten das riesige Gebiet unter die Befehlsgewalt der Armee. Der hemdsärmelige General Davis[340] forderte denn auch sofort die Bevölkerung auf, Gebäude für seine Soldaten zur Verfügung zu stellen. Die Russen und insbesondere Maksutow, protestierten und entgegneten, dass die vorgesehenen Gebäude Eigentum der Gesellschaft waren und deshalb von den Amerikanern nicht angetastet werden dürften. Aber Davis setzte sich einfach darüber hinweg, sodass Maksutow nichts anderes übrig blieb, als seinen Landsleuten zu raten, schnellstens andere Unterkünfte zu finden. Manche fanden eine Bleibe auf den russischen Schiffen, die im Hafen lagen.

Am 7. November 1867 wurde eine Wahl abgehalten, bei der die nun Sitka[341] genannte Stadt eine neue Satzung erhielt. William S. Dodge

---

339 Nicht allen ermöglichte die russische Regierung eine freie Rückführung nach Russland. Noch acht Jahre später wurden Ersuchen von Russen in Sitka in einem Schreiben (datiert 13. Juni 1875) des russischen Innenministeriums an den Generalgouverneur von Ostsibirien mit der Begründung abgelehnt, dass: „die in Frage kommenden Russen und Kreolen, die das Recht für einen Transport nach Russland auf Regierungskosten hatten, dies [damals, 1867] verweigerten und die Regierung somit keinerlei Verpflichtungen mehr ihnen gegenüber hat ...“ Das war eine glatte Lüge. Die Regierung wollte einfach nicht die hohen Kosten für einen derartigen Transport tragen. Es ist nicht bekannt, was aus den zurückgebliebenen Familien Tschubarow, Larionow, Senotrusow und Burdokowski geworden ist.
340 General Davis blieb bis 1873 oberster Militär in Alaska. Im Mai wurde er an die Grenze von Oregon und Kalifornien beordert, um den Stamm der Modoc niederzuschlagen. Diese hatten kurz vorher den amerikanischen General Richard S. Canby bei Friedensverhandlungen erschossen. Davis starb 1879 in Chicago.
341 Abgeleitet von dem Wort *Shee-Atika* aus der Sprache der Tlingit Indianer. Das Wort bedeutet: Menschen auf dieser Seite des Shee (Ortsbezeichnung).

wurde zum ersten Bürgermeister ernannt.[342] Es wurde ein Gericht gegründet. Der erste Fall sah die Russisch-Amerikanische Kompagnie, vertreten durch Maksutow, im Rechtsstreit mit einem ehemaligen Angestellten mit Namen Pawlow. Dieser Mann hatte schnellstens die amerikanische Staatsbürgerschaft angenommen und versuchte sich einiges von dem Eigentum, das ihm von seinem ehemaligen Arbeitgeber anvertraut worden war, „unter den Nagel zu reißen". In abstoßend ignoranter Art wurde von diesem amerikanischen Gericht nicht der eigentliche Sachverhalt versucht zu erleuchten, sondern ein politischer Fall daraus gemacht. Ohne sich auch nur zu einer Beratung zurückzuziehen, sprach die Jury denn auch Pawlow von allen Beschuldigungen frei.

Im Oktober 1870 führte die Armee eine Volkszählung durch. Von den einst 2.000 bis 2.500 Einwohnern Neu-Archangelsk schienen zu diesem Zeitpunkt noch 391 übrig zu sein, die Soldaten nicht mitgerechnet.[343] Der Niedergang des Ortes, der seit Ende 1869 eingesetzt hatte, setzte sich fort. Viele der Neuankömmlinge waren nicht in der Lage, sich einen Lebensunterhalt zu verdienen und verließen Sitka wieder – genauso wie die Russen selbst.[344] Waren diese zunächst erstaunt, dass es unter dem neuen Regime möglich war, den eigenen Arbeitgeber zu verklagen, wurden sie bald desillusioniert. Die Verwaltung von General Davis war lax und seine undisziplinierten Soldaten verursachten viel Unmut unter der Bevölkerung.

Maksutow, mittlerweile zum russischen Konsul in Sitka ernannt, war nach der Übergabe im Frühjahr 1868, nach San Francisco gereist, um

---

342 Was ihn nicht davon abhielt, einige Gebäude von der Russisch-Amerikanischen Kompagnie zu kaufen und kurz danach wieder mit großem Profit abzustoßen. So erwarb er z. B. 1868 von Maksutow ein Haus für 200 Dollar, um es ein Jahr später für 500 Dollar weiterzuverkaufen.

343 Diese offizielle Zählung ist etwas irreführend. Ebenso wenig wie Einheimische wurden Frauen und Kinder von Soldaten nicht mitgezählt. Nach Schätzungen hielten sich bis zu 1.250 Tlingit Indianer in Sitka auf. Die Gesamteinwohnerzahl 1870 dürfte also ungefähr 1.600-1.700 betragen haben. Von den erwähnten 391 Einwohnern gaben übrigens 21 Deutschland als ihren Geburtsort an. Im Jahr 2000 hatte die Stadt Sitka 8.681 Einwohner.

344 Die ersten Russen verließen Sitka bereits am 1. November 1867. Am 15. Dezember 1867 und am 22. Januar 1868 verließen weitere Menschen die Stadt, entweder über London nach Kronstadt oder über den Nordpazifik zum sibirischen Hafen Aian. Als eines der letzten Schiffe verließ die *Winged Arrow* Sitka am 8. Dezember 1868 mit 186 russischen Passagieren an Bord. Insgesamt verließen etwa 500 Russen die Kolonie in Richtung Russland oder San Francisco, wo sich später eine bedeutende russische Bevölkerung befand. Prinz Maksutow selbst verließ die Stadt endgültig am 6. Januar 1869 und traf am 30. April auf seinem Gut in Tula ein.

dort an einem anderen Gerichtsverfahren teilzunehmen. Es ging um ein
Schiff, welches die Russisch-Amerikanische Kompagnie an einen kalifornischen Geschäftsmann verkauft hatte, der aber, wie sich herausstellte, nicht in der Lage war, zu bezahlen. Das Verfahren ging zu Gunsten
der Gesellschaft aus. Im April des selben Jahres fuhr Maksutow auf eine
abschließende Tour zu der Insel Kodiak, den Pribilof- und anderen
Inseln. Er wollte die Geschäftsbücher ordnungsgemäß abschließen und
Angestellte der Gesellschaft aufnehmen, die nach Russland zurückkehren wollten. Bei seiner Rückkehr nach Sitka, im August 1868, wurde er
mit einer unerfreulichen Geschichte konfrontiert.

Die Russisch-Amerikanische Kompagnie hatte einen Vertrag mit einem
der weltweit führenden Pelzverarbeiter und -händler, der Firma *J.M.*
Oppenheim and Company in London, abgeschlossen. Durch diesen
Vertrag, befristet bis Ende 1868, erhielt die Firma das Recht auf alle
Pelzrobbenfelle der Gesellschaft in Alaska.[345] Als sie die Nachricht vom
Verkauf Alaskas erreichte, vermutete man sogleich, dass die Russisch-
Amerikanische Kompagnie bald in Konkurs gehen würde. Man wollte
sich noch mindestens den Fang für 1867 und wenn möglich, auch für
1868 sichern. Da man in London weit vom Schuss war, kam man auf die
Idee, Spione an die Pazifikküste zu entsenden, die alle Schiffsbewegun-
gen, besonders die der Russisch-Amerikanischen Kompagnie im Auge
behalten sollten. Alle Entwicklungen und Vertragsverletzungen sollten
nach London übermittelt werden. Als einer dieser Spione wurde der
Deutsche Emil Teichmann ausgesucht, ein 21-jähriger Angestellter von
J.M. Oppenheim and Company, aus deren Büro in New York. Er reiste
nach San Francisco und Sitka, gab sich dort als Naturliebhaber aus und
freundete sich mit einem gewissen Nikolai Popow an. Dieser war für
Prinz Maksutow bei dessen letztem Aufenthalt in San Francisco als
Sekretär und Übersetzer tätig gewesen. Teichmann setzte Popow in der
Folge immer mehr unter Druck und berichtete dessen Geschichten
getreulich und ungefiltert nach London. Schließlich wurden die belas-
tenden Dokumente beim Bürgermeister vorgelegt, Popow der Eid
abgenommen und alles notarisiert. Die Offiziellen der Russisch-Amerikanischen Kompagnie wurden darin beschuldigt, unehrlich zu agieren
und Fänge an amerikanische Händler anstatt an die Londoner Firma

---

345 Der genaue Inhalt des Vertrages ist nicht bekannt. Historiker haben jedoch
argumentiert, dass mit dem Verkauf Alaskas auch alle Verträge der Gesellschaft hin-
fällig geworden waren.

abzugeben. Da man aber keine konkreten Beweise, sondern größtenteils nur Popows Geschichten hatte, verlief die Sache im Sande.[346]

Aber trotz all dieser unerfreulichen Umstände und Widrigkeiten gab es auch überraschende Erfolge. Stellvertretend sei hier die Geschichte (und es soll unsere letzte Geschichte sein) einer Gruppe von risikofreudigen Entrepreneuren erzählt. Diese schafften es, aus dem Chaos und den Unsicherheiten des Verkaufs von Alaska Nutzen zu ziehen, der bis in unsere heutige Zeit reicht.

Bereits kurz nach Bekanntgabe des Verkaufs von Alaska war der Schiffseigner, Kapitän William Kohl[347], von Victoria nach Sitka auf der *Fideliter* gereist, um dort neue Handelsmöglichkeiten zu erkunden. Sein erst kurz zuvor erworbenes und repariertes Dampfschiff hatte an der Küste Schiffbruch erlitten. Nun verkaufte er es an einen Mitarbeiter der Russisch-Amerikanischen Kompagnie mit Einverständnis des Gouverneurs, Prinz Maksutow. Der Grund war die Umwandlung der Registrierung von vormals Britisch in Russisch. Hintergedanke war natürlich, dass durch den Verkauf von Alaska das Schiff viel leichter ein amerikanisch registriertes werden konnte. Nach einigen Jahren konnte es als Frachtschiff an der Pazifikküste mit großem Gewinn an seine eigenen Landsleute verkauft werden.[348]

Unterstützt wurde Kohl von Leopold Boscowitz, einem befreundeten Pelzhändler, der mit ihm nach Sitka gekommen war[349]. Nach San Francisco zurückgekehrt, trafen sie dort den gerade von einer sehr erfolgreichen

---

346 Ein anderer Spion in San Francisco war Agapius Hontscharenko, ein Ukrainer und einstiger orthodoxer Mönch, der wegen umstürzlerischer Tätigkeiten aus Russland geflohen war. Er zettelte über seine Zeitung *Alaska Herald* eine Kampagne gegen die Russisch-Amerikanische Kompagnie und Prinz Maksutow mit wildesten Beschuldigungen an. Im Rahmen einer Untersuchung des Kongresses in einer anderen Angelegenheit gab schließlich ein gewisser Robert Desty 1876 zu, sechs Jahre lang unter der Schirmherrschaft von Hontscharenko Lügengeschichten im *Alaska Herald* über Maksutow veröffentlicht zu haben.

347 William Kohl (1820-1893) wurde in Pennsylvania geboren und war holländischer Abstammung. Er arbeitete schon mit 15 Jahren als Ingenieur in einem Werk für Lokomotiven. Als er später nach Kalifornien zog, verdingte er sich mit verschiedenen Partnern, als Besitzer einer Sägemühle, eines Segelfrachtschiffes, eines Fleischgroßhandels und bevor er nach Alaska kam, als Besitzer eines Flussfrachters und zweier Segelschiffe. Diese verkehrten zwischen Portland (Oregon) und Victoria (Hauptstadt der heutigen kanadischen Provinz British-Columbia). Jeder nannte ihn „Kapitän", obwohl er Schiffe konstruierte und besaß, sie aber nicht selbst kommandierte.

348 Kohl wurde später von der US-Regierung wegen dieses Handels zur Rede gestellt, konnte sich aber glaubwürdig davon distanzieren, sodass die Untersuchung ergebnislos verlief.

349 Boscowitz hatte zu diesem Zeitpunkt zusammen mit seinen Brüdern die zweitgrößte Pelzfirma Nordamerikas nach der Hudson's Bay Company aufgebaut.

Pelzrobbenfahrt auf die Pribilof-Inseln zurückgekehrten ehemaligen Angestellten der Russisch-Amerikanischen Kompagnie, Gustav Niebaum.[350] Dieser hatte zusammen mit anderen Partnern[351] das Schiff *Constantine* seines Arbeitgebers gekauft und sich selbstständig gemacht. Kohl verstand etwas von Schiffen und Boscowitz von Pelzen. So war es kein Wunder, dass die Geschäftsleute mit Niebaum über eine Zusammenlegung ihrer Aktivitäten diskutierten. Man bereitete die Verschmelzung vor und wollte diese nach Niebaums Rückkehr von einer erneuten Reise zu den Pribilof-Inseln, besiegeln. Da die neue Firma ihren Sitz in San Francisco haben sollte, mussten Lagerkapazitäten her. Durch Boscowitz angeregt, zeigte der Geschäftsmann August Wassermann[352] aus San Francisco, der über entsprechende Möglichkeiten verfügte, Interesse.

Als Kohl und Boscowitz Mitte Januar 1868 wieder in Sitka eintrafen, um Prinz Maksutow um weitere Hilfe bei dem Pelzhandel zu bitten, trafen sie dort auf Hayward M. Hutchinson[353], der gerade mit seinen Partnern einen großen Teil des Anlagevermögens der Russisch-Amerikanischen Kompagnie gekauft hatte. In den folgenden Wochen wurde aus dem ursprünglichen Drei- bzw. Vier-Partner-Deal ein noch größerer Deal geschmiedet. Aber erst als die drei Geschäftspartner mit Maksutow erneut nach San Francisco zurückgekehrt waren, sollte dieses Abkommen konkretere Formen annehmen. Kohl und Boscowitz waren an Pelzen interessiert, Hutchinson und seine Partner Louis Sloss[354] und Lewis Gerstle[355] an Handelsgeschäften[356].

---

350 Ein Finne, 1842 in Helsingfors (Helsinki) als Gustaf Ferdinand Nybom geboren. Er stammte aus schwedisch-baltendeutscher Linie, kam als 16-jähriger Junge in Alaska an und trat dort in die Dienste der Russisch-Amerikanischen Kompagnie. Es ist nicht genau bekannt, warum er die deutsche Schreibweise seines Namens annahm. Vermutlich, weil manche seiner späteren Geschäftspartner, Sloss und Gerstle, deutsche Juden waren. 1873 heiratete er die Deutsch-Amerikanerin Susan Shingleberger.
351 Darunter die deutschstämmigen Carl und Axel Asche sowie Anton Belitz.
352 Ein aus Deutschland ausgewanderter Jude, der mit den späteren Partnern Sloss und Gerstle bekannt war.
353 Hutchinson war ein Geschäftsmann aus Baltimore, der die amerikanische Unionsarmee mit Kochutensilien versorgte. Nach Ende des Separationskrieges folgte er der Einladung seines Freundes, General Lovell H. Rousseau, ihn nach Sitka zu begleiten.
354 Geboren 1823 in Bayern, verdingte sich Sloss, als er 1849 nach Kalifornien kam, zunächst als Minenbesitzer, Gemüsegroßhändler und Aktienhändler.
355 Genauso wie sein Schwager Sloss, war Gerstle erstklassig in das landesweite Netz deutschstämmiger, nach Amerika immigrierter Juden eingebunden.
356 Hutchinson hatte eigentlich noch einen weiteren Partner, den deutschstämmigen Abraham Hirsch, der aber bereits im März 1868 ausstieg.

Als Niebaum zufällig zur gleichen Zeit von seiner zweiten Fahrt wieder in San Francisco eintraf, bot man ihm und seinen Partnern einen jeweils gleichen Anteil an der neuen, gemeinsamen Firma an. Niebaums Partner lehnten schließlich ab, sodass ihre Anteile an der alten Niebaum Firma von den neuen Partnern aufgekauft wurden. Zusammen gründeten diese sieben Partner, Hutchinson, Sloss, Gerstle, Kohl, Boscowitz, Wassermann und Niebaum nun die Firma *Hutchinson, Kohl und Company*. Noch vor Ende 1868 wurde das Anlagevermögen dieser Firma, im Wert von über 1,7 Millionen Dollar, in die neu gegründete *Alaska Commercial Company* eingebracht[357] und 1870 weitere Anteilsinhaber aufgenommen[358]. Gegen härteste Konkurrenz[359] errang die Firma 1870 ein 20-jähriges Monopol auf den Fang von Pelzrobben.[360] Sie gehörte zusammen mit der *Hudson's Bay Company* innerhalb von wenigen Jahren zu den mächtigsten Pelzfirmen der Welt und machte ihre Partner mit einem Nettogewinn von 18 Millionen Dollar, in 20 Jahren, zu immens reichen Geschäftsleuten.[361]

---

357 *Hutchinson, Kohl und Company* blieb weiter bestehen, allerdings änderte sich die Zielsetzung der Firma. Mit Hilfe von Prinz Maksutow überredete die Firma 1871 die russische Regierung, ihr genau die gleichen Monopolrechte für die Jagd auf den russisch verbliebenen Kommandeurs-Inseln einzuräumen, wie die, welche die *Alaska Commercial Company* auf der jetzt amerikanischen Besitzung der Pribilof-Inseln innehatte. Die Russen bestanden darauf, dass ein Russe Firmenrepräsentant in St. Petersburg sein musste und sein Name im Firmenname enthalten war. So änderte sich die Firma in *Hutchinson, Kohl, Maksoutoff and Company*. Sogleich nach Erhalt der Konzession beauftragte sie ihre Schwesterfirma, die *Alaska Commercial Company* mit der Durchführung ihrer Geschäfte. Prinz Maksutow erhielt ein Gehalt als Geschäftsführer, eine Position, die er aber nach ein oder zwei Jahren aufgab. Vielleicht hatte dies mit seinem neuen Projekt, dem Bau des Wolga-Newa Kanals zu tun. Unglücklicherweise war dieses Projekt nicht von Erfolg beschert. Maksutow geriet in ernste finanzielle Schwierigkeiten. Als Gustav Niebaum einmal zu Besuch in St. Petersburg verweilte, bat Maksutow seinen einstigen Angestellten um finanzielle Hilfe, die er ihm auch in kleinem Rahmen gewährte. Trotzdem wurde Maksutow 1879 für bankrott erklärt. Der letzte Gouverneur von Russisch-Amerika starb vereinsamt 1889. Er liegt auf dem Nowodewitschi-Klosterfriedhof zu St. Petersburg begraben.
358 Unter ihnen Simon Greenewald, ein Geschäftspartner von Sloss und Gerstle und General John F. Miller, ein Kriegsveteran, der die Präsidentschaft von Sloss übernahm und später US-Senator wurde. Sloss und Miller kannten sich durch ihre großzügige Unterstützung der Präsidentschaftskampagne von Ulysses S. Grant.
359 Insbesondere durch ein Syndikat aus San Francisco unter Führung von Louis Goldstone und später durch die *Western Fur and Trading Company*, die schließlich 1883 aufgekauft wurde.
360 Die Tiere wurden auf den Pribilof-Inseln gefangen.
361 Hutchinson starb 1882, Kohl 1893 während eines Besuches bei seinem Sohn in Philadelphia, der dort eine große Gießerei besaß. Sloss und Gerstle starben 1902. Boscowitz, der in Victoria, British Columbia, lebte, war als Brite gezwungen, seine

Eine der Auflagen für die Firma bei Vergabe der Konzession war die Abgabe von Steuern an den amerikanischen Staat. Während der 20-jährigen Periode zahlte die Firma 9,7 Millionen Dollar an Steuern in die amerikanische Staatskasse – 2,5 Millionen Dollar mehr, als der Kauf Alaskas gekostet hatte.

Die *Alaska Commercial Company* besteht heute noch und ist der größte, ländliche Einzelhändler Alaskas, mit einem Umsatz von 104,9 Millionen US Dollar in über 30 Läden (2000). Nachdem die Firma mehrmals den Besitzer gewechselt hat und 1942 sogar alle Tätigkeiten ruhten, gehört sie heute der kanadischen *North West Company*, einem Relikt aus der Verschmelzung der ehemaligen Pelzfirmen *Hudson's Bay Company* und *North West Company* von 1821. So schließt sich der Kreis wieder.

Die Stadt Juneau wurde 1906, anstelle von Sitka, neue Hauptstadt des Alaska-Territoriums. Erst 1959, nach 92 Jahren, wurde Alaska endlich als 49. Staat in die Vereinigten Staaten von Amerika aufgenommen.

Wie hat sich eigentlich der Verkauf in beiden Staaten ausgewirkt?

Wie haben die Russen das Geld verwandt? Nun, das meiste wurde für Ausrüstungen für die Eisenbahnlinien Kursk-Kiew und nach Rjasan benutzt. Im Endeffekt blieben nur umgerechnet 390.000 Rubel Bargeld übrig.

Eisenbahnschienen für Alaska? Noch ein Treppenwitz: Große Teile dieser Linien sind heute nicht mehr russisch, sondern gehören der Ukraine.

Und Alaska? Nun, es gibt sicherlich eine Reihe von unterschiedlichen Gesichtspunkten. Aus kommerzieller Sicht vielleicht nur eine Zahl zur Veranschaulichung. Stellen Sie sich bitte eine dieser 1-Liter-Ölflaschen von der Tankstelle vor. Alaska hat unter den Amerikanern bis zum Jahr 2001 Erdöl mit dieser Menge Inhalt an 1-Liter-Ölflaschen produziert:

Anteile an dieser amerikanischen Firma auf Grund der feindseligen Situation der beiden Staaten 1872 an Mark Livingston, einem Freund Wassermanns verkaufen. Wassermann selbst ging wieder zurück nach Deutschland und verkaufte seine Anteile an Sloss.

Nur Gustav Niebaum hatte noch eine besondere Berufung in seinem Leben. 1879 kaufte er den Inglenook Besitz in Rutherford, im heute weltberühmten Napa Valley, nordöstlich von San Francisco. Innerhalb von zehn Jahren baute er ein Weingut mit Hilfe von Spezialisten aus Europa und Amerika auf. Die Besucher der Weltausstellung in Paris 1889 konnten nicht nur zum ersten Male den neu erbauten Eiffelturm bewundern, sondern auch Niebaum's Weine probieren, die für ihre Qualität Preise errangen. 1908 starb der Weinpionier.

Heute gehört Inglenook mit seinem 65 Hektar Weinanbaugebiet dem amerikanischen Regisseur und Filmemacher Francis Ford Coppola (*Apocalypse Now*, *Bram Stoker's Dracula*).

2,300,000,000,000 (2,3 Billionen)

Damit wären wir am Ende einer faszinierenden Periode der russisch-amerikanischen Geschichte angelangt. Bleibt nur noch ein kleiner Nachtrag – was geschah eigentlich mit der Russisch-Amerikanischen Kompagnie selbst?

Das ehemalige russische Staatsgebiet war an die USA verkauft worden, ebenso wie das Anlagevermögen der Russisch-Amerikanischen Kompagnie in Nordamerika. Das bedeutet aber nicht, dass die Gesellschaft aufgelöst war. Nach allem war sie nachwievor eine russische Aktiengesellschaft, die zwar den größten Teil ihrer Geschäftsgrundlage verloren hatte, aber immer noch bestand.

Die Nachricht von dem erfolgreichen Abschluss des Alaska-Kaufvertrages hatte St. Petersburg kaum erreicht, als auf einer Generalversammlung der Gesellschaft am 21. April 1867 ein neuer Vorstand berufen wurde. Er bestand aus fünf Personen, unter ihnen zwei vormalige Gouverneure der russischen Kolonien in Amerika, F.P. Wrangel und M.D. Tebenkow. Dieser neue Vorstand hatte die Aufgabe, „vorbereitende Maßnahmen für die Ausführung des Vertrages zu unternehmen …und alle Verhandlungen über die Übergabe der Kolonien und der Realisierung des Gesellschaftsbesitzes zu führen."

Der erste Schock kam prompt. Der Verkauf Alaskas hatte die Russisch-Amerikanische Kompagnie genau 4.043.882 Rubel und 59 Kopeken gekostet, auch für damalige Verhältnisse eine gigantische Summe. Offensichtlich war das Anlagevermögen hoffnungslos überbewertet und nicht mit dem Marktwert bilanziert worden, eine Praxis, die man sicherlich für die gesamte Periode der Existenz der Gesellschaft annehmen darf. Jetzt, bei dem Verkauf, zeigte sich plötzlich die Diskrepanz zwischen angenommenem (bilanziertem) und tatsächlichem (von einem Käufer bezahltem) Wert.

Aber es kam noch schlimmer. Dies waren nur Papierwerte, doch von dem was aus dem Besitz der Gesellschaft verkauft wurde, erhielt diese längst nicht alles Geld auf ihre Konten. Der Vorstand wandte sich trotz bereits bestehender Vereinbarungen in seiner Not immer wieder an das Finanzministerium und sogar den Zaren selbst, die Gesellschaft für diese Verluste zu kompensieren. Im Januar 1869 erhielt der Sprecher des Vorstandes, F.P. Wrangel, eine Nachricht, dass der Zar eine Kompensation ablehnte. Im November 1870 schließlich erbat sich der Vorstand vom Finanzministerium die Erlaubnis, die „Konten der Russisch-Amerikanischen Kompagnie schließen zu dürfen". Dieser Antrag blieb unbeantwortet und die Gesellschaft wurde sogar in bescheidenem Maße mit Zahlungen der Regierung abgefunden[362]. Doch alles in allem blieb der Russisch-Amerikanischen Kompagnie aus dem Verkauf Alaskas ein Verlust von 1.092.352 Rubel und 71 Kopeken, der durch nichts gedeckt werden konnte.

Obwohl dies erschreckende Zahlen waren, hatten die Aktienbesitzer kaum Grund zur Panik. Noch vor dem Verkauf Alaskas waren 1865 die Privilegien der Gesellschaft bis zum 1. Januar 1882 verlängert worden. Da sich zu diesem Zeitpunkt die Russisch-Amerikanische Kompagnie in finanziellen Schwierigkeiten befand, wurde darüber hinaus in einem Schreiben des Ministeriums für Handel und Produktion 1866 bestätigt, dass: „... der Gesellschaft bis zum 1. Januar 1882 eine jährliche Zahlung in Höhe von 200.000 Rubel geleistet werde, wenn sie die ihr übertragenden Verantwortlichkeiten erfüllt [die Höhe dieser Zahlung wurde abhängig gemacht von Bedarfsschätzungen des Marineministeriums] ... [und] die Schulden der Gesellschaft an den Staat in Höhe von 750.000 Rubel erlassen werden."

So wurden weiterhin Dividenden an die Eigentümer ausbezahlt. Die letzte 1881, als die wenig noch verbliebenen Aktieninhaber 3 Rubel und 95 Kopeken pro Aktie erhielten. Mit dem Auslaufen ihrer Privilegien am 1. Januar 1882 erlosch dann auch im gleichen Jahrzehnt die Russisch-Amerikanische Kompagnie endgültig.

---

362 Sie erhielt 73.000 Rubel als Kompensation für ihren verkauften Besitz. Die USA zahlte der russischen Regierung separat etwa 800.000 Rubel für den gleichen Zweck. Insgesamt sind die finanziellen Transaktionen der Gesellschaft eher undurchsichtig und warten seit langem auf eine sorgfältige wissenschaftliche Erforschung.

Kurzabhandlungen

Der Seeotter

Der Seeotter ist eines der wenigen Tiere, die die Weltgeschichte nachhaltig beeinflusst haben. Sein Pelz war der Hauptgrund für die Expansion Russlands in den Nordpazifik. Seine beinahe Ausrottung war einer der Hauptgründe für den Verkauf des „wertlosen" Alaskas an die USA. Es ist deshalb nur recht und billig, sich dieses Meeressäugetier etwas genauer zu betrachten.

Die Otter gehören, wie Zobel, Stinktier, Nerz, Dachs und Vielfraß zu den Marderartigen. Die Otterfamilie umfasst 13 verschiedene Arten von Fluss- und Seeottern. Die Seeotter (lateinischer Name *Enhydra lutris*) werden in drei Gruppen unterteilt, den kalifornischen oder südlichen (*lutris nereis*), den asiatischen (*lutris gracilis*) und den alaskanischen oder russischen (*lutris lutris*) Seeotter. Diese Untergruppen unterscheiden sich durch Größe, Gewicht und Ernährungsweise.

Bei einer Länge von bis zu 120 cm werden die Männchen bis zu 30 kg schwer, die Weibchen bis zu 20 kg. Sie besitzen einen hervorragenden Geruchs- und Tastsinn, wobei ihre Barthaare Vibrationen im Wasser aufspüren können. Sie sehen ausgezeichnet über und unter Wasser. Ihre Eckzähne sind zum Aufbrechen von Nahrung besonders stark entwickelt. Ihre Ohren sind denen der Robben ähnlich und ihre Vorderpfoten haben einziehbare Krallen, wie sie Katzen besitzen.

Ihr ursprüngliches Verbreitungsgebiet umfasste die nahezu 10.000 km lange Küstenlinie von Nordmexiko über Kalifornien, Alaska und die Aleuten bis nach Kamtschatka und weiter über die Kurilen-Inseln bis nach Hokkaido, der nördlichsten Insel Japans. Als die ersten Europäer sie entdeckten, betrug die Gesamtpopulation schätzungsweise eine Million Tiere, wovon ca. 20.000 an der kalifornischen Küste lebten. Aber innerhalb von weniger als hundert Jahren war der Seeotter fast ausgerottet. Allein in den 29 Jahren russischer Anwesenheit in Kalifornien, wurden mehr als 100.000 Seeotter getötet. Die kalifornische Untergruppe galt für ein Jahrhundert, bis 1938, als ausgestorben. Zufällig wurde dann eine Kolonie, mit etwa 300 Tieren, wieder entdeckt.

Seeotter können zwischen 15 (männliche) und 20 Jahre (weibliche) alt werden. Mit etwa drei und sechs Jahren werden sie geschlechtsreif. Junge werden das ganze Jahr über geboren. Die Tragzeit dauert sechs bis sieben Monate, abhängig von den Umweltbedingungen in denen das Muttertier lebt. Die bis zu 2,5 kg schweren Jungen werden im Wasser geboren, wobei ihre Augen sofort geöffnet sind. Selten kommen Zwillinge zur Welt. Da die Mutter nicht beide Tiere säugen kann, würde sie ein Junges aufgeben. Die Jungen sind fünf bis acht Monate von der Mutter abhängig. In Kalifornien, dem Hauptforschungsgebiet für Seeotter, leben diese meistens in den Kelpwäldern (Kelp = bis über 30 m langer Riesentang), sind aber auch schon fünf Kilometer von der Küste entfernt gesichtet worden. Die Geschlechter leben oft getrennt. Während der Paarungszeit verteidigen die Männchen ihre Territorien, diese liegen meistens in der sichereren Mitte der Tangwälder. Jüngere Kontrahenten leben am Rande der Kolonie und sind meistens diejenigen, die neue Lebensgebiete erkunden. Normalerweise schwimmt der Seeotter nicht mehr als einige Kilometer am Tag, aber diese marodierenden Jungotter können Hunderte von Kilometern in nur wenigen Tagen zurücklegen. Die natürlichen Feinde des Seeotters sind Haie (in Kalifornien besonders der Weiße Hai), Orkas (Schwertwale), Weißkopfseeadler, Bären und Kojoten.

Durchschnittlich verbringt der Seeotter acht Stunden am Tag mit Nahrungssuche. Sie müssen bis zu 25% ihres Körpergewichts täglich aufnehmen, um ihre Körpertemperatur von 37,7°C zu halten. Sie fressen ca. 40 verschiedene Seetiere, in der Hauptsache Seegurken, Krabben, Muscheln, Oktopusse und Fische, je nach Verbreitungsgebiet. Fünf bis sechs Stunden werden der Fellpflege zugewandt, 11 Stunden dienen dem Ausruhen oder Schlafen. Sein charakteristisches Schwimmen auf dem Rücken, einer Stellung, in der er auch die Nahrung zu sich nimmt, erreicht er durch Paddeln mit den Hinterfüßen. Der Seeotter ist ein hervorragender Taucher. Obwohl ein Tauchgang durchschnittlich nur eine Minute mit bis zu 20 Meter Wassertiefe dauert, können Seeotter bis zu fünf Minuten unter Wasser bleiben und eine Tiefe von 100 Metern erreichen. Sie schlafen im Meer in ihren bevorzugten Ruhegegenden, manchmal zu Hunderten in einer Kolonie. Seeotter sind einige der wenigen Tiere, die Werkzeuge benutzen. Mit Steinen schlagen sie, auf dem Rücken schwimmend, Muscheln auf, um an das Fleisch zu gelangen. Manchmal werden die besonders brauchbaren Steine in Felltaschen unter ihren Vorderfüßen verstaut.

Da Seeotter keine Fettpolster unter der Haut besitzen, verlassen sie sich auf ihr unglaublich dichtes Fell. Dieses ist mit mikroskopisch kleinen Luftbläschen durchsetzt, sodass der Seeotter eigentlich nie nass wird. Der Pelz hat zwischen 100.000 bis 150.000 Haare pro cm², verglichen mit den insgesamt ca. 20.000 Haaren, die der Mensch auf Kopf hat. Das Fell besteht außen aus langen rauen Strähnen und innen aus feinem Kurzhaar. Es ist so dicht, dass, auch wenn es mit den Fingern auseinander gezogen wird, die Haut nicht sichtbar ist. Das Bürsten der Haare ist lebenswichtig, denn es verteilt das natürliche, vor Wasser schützende Öl ebenso wie die isolierenden Luftbläschen, bis zu den Haarspitzen.

Seeotter sind eine der Schlüsseltierarten, da sie ihre Umwelt direkt beeinflussen. Sie fressen Seegurken, die sich von dem Riesentang ernähren und deshalb die Zerstörer der Kelpwälder sind. Diese Wälder sind die Hauptbrutstätten vieler Fischarten. Seeotter sind deshalb Indikator eines gesunden Ökosystems. 1911 schlossen Japan, Russland, Großbritannien und die USA den nördlichen Pelzrobbenvertrag ab (*Northern Fur Seal Treaty*), der eine Jagd auf Meeressäugetiere, einschließlich der Seeotter, verbot. 1913 wurde die Gesetzgebung in Kalifornien noch weiter verschärft. Die kalifornische Seeotterpopulation hat sich bis heute langsam wieder auf ca. 2.000 erholt. Durch die stärkere Erholung der Seeotter in Alaska und den Kurilen beträgt die Gesamtpopulation der Seeotter wieder etwa 170.000 Tiere.

Die große Anziehungskraft seines Pelzes scheint jedoch nicht nachzulassen. Als nach 55 Jahren zum ersten Male wieder am 30. Januar 1968 eine Auktion für 1.000 Seeotterpelze an der Pelzbörse in Seattle zugelassen wurde, erzielten sie Preise von bis zu $ 2.300 pro Pelz.

Graf Moritz August Benjowski

Graf Benjowski wurde als Móric Benyovszky am 20. September 1746[363] in dem Dorf Benovo[364], Kreisstadt Vrbové, damals Österreich-Ungarn (heute Slowakei, ca. 100 km nordöstlich von Wien) geboren. Er war der Sohn eines österreichischen Kavalleriegenerals, der seine Ahnenreihe bis auf polnische Grafen des 11. Jahrhunderts zurückverfolgen konnte (andere Schreibweisen seines Namens erschienen als Baron de Benev, Bengoro oder Abwandlungen wie Beniovskij, Benovskii etc.).

Benjowski begann seine Karriere als österreichischer Offizier und hat vielleicht auch an einem Feldzug während des Siebenjährigen Kriegs (1756-1763) teilgenommen. 1756 als er einen Onkel in Lettland besuchte, erfuhr er, dass seine Cousins sich des Familiengutes bemächtigt hat-

---

363 Benjowski selbst gibt in seinen Memoiren 1741 als Geburtsjahr an.
364 Wahrscheinlich leitet sich sein Name daher.

ten. Bei seiner Rückkehr jagte er sie jedoch mit Gewalt davon und wurde deswegen vor einem Gericht in Wien als Rebell und Störer des öffentlichen Friedens des Landes verwiesen und sein Besitz konfisziert. 1767 trat er der polnischen Konföderation bei, um Seite an Seite mit dem polnischen Rädelsführer Pulaski für die Unabhängigkeit von Russland zu kämpfen. Nachdem er 1768 und 1769 zweimal in russische Gefangenschaft geriet, wurde er im gleichen Jahr zunächst nach Kazan, und im Dezember zusammen mit seinem schwedischen Freund Wynblath nach Kamtschatka in ein Strafgefangenenlager geschickt. Dort, in dem kleinen Fort Bolscheresk angekommen, bereitete er ein Komplott vor und es gelang ihm, sich bei dem alternden und als Trunkenbold bekannten Kommandanten, Kapitän Nilow, einzuschmeicheln. Dessen Kinder unterrichtete er in Fremdsprachen und Mathematik.

Einen Aufstand der Einheimischen ausnützend, kaperten Benjowski und seine Männer am 27. April 1771 das Fort, töteten Nilow und segelten einen Monat später in der *St. Peter* des Kaufmanns Cholodilow südwärts Richtung Japan.[365] Mit dabei waren die Russen Gerasim Ismailow und Dimitri Bocharow, die in der weiteren Geschichte Russisch-Amerikas noch eine Rolle spielen sollten. Auf der Kurilen-Insel Simuschir verdächtigte Benjowski Ismailow, das Schiff kapern und zurück nach Kamtschatka segeln zu wollen. Obwohl er ihn zuerst hinrichten lassen wollte, setzte Benjowski ihn, seine Frau und seinen Kompagnon Paranchin auf der Insel aus. Von dort aus kehrten sie nach Sibirien zurück.

Von den Ryukyu-Inseln sandte Benjowski einen Brief an einen holländischen Kapitän in Nagasaki. In diesem teilte er mit, dass er auf den Kurilen, angeblich, Festungen, Munition, Artillerie und Waffenmagazine gesehen habe. Außerdem planten die Russen eine Attacke auf Matsumae (Insel Hokkaido). Der Kapitän schickte den Brief an den Tokugawa Schogun, der diese Nachricht sehr ernst nahm. Die Beziehungen zwischen Japan und Russland wurden auf Grund dieses Vorfalls beeinträchtigt. Somit hatte Benjowski seine Rache. Weiter über Formosa (Taiwan) reiste er nach Macao, wo er am 12. September 1771 ankam und das Schiff verkaufte. Auf dem Rückweg von dort nach Europa, besuchte er, auf von ihm angeheuerten französischen Schiffen, Madagaskar.[366] 1772 erreichte er Frankreich und erfuhr dort, dass er von der polnischen

---

365 Benjowski behauptet in seinen Memoiren, dass er zuerst nach Alaska gereist sei und dort, quasi als Erster, Entdeckungen gemacht hätte. Dies wird allerdings von Historikern entschieden angezweifelt.
366 Zu diesem Zeitpunkt noch unabhängig und von zahlreichen einheimischen Häuptlingen regiert.

Konföderation zum General befördert worden war. Erst jetzt wurde er sich seiner wachsenden internationalen Berühmtheit bewusst. Mit der Unterstützung des Herzogs d'Eguillon schlug er König Louis XV. vor, eine französische Kolonie auf Formosa oder Madagaskar zu errichten. Der König ernannte ihn daraufhin zum Gouverneur von Madagaskar, gab ihm den Titel eines Grafen und schickte ihn nach Madagaskar. Am 2. Februar 1774 verließ er mit einer Gruppe Freiwilliger (unter ihnen Russen, die mit ihm von Kamtschatka geflüchtet waren) Frankreich auf der *Desforges* unter Kapitän Philippe Germain de Saint-Felix. In Madagaskar angekommen, gründete er nahe Maroantsetra (Antongil Bay) an der Nordostküste, die Kolonie Louisborg mit einem Krankenhaus auf Nosy Mangabe. Außer dem Ausbau der französischen Präsenz und der Erkundung der Insel vereinigte er auch viele Stämme. 1776 wählten ihn örtliche Könige zu ihrem *Ampansacabe* (Kaiser). Er führte die lateinische Schrift in die madagassische Sprache ein. Von örtlichen französischen Kaufleuten behindert und bekämpft, verließ er jedoch am 14. Dezember 1776 die Insel.

Nach seiner Ankunft in Paris wurde Benjowski 1777 zum französischen General befördert, erhielt den Orden des „Heiligen Louis" und eine Pension. Doch Paris ignorierte für die nächsten zwei Jahre seine weiteren Forderungen nach einer neuen Madagaskar-Expedition. In dieser Zeit erhielt er eine Begnadigung der österreichisch-ungarischen Kaiserin und Königin, Maria Theresia und wurde zum Grafen ernannt. Er arbeitete einen sorgfältigen Plan für eine Zugangsstraße Österreichs zum Mittelmeer aus. Außerdem wurde Benjowski ermächtigt, die Kontrolle über Madagaskar im Namen Österreichs zu übernehmen.

In Paris wurde er ein Freund von Benjamin Franklin und seines einstigen Vorbildes, Kasimir Pulaski (1748-1779). Ihm folgte Benjowski 1779 nach Amerika, um dort seine Dienste der Amerikanischen Revolutionsarmee anzubieten. Er stand angeblich Pulaski in der tragischen „Savannah-Schlacht" bei, wo sein Freund in seinen Armen starb. Nach anderen Berichten hatte er allerdings keine ausreichenden Empfehlungen und musste deshalb unverrichteter Dinge nach Frankreich zurückkehren.

Wie auch immer, 1781 war Benjowski wieder in Amerika, diesmal mit den Empfehlungen Franklins und dem Plan, in Europa eine amerikanische Legion für den Unabhängigkeitskrieg zu rekrutieren. Das Projekt wurde positiv bewertet. In Newborough traf er George und Mary Washington. Doch das Ende der Kriegshandlungen, im Oktober 1781, machte dieses Projekt überflüssig und Benjowski kehrte nach Frankreich zurück. Sein Bruder Francis war übrigens der Adjutant Major Polreckys, dem Anführer der „Blauen Husaren" in der französischen Kavallerie, die die Britische Kapitulation in Yorktown überwachte. 1783 präsentierte Benjowski seine „Memoiren und Reisen" (in Französisch), J.H. Magellan (einem Nachkommen des ersten Weltumseglers Ferdinand Magellan) war für die Veröffentlichung in Großbritannien zuständig.[367] Mit der Unterstützung von Benjamin Franklin und dem Vorschuss Magellans für seine Memoiren, gründete Benjowski eine „Amerikanisch-Britische Firma für Geschäfte mit Madagaskar". 1784 reisten Benjowski und seine Frau nach Baltimore, um weitere Geldgeber für das Projekt zu finden. Dies schien ihm zu gelingen, denn er bekam die *Intrepid* von den beiden, in Baltimore ansässigen Geschäftsleuten, Messonier und Zollikofer zur Verfügung gestellt und lud sie mit voll mit Waren.

Zurück in Madagaskar, war er zunächst als Kaufmann erfolgreich, machte jedoch den Fehler, die anderen europäischen Nationen, im Namen seines Kaiserreiches, herauszufordern. Am 23. Mai 1786 wurde Benjowski, der „madegassische Monarch", bei einem Überfall französischer Soldaten und Kaufleute auf seine Siedlung, erschossen. Seine Frau, Zuzana Honschova, verbrachte ihren Lebensabend in den USA, wo sie 1815 verstarb.[368]

Die Gründung von San Francisco

San Francisco ist sicherlich eine der ungewöhnlichsten und schönsten Städte der Welt. Ihr Charakter wird zum großen Teil durch die besondere Geologie und Geografie der Umgebung bestimmt. Die Bucht von San Francisco ist eigentlich ein Tal, das sich vor ca. 100.000 Jahren mit Salzwasser vom Pazifischen Ozean gefüllt hat. Später zog sich das Wasser wieder durch das *Golden Gate* zurück und als die Ozeane wieder anstiegen, füllte sich die Bucht, etwa 10.000 v. Chr., erneut, bis zu ihrem heutigen Stand, mit Wasser.

Die ersten Einwohner der Gegend waren Indianer, die zusammenfas-

---

367 Im selben Jahr, am 26. Juli, traf Benjowski in Spa, im Hotel du Louvre, auf Casanova.

368 Wegen seines abenteuerlichen Lebens war Benjowski Vorlage für einige Theaterstücke und Dichtungen, als auch für eine Oper. In Deutschland wurde sein Name bekannt durch die 1975 ausgestrahlte, wenig geschichtstreue TV-Serie „Die unfreiwilligen Reisen des Moritz August Benjowski", mit Matthias Habich in der Hauptrolle. Die Memoiren Benjowskis wurden erstmals 1790 in London veröffentlicht und haben bis heute die 20. Auflage erreicht. Sie wurden in 10 Sprachen übersetzt.

send *Costonoans* (vom spanischen costaños = Küstenmenschen) genannt wurden. Sie waren Steinzeitmenschen, kannten weder das Rad noch irgendwelche Metalle. Zur Zeit der Gründung der Stadt lebten in der erweiterten San-Francisco-Bucht etwa 15.000-20.000 Indianer.[369]
Obwohl die Spanier seit 1542, unter Juan Rodríguez Cabrillo, die Küste Kaliforniens erkundeten, entdeckten weder sie noch andere Nationen, unter ihnen so berühmte Seefahrer wie Francis Drake (1579), die Einfahrt der *Golden Gate*. Dies kann nur durch die enge Durchfahrt und den oft an diesem Küstenabschnitt vorherrschenden Nebel erklärt werden. Dieser tritt zu bestimmten Jahreszeiten täglich auf. So blieb der Landexpedition unter Gaspar de Portolá vorbehalten, die Bucht als erste Europäer im Jahre 1769 zu sehen. Erst auf wiederholtem Druck aus Madrid unternahm der Vizekönig von Neu-Spanien, u.a. auch zuständig für *Alta California* (Oberkalifornien), Schritte für eine Besiedlung. Die Berichte Portolás hatten von einem „großen Meeresarm" erzählt. Zwei weitere Erkundungsausflüge bestätigten die einzigartige, natürliche Lage der Bucht, die „alle Schiffe Spaniens aufnehmen könnte". Ein hier errichteter Hafen konnte dazu beitragen, die weitere Ausbreitung der Russen von Alaska nach Süden zu verhindern.
So segelte Leutnant Juan Manuel de Ayala auf der *San Carlos*, 1775, als erster Europäer durch das *Golden Gate*. Trotz einer schmerzhaften Wunde (eine geladene Pistole ging beim Verladen plötzlich los und die Kugel drang Ayala durch den Fuß), vermaß er die gesamte Bucht während seines 44-tägigen Aufenthaltes. Er gab einigen Örtlichkeiten ihren heutigen Namen, wie Los Angeles (*Isla de los Angeles*), Sausalito (*Saucelito* = kleines Weidendickicht) und Alcatraz (*Isla de Alcatraces* = Insel der Pelikane).
Die ersten Siedler kamen 1776 unter de Anza und errichteten ein *Presidio* (befestigtes Lager) und weiter landeinwärts eine Franziskaner-Mission. Die erste dort gehaltene Messe, am 29 Juni 1776, markiert das offizielle Gründungsdatum San Franciscos, fünf Tage vor der Unabhängigkeitserklärung der USA. Die Mission wurde dem Heiligen und Ordensgründer Franz von Assisi zu Ehren, San Francisco de Asis, geweiht. Sie wurde aber als die Dolores-Mission bekannt, ein Name, den de Anza dem kleinen Fluss gab, an dem die Mission zuerst stand.[370] Nachdem

---

369 Der letzte wild lebende Indianer Kaliforniens mit Namen „Ishi" vom Stamm der Yahi wurde erst 1911 in der Nähe von Oroville „entdeckt".
370 Sie wurde 1782 an einen geeigneteren Ort, der jetzigen Dolores-Street, umgesiedelt. Die dort 1791 fertig gestellte Kapelle überstand die Erdbeben von 1906 und 1989 unbeschädigt und kann heute noch im Originalzustand besichtigt werden.

man dem 1792 zu Besuch weilenden britischen Kapitän George Vancouver „klugerweise" erlaubt hatte, die schwachen spanischen Verteidigungsanlagen zu besichtigen, wurde zwei Jahre später eine Befestigungsanlage, das Castillo de San Joaquin, auf dem Steilufer, das den südlichen Eingang der *Golden Gate* überblickt, errichtet.

1821 errang Mexiko seine Unabhängigkeit von Spanien und die San-Francisco-Bucht wurde mexikanisch. 1834 wurde die Mission im Rahmen der Säkularisation verstaatlicht. Bis zur Wiedereröffnung der Kirche im Jahr 1859 diente sie als Kneipe, Tanzsalon und Aufführungsstätte von „Stier-gegen-Bär-Kämpfen". Das alte Presidio und das Castillo verfielen, wurden 1835 verlassen und waren bald dem Erdboden gleichgemacht. Aber die Mexikaner erleichterten auch den Handel und in den dreißiger Jahren des 19. Jahrhunderts erschienen amerikanische Handelsschiffe, die um das Kap Hoorn gesegelt waren. In der Bucht ankerten sie meistens an einer geschützten Stelle (einer kleinen Bucht), die nach einer hier wild wachsenden, pfefferminzartigen Pflanze, mit der die Indianer und Spanier Tee zubereiteten, *Yerba Buena* (= gute Kräuter) genannt wurde. Der Handel war bald so einträglich, dass im Oktober 1835 der britische Seemann William A. Richardson auf der Hügelseite gegenüber der Bucht einen kleinen Handelsposten errichtete. Richardson war 1822 nicht mit seinem Schiff nach England zurückkehrt, stattdessen wurde er Mexikaner und heiratete die Tochter des Presidio Kommandanten. 1836 baute der amerikanische Siedler Jacob Leese ein Haus unweit von Richardson. Bis 1839 wurden sowohl weitere Häuser, als auch die erste Straße errichtet. Richardson nannte die kleine Stadt nach der Bucht ebenfalls Yerba Buena. Das Wachstum machte es erforderlich, einen Stadtplan zu erstellen, damit die mexikanischen Behörden Siedlern Grundstücke besser zuteilen konnten. Mit dieser Aufgabe wurde der Schweizer Jean-Jacques Vioget beauftragt, der vorher in Chile gelebt hatte und die einzigen Vermessungsinstrumente in der Stadt besaß. Vioget konnte sich natürlich nicht vorstellen, dass aus dieser kleinen Stadt einmal eine Weltstadt werden würde. So plante er nach einem einfachen „Schachbrettmuster", was zur Folge hatte, dass heute die Straßen San Franciscos einer geraden Linie, ohne Rücksicht auf Hügel, folgen.

Bereits seit Jahren waren Amerikaner über die Sierra nach Kalifornien eingewandert. 1835 hatte der amerikanische Präsident, Andrew Jackson, den Mexikanern angeboten, die San-Francisco-Bucht und Nordkalifornien für 3,5 Millionen Dollar zu kaufen, was diese aber ablehnten. 1846 wurde wegen des Disputes über Texas der Krieg erklärt, der mit der

Abb. 19:
Yerba Bucht, beim
späteren San Franzisko.

Einnahme von Mexiko-Stadt endete. 1848 mussten die Mexikaner u.a. Texas und Kalifornien in einem Vertrag an die USA abtreten. Tatsächlich war Yerba Buena schon vorher amerikanisch geworden. 1846 erschien Kapitän John B. Montgomery mit dem Kriegsschiff *U.S.S. Portsmouth* in der Bucht, landete mit seiner Truppe in der Stadt und hisste auf der Plaza die amerikanische Flagge, ohne dabei auf Widerstand zu stoßen. Er benannte den Platz nach seinem Schiff, Portsmouth Square. Anfang 1847 wollten Geschäftsleute eine neue Stadt weiter östlich gründen, näher an die, immer mehr an Bedeutung gewinnende, Kolonie von John Sutter im Sacramento-Tal. Sie wollten diese neue Stadt nach einem der Vornamen der Frau des Landeigentümers Vallejo, Francisca, nennen. Dies stieß aber sofort auf den Widerstand der Yerba Buena Einwohner. Sie überredeten den amerikanischen *Alcalde* (eine Art Bürgermeister und Richter) Washington Bartlett, den Namen am 23. Januar 1847 offiziell von Yerba Buena in San Francisco zu ändern. Dieser Name war von den Mexikanern, schon seit der Gründung Yerba Buenas, im Wechsel benutzt worden. Die Geschäftsleute gaben nach und nannten ihre neue Stadt nach einem weiteren Vornamen der Frau Vallejos, Benicia.

Ebenfalls 1847 wurde der irische Ingenieur Jasper O'Farrell beauftragt den ursprünglichen Plan Viogets zu erweitern, da die Stadt weiter wuchs. Ein Ergebnis dieses Planes war, dass man in der Bucht Kaianlagen (*Wharves*) errichtete, die später zu Straßen wurden.

Am Morgen des 24. Januar 1848 inspizierte James Marshall den frisch gegrabenen Wasserrücklaufkanal einer neuen Mühle auf Sutters Neu-Helvetia Kolonie. In ca. 30 cm Wassertiefe sah er auf dem Sandboden etwas schimmern, halb so groß wie eine Erbse. So begann der kalifornische Goldrausch von 1848 Jahre und die Stadt San Francisco wuchs in

241

kürzester Zeit von 1.000 (Anfang 1848) auf 20.000 (Ende 1849) Einwohner. Der Rest ist, wie gesagt, Geschichte.

Zwei bedeutende Geschichtstage dieser Stadt seien noch erwähnt. Ein halbes Jahr nach der Eröffnung der Bay-Bridge, wurde am 27. Mai 1937, nach vier Jahren Bauzeit, die Golden-Gate-Brücke für den Verkehr freigegeben. Und am 26. Juni 1945 unterzeichneten 50 Staaten die 111 Artikel der Charta der neu gegründeten Vereinten Nation im *Herbst Theater Auditorium*, vielleicht San Franciscos *finest hour*.

John J. Astor

Johann Jakob Astor wurde am 17. Juli 1763 in Walldorf, ca. 20 km südöstlich von Mannheim, geboren. Er war der dritte Sohn eines wenig erfolgreichen Fleischers. Seine Mutter war fleißig und sparsam, oft bis zum Geiz. Der älteste Sohn, Georg, verließ die Heimat, um sich in England als Hersteller von Musikinstrumenten niederzulassen. Der zweitälteste Sohn, Heinrich, wanderte ebenfalls schon bald nach New York aus, wo er sich, wie sein Vater, als Fleischer betätigte. Johann blieb bis 1780 bei der Familie. Seine Mutter war in der Zwischenzeit gestorben und sein Vater hatte wieder geheiratet.

Als sich die Beziehung zu seiner Stiefmutter verschlechterte, verließ auch er das Haus seines Vaters und verdiente sich sein Geld auf Lastkähnen entlang des Rheins. Nachdem er genug Geld beisammen hatte, kaufte er sich eine Überfahrt nach London. Hier arbeitete er bei seinem ältesten Bruder und lernte das Handwerk des Musikinstrumentenbauers. Er erlernte die englische Sprache und änderte seine Vornamen in die englische Form John Jacob. Astor interessierte sich besonders für den Kampf Amerikas um seine Unabhängigkeit vom Britischen Empire. 1783 hatte er genug Geld gespart, um sich eine Überfahrt in die USA leisten zu können. Im November desselben Jahres verließ er England mit einer Fahrkarte für eine Koje in der Mannschaftsunterkunft sowie mit 25 Dollar in bar und sieben Flöten als „Startkapital".

Nach acht Wochen auf See, in der er Kälte und andere Widrigkeiten ausgestanden hatte, erreichte das Schiff endlich die Chesapeake Bucht – wo es im Eis für die nächsten zwei Monate einfror. Viel Zeit, sich zu unterhalten; insbesondere mit einem deutschen Immigranten, der schon vorher nach Amerika gekommen und nun erfolgreich im Pelzhandel tätig war. Endlich im März 1784, mit 21 Jahren, kam Astor in New York an. Ein Jahr später heiratete er Sarah Todd, die aus einer holländischen

Familie stammte, welche nach Amerika übergesiedelt war. Sie brachte als Mitgift 300 Dollar in die Ehe, die die Astors nutzten, um 1786 auf der Water-Street ein Geschäft zu eröffnen. Sie verkauften Musikinstrumente und kauften dafür Pelze. Beide hatten die gleiche Einstellung, lebten bescheiden und sparsam und waren darauf „geeicht", so viel Geld wie möglich zu erwirtschaften. Johann ließ seine Frau oftmals allein im Laden, um für den Pelzhandel herumzureisen.

Innerhalb weniger Jahre kannte er den Pelzhandel sehr gut und hatte sich wertvolle Verbindungen geschaffen. Der Durchbruch kam mit dem so genannten „Jay's Vertrag" zwischen den USA und Großbritannien. Das frostige Klima nach der Unabhängigkeit brachte keinem Land Vorteile und so suchte man wieder eine Annäherung. In dieser kurzen „Tauwetterperiode" nach dem Vertrag verlagerte sich das Schwergewicht des Handels mit Großbritannien von Kanada, als bestbefreundetem Partner in Nordamerika, nach den USA. Dies hatte insbesondere für den Pelzhandel Folgen. Astor sah seine Chance, übernahm Jagdgebiete und schloss einen Importvertrag mit der großen Pelzhandelsfirma *Northwest Company* in Montreal ab. Um 1800 war er der führende amerikanische Pelzhändler, mit einem Vermögen von ca. 250.000 Dollar. Aber das war erst der Anfang.

Sein Interesse richtete sich nun auf den Handel mit China, dem Hauptumschlagsplatz für Pelze. Von einem Besuch in London brachte er eine Lizenz mit, in jedem Hafen der mächtigen britischen *East India Company*, Handel treiben zu dürfen. Zusammen mit einem befreundeten Geschäftsmann, sandten sie ihr erstes Handelsschiff nach Kanton. Das Schiff kam mit einem Gewinn von 50.000 Dollar für Astor zurück. Einen Teil dieses Gewinns investierte er in Grundstücke in New York. Die USA kauften 1803 im „Louisiana Vertrag" fast den gesamten Mittleren Westen der heutigen USA. Astor befürwortete, entgegen vieler anderer Stimmen, diesen Kauf. Er sah die Chance, den Pelzhandel bis an den Pazifik auszuweiten. Seine 1808 gegründete *American Fur Company* hatte sich starker Konkurrenz amerikanischer Firmen in St. Louis und kanadischer Pelzhändler am oberen Mississippi zu erwehren. Aber Astor und seine Männer waren die cleversten und rücksichtslosesten.

Astor sah, dass das Fortdrängen der Pelzhändler nach Westen die Kosten erhöhte, da die Transportwege immer länger wurden. So entwickelte er einen Plan, einen Handelsposten an der Pazifikküste zu errichten, um von dort Schiffe direkt nach China zu senden. Aber selbst Astor hatte nicht genug Geld, um diesen kostspieligen Plan ausführen zu können. Ein Angebot an seinen Konkurrenten, die *Northwest Company*, sich mit einem Drittel zu beteiligen, lehnten diese ab. Sie hatten ihre eigenen Pläne. Doch drei ehemalige Mitglieder der *Northwest* stiegen ein und so wurde im Juni 1810, mit weiterer politischer Rückendeckung, die *Pacific Fur Company* ins Leben gerufen. Im Frühjahr 1811 wurde an der Mündung des Columbia River, im heutigen Staat Oregon, die Stadt Astoria gegründet.[371]

Astor hatte außerordentliche, weltweite Pläne. Seine Schiffe sollten mit Handelsware von New York nach Astoria segeln, dort Waren gegen Pelze eintauschen, diese nach Kanton bringen, dort gegen chinesische Ware tauschen und diese nach Europa bringen. Die mit Europa getauschte Ware sollte dann wieder nach New York gebracht werden. Natürlich mit einem satten Zwischengewinn auf jeder dieser Stationen. Doch der Plan scheiterte an den Schwierigkeiten mit den Indianern und dem erneuten Kriegsausbruch zwischen Großbritannien und den USA 1812. Ein Jahr später erreichte eine Expedition der *Northwest Company*, im Auftrag der britischen Regierung, Astoria und forderte kurzerhand die Übergabe der Siedlung. Der Vertreter Astors hatte, angesichts der Übermacht des Gegners, keine Wahl und „verkaufte" die gesamte Siedlung für 58.000 Dollar.

Am Ende des Krieges waren die USA fast bankrott und Astor sowie einige Geschäftsleute aus Philadelphia kauften hochverzinsliche Staatsanleihen, die ihren Reichtum enorm vergrößerten. 1816 überredete Astor den Kongress, ein Gesetz zu erlassen, dass die Kanadier vom amerikanischen Pelzhandel ausschloss, wenn sie nicht bei einer amerikanischen Firma beschäftigt waren. Die kanadische *Northwest Company* war unterdessen in ernste Schwierigkeiten geraten. Astor nutzte diese Schwäche eiskalt aus und kaufte die US-Unternehmung der Firma für einen Bruchteil ihres wahren Wertes auf. Die restliche *Northwest* sollte schließlich mit der *Hudson's Bay Company* verschmelzen. In den Folgejahren drängte Astor die *Rocky Mountain Fur Company*, des Mitbewerbers Jim Bridger, mit äußerst harten Bandagen aus dem Markt und war somit um 1825 in Amerika so gut wie konkurrenzlos.

Doch gegen Ende desselben Jahrzehnts begann der Niedergang des Pelzhandels. Die Gewinne wurde kleiner und der Geschmack der Menschen änderte sich. Im Juni 1834 verkaufte Astor alle seine Interessen im

---

371 Sechs Wochen danach erreichte auch David Thompson die Mündung, den Fluss im Auftrag der *Northwest* erforschend – aber zu spät.

Pelzhandel und widmete sich mit seinem Reichtum insbesondere der Grundstücksspekulation in Manhattan. Seinem späteren Versuch, sich als liberaler Humanist und Gönner darzustellen, fehlte jegliche Glaubwürdigkeit, angesichts von Zwangsräumungen gegen sozial Schwache und skrupelloser Verführung der Indianer. Er blieb zeitlebens ein recht vulgärer Mann, dem auch sein Geld keine Erziehung ersetzen konnte. Seine Tischmanieren waren legendär. So wurde berichtet, dass er seine Erbsen und sein Dessert-Eis mit dem Messer aß, seine schmutzigen Finger am Kleid seiner Tischnachbarin abwischte und seine Nase während des Essens dadurch reinigte, indem er in seine hohlen Hände blies.

Astor war der Prototyp des rücksichtslosen Kapitalisten. Als er am 29. März 1848 starb, war er der reichste Mann Amerikas mit einem hinterlassenen Vermögen von damals unglaublichen 20 Millionen Dollar. Die New Yorker Zeitung *Herald* bezeichnete ihn in ihrem Nachruf als eine *„Selfinventing Money-making Machine"*.

Amerikanische Chinahändler (Bostonians)

Die Kleinstadt Salem, ca. 25 km nordöstlich von Boston, ist in der Hauptsache durch zwei Fakten bekannt geworden. Erstens als eine der ersten dauerhaften amerikanischen Siedlungen, gegründet im Jahre 1626 unter dem Namen Naumkeag; zweitens durch die Hysterie der Salem Hexenprozesse des Jahres 1692, durch die 24 Menschen starben. Wenn man heute einen der 38.000 Einwohner nach sonstigen außergewöhnlichen Ereignissen befragt, erhält man vielleicht noch als Antwort die „große Dunkelheit", die am 19. Mai 1780 die Stadt befiel. Ausgelöst durch enorme Waldbrände im nördlichen New England wurde damals ein warmer, sonniger Tag plötzlich zur Nacht.

Nur wenigen ist noch bewusst, dass hier die Wiege der amerikanischen Chinahändler lag, deren Familien zu den wohlhabendsten und einflussreichsten des Landes aufsteigen sollten.

Richard Derby (1712-1783) aus Salem ging schon als junger Mann zur See, stieg zum Kapitän auf und versuchte sich anschließend als selbstständiger Kaufmann. Er importierte Zucker von den Karibischen-Inseln. Sein Sohn Elias Hasket Derby (1739-1799) folgte den Kaufmannsspuren seines Vaters, ging jedoch niemals selbst zur See. Während des amerikanischen Unabhängigkeitskrieges rüstete er seine Schiffe als Kaperschiffe aus und verdiente so 50.000 Dollar. Nach der Unabhängigkeit des Landes erkannte er die Möglichkeiten und eröffnete als Erster den Handel mit Russland, indem er 1784 die *Light House* um das Kap Hoorn an die Pazifikküste schickte. Darauf folgte bald der Handel mit Mauritius und anderen Orten in Europa sowie mit Indien. Salem wurde zu einem bedeutenden Ankerplatz. 1785 sandte Elias Hasket Derby die *Grand Trunk* nach China. Zwischen 1788 und seinem Tod, elf Jahre später, sandte er 37 Schiffe auf 125 Handelsmissionen rund um die Welt. Dabei verlor er erstaunlicherweise nur ein Schiff. Bei seinem Tod war er der reichste Mann Amerikas. Sein ältester Sohn, Elias Hasket Derby jr. (1766-1826), wurde zunächst Seemann und der engste Vertraute seines Vaters. Er handelte mit Mauritius, Indien und Italien und importierte Merinoschafe aus Portugal. 1791 ließ er von Enos Briggs die zweite *Grand Turk* bauen, mit 560 Tonnen das größte Schiff, das bis dahin in den USA gebaut worden war.

Eine weitere erfolgreiche Salem Familie waren die Crowninshields. George Crowninshield hatte Mary, eine Tochter von Elias Hasket Derby geheiratet. Er selbst war Nachkomme von Dr. Johann Kaspar Richter von Kronenschilt aus Leipzig. George baute mit seinen Söhnen eine einträgliche Firma auf, die eine dominante Position im Pfefferhandel mit Sumatra errang. Er starb 1815 und war mit seiner Handelsflotte von 12 Schiffen einer der reichsten Männer Amerikas. Sein ältester Sohn George jr. (1766-1817) war Kaufmann und selbst Seefahrer und wurde durch seine großen Yachten bekannt. Der zweite Sohn Jacob (1770-1808) wurde 1801 Senator von Massachusetts. Der jüngste Sohn, Benjamin Williams Crowninshield (1772-1852), war zunächst für Massachusetts im US-Kongress und anschließend vier Jahre lang *US-Secretary of the Navy* (Marineminister). Im Hauptgeschäft war er Vorsitzender der Merchants Bank in Salem.

Aber Salem war nicht die einzige Stadt, die die neuen Möglichkeiten nach der Unabhängigkeit nutzte. Bereits frühzeitig rüsteten Geschäftsleute aus New York und Philadelphia die *Empress of China*, unter Kapitän John Green, die 1784/85 als erstes amerikanische Schiff mit chinesischer Ware aus Kanton zurückkam. Sie hatte eine Ladung von 120.000 Dollar (in der Hauptsache Ginseng-Wurzeln) mit einem Gewinn von über 30.000 Dollar (26%) verkauft. Der Frachtaufseher der *Empress of China*, Samuel Shaw, wurde der erste amerikanische Konsul in China. Sein Nachfolger, Samuel Snow, errichtete die erste amerikanische Faktorei in Kanton.

Die erfolgreichste Familie im Chinahandel sollten jedoch die Perkins' werden. Thomas Handasyd Perkins war ein erfolgreicher Hutmacher in Boston. Sein Sohn James führte einen einträglichen Weinhandel und als er 1773 starb, eröffnete seine Frau Elizabeth einen Importladen, um ihre drei Söhne James, Thomas und Samuel großziehen zu können. Der nach seinem Großvater benannte Thomas Handasyd Perkins (1764-1854) wurde das Oberhaupt der Familie. Er begann als Kaufmann in einer Periode, als nach dem Unabhängigkeitskrieg Boston dabei war, Salem den Rang abzulaufen. Tatsächlich wurde Boston so erfolgreich, dass die Neu-England Händler und insbesondere die Chinahändler, der Einfachheit halber, *Bostonians* genannt wurden. 1785 handelte Thomas Handasyd mit seinem Bruder James zwischen Santo Domingo und Neu-England. Drei Jahre später heiratete er die Tochter eines Bostoner Tabakhändlers, Sarah Elliott. Durch diese Verbindung bekam er den Posten des Frachtaufsehers für Elias Hasket Derby aus Salem. Als er für diesen aus seiner ersten Reise nach Kanton zurückkam, machte er sich mit seinem Bruder James selbstständig. Die erste Reise der *Hope* wurde von der Firma Bryant & Sturgis aus Boston mitfinanziert, deren zwei Sturgis Brüder Schwäger der Perkins waren. Die Firma *J. & T.H. Perkins of Boston* wurde das herausragendste Unternehmen im amerikanischen Chinahandel. Schon 1803 eröffneten sie als Erste eine Zweigstelle in Kanton. Dort übernahm 1805 der junge Neffe John Perkins Cushing (1787-1862) für die nächsten 25 Jahre die Geschäfte. Dank seines engen Kontaktes mit dem reichsten der chinesischen Cohong Händler, Howqua, wurden die Perkins Firma sogar einer der größten amerikanischen Handelsunternehmen überhaupt. Als James Perkins 1822 starb, zog sich sein Bruder Thomas Handasyd zurück und überließ seinem Schwiegersohn, Samuel Cabot jr., die Geschäfte. Thomas Handasyd Perkins war Senator für Massachusetts und Vorsitzender der Bostoner Filiale der *Bank der Vereinigten Staaten*.

Obwohl die drei Perkins Brüder viele Nachkommen hatten, war keiner in der Lage, die Geschäfte zu übernehmen. So waren es die Neffen und Schwäger, die die Geschäfte weiterführten, die Cushings, die Sturgis' und die Forbes. Die Nachkommen der Sturgis' heirateten in die Banker Clans der Morgans und der *Baring Brothers*. Die Forbes Brüder Ralph Bennet, James Grant und John Murray waren Söhne eines Geistlichen und trotz ihrer Verbindungen nicht sehr erfolgreich (James war Gouverneur von Florida und John Murray der Geschäftsträger der USA in Argentinien). Erst die Heirat von Ralph mit Margaret Perkins brachte sie alle auf den „wohlhabenden" Pfad der Tugend. Ihre Söhne katapultierten das Perkins Unternehmen in neue Höhen, indem sie außer in den Chinahandel auch in die Eisenbahn und die öffentlichen Versorgungsbetriebe investierten.

Erwähnt seien in diesem Zusammenhang noch die Händlerdynastien der Stadt New York City, diese konnten teilweise ihre Anfänge auf die Zeit ihrer holländischen Gründung zurückführen. Die heute fast vergessenen Costers hatten enge Verbindungen zur Bank von Manhattan. John G. Coster war, wie John Jacob Astor, in den 1830ern einer der fünf reichsten Männer in New York. Die Griswolds waren bedeutende Mitspieler im Chinahandel und investierten später mit den Forbes' in Eisenbahnlinien und Grundstücke, besonders in Brooklyn. Die Howlands, dessen Vorfahr John Howland (1592-1672) auf der Mayflower nach Amerika kam, gründeten die Handelsfirma „Howland & Aspinwall". Einer ihrer Nachkommen war Präsident Franklin D. Roosevelt. Die Aspinwalls, durch Heirat mit den Howlands verbunden, gewannen ein Vermögen als ihre Schifffahrtslinie, die *Pacific Mail Steanship Company* nach dem 1848er Goldrausch in Kalifornien enorm an Wert stieg. Um die Fahrtzeit rund um das Kap Hoorn zu verkürzen, bauten sie die äußerst erfolgreiche Panama-Eisenbahn durch den Dschungel. Diese wurde später die Hauptstütze beim Bau des Panama-Kanals. Jedoch lässt sich feststellen, dass die großen New Yorker Familien nicht in dem Maße durch den Chinahandel zu Reichtum gelangten wie die Salemer und Bostoner Familien. Das Hauptinvestitionsfeld der Astors waren, genauso wie bei den Nachkommen des holländischen Gouverneurs von Neu-Amsterdam, Peter Stuyvesant, Grundstücke und Gebäude.

John A. Sutter

Johann August Sutter wurde am 23. Februar 1803 in Kandern in Baden, ca. 12 km von der Schweizer Grenze entfernt, geboren. Er war der Sohn von Deutschen oder Deutsch-Schweizern. Einen Teil seiner Jugend verbrachte er im Kanton Basel in der Schweiz, wo er auch die Militärakademie von Neuchatel besucht haben soll. Irgendwann in seiner Jugend wurde er als Schweizer naturalisiert und leistete seinen Wehrdienst in der Schweizer Armee ab. Dort stieg er bis zum Hauptmann auf und diente möglicherweise in der Schweizer Palastwache beim französischen König.

Am 24. Oktober 1826 heiratete er Anna Dübel in Burgdorf, die ihm drei Söhne und eine Tochter gebar. Von Beruf soll Sutter Buchdrucker gewesen sein. Die Legende besagt, dass er zu Unrecht in eine Falschgeldaffäre verstrickt worden war und fliehen musste. Andere Quellen behaupten, dass er durch riskante Geschäfte hoffnungslos überschuldet war und vor seinen Gläubigern Reißaus nahm. Wie auch immer, mit 31 Jahren ließ er seine Familie im Stich und floh 1834 über den französischen Hafen Le Havre nach Amerika. In New York angekommen, änderte er seinen Namen in John Sutter. Anschließend begab er sich nach St. Louis und St. Charles, wo er als Händler und Kneipier arbeitete. 1835/36 begleitete er Handelsgesellschaften nach Santa Fe. 1838 schloss er sich einer Jagdgesellschaft an, die nach Oregon zog. In Fort Vancouver fasste er den Plan, in das „gelobte Land", nach Kalifornien zu gehen. Da er nicht sofort dorthin gelangen konnte, unternahm er eine Reise zu den Sandwich-Inseln (Hawaii) und zur russischen Kolonie in Neu-Archangelsk (Sitka, Alaska). Von dort erreichte er am 1. Juli 1839 Yerba Buena, das spätere San Francisco. Vier Tage später traf er in Monterrey mit dem mexikanischen Gouverneur für Kalifornien, Juan de Alvarado, zusammen. Nachdem er ihn von seinen Plänen überzeugen konnte, ermächtigte ihn dieser als „Deutscher" im Norden des Landes eine Kolonie anzulegen. Am 16. August 1839 traf Sutter am Zusammenfluss des American mit dem Sacramento River ein. Etwa 100 weiße Siedler, die schon vor ihm in dem weiten Tal siedelten, begrüßten ihn als Organisator mit einem festen Besiedlungsplan. Er stellte Indianer und Eingeborene der Sandwich-Inseln ein und errichtete ein stark befestigtes Fort, in welchem er eine Garnison von bis zu 1.000 Mann aufnehmen konnte. Seine Kolonie verwandelte er in einen blühenden Garten mit riesigen Viehherden. Seine Erfolge waren großartig. Viele Deutsche und Deutsch-Schweizer kamen zu ihm. Einige von ihnen fungierten für Sutter als Berater und Anwälte. Am 29. August 1840 wurde Sutter offiziell Mexikaner, um an Staatskredite heranzukommen. Anlässlich eines Besuches Alvarados erhielt er am 18. Juni den Titel über *eleven Leagues* (ca. 2 Millionen m²) Land und nannte es Neu-Helvetia. Im selben Jahr kaufte er von den Russen das Fort Ross am Pazifik. Doch obwohl er formell ein Untertan Mexikos war, lebte er wie ein König mit Dienern und eigener Gerichtsbarkeit. Er war der reichste Mann Kaliforniens. Seine Gastfreundschaft war legendär und war weit, bis über die Grenzen seines Landes hinaus, bekannt.

1844 leistete er dem neuen Gouverneur Micheltorena Militärhilfe beim Sturz Alvarados. Von nun an ließ er sich General Sutter nennen. Es stellte sich bald heraus, dass Mexiko, seit 1821 von Spanien unabhängig, zu schwach war, um sein riesiges Terrain besiedeln und effektiv schützen zu können. Als der Reisende und „Revolutionär" Fremont 1846 auf seiner dritten Expedition des Landes verwiesen wurde und er erfuhr, dass die USA Mexiko den Krieg erklärt hatten, veranlasste er die Siedler am Sacramento zu einem Aufstand. In Sutters Fort versammelten sie sich zur so genannten „Bärenflaggenrevolte". Fremont traute aber Sutter nicht und nahm sein Fort ein. Als der Krieg beendet war, bekam Sutter zwar sein Fort zurück, jedoch nicht für lange.

Am 24. Januar 1848 fand einer seiner Arbeiter, James W. Marshall, beim Bau einer Mühle Gold. Obwohl Stillschweigen über den Fund vereinbart wurde, drang die Nachricht bald nach außen. Die ersten Goldsucher, die daraufhin Sutters Land betraten, bezahlten noch für Schürfrechte, aber in kürzester Zeit überschwemmten 50.000 Menschen das Land. Es waren Glücksritter aller Couleur, Verbrecher, Kaufleute, Huren, Spekulanten, Gesetzlose und Habenichtse. 1850 trafen Sutters Frau, seine Tochter Eliza und seine Söhne Emil Viktor und Wilhelm Alfons ein, die er alle seit 16 Jahren nicht mehr gesehen hatte. Aber das Leben in Neu-Helvetia wurde unerträglich. Sein Korn wurde niedergetreten, sein Vieh geschlachtet, seine Leute ermordet, darunter auch einer seiner Söhne. Beinahe wäre er auch gelyncht worden, aber es gelang ihm mit seiner Familie nach Norden, auf die Hock Farm am Feather River, in der Nähe von Marysville, zu fliehen. Diese Ranch hatte er schon 1841 gekauft. Doch nach einigen ruhigen Jahren überrannte Gesindel erneut sein Land. Außerdem wurde der rechtmäßige Erwerb angezweifelt und ein Verfahren gegen ihn angestrengt. 1852 wurde er für bankrott erklärt. Schließlich verlor Sutter am 7. Juni 1865 sein gesamtes Vermögen in einem Feuer, das der Mob angezündet hatte. Er forderte erfolglos Schadenersatz vom kalifornischen Staat und musste wegen Geldmangels aufgeben. Sein Sohn, der ihn als Anwalt vertreten hatte, beging Selbstmord. 1871 zog er mit seiner Familie nach Lititz, Pennsylvania. Von 1864 bis 1878 erhielt er vom kalifornischen Staat eine Pension in Höhe von 250 Dollar monatlich. Die Winter verbrachte er zumeist in Washington D.C., um seine Petition zu unterstützen, die er an den Kongress verfasst hatte. Diese wurde jedoch laufend verschleppt, weil eine gerechte Lösung eigentlich nur zu enormen Lasten Kaliforniens gefunden werden konnte. So wurde Sutter allmählich zu einem Mythos. 1876 besuchte der Historiker Herbert H. Bancroft den bereits kranken Sutter. Dieser diktierte ihm seine Memoiren, die als Grundlage für das 1934 in Leipzig veröffentlichte Buch „Neu Helvetia – Erinnerungen des Generals Johann August Sutter" dienten. Bereits zwei Jahre vorher hatte D.S. Watson das Buch *The Diary of Johann August Sutter* in San Francisco veröffentlicht.

Am 16. Juni 1880 stand im Kongress endlich eine Gesetzesvorlage zur Beschlussfassung auf der Tagesordnung, die Sutter 50.000 Dollar zugestand. Aber der Kongress vertagte sich. Zwei Tage später, am 18. Juni 1880, starb Sutter im Mades Hotel in Washington D.C. Er wurde in Lititz begraben. Im darauf folgenden Januar starb auch seine Frau. Seine Besitztitel sollen noch heute vorhanden sein.

Anhang

Zeittafel

	Russisch-Amerika	Übriges Russland
1648	Deschnew durchfährt die Beringstraße von Norden her, sichtet nicht Amerika	
1689		Peter I., der Große, wird Zar
1725		Tod Peter des Großen
1728/29	Erste Kamtschatka-Expedition, Bering/Tschirikow	
1732	Die Gwosdew/Fedorow-Expedition sichtet zum ersten Mal das Festland von Alaska	
1741	Zweite Kamtschatka-Expedition, Berings Tod	Elisabeth, Tochter Peter des Großen wird Zarin
1743	Mit den Pelzfahrten von Emelian Basow beginnt die kommerzielle Erschließung der Aleuten	Im Frieden von Åbo erhält Russland Südostfinnland
1757		Beginn des Siebenjährigen Krieges gegen Preußen
1761	Russen erreichen erstmals die Kodiak-Insel	
1762		Katharina II., die Große, aus dem deutschen Hause Holstein-Gottorf, wird Zarin
1764		Polen wird russischer Vasallenstaat
1772		Erste Teilung Polens durch Russland, Österreich und Preußen. Russland erhält den größten Teil Ostpolens
1774	Der Spanier Perez erreicht die Dixon-Straße	

1779	Zum ersten Male Spanier im Prinz-William-Sund	
1780		Katharina II. erklärt „bewaffnete Neutralität" im amerikanischen Unabhängigkeitskrieg
1784	Schelikow gründet erste permanente russische Siedlung in Amerika	Russland annektiert Georgien
1789	Nootka Kontroverse	
1791	Baranow übernimmt die Führung der Kodiak Siedlung	
1792-1794	George Vancouver vermisst die amerikanische Pazifikküste	
1793	Baranow verlegt Kodiak-Siedlung von Three Saints Harbor nach Pawlowsk Gavan (Pauls Hafen)	Zweite Polnische Teilung zwischen Russland und Preußen
1795	Tod Schelikows	Dritte Polnische Teilung
1796	Bündelung aller russischen kommerziellen Pazifik-Aktivitäten in „Vereinigte Amerikanische Gesellschaft"	Zar Paul I. Aus Koalition gegen Frankreich wird Bündnis mit Frankreich gegen England
1799	Umbenennung in Russisch-Amerikanische Kompagnie, Gründung von Neu-Archangelsk (Sitka)	
1802	Neu-Archangelsk wird von Tlingit Indianern zerstört, 1804 wieder aufgebaut	
1804/05	Japanreise Resanows endet mit Demütigung	
1805		Napoleon besiegt bei Austerlitz Österreich und Russland (Zar Alexander I.)
1806	Resanow in spanischem San Francisco; „Conchita Romanze"; Tod Resanows	Bündnis von Russland und Preußen
1808	Hauptsitz der Kolonie wird offiziell Neu-Archangelsk	

1809		Finnland wird russisch
1812	Gründung von Fort Ross	Russlandfeldzug Napoleons endet mit vernichtender Niederlage, Briten erobern Astoria
1813		Sieg Russlands, Preußens und Österreichs über Napoleon in der Völkerschlacht bei Leipzig
1814/15		Wiener Kongress, und Neuordnung Europas
1816/17	Unrühmliche „Schäffer-Affäre" auf Sandwich-Inseln (Hawaii) endet mit Rückzug der Russen	
1819	Tod Baranows	Gründung der Universität St. Petersburg
1825	Russisch-Britischer Vertrag legt Grenzen Alaskas fest	Zar Nikolaus I. gilt als der „Gendarm Europas", Dekrabistenaufstand
1834	„Stikine Vorfall" führt zu ernsten Spannungen mit Großbritannien	Gründung der Universität von Kiew
1841	Verkauf von Fort Ross an J.A. Sutter für $ 30.000	
1853-1856	Petropawlowsk auf Kamtschatka wird zweimal angegriffen	Krimkrieg Englands, Frankreichs und Piemonts gegen Russland
1855		Zar Alexander II.
1861	Golowin auf der Reise in die Kolonie, beendet im folgenden Jahr seinen Bericht	Aufhebung der Leibeigen-schaft In Russland, Beginn des amerikanischen Separationskrieges
1865		Ende des Krieges in Amerika, Attentat auf Lincoln
1866		Erstes Attentat auf Zar Alexander II.
1867	Russen räumen Alaska	Russland verkauft Alaska an die USA für 7,2 Millionen Dollar

Russische Befehlshaber

Russisch-Amerikanische Kompagnie (Gouverneure)

Die „Vereinigte Amerikanische Gesellschaft" wurde durch ein Dekret des Zaren Paul I. vom 8. Juli 1799 in Russisch-Amerikanische Kompagnie umbenannt.

Baranow, Alexander Andrejewitsch (1746-1819)	1799-1818
Hagemeister, Leonti Andreanowitsch (1780-1833)	1818
Janowski, Semeon Iwanowitsch (1789-1876), *Interim*	1818-1820
Murawew, Matwei Iwanowitsch (1784-1836)	1820-1825
Tschistiakow, Petr Egorowitsch (1790-1862)	1825-1830
Wrangel, Baron Ferdinand Petrowitsch (1796-1870)	1830-1835
Kuprejanow, Iwan (1799-1894)	1835-1840
Etholen, Arvid Adolf (1799-1876)	1840-1845
Tebenkow, Michail Dimitriwitsch (1802-1872)	1845-1850
Rosenberg, Nikolai Jakovlewitsch (1809-1857)	1850-1853
Rudakow, Alexander Iljitsch (1817-1875), *Interim*	1853-1854
Wojewodski, Stepan Wassiljewitsch (1805-1884)	1854-1859
Furuhjelm, Johan Hampus (1821-1909)	1859-1864
Maksutow, Prinz Dimitri Petrowitsch (1832-1889)	1864-1867

Alaska wurde am 30. März 1867 durch Unterzeichnung des Russisch-Amerikanischen Abtretungsvertrages an die USA verkauft und mit der Übergabezeremonie am 18. Oktober 1867 Staatsgebiet der USA.

Fort Ross (Kommandanten)

Nachdem Iwan Kuskow das Terrain im Winter 1811/1812 von den örtlichen Indianern zugesprochen bekam, begann er im Mai 1812 die Fun-
damente für das Fort zu legen.

Kuskow, Iwan Alexandrowitsch (1765-1823)	1812-1821
Schmidt, Karl Iwanowitsch (1799- nach 1861)	1821-1825
Schelikow, Pawel Iwanowitsch (?- nach 1835)	1825-1830
Kostromitinow, Peter Stepanowitsch (?- nach 1862)	1830-1836
Rotchev, Alexander Gavrilowitsch (1806-1873)	1836-1841

Gemäß Vertrag vom 1.12.1841 wurde der gesamte russische Besitz in
Kalifornien an John Sutter verkauft.

Glossar

Amanat	Geisel
Artel	Arbeitsgruppe (z.B. Jäger)
Baidara	Offenes Boot mit Häuten bespannt. Konnte bis zu 30 Personen aufnehmen
Baidarka	Kajak der Aleuten. Kleiner als Baidara. Ein- und zweisitzig (zum Jagen) oder dreisitzig (zum Transport)
Baidartschik	Anführer einer Arbeitsgruppe oder Einheit von Jägern
Barabora	Übernommenes Wort der Kamtschadalen (Einheimische Kamtschatkas) für Gebäude der Einheimischen
Kreole	Mischling zwischen Russe und Einheimischen (meistens Aleuten)
Jasak	Steuerabgabe der Einheimischen an die Russen. In Form von Naturalien, meistens in Pelzen und Fellen, zunächst in Sibirien, später auch in Russisch-Amerika
Kalga	Tlingit Ausdruck für Sklave (russisch: Kaiur)
Kamlei (Kamleika)	Tschuktschen Wort für einen Regenschutz, aus Innereien oder Fischhaut gefertigt
Koporulia	Klinge um den Dreck an der Pflugschar zu entfernen
Kolosch	Russischer Name für die Tlingit, Haida und Tsimshian Indianer an den Küsten des Nordpazifik
Koschlok	Junger Seeotter unter einem Jahr alt
Laftak	Bearbeitete Haut von Meeressäugern, die zum Bespannen der Baidaras benutzt wurde
Medwedka	Junger Seeotter noch ohne ausgewachsenes Fell
Odinochka	Ein-Mann-Handelsposten
Otdel	Distrikt oder Verwaltungseinheit in Russisch-Amerika

260

Parka	Überzug wie Kamlei, aber mit stehendem Kragen, aus Vogel- oder Robbenhaut genäht
Peredowtschik	Vorarbeiter
Prikastschik	staatlich Angestellter, z.B. Lagerhausverwalter, Buchhalter oder Frachtführer
Promyschlennik	Angestellter, z.B. Jäger, Zimmermann, Schiffsbauer
Redoute	Kleines Fort (Befestigungsanlage)
Shitik	Schiff mit Deck, anstatt mit Nägeln, mit Weidenruten zusammengehalten, erste verwendete Schiffsart für die Entdeckung der Aleuten-Inseln
Toion	Yakuten Wort, bedeutet Führer. Russen gebrauchten das Wort für die Stammesältesten der Aleuten oder Indianer
Yurt	In Sibirien, Zelt aus Häuten oder Fellen, in Russisch-Amerika, Hütte aus Strandholz oder aleutische Grabhütte
Zimowe	Winterlager (Hütte oder kleine Befestigungsanlage, wenn permanent als Winterlager gebraucht)

Maß- und Währungseinheiten

Längenmaße

Arshin	*franz.*	0,71 Meter
Braza	*span.*	1,67 Meter (im Schiffsbau benutzt)
Legua	*span.*	5,572 Kilometer
Nautical League	*brit.*	5,556 Kilometer
Sazhen	*russ.*	2,13 Meter
Toise	*franz.*	1,95 Meter
Vara	*span.*	82,5 Zentimeter
Werst	*russ.*	1,06 Kilometer

Raummaße

Vedro	*russ.*	10,22 Liter

Flächenmaße

Arpent	*franz.*	0,35 Hektar
Fanega	*span.*	5.318 m² (in Spanien), 29.465 m² (in Mexiko)

Gewichte

Arroba	*span.*	11,50 Kilogramm
Fanega	*span.*	45,36 Kilogramm
Funt	*russ.*	0,41 Kilogramm
Pikol	*chin.*	59,80 Kilogramm
Pud	*russ.*	16,38 Kilogramm
Quintal (= 4 Arrobas)	*span.*	46,01 Kilogramm

Währungen

Kopeke	*russ.*	1/100 Rubel
Piaster (= Peso = 8 Reals)	*span.*	ungefähr 1,00 $ oder 2 Silberrubel im frühen 19. Jahrhundert
Rubel (Silberrubel)	*russ.*	ungefähr 0,50 $ im frühen 19. Jahrhundert
Rubel (Papierrubel)	*russ.*	wurde von ca. 1770 bis 1850 benutzt, starke Fluktuation, Wert ca. ein Drittel des Silberrubel.

Dokumente in deutscher Übersetzung

Standardvertrag eines Promyschlennik um 1820

(Übersetzung des Autors aus dem Englischen, Währungseinheit US-Dollar zu Werten ca. 1820, Wörter in kursiv sind zusätzliche Erklärungen des Übersetzers. Um die Authentizität der Original-Verträge auch in der deutschen Übersetzung möglichst genau wiedergeben zu können, wurden hier die sprachlichen, als auch die stilistischen Eigenarten der Verträge mit übernommen (siehe hierzu auch die folgenden Verträge).)

Vertrag

zwischen
Promyschlennik (*Pelzhändler und Jäger*)
und der
Russisch-Amerikanischen Kompagnie, 1820

Die Gesellschaft versorgt sie mit:
Einem sieben Jahre lang gültigen Pass, der es ihnen erlaubt, in den amerikanischen Besitzungen ihren Wohnsitz zu nehmen.
Der Begleichung ihrer fälligen Steuern an ihre Heimatprovinz.
Der Beförderung zu ihrem Bestimmungsort und zurück zum Abfahrtsort. Einer Bezahlung von 0,50 Dollar am Tag für Verpflegung, sie müssen bereit sein, Schiffsdienste während der Überfahrt zu leisten.
Freier ärztlicher Versorgung. Die Kranken im Krankenhaus erhalten frische Verpflegung, Tee und Zucker sowie Medikamente kostenlos.
Kostenlosen Unterkünften für Junggesellen.

Ihre Verantwortung gegenüber der Gesellschaft:
Die Dauer dieses Vertrages beträgt sieben Jahre.
Sie geloben, der kolonialen Verwaltung und ihren Vorgesetzten jederzeit zu gehorchen.
Sie versprechen, während der Laufzeit dieses Vertrages nicht mit Ausländern oder amerikanischen Eingeborenen auf eigene Rechnung Handel zu treiben.

Sie dürfen Pelze, die für die Gesellschaft wertvoll sind, nicht als persönliche Kleidungsstücke benutzen.

Sie geloben, die folgenden Untugenden zu vermeiden: Trunkenheit, Verschwendungssucht, Streitsucht und das Anhäufen von großen Schulden.

Vergütung:

Wie zwischen Promyschlennik und der Gesellschaft vereinbart, erhält jeder Jäger 175,00 Dollar pro Jahr, zahlbar monatlich in Berechtigungsscheinen der Russisch-Amerikanischen Kompagnie.

Am Jahresanfang erhalten sie 25,00 Dollar für notwendiges Werkzeug und Ausstattung, zuzüglich 10,00 Dollar im Monat, um die Ausrüstung in gutem Zustand zu halten.

Jeder Promyschlennik erhält monatlich sechsunddreißig Pfund Mehl auf Firmenkosten.

Bis zu 25,00 Dollar jährlicher Steuern an ihren Heimatbezirk werden automatisch von ihrem Gehalt abgezogen.

Bis zu einem Drittel ihres Gehaltes kann monatlich abgezogen werden, um Schulden an die Gesellschaft zu begleichen.

Angestellte kommen für ihre Kleidung und ihr Schuhwerk selbst auf.

Waren, die von Firmenlagern bezogen werden können:

Jeden Monat ist es ihnen erlaubt ein Pfund Tee, drei Pfund groben Zucker, eine Flasche Melasse (*Sirup*) und ein Pfund Tabak zu kaufen.

Unverheiratete Männer können monatlich fünfzehn Pfund Mehl, sechs Pfund Hafergrütze und sechs Pfund Erbsen kaufen.

Verheiratete Männer ohne Kinder dürfen monatlich dreißig Pfund Mehl, acht Pfund Hafergrütze und zehn Pfund Erbsen kaufen.

Verheiratete Männer mit Kindern dürfen die gleichen Mengen wie zuvor kaufen, zuzüglich vier Pfund Hafergrütze und sechs Pfund Erbsen pro Kind.

Mehl, Hafergrütze und Erbsen werden an die Promyschlenniks mit dem üblichen Aufschlag von 10-15% auf den Einkaufspreis weiterverkauft.

Tee, Zucker und Tabak werden an die Promyschlenniks mit dem üblichen Aufschlag von 40-45% auf den Einkaufspreis weiterverkauft.

Verheiratete Männer mit Familie können Brot gemäß ihrer Familiengröße kaufen. Brot wird zu Einkaufspreisen ohne Aufschlag verkauft.

Promyschlenniks können alle anderen Lagerwaren zum vorherrschenden Verkaufspreis beziehen, mit der Ausnahme von Posten, die für die höheren Klassen reserviert sind.

Feiertage:
Jeder Mann erhält einen Becher Rum und ein halbes Pfund Fleisch an den folgenden Feiertagen: 1) Epiphanienfest (*Dreikönigstag*), 2) Erzengel Michael Tag, 3) Ostern, 4) Weihnachten, 5) Geburtstag des Zaren, 6) Tag des Heiligen des Zaren, 7) Jahrestag der Thronbesteigung des Zaren, 8) Jahrestag der Krönung des Zaren.
An den oben genannten Feiertagen darf jeder Mann eine Flasche Rum mit dem üblichen Aufschlag kaufen.
An seinem eigenen Geburtstag darf jeder Mann eine Flasche Rum mit dem üblichen Aufschlag kaufen.

Prämien:
Jeder Hauptanführer hat das Recht, Prämien zu verteilen, angefangen mit 2,50 Dollar pro Mann. Prämien werden am Ende des Jahres ausgezahlt und können bis zu 50,00 Dollar erreichen.

Schulden:
Diejenigen, die Schulden bei der Gesellschaft haben, müssen diese durch ihren Dienst abzahlen, und können eine Freigabe von diesem Teil des Vertrages weder verlangen noch erbitten.

Regeln und Sonderrechte Kreolen *(Russisch-Einheimische Mischlinge)*

Russisch-Amerikanische Kompagnie, 28. Februar 1822
Kreolen werden darin bestärkt, primitive Lebensweisen aufzugeben.
Uneheliche Kreolen sind Bürger der Kolonien und damit russische Untertanen. Sie haben die gleichen Rechte und müssen diesen gehorchen.
Kreolen müssen beim Firmenbüro schriftlich eine Änderung ihres Wohnsitzes beantragen. Eine Änderung des Wohnsitzes ohne Erlaubnis zieht eine Anklage wegen Landstreicherei nach sich.

Erziehung:
Kreolen sind der Gesellschaft für ihre Erziehung verpflichtet und müssen der Gesellschaft für neunundzwanzig Jahre dienen.
Kreolen, die auf Firmenkosten ein Handwerk erlernen, werden in die folgenden Kategorien eingestuft:

Von der Geburt bis zum 16. Lebensalter werden sie als Lehrlinge behandelt.

Vom 16. bis zum 20. Lebensalter werden ihnen Beschäftigungen anvertraut und sie werden mit allem Erforderlichen für die Beschäftigung ausgestattet.

Vergütung:
Vom 20. bis zum 29. Lebensalter erhalten sie ein Gehalt von 50,00 Dollar bis 175,00 Dollar im Jahr, einschließlich Bekleidung und Verpflegung. Jeder Kreole erhält ein halbes bis ein Pfund Mehl pro Monat kostenlos.

Stellung:
Kreolen, die in Kunst oder Wissenschaft erzogen werden, werden als Studenten behandelt:

Jeder Schüler erhält: einen Satz graue Wollkleidung ausgefüttert mit Leinen (*genauer: grober Leinendrell*), einen Sommersatz Kleidung bestehend aus Drillich, 3 Pelzmützen, 3 gefütterten Hemden, einer Kappe, einem Satz Gamaschen.

Jeder Student erhält 10 Pfund Mehl pro Monat, fünf Pfund Hafergrütze pro Monat und fünf Pfund Erbsen pro Monat.

Jeder Student erhält notwendige Tinte, Stifte etc.

Kreolen im Dienst der Gesellschaft können zu Schreibern oder Büroverwaltern aufsteigen.

Kreolen im Dienst der Gesellschaft können in besonderen Fällen Vorrechte und Titel erlangen.

Kreolen, die nicht in den Dienst der Gesellschaft eintreten:

Kreolen, die nicht im Dienst der Gesellschaft stehen, können Jagdausflüge mit ihren Verwandten unternehmen, aber sie müssen gemäß der Regeln teilnehmen.

Kreolen, die nicht im Dienst der Gesellschaft stehen, müssen die Gesellschaft um Mitwirkung bei der Beschaffung von Nahrung, Kleidung und sonstigen Privilegien bitten.

Eine Anklage von Faulheit oder Landstreicherei gegen Kreolen, die nicht im Dienst der Gesellschaft stehen, führt zu einem Jahr Dienst für die Gesellschaft.

Kreolen, die nicht im Dienst der Gesellschaft stehen, erhalten freie medizinische Verpflegung in Notfällen.

Regeln, die Aleuten betreffend:
Die Gesellschaft bewahrt die gegenwärtige Lebensweise der Einwohner
der Aleuten-Inseln.
Die Einwohner werden von ihren eigenen Führern und Ältesten regiert
– beaufsichtigt von russischem Personal, das von der Gesellschaft berufen worden ist. Die höchste Autorität ist die Hauptverwaltung.
Die Gesellschaft zeichnet alle Geburten, Todesfälle und Taufen auf.
Die Gesellschaft stattet die Einwohner mit landwirtschaftlichem Gerät
aus und gibt Ratschläge in landwirtschaftlichen Fragen.

Jagd:
Alle männlichen Einwohner der Aleuten-Inseln zwischen 18 und 50
sind verpflichtet für die Gesellschaft Meerestiere zu jagen.
Alle Jäger benötigen die Erlaubnis der Behörden, wenn sie für sich
selbst jagen (nicht mit einem von der Gesellschaft organisierten Jagdzug) und ihre eigene Ausrüstung und Mittel benutzen. Ihre Beute dürfen sie nur an die Gesellschaft verkaufen.
Alle Einwohner der Aleuten-Inseln sind den russischen Gesetzen
unterworfen und werden für Zuwiderhandlungen bestraft.

Vergütung:
All Jäger, die an einem Jagdzug teilnehmen, der unter der Schirmherr-
schaft der Gesellschaft steht, haben kein Eigentum an den Fellen und
erhalten stattdessen ein Gehalt.
Die Gesellschaft besorgt: eine Baidarka (*eine Art Aleuten Kajak*), drei
Lavtaks (*getrocknete und behandelte Robben- oder Walrosshäute zum
Bespannen der Baidarkas*), ein Gut Kamlei (*kreisrunder, wasserdichter
Regenschutz, aus den Gedärmen von Meeressäugetieren hergestellt*),
dreieinhalb Pfund Walhaare zum Festzurren (*gemeint sind wahrschein-
lich die ,Bartelhaare' des Nordwals*), Waltran, Schusswaffen und Muni-
tion zum Töten von Robben, um den Nahrungsbedarf zu decken.
Fischhaken und Schnur, zwei Pfund Tabak, drei Becher Rum, Brot und
Mehl für den Jagdzug.
Alle Jäger, die auf eigene Rechnung jagen, erhalten die folgenden Preise
für ihre Seeotterfelle: Großes Fell: 5,00 Dollar, Mittelgroßes Fell: 2,00
Dollar, Kleines Fell: 0,50 Dollar.
Für Arbeiten im Hafen oder im Wald erhalten die Aleuten 0,50 Dollar
pro Tag.
Aleuten ist es erlaubt, Waren in den Lagern der Gesellschaft zu kaufen.
Aleuten ist die übliche Feiertagsration an Rum gestattet.

Kaufvertrag für Fort Ross 1841

(Übersetzung des Autors aus dem Englischen, Wörter in kursiv sind zusätzliche Erklärungen des Übersetzers)
Der Originalvertrag wurde in Spanisch und Französisch verfasst. Eine Vertragsvariante in Russisch scheint nicht zu existieren. Kalifornien gehörte seit der Unabhängigkeit von Spanien 1821 zu Mexiko. Es sei zu bemerken, dass Sutter gemäß Artikel 1 <u>nicht</u> das Land kaufte. Alle Längenumrechnungen in Meter wurden, wenn nicht anders erwähnt, von der russischen Einheit „Sazhens" vorgenommen.

Verzeichnis der Gebilde und des beweglichen Eigentums in Port Bodega, der Ross Siedlung und den Ranchs der Russisch-Amerikanischen Kompagnie.

Gebilde
Die Gebilde befinden sich in den folgenden Örtlichkeiten: „A," in Ross; „B," auf der Kostromitinow Ranch *(der Ausdruck Ranch wird auch im Weiteren benutzt; eine Übersetzung mit dem deutschen Wort ‚Bauernhof' erscheint nicht angebracht)*; „C," auf der Chlebnikow Ranch; „D," auf der Tschernich Ranch; und „E," in Bodega.

A. In der Rosssiedlung
Eine quadratische Befestigungsanlage *(der Ausdruck Fort wird im Weiteren benutzt)*, umgeben von einer Reihe Pfosten, 367 Meter lang und 4,3 Meter hoch *(Die Grundfläche des Forts ist demnach ca. 8.420 m² groß)*. An zwei Ecken befinden sich Türmchen.
Innerhalb des Forts stehen die folgenden Gebilde:
Das alte Haus für den Kommandanten, zwei Stockwerke, aus Bohlen gebaut, 17,1 x 12,8 Meter *(ca. 219 m²)*, bedeckt mit Doppelbrettern. Es hat sechs Räume und eine Küche.
Das neue Haus für den Kommandanten, gebaut aus rechteckigen Bohlen, 17,1 x 8,5 Meter *(ca. 145 m²)*. Es hat sechs Räume und eine Eingangshalle.
Das Haus für die Gesellschaftsangestellten, das 10 Räume und zwei Eingangshallen hat; 21,3 x 7,5 Meter *(ca. 160 m²)*.
Die Baracken mit acht Räumen und zwei Eingangshallen; 23,5 x 8,5 Meter *(ca. 200 m²)*.
Das alte Lagerhaus, zwei Stockwerke, aus Bohlen gebaut, 17,1 x 8,5 Meter *(ca. 145 m²)*. Es ist umgeben von einer offenen Galerie mit Säulen.

Der Getreidespeicher, aus Brettern gebaut, 14,9 x 8,5 Meter *(ca. 127 m²)*.

Die Küche, 8,5 x 7,5 breit *(ca. 64 m²)*.

Das Lagerhaus für Vorräte, verbrettert, 12,8 x 8,5 Meter *(ca. 109 m²)*.

Ein angrenzendes Gefängnis.

Die Kapelle mit einer Kuppel.

Ein Brunnen, 5 Meter tief.

Außerhalb des Forts befinden sich die folgenden Gebilde:

Eine Schmiede, aus Bohlen gebaut, 11,4 x 2,6 Meter *(ca. 30 m². Im Originaltext ist die zweite Maßeinheit nicht sehr klar. Diese Einheit wurde von der französischen Längeneinheit Arshins umgerechnet, da der Originaltext die Buchstaben ARCH. erkennen lässt)*, mit vier Unterteilungen.

Eine Gerberei, 10,7 x 6,4 Meter *(ca. 68 m²)*.

Das öffentliche Bad, 10,7 x 5,3 Meter *(ca. 57 m²)*.

Eine Böttcherei, 21,3 x 10,7 Meter *(ca. 228 m²)*.

Ein Schuppen für die Baidarkas *(kajakähnliche Boote)*, auf Balken, 21,3 x 10,7 Meter *(ca. 228 m²)*.

Um das Fort herum:

Eine öffentliche Küche, 10,7 x 6,4 Meter *(ca. 68 m²)*.

Zwei Kuhställe, aus Bohlen gebaut, 42,7 x 7,5 Meter *(ca. 320 m²)*.

Ein Pferch, 59,7 x 42,7 Meter *(ca. 2.550 m²)*.

Ein Stall für Mutterschafe.

Ein Stall für Schweine.

Eine Molkerei, aus Brettern gebaut, 12,8 x 7,5 Meter *(ca. 96 m²)*.

Ein Lagerhaus zur Reifung des Weizens, 16,5 x 7,5 Meter *(ca. 124 m²)*.

Ein Holzdreschboden 17,1 Meter im Durchmesser *(ca. 54 m²)*.

Eine Windmühle mit Mahlstein, die bis zu 18 Zentner am Tag mahlen kann *(umgerechnet von der spanischen Einheit Fanegas)*.

Eine Windmühle (alt) mit einem Stein.

Eine Pferdemühle *(Mühle, die durch die Muskelkraft der Pferde angetrieben wird)* mit einem Mahlstein.

Eine Maschine zur Herstellung von Tauwerk.

Einen Zimmermannsschuppen, 14,9 x 6,4 Meter *(ca. 95 m²)*.

Ein Bretterboden zum Worfeln des Weizens *(Trennung von der Spreu)*, 14,4 x 10,7 Meter *(ca. 154 m²)*.

Ein Quellbrunnen, 3 Meter tief.

Zusätzlich gibt es um das Fort herum 24 Wohnungen:

4 Wohnungen, 10,7 x 5,3 Meter *(ca. 57 m²)*.

5 Wohnungen, 9,2 x 5,3 Meter *(ca. 49 m²)*.

9 Wohnungen, 7,1 x 4,3 Meter *(ca. 31 m²).*
3 Wohnungen, 4,3 x 4,3 Meter *(ca. 18 m²).*
(Paradoxerweise sind nur 21 Wohnungen aufgeführt.)
Fast alle Wohnungen haben einen Obstgarten, umgeben von einem
Lattenzaun, und es gibt acht Schuppen, acht Bäder und 10 Küchen.
Alle diese Häuser sind mit Doppelbrettern bedeckt; sie haben Glas-
fenster und jedes hat einen Fußboden und eine Decke.
Einen Kilometer vom Fort entfernt gibt es das Folgende:
Einen Bretterdreschboden, 21 Meter im Durchmesser *(ca. 66 m²)*, mit
einem angrenzenden Schuppen 10,7 x 6,4 Meter *(ca. 68 m²).*
Einen Obstgarten, 115 Meter lang und 4,3 Meter breit *(ca. 495 m²)*,
von einer Hecke umschlossen.
Es gibt mehr als 260 Obstbäume, einschließlich:
207 Apfelbäume
 29 Pfirsichbäume
 10 Birnenbäume
 10 Quittenbäume
  8 Kirschbäume.
Im Obstgarten befindet sich ein vierräumiges Haus, 9,6 x 8,5 Meter
(ca. 82 m²), mit Brettern bedeckt. Das Haus hat eine Küche 5,3 Meter
im Quadrat *(ca. 28 m²).*
Ein kleiner Garten, 8,5 Meter lang und 22,4 Meter breit *(ca. 190 m²)*,
mit mehr als 20 Obstbäumen. In Ross gibt es mehr als 35 Hektar
Ackerland *(umgerechnet von der Maßeinheit Arpent)*, das meiste von
Zäunen eingegrenzt.
Ein Fruchtgarten, begrenzt von einem Zaun, 149 x 42,7 Meter *(ca.
6.360 m²)*, mit einem kleinen Orangenhain.

B. Die Kostromitinow Ranch

Eine Baracke 17,1 Meter lang und 6,4 Meer breit, mit Brettern bedeckt,
mit drei Räumen und einer Eingangshalle.
Ein Lagerhaus 14,9 x 6,4 Meter, mit Brettern bedeckt. Es gibt im Inne-
ren Kammern für die Lagerung von Saatgut. Angrenzend fällt das Land
bis zum Fluss ab.
Ein Haus 6,4 x 4,3 Meter.
Zwei Holzdreschböden: einer 17,1 Meter im Durchmesser und der
andere, verbrettert, 21,3 Meter.
Ein Weizenworfel Boden, 25,6 Meter im Quadrat, auf Pfosten gebaut.
Eine Hütte für Indianer, auf Pfosten gebaut, 14,9 x 5,3 Meter.
Eine Küche 4,3 Meter im Quadrat, mit zwei Herden.

Ein Bad 6,4 x 4,3 Meter.

Ein Boot für die Überquerung der Slawianka *(der heutige Russian River)*.

Es gibt mehr als 35 Hektar Ackerland hier, um bis zu 230 Zentner Weizen zu sähen *(zu ernten)*.

C. Die Khlebnikow Ranch

Ein dreiräumiges Lehmziegelhaus, 7,5 Meter lang und 5,3 Meter breit, mit Brettern bedeckt und von einer Hecke umgeben. Nahebei befindet sich eine Sonnenuhr.

Eine Baracke 21,3 x 7,5 Meter, in drei Bereiche unterteilt, mit Brettern bedeckt.

Ein Lagerhaus 16 x 7,5 Meter, mit Brettern bedeckt, mit Kammern für die Lagerung von Saatgut.

Ein großer Holzdreschboden 25,6 Meter im Durchmesser.

Eine Küche und ein Glühofen 12,8 x 7,5 Meter, mit Brettern bedeckt.

4 Hütten für Indianer und für die Lagerung von Nahrung. Diese haben unterschiedliche Abmessungen.

Eine Pferdemühle mit einem Stein, der vier Zentner am Tag mahlen kann.

Ein großer Pferch für das Vieh.

Das Ackerland ist mit einem Zaun umgeben. Die Äcker hier produzieren sehr gute Fava Beans *(örtliche Bohnenart)*, Mais, Tabak, Wassermelonen und andere Dinge.

D. Die Tschernich Ranch

Eine sechsräumige Baracke 14,9 x 6,4 Meter, mit Brettern bedeckt.

Eine Küche 8,5 x 4,3 Meter.

Ein Bad 6,4 x 4,3 Meter.

Ein Lagerhaus für Nahrung 14,9 x 6,4 Meter, mit Brettern bedeckt.

Ein Worfelboden für Weizen, 38,4 Meter im Quadrat.

Zwei Hütten für Versorgungsmaterial.

Ein Dreschboden 21,3 Meter im Durchmesser.

Zwei Gewächshäuser aus Brettern, jedes 17,1 Meter.

Das Ackerland ist mit einem Zaun umgeben. Es gibt bis zu 7 Hektar Land, auf dem 45 Zentner Weizen gesät werden kann. Die Felder produzieren sehr gute Fava Bohnen, Mais, Zwiebeln und andere Dinge, das Land ist ebenfalls für eine Obstplantage geeignet.

E. Bodega

Ein Lagerhaus mit einer umgebenden Galerie auf Säulen, 21,3 x 10,7

Meter, mit Brettern bedeckt, gut geeignet zur Lagerung von Saatgut und Waren.

Ein Haus 6,4 Meter im Quadrat, mit drei Räumen und einem Herd.

Ein Bad 8,5 x 4,3 Meter.

Ein Pferch.

Ein Boot.

Das Folgende sollte als zu Bodega gehörend angesehen werden:

Ein Wohngebäude auf dem Weideland.

Ein großer Pferch.

Eine Hütte und ein Pferch.

Die Schiffe:

Ein kleineres, kupferbedecktes Schiff *(der Schiffsrumpf wurde üblicherweise mit Kupfer ummantelt, um Holzwürmer abzuhalten)*, gut geeignet die kalifornische Küste zu befahren. 25 Tonnen.

Zwei mit Häuten bezogene Barkassen; eine hat 16 Ruder, die andere 18.

Eine Baidarka.

Ein Beiboot.

Geräte und landwirtschaftliche Ausrüstungsgegenstände:

Eine gusseisernes *„Ecopaise"* zum Weizendreschen.

Eine *„Fogh"*-Egge.

27 Ochsenpflüge.

24 Pferdepflüge.

26 Pflugschare.

21 Eggen.

24 Geschirre mit Riemen.

30 Pferdegeschirre.

21 Zäume.

29 Sättel.

8 Zaumteile.

20 *„Shadracks"*.

16 Satteldecken.

5 vierrädrige Lastkarren.

10 zweirädrige Lastkarren.

15 Paar Räder.

Einrichtungsgegenstände:

14 Stühle aus Lorbeerbaumholz.

4 Sessel.

1 Couch.

1 ovaler Tisch.

1 quadratischer Tisch.

1 Schrank.

1 einfacher quadratischer Tisch.

2 Zähltische.

4 Sofakissen.

8 Kissen.

1 Bettmatratze.

3 Matratzenkasten.

3 Kissenkasten.

2 Bettlaken.

8 mit Häuten bezogene Stühle.

11 Holzstühle.

3 Schränke mit Fenstern.

4 Schränke mit Fenstern.

6 aufrollbare Schutzblenden.

Vieh:

1.700 Stück Hornvieh, nämlich:

Pflugochsen	70	
Mittelgroße Ochsen	174	
Kleine Ochsen	111	355
Große Kühe	777	
Mittelgroße Kühe	409	
Kleine Kühe	159	1.345
		1.700

940 Pferde und Maultiere, nämlich:

große Maultiere	53	
kleine Maultiere	2	55
große Hengste	20	
mittelgroße Hengste	30	
kleine Fohlen	50	100
große Stuten	320	
mittelgroße Stuten	70	
kleine Stuten	90	
Pferde (*sonstige ?*)	305	785
		940

Ungefähr 100 der Pferde wurden an den Pflug und den Wagen gewöhnt, und mehr als 20 Maultiere an die Egge.

900 Mutterschafe und Hammel, nämlich:

mittelgroße Hammel	100
kleine Hammel	35

große Mutterschafe	540	
mittelgroße Mutterschafe	217	
kleine Mutterschafe	8	900
INSGESAMT:		3.540 Stück Vieh

Unterzeichnet: P. Kostromitinow   *Unterzeichnet:* J.A. Sutter

Von Herrn Sutter im Dezember 1841 erhalten, in spanischen Piastern	400,00 $
Von Herrn Sutter an die Russisch-Amerikanische Kompagnie am 1. Januar 1842 fällig	33.468,16 $
INSGESAMT	33.868,16 $.

Unterzeichnet: P. Kostromitinow

Hafen San Francisco
19. Dezember 1842 v.s. *(Julianischer Kalender)*
Laufendes Konto
Russisch Amerikanische und
Herr Sutter   San Francisco

Gemäß des vereinbarten Vertrages, für den Verkauf der Gebilde und des beweglichen Eigentums in Ross	30.000,00 $
Anderes laufendes Konto für verschiedene Waren, Vorräte und Materialien	3.868,16 $
INSGESAMT	33.868,16 $

Unterzeichnet: J.A. Sutter

Der Unterzeichner, Vertreter der Russisch-Amerikanischen Kompagnie, Petr Kostromitinow und der Einwohner von Oberkalifornien, der Chargé de Justice und Repräsentant der Regierung des Sacramento River Grenzlandes, Kapitän J.A. Sutter, haben, vorausgehenden Vereinbarungen folgend, die folgenden Artikel ausgearbeitet:

ARTIKEL 1: Es ist vereinbart, dass die Russisch-Amerikanische Kompagnie, Ross räumend, nach Zustimmung seiner Majestät des Kaisers *(Zaren)* von ganz Russland *(genauer: Groß-, Klein- und Weissrussland)*, all ihre Einrichtungen, mit Ausnahme des Grund und Bodens, Herrn Sutter überlässt, die sich an der Küste von Neu-Albion *(New Albion war der Name, den der englische Seefahrer Sir Francis Drake diesem Teil der kalifornischen Küste 1579 gegeben hat)* bei Port Bodega und nördlich des Hafens bis Ross befinden, in Übereinstimmung mit dem Inventar, unterzeichnet von den beiden oben erwähnten Personen.

ARTIKEL 2: Es ist vereinbart, dass als Preis für all diese von der Russisch-Amerikanischen Kompagnie überlassenen Einrichtungen, Herr Sutter sich verpflichtet, innerhalb von vier Jahren, die Summe von 30.000 Piastern zu zahlen, beginnend mit dem Jahr 1842.

ARTIKEL 3: Es ist vereinbart, dass die Bezahlung der genannten Summe in Erzeugnissen des Landes erfolgt, im ersten und zweiten Jahr zu dem Betrag von fünftausend Piastern (5.000 $) und im dritten Jahr zu dem Betrag von zehntausend Piastern (10.000 $). Für das letzte, das vierte Jahr, zahlt Herr Sutter die Summe von zehntausend Piastern (10.000 $) in bar.

ARTIKEL 4: Es ist vereinbart, dass Herr Sutter innerhalb der berufenen Zeit (Artikel 2) für die ersten zwei Jahre Erzeugnisse in den folgenden Mengen bereitstellen wird:

1.600 Fanegas Weizen zu 2 $	3.200 $
100 Fanegas Erbsen zu 2? $	225 $
25 Fanegas Frijole Bohnen zu 3 $	75 $
50 Quintals Seife zu 14 $	700 $
200 Arrobas Schweinefett zu 2 $	400 $
250 Arrobas Talg zu 1? $	375 $

Im dritten Jahr wird diese Menge verdoppelt, der Summe von 10.000 $ entsprechend. Es versteht sich, dass all diese Waren von bester Qualität sind, der Weizen und die Bohnen frisch, die Seife trocken, der Talg und das Schweinefett frisch und rein. Fünfeinhalb spanische Arrobas entsprechen einer Fanega *(ansonsten nur vier)*.

ARTIKEL 5: Es ist vereinbart, dass Herr Sutter die Erzeugnisse während der drei Jahre jeweils am ersten September *(Gregorianischer Kalender)*, beginnend mit 1842, bereitstellt, der Zeitpunkt, an dem das Schiff der Gesellschaft im Hafen von San Francisco ankommt.

ARTIKEL 6: Es ist vereinbart, dass die Russisch-Amerikanische Kompagnie ihre Schiffe zum Hafen von San Francisco entsendet, um die Güter zeitgerecht, wie in Artikel 5 bestimmt, zu laden, und Herr Sutter, nach Eintreffen des Schiffes, eigene Arrangements trifft, um die bereit gestellten Güter zu laden und so kein Zeitverlust entsteht.

ARTIKEL 7: Es ist vereinbart, dass, sollten die Güter bei Eintreffen des Schiffes zum genannten Zeitpunkt nicht bereitgestellt sein und das Schiff nach Sitka *(Neu-Archangelsk)* zurückkehren muss, ohne geladen zu haben, Herr Sutter, ohne Erwiderung *(Einspruchsmöglichkeit)*, persönlich für alle Ausgaben verantwortlich ist, die dem Schiff von Sitka bis zum Hafen San Francisco entstanden sind; das sind die Bezahlung der Mannschaft und die Frachtkosten; oder, anstatt der Erzeugnisse, er *(Sutter)* die Summe, die gemäß Artikel 4 in dem Jahr entrichtet werden muss, in bar bezahlt.

ARTIKEL 8: Es ist vereinbart, dass die Schiffe der Russisch-Amerikanischen Kompagnie, die zur Ladung der Waren wie in Artikel 4 erwähnt, entsandt werden, ohne Zahlung von Zoll- oder Tonnagegebühren einlaufen können. Wenn erforderlich, bezahlt Herr Sutter die Gebühren für Tonnage und Ankerung, gemäß der Größe des Schiffes.

ARTIKEL 9: Es ist vereinbart, dass, obwohl die Russisch-Amerikanische Kompagnie volles Vertrauen in die Unbescholtenheit von Herrn Sutter in Bezug auf die Zahlungen hat, dessen ungeachtet als Garantie für diese Vereinbarung und im Falle von unvorhergesehenen Umständen für die Rückzahlung der oben genannten Summe, seine Einrichtung am Sacramento River, die Neu-Helvetia genannt wird. *(Diese wurde)* gegründet mit Zustimmung der Regierung von Kalifornien und laut rechtlicher Dokumente, mit allen bestehenden Gebilden und beweglichen Mobilien, als Garantie dient. Desgleichen alle Einrichtungen in Port Bodega und in den Chlebnikow und Tschernich Ranchs, die Herr Sutter weiterführen und in seinem Besitz halten will, als Sicherheiten dienen, sodass im Falle einer Nichterfüllung seiner Verpflichtungen, wir dennoch unsere Ansprüche als Eigentümer von Port Bodega und Ross geltend machen können. Die gleiche Klausel erstreckt sich auf die Erben von Herrn Sutter im Falle seines Todes, sollte ein solches Missgeschick vor der formalen Erfüllung der Vereinbarung eintreten und sie *(die Erben)* die Zahlung wie in Artikel 4 verweigern.

ARTIKEL 10: Es ist vereinbart, dass im Falle eines Krieges zwischen Russland und einer anderen Nation, und die Mexikanische Republik die Seite der Feinde Russlands einnimmt, eine Entsendung eines Schiffes zur Ladung der Erzeugnisse zur vereinbarten Zeit nicht möglich ist, der Wille und Absicht dieses Vertrages unantastbar bleiben und sobald wieder Frieden hergestellt wurde, wieder in Kraft treten.

ARTIKEL 11: Es ist vereinbart, dass die Russisch-Amerikanische Kompagnie in ihrem Wunsche, Herrn Sutter Unterstützung zu gewähren, Teile, die nicht zu sperrig sind, wie Fensterrahmen, Türen und andere Kleinteile, die in unseren kleinen Hausbooten und der großen Barkasse transportiert werden können, von Ross nach Bodega zu verbringen. Der Transport beginnt gegenwärtig und wird fortgeführt bis zum Eintreffen des Schiffes vom Hafen Neu-Archangelsk in Bodega oder San Francisco. Zu diesem Zeitpunkt sollen alle Personen, die hier verblieben sind *(russische Personen)*, unverzüglich an Bord gehen und Herr Sutter wird von allem Besitz ergreifen und den Transport mit eigenen Mitteln fortführen.

Um diesem Vertrag volles Gewicht und Wirksamkeit zu geben, unterzeichnen wir unten und drücken unsere Siegel auf.
Unterschrift: J. A. Sutter   *Unterschrift:* P. Kostromitinow

Der Vertrag schließt ab mit der Unterschrift und einer Zeugenerklärung (in Spanisch) des örtlichen Friedensrichters Francisco Guerrero und der Unterschrift der Zeugen J.J. Vioget, J.A. Sutter selbst und Jacob Leese. Wie recht die Russen mit der Einfügung einer Zahlungsgarantie (Artikel 9) hatten, zeigte sich sehr bald. Sutter konnte (oder wollte) seinen Zahlungsverpflichtungen nicht im vollem Umfang nachkommen. Noch 1850 wurde ihm der Assistent des Gouverneurs in Neu-Archangelsk, Iwanow, als Zahlungseintreiber auf den Hals gejagt. Er konnte zumindest eine Teilzahlung in Höhe von 7.000 Piastern (10.000 Silberrubeln) erhalten, bevor Sutter gänzlich pleite war. Der letzte russische Kommandant von Fort Ross, A. Rotchev[372], kehrte zehn Jahre nach dem Verkauf 1851/52 nach San Francisco zurück, um am Yuba River wie so viele andere während des San Fancisco Goldrausches sein Glück mit Goldschürfen zu versuchen. Er erhoffte sich Hilfe von Sutter, musste aber zu seiner Enttäuschung sehen, dass Sutter „... so arm und zusätzlich kaum Herr seiner Seele [Sinne] ist. Und dieser Mann hätte Millionen besitzen können." (weiteres siehe auch „John A. Sutter" in Kurzabhandlungen oben).

---

372 Rotchev hatte wahrscheinlich deutsche Vorfahren [Schreibweise vielleicht Rotchef]. Er versuchte in seinem Leben mehrere Karrieren ohne besonderen Erfolg. In seiner Jugend interessierte er sich für Literatur und übersetzte Schiller's *Wilhelm Tell* und Shakespeare's *Macbeth* ins Russische. Als Kommandant von Fort Ross kannte er Sutter gut, den er mehrmals im Fort gesellschaftlich unterhielt und mit ihm dinierte. Rotchev starb 1873.

Alaska Kaufvertrag von 1867

(Übersetzung des Autors aus dem Englischen, der Vertrag wurde in englischer und französischer Sprache unterzeichnet, Wörter in kursiv sind zusätzliche Erklärungen des Übersetzers.)
Bei Abschluss des Vertrages war Andrew Johnson, als Nachfolger des ermordeten Abraham Lincoln, Präsident der Vereinigten Staaten von Amerika (1865-1869). Zar Alexander II (1855-1881) regierte Russland.

Konvention (*Übereinkommen*) zwischen den Vereinigten Staaten von Amerika und seiner Majestät dem Kaiser (*Zaren*) von Russland über die Abtretung der russischen Besitzungen in Nordamerika an die Vereinigten Staaten, abgeschlossen in Washington am 30. März 1867; Ratifizierung empfohlen durch den Senat am 9. April 1867; ratifiziert vom Präsidenten am 28. Mai 1867; Ratifizierung übergeben in Washington am 20. Juni 1867; proklamiert am 20. Juni 1867.

EINE PROKLAMATION DES PRÄSIDENTEN DER VEREINIGTEN STAATEN VON AMERIKA

Ein Vertrag wurde zwischen den Vereinigten Staaten von Amerika und seiner Majestät des Kaisers von ganz Russland abgeschlossen und von ihren Bevollmächtigten in der Stadt Washington am dreißigsten März unterzeichnet, dessen Inhalt, in englischer und französischer Sprache, Wort für Wort wie folgt lautet (*die französische Version erscheint hier zuerst, vor der englischen*):
Die Vereinigten Staaten von Amerika und seine Majestät der Kaiser von ganz Russland (*genauer: Groß-, Klein- und Weissrussland*) haben, in der Absicht, das gute Einvernehmen, das zwischen ihnen besteht, wenn möglich zu stärken, zu diesem Zweck ihre Bevollmächtigten ernannt: der Präsident der Vereinigten Staaten, William H. Seward, Secretary of State (*Außenminister*); und seine Majestät der Kaiser von ganz Russland, den Geheimrat Edward Stöckl, als seinen Gesandten zu den Vereinigten Staaten. Die Bevollmächtigten haben ihre Vertretungsvollmachten ordnungsgemäß ausgetauscht und haben die folgenden Artikel vereinbart und unterschrieben:

ARTIKEL I: Seine Majestät der Kaiser von ganz Russland vereinbart mit dieser Konvention, unverzüglich nach dem Austausch ihrer Ratifizierungen, alle Gebiete und Ländereien an die Vereinigten Staaten abzu-

treten, die seine Majestät auf dem Amerikanischen Kontinent und seinen benachbarten Inseln augenblicklich besitzt, nämlich alle, die sich in
den nachfolgenden geografischen Grenzen befinden:
Die östliche Grenze ist die Demarkationslinie (*Grenzlinie*) zwischen
den russischen und britischen Besitzungen in Nordamerika wie durch
die Konvention vom 28. Februar 1825 (*Im Original wurde noch der 16.
Februar als zweites Datum zusätzlich angegeben, da Russland anstatt
des Gregorianischen noch den ungenaueren Julianischen Kalender
benutzte*) zwischen Russland und Großbritannien und in dessen Artikeln III und IV wie folgt beschrieben: „Vom südlichsten Punkt der
Insel, die Prince of Wales-Insel genannt wird, ausgehend, der auf der
Parallele 54 Grad 40 Minuten nördlicher Breite und zwischen dem
131sten und 133sten Grad westlicher Länge (Meridian (*Längengrad*)
von Greenwich) liegt, folgt die Linie (*Grenzlinie*) dem Channel (*Was-
serstraße*), der Portland Channel genannt wird, entlang nach Norden bis
zu dem Punkt auf dem Kontinent, der den 56sten Grad nördlicher Breite trifft; von diesem letztgenannten Punkt folgt die Grenzlinie den Gip-
feln der Berge, die parallel zur Küste verlaufen bis zu dem Punkt, wo sie
auf den 141sten Grad westlicher Länge (des gleichen Meridians) trifft
und folgt schließlich von diesem Punkt dem 141sten Längengrad in seiner Verlängerung bis zum gefrorenen Ozean" (*Dieser Verlauf ist nach
Anpassungen in den Jahren 1825 und 1903 auch heute noch die Grenze
zwischen den USA und Kanada*).
Bezugnehmend auf die Grenzlinie wie in dem vorgenannten Artikel
festgelegt, besteht Einvernehmen, dass erstens:
„Die Insel, die Prince-of-Wales-Insel genannt wird, zu Russland
gehört (auf Grund dieser Abtretung jetzt zu den Vereinigen Staaten)", zweitens:
„Wenn immer die Gipfel der Berge, die parallel zur Küste zwischen
dem 56sten Grad nördlicher Länge und dem 141sten Grad westlicher
Länge verlaufen, mehr als zehn Nautische Leagues (*nautisches Län-
genmaß, 10 Nautische Leagues = ca. 55,56 km*) vom Ozean entfernt
sind, ist die Grenze zwischen den britischen Besitzungen und dem
Küstenstreifen, der zu Russland gehört (durch diese Abtretung den
Vereinigten Staaten zugehörig) die Linie parallel zum Küstenverlauf,
aber niemals weiter als zehn Marine Leagues davon entfernt."
Die westliche Grenze der übertragenen Gebiete und Ländereien verläuft durch den Punkt, der in der Beringstraße auf der Parallele von
fünfundsechzig Grad dreißig Minuten nördlicher Länge auf den Meridian trifft, der halben Strecke zwischen den Inseln Krusenstern, oder

Ignalook (*Kleine Diomedes-Insel*), und der Insel Ratmanoff, oder Noonarbook (*früher Große Diomedes-Insel, heute aber wieder Ratmanow-Insel genannt*), liegt, und von dort genau nach Norden, ohne Beschränkung, in den selben gefrorenen Ozean (*wie bei der Grenzziehung entlang des 141sten Grades*) weitergeht. Die gleiche westliche Grenze, vom selben Bezugspunkt ausgehend (*dem in der Beringstraße*), folgt von dort einem fast südwestlichen Kurs durch die Beringstraße und die Bering-See, auf halbem Weg zwischen dem Nordwest Punkt der St. Lawrence-Insel und dem Südost Punkt des Kaps Tschuktschen verlaufend, bis sie auf den 172. Meridian westlicher Länge trifft; von dort in südwestlicher Richtung, auf halbem Weg zwischen der Insel Attu (*Attu-Insel, äußerste Aleuten-Insel*) und der Copper-Insel des Kommandeurs Paares oder Gruppe (*gemeint ist die heutige Mednyy-Insel, die weiter östlich liegt als ihre „Schwester Insel", die Bering-Insel. Beide zusammen bilden mit zwei kleineren Inseln die Kommandeurs-Inselgruppe*) verlaufend, in den Nord Pazifik, entlang des Meridians 193 Grad westlicher Länge weiter geht, sodass mit den übertragenen Gebieten die gesamten Aleuten-Inseln östlich diese Meridians eingeschlossen sind (*Diese Grenze ist auch heute noch die Grenze zwischen Russland und den USA*).

ARTIKEL II: Die Abtretung der Gebiete und Ländereien des vorangegangenen Artikels beinhaltet auch die Eigentumsrechte auf alle öffentlichen Grundstücke und Plätze, freies Land und alle öffentlichen Gebäude, Befestigungsanlagen, Kasernen und andere Bauten, die sich nicht in Privateigentum befinden. Es gilt jedoch als vereinbart, dass die Kirchen, die in dem abgetretenen Gebiet von der russischen Regierung gebaut wurden, im Eigentum der Mitglieder der Griechisch-Orientalen Kirche (*Russisch-Orthodoxen Kirche*), die in dem Gebiet wohnen, verbleiben, und diese darin ihre Andachten verrichten können. Regierungsarchive, Unterlagen und Dokumente die vorgenannten Gebiete und Ländereien betreffend und dort aufbewahrt, verbleiben im Besitz des Vertreters der Vereinigten Staaten; aber eine getreue Kopie dieser wird, wenn erforderlich, von den Vereinigen Staaten zu jeder Zeit an die russische Regierung gegeben oder an einen russischen Amtsträger oder Staatsangehörigen, der sie beantragt.

ARTIKEL III: Die Einwohner der abgetretenen Gebiete können nach ihrer Wahl, vorbehaltlich ihrem natürlichen Zugehörigkeitsgefühl, innerhalb von drei Jahren nach Russland zurückkehren; aber wenn sie es bevorzugen, in den abgetretenen Gebieten zu verbleiben, erhalten sie, mit der Ausnahme von unzivilisierten Eingeborenenstämmen, Zugang zu allen Rechten, Vorteilen und Bürgerfreiheiten der Vereinigten Staaten und werden darin unterstützt und gewahrt, sich ihrer Freiheit und ihres Eigentum zu erfreuen und ihre Religion frei auszuüben. Die unzivilisierten Stämme sind denjenigen Gesetzen und Regeln der Vereinigten Staaten unterworfen, die sie von Zeit zu Zeit, hinsichtlich der eingeborenen Stämme in ihrem Land, anwenden.

ARTIKEL IV: Seine Majestät der Kaiser von ganz Russland wird, mit geziemter Eile, einen Vertreter zum Zwecke der formalen Übergabe, und aller damit zusammenhängenden, notwendigen Handlungen, des Gebietes, der Ländereien, der Eigentümer, abhängiger Gebiete und Zugehörigkeiten, die wie oben abgetreten sind, an einen gleichermaßen von den Vereinigten Staaten eingesetzten Vertreter, berufen.

ARTIKEL V: Unverzüglich nach dem Austausch der Ratifizierungen dieser Konvention werden alle Befestigungsanlagen oder Militärstationen, die sich in dem abgetretenen Gebiet befinden, an den Vertreter der Vereinigten Staaten übergeben und alle russischen Truppen, die sich in dem Gebiet befinden werden sich, sobald es zumutbar und angemessen praktikabel erscheint, zurückziehen.

ARTIKEL VI: In Erwägung der vorgenannten Abtretung vereinbaren die Vereinigten Staaten durch ihr Schatzamt in Washington, innerhalb von zehn Monaten nach dem Austausch der Ratifizierungen, eine Zahlung von sieben Millionen zweihunderttausend Dollar in Gold, an den diplomatischen Abgesandten oder einen sonstigen von seiner Majestät dem Kaiser von ganz Russland ordentlich ermächtigten Vertreter zu leisten. Es wird hiermit erklärt, dass die hier festgelegte Abtretung der Gebiete und Ländereien, frei und unbelastet ist von Vorbehalten, Sonder- und Vorrechten, Konzessionen, Übertragungen oder Besitztum irgendeiner assoziierten Gesellschaft, sei sie juristisch eingetragen oder nicht, russisch oder anderweitig, mit der einzigen Ausnahme des Eigentums privater Einzelpersonen; die hiermit festgelegte Abtretung überträgt alle Rechte, Konzessionen, Sonderrechte und sonstige zugehörige Rechte an den besagten Gebieten und Ländereien, die momentan noch Russland gehören.

ARTIKEL VII: Nach ordnungsgemäßer Ratifizierung diese Konvention durch den Präsidenten der Vereinigten Staaten, mit der Empfehlung und Zustimmung des Senates, auf der einen Seite und seiner Majestät des Kaisers von ganz Russland auf der anderen Seite, werden diese innerhalb von drei Monaten oder eher nach dem Ratifizierungsdatum in Washington ausgetauscht. Im Vertrauen darauf haben die beiderseitigen Vertreter diese Konvention unterzeichnet und ihr die Amtssiegel aufgedrückt. So geschehen zu Washington, am dreißigsten März, im Jahr des Herrn 1867.

Unterschrift: William Seward   *Unterschrift:* Edouard de Stoeckl

Die Proklamation schließt ab mit einer formalen Erklärung und der Unterschrift des Präsidenten.

Alaska heute

Allgemein

Alaska ist der größte Staat der USA mit einer Landfläche von 1.477.267 km², (im Vergleich: Deutschland ca. 350.000 km²). Ungefähr ein Drittel des Landes befindet sich nördlich des Polarkreises. Die Küstenlinie beträgt insgesamt 10.700 km. Administrativ ist Alaska in 16 *Boroughs* (Kreise) unterteilt. Der Größte ist Anchorage mit einer Einwohnerzahl von 260.283 = 41.5% der Gesamtbevölkerung (Jahr 2000). Die nächstgrößten Städte sind die Hauptstadt Juneau, die Universitätsstadt Fairbanks und Ketchikan, die südlichste Stadt Alaskas.

Der höchste Berg Mount McKinley (6194 m) ist auch gleichzeitig der höchste Gipfel Nordamerikas. Alaska hat 109 staatliche Naturschutzgebiete. Es führt nur eine Straße über den Polarkreis nach Norden (ab etwa 60 km nördlich von Fairbanks mehr eine Schotterstrecke).

Abb. 28: Alaska wird der 49. Staat der USA.

Alaska im Vergleich mit anderen US Staaten

Indikator	Platz	Wert	Führender Wert	Führender Staat	Jahr der Erhebung
Einwohner ('000)	48	627	33.872	California	2000
Einwohner unter 18	2	31,8%	33,2%	Utah	1999
Einwohner über 64	50	5,6%	18,1%	Florida	1999
Kindersterblichkeit	43	5,9%	10,2%	Alabama	1998
Ärzte/100.000 Einw.	48	167	412	Massachusetts	1998
Hochschulausbildung	20	25,5%	38,7%	Colorado	1999
Ø Gehalt ($)	11	34.034	42.653	Connecticut	1999
Ø Lehrergehalt ($)	6	46.845	51.584	Connecticut	1998
Schwerverbrechen pro 100.000 Einwohner	9	632	854	Florida	1999
Arbeitslosigkeit	2	6,4%	6,6%	West Virginia	1999
Beschäftigung in der verarbeitenden Industrie	47	5,0%	23.2 %	Indiana	1999
Bruttosozialprod. (Bill. $)	41	32	1.094	California	1998
Energieverbrauch/Person in Mill. BTU	1	1.145	201	Hawaii (50.)	1997
Kfz Tote/100 Millionen gefahrene Meilen	25	1.6	2.9	Mississippi	1998
Hauseigner	38	66,4%	77,4%	Maine	1999
Einzelhandelsumsatz/ Haushalt ($)	3	33,148	34,289	New Hampshire	1998

Quelle: Statistiken der US-Regierung

Bibliographie

Bücher

Adami, Norbert R., *Eine schwierige Nachbarschaft. Die Geschichte der russisch-japanischen Beziehungen,* München, 1990.

Adams, George R., *Life on the Yukon, 1865-1867,* edited by Richard A. Pierce, Kingston, Ontario, 1982.

Alekseev, A.I.,
- *Fedor Petrovich Litke,* The Rasmuson Library, Fairbanks, 1996.
- *The Destiny of Russian America 1741-1867,* Kingston Ontario, 1990.
- *The Odyssey of a Russian Scientist: I.G. Voznesenskii in Alaska, California and Siberia, 1839-1849,* translated by Wilma C. Follette, edited by Richard A. Pierce, Fairbanks, 1988.

Amburger, Erik, *Geschichte der Behördenorganisation Russlands von Peter dem Großen bis 1917,* Studien zur Geschichte Osteuropas 10, Leiden: E. J. Brill, 1966.

Andreev, A.I., *Russian Discoveries in the Pacific in the Eighteenth and Nineteenth Centuries,* translated by Carl Ginsburg, Ann Arbor, 1952.

Andrews, Clarence L.,
- *The Story of Sitka, The historic outpost of the Northwest coast, the chief Factory of the Russian American Company,* Seattle, 1922.
- *The Story of Alaska,* Caldwell, Idaho, 1938.

Armstrong, Terence, *Yermak's Campaign in Siberia,* The Hakluyt Society, London, 1975.

Bancroft, Hubert Howe,
- *History of Alaska, 1730-1885,* Reprint, New York, 1959.
- *History of California,* 7 Bde., San Francisco, 1886-1890.

Barratt, Glynn,
- *Russian Shadows on the British Northwest Coast of North America, 1810-1890,* University of British Columbia Press, Pacific Maritime Studies No. 3, Vancouver, 1983.
- *Russian in Pacific Waters, 1715-1825, A Survey of the Origins of Russia's Naval Presence in the North and South Pacific,* Pacific Maritime Studies No. 1, Vancouver and London, 1981.
- *Russia and the South Pacific, 1696-1840, Volume 1: The Russians and Australia,* Vancouver 1988.

– *The Russian Discovery of Hawai'i*, Honolulu 1987.

Bartley, Russell H., *Imperial Russia and the struggle for Latin American Independence 1808-1828*, Austin, 1978.

Bashkina, N.N. et al., *The United States and Russia: The Beginnings of Relations, 1765-1815*, Washington: Department of State, 1980.

Baumgarten, Hermann, *Geschichte Spanien's zur Zeit der Französischen Revolution*, Berlin, 1861.

Beaglehole, J.C., *The Exploration of the Pacific*, London, 1934.

Beaglehole, J.C. (Hrsg.), *Cook and the Russians*, Addendum to the Hakluyt Society's edition of „The voyage of the Resolution and Discovery, 1776-1780", London, 1973.

Beals, Herbert K.,
– *Juan Pérez on the Northwest Coast*, Portland, 1989.
– *For Honor & Country; The Diary of Bruno de Hezeta*, Portland 1985.

Belcher, Sir Edward, *Narrative of a Voyage round the World*, 2 Bde., London 1843.

Belov, Mikhail I., *Russians in the Bering Strait, 1648-1791*, edited by J.L. Smith, translated by Katerina Solovjova, Anchorage, 2000.

Berkh, Vasilii Nikolaevich, *A Chronological History of the Discovery of the Aleutian Islands ...*, translated by Dmitri Krenov, edited by Richard A. Pierce, Kingston, Ontario, 1974.

Black, James J., *Notes on the Russian-American Company's Trading Posts*, San Francisco, 1867.

Black, Lydia T.,
– *The Round the World Voyage of Hieromonk Gideon, 1803-1809*, edited by Richard A. Pierce, Kingston Ontario, 1989.
– *Atka. An Ethnohistory of the Western Aleutians*, Fairbanks, 1984.

Black, Lydia T. und Buse, D.K., *G.-F. Müller and Siberia, 1733-1743*, translated by Victoria Joan Moessner, Kingston Ontario 1989.

Black, Lydia T., McGowan, Sarah, Jacka, Jerry, Taksami, Natalia und Wright, Miranda, *The History and Ethnohistory of the Aleutian East Borough*, edited by Richard A. Pierce, Katherine L. Arndt und Sarah McGowan, Kingston Ontario, 1999.

Bockstoce, John R.,
– *Whales, Ice, & Men*, Seattle and London, 1995.
– *The Journal of Rochfort Maguire 1852-1854*, 2 Bde., The Hakluyt Society, London, 1988.

Boden, Jürgen F. und Günter Myrell (alle Hrsg.), *Im Bannkreis des Nordens*, Oststeinbek, 1999.

Bolkhovitinov, Nikolai N.,
- *The Beginnings of Russian-American Relations 1775-1815*, translated by Elena Levin, Cambridge and London, 1975.
- *The Genesis and Nature of the Monroe Doctrine of 1823*, 1957.
- *Russia and the United States War of Independence, 1775-1783*, 1976.
- *Russia and the United States: The Development of Relations, 1815-1865*, 1980.
- *Russian-American Relations and the Sale of Alaska 1834-1867*, translated and edited by Richard A. Pierce, Kingston Ontario, 1996.
- *Russisch Amerika 1799-1867* (in Russisch), mit Beiträgen versch. Autoren in Russisch, Englisch und Französisch, Moskau, 1999.
- *Die Geschichte von Russisch Amerika*, (in Russisch) 3 Bde., Moscow, 1997 and 1999.

Breault, William J., *John A. Sutter in Hawaii and California 1838-1839*, Rancho Cordova, 1998.

Bremner, Robert Traveller, *Excursions in the interior of Russia; including sketches of the character and policy of the Emperor Nicholas, Scenes in St. Petersburg, &c.&c.,* Elibron Classics Replica Edition (Volume 1; Volume 2, Part 1; Volume 2; Part 2) der Londoner Ausgabe von 1839 (2 Bde.).

Broughton, William R., *A Voyage of Discovery to the North Pacific Ocean ...*, London, 1804.

Browning, Peter, *The Discovery of San Francisco Bay u.a.*, Lafayette, 1992.

Busch, Briton C.,
- *The War against the Seals: A History of the North American Seal Fishery*, Montreal, 1987.
- „*Whaling Will Never Do For Me“: The American Whaleman in the Nineteenth Century*, Lexington, 1994.

Campbell, Archibald, *A Voyage round the World from 1806 to 1812*, 1969 Reprint der Edinburgher Ausgabe von 1816, Bibliotheca Australiana # 50, Amsterdam, New York, 1969.

Carrington, George, *Behind the Scenes in Russia*, Elibron Classics Replica Edition der Londoner Ausgabe von 1874.

Chamisso, Adelbert von, *Reise um die Welt*, 2. Auflage, Berlin 1953.

Chapman, C.E., *The Founding of Spanish California, 1687-1783*, New York, 1916.

Chevigny, Hector,
- *Lost Empire. The Life of Nikolai Rezanov*, Portland, 1965.

- *Lord of Alaska. The Life of Aleksandr Baranov*, Portland, 1965.
- *Russian America. The Great Alaskan Venture 1741-1867*, Portland, 1998.

Christian, David, *A History of Russia, Central Asia and Mongolia. Volume I: Inner Eurasia from Prehistory to the Mongol Empire*, Oxford, 1998.

Cochrane, John Dundas, *Narrative of a Pedestrian Journey through Russia and Siberian Tartary, From the Frontiers of China to the Frozen Sea and Kamtchatka*, Elibron Classics Replica Edition (2 Bde.) der Londoner Ausgabe von 1825 (2 Bde.).

Cocks, Richard, *Diary of Richard Cocks, Cape-Merchant in the English Factory in Japan 1615-1622; With Correspondence*, hrsg. von Edward Maunde Thompson, Elibron Classics Replica Edition der Londoner Ausgabe von 1883, The Hakluyt Society (2 Bde.).

Colnett, James, *A Voyage to the South Atlantic and round Cape Horn into the Pacific Ocean*, Reprint der Londoner Ausgabe von 1798, Amsterdam and New York, 1968.

Cook, Warren, *Flood Tide of Empire: Spain and the Pacific Northwest, 1543-1819*, New Haven, 1973.

Cooper, Michael (Hrsg.), *João Rodrigues's Account of Sixteenth-Century Japan*, The Hakluyt Society, London, 2001.

Cottrell, Charles Herbert, *Recollections of Siberia, In the Years 1840 and 1841*, Elibron Classics Replica Edition der Londoner Ausgabe von 1842.

Coxe, William,
- *Account of the Russian Discoveries Between Asia and America. To which are added, The Conquest of Siberia, and The History of the Transactions and Commerce Between Russia and China*, (Second Edition 1780), in: Coxe, Account of Russian Discoveries, March of America Facsimile Series No. 40, Ann Arbor, 1966.
- *A Comparative View of the Russian Discoveries with those made by Captains Cook and Clarke; and a Sketch of what remains to be ascertained by future Navigators*, (1787), in: Coxe, Account of Russian Discoveries, March of America Facsimile Series No. 40, Ann Arbor, 1966.
- *Travels into Poland, Russia, Sweden, and Denmark*, 6 Bde. (original 5 Bde.), Elibron Classics Replica Edition der vierten Ausgabe von 1792.

Crowell, Aron L., *Archaeology and the Capitalist World System, A Study from Russian America*, New York, 1997.

Crowell, Aron L., Steffian Amy F. and Pullar Gordon L, (alle Hrsg.), *Looking both ways, Heritage and Identity of the Alutiiq People*, Fairbanks, 2001.

David, Andrew, Fernandez-Armesto, Felipe, Novi, Carlos and Williams, Glyndwr (alle Hrsg.), *The Malaspina Expedition 1789-1794, The Journal of the Voyage by Alejandro Malaspina*, Volume 1, The Hakluyt Society, London, 2001.

Davydov, Gavriil, I., *Two Voyages to Russian America, 1802-1807*, translated by Colin Bearne, edited by Richard A. Pierce, Kingston Ontario, 1977.

DeArmond, Robert N., *The USS Saginaw in Alaska Waters 1867-1868*, edited by Richard A. Pierce, Kingston Ontario, 1997.

De Morga, Antonio, *Sucesos de las Islas Filipinas*, übersetzt und hrsg. von J. S. Cummins, The Hakluyt Society, London, 1971.

Divin, Vasilii A.,
- *The Great Russian Navigator A.I. Chirikov*, The Rasmuson Library, Fairbanks, 1993.
- *To the American Coast: The Voyages and Explorations of M.S. Gvozdev, the Discoverer of Northwestern America*, translated by Anatoli Perminov, edited with Introduction by von J.L. Smith, Anchorage, 1997.

Dixon, Simon, *The Modernisation of Russia 1676-1825*, Cambridge, 1999.

Dmytryshyn, Basil und Crownhart-Vaughan, E.A.P. (alle Übersetzer), *Colonial Russian America; Kyrill T. Khlebnikov's Reports, 1817-1832*, Portland, 1976.

Dmytryshyn, Basil, Crownhart-Vaughan, E.A.P. und Vaughan, Thomas (alle Hrsg. und Übersetzer),
- *Russia's Conquest of Siberia 1558-1700; A Documentary Record*, North Pacific Study Series No. 9, Portland, 1985.
- *Russian Penetration of the North Pacific Ocean 1700-1797; A Documentary Record*, North Pacific Study Series No. 10, Portland, 1988.
- *The Russian American Colonies 1798-1867; A Documentary Record*, North Pacific Study Series No. 11, Portland, 1989.

Dobell, Peter, *Travels in Kamchatka and Siberia; with a Narrative of a Residence in China*, Elibron Classics Replica Edition (2 Bde.) der Londoner Ausgabe von 1830.

Dumond, Don E., *The Eskimos and Aleuts*, London, 1987.

Dunmore, John, *The Journal of Jean-François de Galaup de la Pérouse 1785-1788*, 2 Bde., The Hakluyt Society, London, 1994, 1995.

D'Wolf, John, *A Voyage to the North Pacific and a Journey through Siberia more than Half a Century ago,* Reprint der Cambridge, Mass. Ausgabe von 1861, Fairfield, Washington, 1968.

Edwards, Philip, *The Journals of Captain Cook*, London, 1999.

Elliott, Henry W., *The Seal-Islands of Alaska*, Kingston, Ontario, 1976.

Erdmann, H., *Alaska: Ein Beitrag zur Geschichte nordischer Kolonisation,* Berlin, 1909.

Essig, E.O., Ogden, Adele and DuFour, Clarence John, *Fort Ross*, Fairbanks, 1991.

Fagan, Brian M., *The Great Journey, the Peopling of Ancient America*, London, 1987.

Falk, Marvin W. (Hrsg.),
- *Journals of the Priest Ioann Veniaminov in Alaska, 1823 to 1836,* translated by David H. Kraus, Historical Translation Series Volume IV, The Rasmuson Library, Fairbanks, 1988.
- *Russian Exploration in Southwest Alaska: The Travel Journals of Petr Korsakovskiy (1818) and Ivan Ya. Vasilev (1829),* translated by Jerome Kisslinger, Historical Translation Series Volume VII, The Rasmuson Library, Fairbanks, 1993.

Fedorova, Svetlana,
- *Russian Population in Alaska and California: Late 18th Century – 1867,* translated and edited by Richard A. Pierce and Alton S. Donnelly, Kingston, Ontario, 1973.
- *Ethnic Processes in Russian America*, translated by Antoinette Shalkop, Occasional Paper No. 1, Anchorage Historical and Fine Arts Museum, 1975.
- *Russian America in the Unpublished Notes of K.T. Khlebnikov,* 1979.

Fisher, Raymond H.,
- *The Voyage of Semen Dezhnev in 1648*, The Hakluyt Society, London, 1981.
- *Bering's Voyages, Whither and Why,* Seattle and London, 1977.
- *The Russian Fur Trade 1500-1700,* Berkeley and Los Angeles, 1943.
- *Records of the Russian-American Company, 1802, 1817-1867,* Washington D.C., 1971.

Fitzhugh, William W. and Crowell, Aron, *Crossroads of Continents*, Smithsonian Institution Press, 1988.

Fleurieu, Charles, *A Voyage round the World performed during the Years 1790, 1791, and 1792 by Étienne Marchand …,* Englische Übersetzung, Reprint der Londoner Ausgabe von 1801, Amsterdam and New York, 1969.

Forster, Georg, *Reise um die Welt mit Kapitän Cook,* gekürzte Fassung von „Johann Reinhold Forsters und Georg Forsters Reise um die Welt in den Jahren 1772-1775", Göttingen, 2002.

Forsyth, James, *A History of the Peoples of Siberia – Russia's North Asian Colony 1581-1990,* Cambridge University Press, Cambridge, 1992.

Fort Ross Interpretive Association, Inc.,
- *Fort Ross. Indians-Russians-Americans,* General editing by Bickford O'Brien, Text by Dianne Spencer-Hancock, Graphics by Michael S. Tucker, Revised edition, Jenner, California, 1978.
- *Fort Ross, The Russian Settlement in California,* General editing by Stephen Watrous, Second, Revised edition, Reprint 1978.
- *Outpost of an Empire. Fort Ross: The Russian Colony in California,* General editing by Kaye Tomlin, Jenner, 1993.

Freeze, Gregory L. (Hrsg.), *Russia, A History,* Oxford University Press, New York, 1997.

Gibson, James R.,
- *Feeding the Russian Fur Trade,* Madison and London, 1969.
- *Otter Skins, Boston Ships and China Goods,* Montreal, Kingston and London, 1992.
- *Imperial Russia in Frontier America: The Changing Geography of Supply of Russian America, 1784-1867,* New York, 1976.
- *Russian Maps and Atlases as Historical Sources,* 1971.
- *Studies of the History of Russian Cartography,* 1975.
- *Farming the Frontier: The Agricultural Opening of the Oregon Country, 1786-1846,* Seattle, 1985.
- *Imperial Russia in Frontier America: The Changing Geography of Supply of Russian America, 1784-1867,* Oxford University Press 1976.

Gmelin, Johann G., *Reise durch Sibirien in den Jahren 1733 bis 1743,* 4 Bde., Göttingen, 1751.

Goldenberg, L.A., *Gvozdev: The Russian Discovery of Alaska in 1732,* translated by N.M. Phillips and A.M. Perminov, edited by J.L. Smith, Anchorage, 1990.

Golder, Frank A.,
- *Guide to the Materials for American History in Russian Archives* (2 Bde.), Washington D.C., 1917&1937.
- *Bering's Voyages: An Account of the Efforts of the Russians to*

determine the Relation of Asia and America, (2 Bde.), New York, 1922-1925.
– *Russian Expansion on the Pacific 1641-1850*, New York, 1971.

Golovin, Pavel Nikolaevich,
– *A Review of the Russian Colonies in North America,* translated by Basil Dmytryshyn and E.A.P. Crownhart-Vaughan, (North Pacific Study Series No. 4), Portland, 1979.
– *Civil and Savage Encounters; The Wordly Travel Letters of an Imperial Russian Navy Officer, 1860-1861*, translated and annotated by Basil Dmytryshyn and E.A.P. Crownhart-Vaughan, (North Pacific Study Series No. 5), Portland, 1983.

Golovnin, Vasilii M.,
– *Around the World on the „Kamchatka", 1817-1819*, translated with an Introduction and Notes by Ella Lurey Wiswell, Honolulu: Univ. of Hawaii Press, 1979.
– *Abenteuerliche Gefangenschaft im alten Japan 1811-1813*, neu bearbeitet von Ernst Bartsch, Edition Erdmann, Stuttgart und Wien, 1995.

Gough, Barry M.,
– *First across the Continent: Sir Alexander Mackenzie*, University of Oklahoma Press, 1997.
– *The Journal of Alexander Henry the Younger, 1799-1814*, Toronto, 1988.
– *Distant Dominion. Britain and the Northwest Coast of North America 1579-1809,* Pacific Maritime Studies No. 2, University of British Columbia Press, Vancouver und London, 1980.
– *The Northwest Coast: British Navigation, Trade and Discoveries to 1812*, Vancouver, 1992.
– *Gunboat Frontier: British Maritime Authority and Northwest Coast Indians, 1846-1890,* Vancouver, 1984.
– *To the Pacific and Arctic with Beechey, The Journal of Lieutenant George Peard of H.M.S. 'Blossom' 1825-1828*, The Hakluyt Society, Cambridge, 1973.
– *The Royal Navy and the Northwest Coast of North America 1810-1914: A Study of British Maritime Ascendancy*, Vancouver, 1971.

Hamel, Joseph, *England and Russia; comprising the Voyages of John Tradescant the elder, Sir Hugh Willoughby, Richard Chancellor, Nelson, and others, to the White Sea, etc.,* translated by John Studdy Leigh, Elibron Classics Replica Edition of the London 1854 edition.

Harrison, John A.,
- *The Founding of the Russian Empire in Asia and America,* Gainesville, 1971.
- Japan's Northern Frontier ..., Gainesville, 1953.

Haycox, Stephen, Barnett, James and Liburd, Caedmon, *Enlightenment and Exploration in the North Pacific 1741-1805,* Seattle and London, 1997.

Hayes, Derek, *Historical Atlas of the Pacific Northwest,* Seattle, 1999.

Hayes, Edmund (Hrsg.), *Log of the Union; John Boit's remarkable Voyage ...,* The Oregon Historical Society, 1981.

Herberstein, Sigmund Freiherr von, *Notes upon Russia,* translated and edited with Notes and an Introduction by R.H. Major, Elibron Classics Replica edition (2 vols) of the the London 1851 edition by the Hakluyt Society (2 vols).

Hinckley, Ted C.,
- *The Canoe rocks: Alaska's Tlingit and the Eur-american Frontier, 1800-1912,* University Press of America, 1996.
- *The Americanization of Alaska, 1867-1897,* Palo Alto, 1972.

Hintzsche, W. (Hrsg.), *Reisetagebücher 1735-1743,* Quellen zur Geschichte Sibiriens und Alaskas Band II, Halle, 2000.

Holmberg, Heinrich Johan, *Holmberg's Ethnographic Sketches,* edited by Marvin W. Falk, translated from the original German of 1855-1863 by Fritz Jaensch, The Rasmuson Library, Fairbanks, 1985.

Holmes Book Company, *The Quest for Qual-A-Wa-Loo [Humboldt Bay],* edited from manuscripts by Clarence E. Pearsall, George D. Murray, A.C. Tibbetts and Harry L. Neall, first published in San Francisco 1943, Oakland, 1966.

Howay, F. W.,
- *A List of Trading vessels in the maritime fur Trade, 1785-1825,* edited by Richard A. Pierce, Kingston, Ontario, 1973.
- *The Dixon-Meares Controversy,* 1969 Reprint of the Toronto 1928 Publication in the Canadian Historical Studies, Amsterdam and New York.
- *Colnett's Journal aboard the Argonaut from April 26, 1789 to Nov. 3, 1791,* Reprint of the 1940 Toronto edition, New York, 1968.

Howay, F.W. (Hrsg.), *Voyages of the Columbia to the Northwest Coast, 1787-1790 & 1790-1793,* Reprint of 1941 Massachusetts Historical Society Edition, Portland, 1990.

Huculak, Mykhaylo, *When Russia was in America,* Vancouver, 1971.

Hudson Jr., Hugh D., *The Rise of the Demidov Family and the Russi-*

an Iron Industry in the Eighteenth Century, Newtonville, Mass., 1986.

Huggins, E.L., Campbell, John A. and Sargent, Frederick, *Kodiak and Afognak Life, 1868-1870,* Fairbanks, 1981.

Hulley, C.C., *Alaska 1741-1953,* Portland, 1953.

Hunt, William R., *Distant Justice: Policing the Alaska Frontier,* University of Oklahoma Press, 1987.

Hunter, C.G., *Russia; Being a complete picture of that Empire; including a full description of their Government, Laws, Religion, Commerce, Manners, Customs, &c. with the History of Russia, Civil, Military, and Ecclesiastical from the earliest period to the present time; containing ample memorials of the reign of the illustrious Emperor Alexander I,* Elibron Classics Replica Edition of the London 1817 edition.

Ingraham, Joseph, *Journal of the Brigantine Hope on a Voyage to the Northwest Coast of North America, 1790-92,* edited by Mark D. Kaplanoff, Barre, MA, Imprint Society, 1971.

Inouye, Ron, Hoshiko, Carol and Heshiki, Kazumi, *Alaska's Japanese Pioneers: Faces, Voices, Stories. A Synopsis of Selected Oral History Transcripts,* edited by Nancy B. Killoran, Fairbanks 1994.

Irving, Washington, *Astoria,* London und New York, 1987.

Ivashintsov, N. A., *Russian Round-the-World Voyages, 1803-1849,* translated by Glynn R. Barratt, Fairbanks, 1980.

Iversen, Eve und O'Moore, O.P., Father Maurice M., *The Romance of Nikolai Rezanov and Concepción Argüello and The Concha Argüello Story,* edited by Richard A. Pierce, Kingston, Ontario, 1998.

Jensen, Ronald, *The Alaska Purchase and Russian-American Relations,* Seattle, Univ. of Washington Press, 1975.

Jewitt, John R., *The Adventures and Sufferings of John R. Jewitt, Captive of Maquinna,* annotated and illustrated by Hilary Stewart, Vancouver, 1987.

Jones, Livingstone French, *A Study of the Thlingets of Alaska,* New York and Chicago, 1914.

Jones, Paul, *Memoirs of Paul Jones, Late Rear-Admiral in the Russian Service,* Elibron Classics Replica edition (2 Bde.) of the Re-published London 1843 edition (2 Bde.).

Kamenskii, Fr. Anatolii, *Tlingit Indians of Alaska,* edited by Marvin W. Falk, translated by Sergei Kan, The Rasmuson Library, Fairbanks, 1999.

Karamanski, Theodore J., *Fur Trade and Exploration: Opening the Far Northwest, 1821-1852,* University of Oklahoma Press, 1987.

Katharina II., *Memoiren*, 2 Bde., übersetzt von Erich Boehme, heraus-gegeben von Annelies Grasshoff, München, 1990.

Kennan, George, *Tent Life in Siberia and Adventures among the Koraks and other Tribes in Kamtchatka and Northern Asia*, Elibron Classics Replica Edition of the 1871 Marston Edition.

Khromchenko, Vasilii S., *Khromchenko's Coastal Explorations in Southwestern Alaska, 1822*, translated by David H. Kraus and edited by James W. VanStone, Chicago, 1973.

Khlebnikov, Kiril Timofeevich,

- *Unpublished Journal (1800-1837) and Travel Notes (1820, 1822, and 1824)*, edited by Leonid Shur, translated by John Bisk, The Rasmuson Library (Historical Translation Series, Volume V), Fairbanks, 1990.
- *Baranov: Chief Manager of the Russian Colonies in America*, translated by Colin Bearne, edited by Richard A. Pierce, Kingston Ontario, 1973.
- *Notes on Russian America. Part I: Novo-Arkhangel'sk*, compiled by Svetlana G. Fedorova, translated by Serge LeComte and Richard Pierce, edited by Richard Pierce, Kingston Ontario, 1994.
- *Notes on Russian America. Parts II-V: Kad'iak, Unalashka, Atkha, The Pribylovs*, compiled by R.G. Liapunova and S.G. Fedorova, translated by Marina Ramsay, edited by Richard Pierce, Kingston Ontario, 1994.

Kirchner, Walther,

- *Studies in Russian-American Commerce 1820-1860*, Leiden, 1975.
- *Eine Reise durch Sibirien im achtzehnten Jahrhundert*, Veröffentlichungen des Osteuropa-Instituts München, Band X, München, 1955.

Kittlitz, Friedrich H. Freiherr von, *Denkwürdigkeiten einer Reise nach dem Russischen Amerika, nach Mikronesien und durch Kamtschatka*, Gotha, 1858.

Kotzebue, Otto von, *Entdeckungs-Reise in die Süd-See und nach der Beringstraße zur Erforschung einer nordoestlichen Durchfahrt: unter-nommen in den Jahren 1815, 1816, 1817 und 1818, auf Kosten Sr. Erlaucht des Herrn Reichs Kanzlers Grafen Rumanzoff auf dem Schiffe Rurick unter dem Befehl des Otto von Kotzebue*, 3 Bde., Weimar: Gebrüder Hoffmann, 1821.

Krasheninnikov, Stepan P., *Explorations of Kamtschatka*, Portland, 1972.

Krause, Aurel and Arthur, *To the Chukchi Peninsula and to the Tlingit*

Indians 1881/1882. Journals and Letters by Aurel and Arthur Krause, translated by Margot Krause McCaffrey, The Rasmuson Library, Fairbanks, 1993.

Kushnarev, Evgenii G., *Bering's Search for the Strait*, Portland, 1990.

Kushner, Howard I., *Conflict on the Northwest Coast: American-Russian Rivalry in the Pacific Northwest, 1790-1867,* Westport, Conn. and London, 1975.

Kuykendall, Ralph S., *The Hawaiian Kingdom, Vol. I: Foundation and Transformation 1778-1854,* Honolulu, 1938.

Langsdorff, Georg Heinrich von, *Remarks and Observations on a Voyage Around the World from 1803 to 1807,* translated and annotated by Victoria Joan Moessner, edited by Richard A. Pierce, Kingston Ontario, 1993.

Lansdell, Henry, *Through Siberia,* Elibron Classics Replica edition (2 Bde.) of the London 1882 edition.

Lantzeff, George V.,
- *Siberia in the Seventeenth Century, A Study of the Colonial Administration,* Berkeley and Los Angeles, 1943.
- *Eastward to Empire. Exploration and Conquest on the Russian Open Frontier, to 1750,* Co-Author Richard A. Pierce, Montreal and London, 1973.

Ledyard, John, *A Journal of Captain Cook's Last Voyage to the Pacific Ocean ...,* Hartford, 1783.

Lenkov V.D., Silantev, G.L. and Staniukovich, A.K., *The Komandorskii Camp of the Bering Expedition,* edited by O.W. Frost, translated by Katherine L. Arndt, Anchorage, 1992.

Lensen, George Alexander, *The Russian Push Toward Japan,* Princeton, 1959.

Lesseps, Jean B.B.M. de, *Travels in Kamtschatka in 1787-88,* London, 1790.

Liapunova, Roza G., *Essays on the Ethnography of the Aleuts (at the End of the Eighteenth and the first Half of the Nineteenth Century),* translated by Jerry Shelest with the editorial assistance of William B. Workman and Lydia T. Black, The Rasmuson Library, Fairbanks, 1996.

Lincoln, Bruce W., *The Conquest of a Continent: Siberia and the Russians,* New York, 1994.

Litke, Frederic, *A Voyage Around the World, 1826-1829. Vol. I: To Russian America and Siberia,* edited by Richard A. Pierce, Kingston Ontario, 1987.

Lovtsov, Vasilii Fedorovich, *The Lovtsov Atlas of the North Pacific Ocean, Compiled at Bol'sheretsk, Kamchatka in 1782, from Discoveries made by Russian mariners and Captain James Cook and his officers*, translated, with Introduction and Notes by Lydia T. Black, edited by Richard A. Pierce, Kingston Ontario, 1991.

Macartney, George M., *An Account of Russia MDCCLXVII*, Elibron Classics Replica edition of London 1768 edition.

MacDonald, Ranald, *The Narrative of his Life, 1824-1894*, edited and annotated by William S. Lewis and Naojiro Murakami, Fairbanks, 1990.

Mackie, Richard Somerset, *Trading beyond Mountains, The British Fur Trade on the Pacific, 1793-1843*, Vancouver, 1997.

Marshall, James Stirrat and Carrie, *Pacific Voyages, Selections from Scots Magazine, 1771-1808*, Portland, 1960.

Makarova, Raisa V., *Russians on the Pacific, 1743-1799*, translated and edited by Richard A. Pierce and Alton S. Donnelly, Kingston, Ontario, 1975.

Malloy, Mary,
– *„Boston Men" on the Northwest Coast: The American Maritime Fur Trade 1788-1844*, Kingston Ontario, 1998.
– *Souvenirs of the Fur Trade: Northwest Coast Indian Art and Artifacts collected by American Mariners, 1788-1844*, Cambridge, MA, 2000.

Manning, C.A., *Russian Influence on Early America*, New York, 1953.

Manning, William Ray, *The Nootka Sound Controversy*, Re-edition of first edition in 1905 part XVI of the Annual Report of the American Historical Association for the year 1904, Ann Arbor, 1966.

Markov, Aleksandr I., *Russkie Na Vostochnom Okeane (The Russians on the Pacific Ocean)*, translated by Ivan Petroff, Moscow 1849, Los Angeles 1955.

Massarella, Derek, *The Jesuits, Japan, and European Expansion in the Sixteenth Century*, Tokio, 1999.

McCracken, Harold, *Hunters of the Stormy Sea: The History of the Sea Otter Hunters of Alaska*, London, 1957.

McCracken, Harold and Van Cleve, Harry, *Trapping, The Craft and Science of Catching Fur-Bearing Animals*, First Print 1947, Eleventh Printing, Cranbury, New Jersey, 1970.

Meares, John,
– *The Memorial of Lt. John Meares of the Royal Navy ...*, Reprint of the London 1790 Original, Fairfield, Washington, 1985.

- *Voyages made in the Years 1788 and 1789 from China to the North West Coast of America ...*, London, 1790.

Menzies Archibald, *The Alaska Travel Journal of Archibald Menzies, 1793-1794,* with an Introduction and annotation by Wallace M. Olson and a list of the botanical collections by John F. Thilenius, Fairbanks, 1993.

Mercier, François Xavier, *Recollections of the Youkon, Memoires from the Years 1868-1885,* translated, edited and annotated by Linda Finn Yarborough, Anchorage 1986.

Merck, Carl Heinrich, *Siberia and Northwestern America, 1788-1792: The Journal of Carl Heinrich Merck, Naturalist with the Scientific Expedition led by Captains Joseph Billings and Gavriil Sarychev,* translated by Fritz Jaensch, edited with an Introduction by Richard A. Pierce, Kingston, Ontario, 1980.

Messerschmidt, Daniel Gottlieb, *Forschungsreise durch Sibirien 1720-1727,* Band I-V, Berlin (Ost), 1962-1977, (Quellen und Studien zur Geschichte Osteuropas, Band VIII, Teil 1-5).

Michel, Wolfgang, *Von Leipzig nach Japan, Der Chirurg und Handelsmann Caspar Schamberger (1623-1706),* München, 1999.

Middleton, John, *Clothing in Colonial Russian America: A New Look,* edited by Lyn Kalani, Kingston Ontario, 1996.

Miller, David Hunter, *The Alaska Treaty,* Kingston Ontario, 1981.

Mirov, N.T., *The Road I Came. The Memoirs of a Russian-American Forester,* Kingston Ontario, 1978.

Mitchell, Donald Craig, *Sold American: The Story of Alaska Natives and Their Land, 1867-1959,* University Press of New England, Hanover, 1997.

Mitchell, Mairin, *The Maritime History of Russia, 848-1948;* with maps specially drawn by J.F. Horrabin, London, 1949.

Morgan, Murray, *Confederate Raider in the North Pacific: The Saga of the C.S.S. Shenandoah, 1864-65,* Washington State University Press, 1995.

Morison, Samuel Eliot, *The Maritime History of Massachusetts, 1783-1860,* Boston, 1921.

Moziño, José Mariano, *Noticias de Nutka, An Account of Nootka Sound 1792,* translated and edited by Iris H. Wilson Engstrand, Seattle and London, 1991.

Müller, Gerhard Friedrich,
- *Nachrichten und Reisen die von Russland aus längst der Küsten des Eismeeres und Amerika geschehen sind,* St. Petersburg, 1759.

- *Bering's Voyages: The Reports from Russia*, translated, with commentary by Carol Urness, Fairbanks, 1986.
- *Voyages from Asia to America*, Amsterdam and New York, 1967.

Netsvetov, Iakov,
- *The Journals of Iakov Netsvetov: The Atkha Years, 1828-1844*, translated by Lydia Black, Fairbanks, 1980.
- *The Journals of Iakov Netsvetov: The Yukon Years, 1845-1863*, translated by Lydia Black, Fairbanks, 1984.

Newman, Peter C., *Empire of the Bay*, New York, 1998.

Nicol, John, *The Life and Adventures of John Nicol, Mariner*, edited and with an Introduction by Tim Flannery, Pretext by John Howell, Edinburgh, 2000.

Okun, Semen B.,
- *Rossiisko-Amerikanskaia Kompanii* (*Die Russisch Amerikanische Kompagnie*), Moscow and Leningrad, 1939 (Reprint der eng. Übersetzung *The Russian American Company* von 1951, Octagon books, 1979).
- *Ocherki po istorii kolonial'noi politiki tsarizma v Kamchatskom krae.* (Historical Outlines on the Tsarist Colonial Policy in the Kamchatka Territory), Leningrad, 1935.

Oleska, Michael J., *Orthodox Alaska: A Theology of Mission*, Crestwood, New York, 1998.

Oliver, Captain Pasfield, *The Memoirs and Travels of Mauritius Augustus Count de Benyowsky*, from the translation of his original Manuscript by William Nicholson, London, 1898.

Owen, Thomas C.,
- *Russian Corporate Capitalism from Peter the Great to Perestroika*, New York and Oxford, 1995.
- *The Corporation Under Russian Law, 1800-1917: A Study in Tsarist in Tsarist Economic Policy*, Cambridge, 1991.

Owens, Kenneth N. and Donnelly, Alton S., *The Wreck of the Sv. Nikolai*, Portland, 1985.

Pallas, P. S.,
- *Neue nordische Beyträge ...*, 7 Bde., St. Petersburg and Leipzig, 1781-1796.
- *Conquest of Siberia and the History of the Transactions, Wars, Commerce, &c. Carried on Between Russia and China, from the Earliest Period*, London, 1842.

Pethick, Derek, *The Nootka Connection, Europe and the Northwest Coast 1790-1795*, Vancouver, 1980.

Petrov, Alexander, *Die Gründung der Russisch-Amerikanischen Kompagnie (in Russisch),* hrsg. von N. N. Bolkhovitinov, Moskau, 2000.

Phelps, William Dane, Sturgis, William and Swan, James Gilchrist, *Fur Traders from New England; The Boston Men in the North Pacific, 1787-1800; The Narratives of William Dane Phelps, William Sturgis & James Gilchrist,* edited, with Notes and Introduction, by Briton C. Busch and Barry M. Gough, Spokane, 1997.

Pierce, Richard A.,
- *Alaskan Shipping, 1867-1878, Arrivals and Departures at the Port of Sitka,* Kingston Ontario, 1972
- *Russian America: A Biographical Dictionary,* Kingston, Ontario, 1990.
- *Builders of Alaska, The Russian Governors 1818-1867,* Kingston, Ontario, 1986.
- *The Russian-American Company. Correspondence of the Governors. Communications Sent: 1818,* translated by Richard A. Pierce, Kingston, Ontario, 1984.
- *Russia in North America. Proceedings of the 2nd International Conference on Russian America. Sitka, Alaska, August 19-22, 1987,* edited by Richard A. Pierce, Kingston, Ontario, 1990.
- *Russia's Hawaiian Adventure, 1815-1817.* Berkeley and Los Angeles, 1965.
- *H.M.S. Sulphur on the Northwest and California Coasts, 1837 and 1839,* Co-Editor J. H. Winslow, Kingston, Ontario, 1979.

Pilder, Hans, *Die Russisch-Amerikanische Handels-Kompanie bis 1825,* Heft 3 der Osteuropäischen Forschungen im Auftrag der Deutschen Gesellschaft zum Studium Russlands, Berlin und Leipzig, 1914.

Pletcher, David M., *The Diplomacy of Involvement. American Economic Expansion across the Pacific, 1784-1900,* Columbia and London, 2001.

Plummer, Katherine,
- *A Japanese Glimpse at the Outside World 1839-1843, The Travels of Jirokichi in Hawaii, Siberia and Alaska,* Translation of *Bandan,* edited by Richard A. Pierce, Kingston, Ontario, 1991.
- *The Shogun's reluctant ambassadors: Japanese sea drifters in the North Pacific,* Portland, 1991.

Poletica, Pierre de, *A Sketch of the Internal Condition of the United States of America and of their Political Relations with Europe. By a Russian. Translated from the French, by an American; with Notes.,* Baltimore, 1826.

Polevoi, Boris P., *Grigorii Shelikov – „Kolumb rosskii",* Magadan, Knizhnoe izdatel'stvo, 1960.

Portlock, Nathaniel, *A Voyage round the World; but more particularly to the North-West Coast of America: Performed in 1785, 1786, 1787, and 1788,* London, 1789.

Posselt, Doris (Hrsg.), *Die Große Nordische Expedition von 1733 bis 1743. Aus Berichten der Forschungsreisenden Johann Georg Gmelin und Georg Wilhelm Steller,* Bibliothek des 18. Jahrhunderts, München, 1990.

Pringle, Heather, *Ancient North America,* New York, Chichester, Brisbane, Toronto and Singapore, 1996.

Quested, R.K.I., *The Expansion of Russia in East Asia, 1857-1860,* Univ. of Malaya Press, Kuala Lumpur, 1960.

Ragan, John David, *The Explorers of Alaska,* New York and Philadelphia, 1992.

Ragsdale, Hugh (Hrsg.), *Imperial Russian Foreign Policy,* Woodrow Wilson Center Series, Washington, 1993.

Ravenstein, Ernest George, *The Russians on the Amur: Its Discovery, Conquest, and Colonization,* London, 1861.

Ray, D.J., *Ethnohistory in the Arctic: The Bering Strait Eskimo,* Fairbanks, 1983.

Reynolds Baker, Emily, *Caleb Reynolds, American Seafarer,* Kingston, Ontario, 2000.

Rich, E.E., *The Fur Trade and the Northwest Coast to 1857,* Toronto, 1957.

Richards, Rand, *Historic San Francisco,* San Francisco, 1997.

Richards, Rhys, *Captain Simon Metcalfe, Pioneer Fur Trader in the Pacific Northwest, Hawaii and China, 1787-1794,* edited by Richard Pierce, Kingston Ontario, 1991.

Rickenbach, Judith (Hrsg.), *Tlingit, Alte Indianische Kunst aus Alaska,* Museum Rietberg, Zürich, 2001.

Rieber Alfred J., *Merchants & Entrepreneurs in Imperial Russia,* Chapel Hill, 1982.

Robertson, R.G., *Competitive Struggle, America's Western Fur Trading Posts, 1764-1865,* Boise, 1999.

Russian-American Company, *Istorii Rossiisko-Amerikanskoi Kompanii (Sbornik Documentalnykh Materialov) [Documents on the History of the Russian-American Company],* translated from the Russian edition (Krasnoiarsk 1957) by Marina Ramsay, Fairbanks, 1976.

Russian-Orthodox Church, *The Russian Orthodox Religious Mission* *in America, 1794-1837*, translated from the Russian St. Petersburg 1894 edition, Fairbanks, 1978.

Sarafian, Winston Lee, *Economic foundations of Russian America*, Conference on Russian America , Washington, D.C., Wilson Center, Kennan Institute for Advanced Russian Studies, Sitka, Alaska, 1979.

Sauer, Martin,
- *An Account of a Geographical and Astronomical Expedition to the Northern Parts of Russia ...*, London, 1802.
- *Reise nach den nördlichen Gegenden von Russischen Asien, und Amerika unter dem Commodor J. Billings, 1785-94*, Weimar, 1803.

Schubert, Friedrich von, *Unter dem Doppeladler. Erinnerungen eines Deutschen in Russischem Offiziersdienst 1789-1814*, Stuttgart, 1962.

Schwatka, Frederick, *Schwatka's Last Search*, introduction and annotation by Arland S. Harris, Fairbanks, 1996.

Scofield, John, *Hail, Columbia. Robert Gray, John Kendrick and the Pacific Fur Trade*, The Oregon Historical Society Press, 1993.

Semyonov, Yuri, *Siberia. Its Conquest and Development*, translated from the German by J. R. Foster, Baltimore, 1963.

Shelikhov, Grigorii I., *A Voyage to America, 1783-1786*, translated by Marina Ramsay, edited by Richard A. Pierce, Kingston, Ontario, 1981.

Shelton, Russell C., *From Hudson Bay to Botany Bay: The Lost Frigates of Laperouse*, Toronto, 1987.

Sherwood, Morgan, *Exploration of Alaska, 1865-1900*, New Haven, 1965 and University of Alaska Press, Fairbanks, 1991.

Simpson, Sir George, *Narrative of a Journey round the World during the Years 1841 and 1842*, London, 1847.

Smith, Barbara S., *Russian Orthodoxy in Alaska*, Juneau, 1980.

Soler, Anna Maria Schop, *Die Beziehungen zwischen Spanien und Russland im 18. Jahrhundert*, Wiesbaden 1870.

Stählin, Jakob von Stocksburg, *Das von den Russen in den Jahren 1765, 66, 67, entdeckte nördliche Inselmeer, zwischen Kamtschatka und Nordamerika ...*, Stuttgart, 1774.

Starbuck, Alexander, *History of the American Whale Fishery*, Waltham, Mass., 1878.

Starr, Frederic S. (Hrsg.), *Russia's American Colony*, Durham, 1987.

Steller, Georg Wilhelm,
- *Beschreibung von dem Lande Kamtschatka ...*, Frankfurt and Leipzig, 1774.
- *Briefe und Dokumente 1740*, herausgegeben von Wieland Hintzsche, Thomas Nickol und Olga Vladimirovna Novochatko, Quel-

len zur Geschichte Sibiriens und Alaskas aus russischen Archiven, Band I, Halle, 2000.

- *Reise von Kamtschatka nach Amerika mit dem Kommander-Kapitän Bering ...*, St. Petersburg, 1793.

Stephan, John J.,
- *The Kuril Islands: Russo-Japanese Frontier in the Pacific,* Oxford, 1974.
- *Sakhalin: A History,* Oxford, 1971.
- *The Russian Far East,* Stanford, 1994.

St. Herman of Alaska Brotherhood,
- *New Valaam at Monks' Lagoon on St. Herman's Spruce Island,* Platina CA, 1997.
- *Father Gerasim of New Valaam,* by R. Monk Gerasim, Platina, CA, 1989.

Strange, James, *James Strange's Journal and Narrative of the Commercial Expedition from Bombay to the Northwest Coast of America,* with introductory material by A.V. Venkatarama Ayyar, John Hosie and F. W. Howay, Fairfield, Washington, 1982.

Sunset Books Inc., *The California Missions,* Menlo Park, 1997.

Tebenkov, M. D., *Atlas of the Northwest Coasts of America from Bering Strait to Cape Corrientes and the Aleutian Islands with several Sheets on the Northeast Coast of Asia,* translated by R.A. Pierce, Fairbanks, 1981.

Teichmann, Emil, *A Journey to Alaska in the year 1868,* Reprint of 1925 edition, New York, 1963.

Tikhmenev, P.A.,
- *A History of the Russian-American Company,* edited and translated by Richard A. Pierce und Alton S. Donnelly, Seattle und London, 1978.
- *A History of the Russian-American Company. Vol. 2: Documents,* translated by Dmitri Krenov, edited by Richard A. Pierce and Alton S. Donnelly, Kingston Ontario, 1979.

Thurman, Michael E., *The Naval Department of San Blas, New Spain's Bastion for Alta Californias and Nootka 1767-1798,* Glendale, Cal., 1967.

Tompkins, Stuart Ramsay,
- *Alaska, Promyshlennik and Sourdough,* University of Oklahoma Press, Norman, Oklahoma, 1945.
- *Drawing of the Alaska Boundary,* 1945.
- *After Bering: Mapping of the North Pacific,* 1955.

Torrubia, Father F. Guiseppe, *The Muscovites in California or rather Demonstration of the Passage from North America Discovered by the Russians, and of the ancient one of the peoples who transmigrated there from Asia*, Reprint of 1759 Rome and English translation, Fairfield, Washington, 1996.

Troyat, Henri, *Peter der Große*, München, 1986.

Überseemuseum Bremen, *Peter der Große in Westeuropa. Die große Gesandtschaft 1697-1698*, Edition Temmen, Bremen, 1991.

Vancouver, George, *A Voyage of Discovery to the North Pacific and round the World, 1791-95*, edited by W. Kaye Lamb, 4 Bde., Hakluyt Society, London, 1984.

Vaughan, Thomas and Holm, Bill, *Soft Gold: The Fur Trade & Cultural Exchange on the Northwest Coast of America*, Portland, 1990.

Veniaminov, Ivan, *Notes on the Islands of the Unalashka District*, translated by Lydia T. Black and R.H. Geoghegan, edited by Richard A. Pierce, Kingston, Ontario, 1984.

Wagner, Henry R., *Spanish Voyages to the Northwest Coast of America in the Sixteenth Century*, San Francisco, California Historical Society, 1929.

Walker, Alexander, *An Account of a Voyage to the North West Coast of America in 1785 & 1786*, edited by Robin Fisher & J.M. Bumsted, Seattle, 1982.

Waxell, Sven,
- *The American Expedition,* translated from Johan Skalberg's Danish Version ‚Vitus Berings Eventyrlige opdagerfærd 1733-1743‘, by M.A. Michael, London, Edinburgh, Glasgow, 1952.
- *Die Brücke nach Amerika. Abenteuerliche Entdeckungsfahrt des Vitus Bering 1733-1743*, Olten/Freiburg, 1968.

Webb, Robert Lloyd, *On the Northwest: Commercial Whaling in the Pacific Northwest, 1790-1967*, Vancouver, 1988.

Weber, David J., *The Spanish Frontier in North America*, New Haven und London, 1992.

Wheeler, Mary E., *The Origins and Formation of the Russian-American Company*, Chapel Hill, 1966.

Wieczynski, Joseph L., *The Russian Frontier: The Impact of Borderlands upon the Course of Early Russian History*, Charlottesville, 1976.

Wood, Alan (Hrsg.), *The History of Siberia from Russian Conquest to the Revolution*, London, 1991.

Wrangell, Baroness, *Briefe aus Sibirien und den Russischen Niederlassungen in Amerika*, Dorpater Jahrbücher, 1831.

Wrangell, Ferdinand P., *Russian America, Statistical and Ethnographic Information*, translated by Mary Sadouski, edited by Richard A. Pierce, Kingston, Ontario, 1980.

Yarmolinsky, Avrahm, *Russian Americana, Sixteenth to Eighteenth Centuries. A Bibliographical and Historical Study*, New York, 1943.

Zagoskin, Lavrentii A., *Lieutenant Zagoskin's Travels in Russian America 1842-1844*, translated by Penelope Rainey and edited by Henry M. Michael, University of Toronto Press for the Arctic Institute of North America, Toronto, 1967.

Artikel

Adamov, A.G., *Shelikov*, in: Gosudarstvennoe izdatel'stvo geograficheskoi leteratury, Moskau, 1948.

Albrethsen, Svend E., *Forschungsreise in den Tod. Auf den Spuren von Vitus Bering in der Arktis*, in: Damals, 27. Jahrgang, Heft 8/1995, S. 74-79.

Aleksandrov, V., *The Beginnings of the Irbit Fair*, in: Soviet Geography, Vol. 31, 1990.

Arndt, Katherine L., *Russian Relations with the Stikine Tlingit, 1833-1867*, in: Alaska History, Vol. 3, No. 1, Spring, 1988, pp. 27-43.

Atherton, Gertrude, *Nikolai Petrovich Rezanov*, in: The North American Review, CLXXXIX, Boston, Mass., 1909, pp. 651-661.

Black, Lydia, *Unga, the people and the community, An Ethnohistory*, Department of Anthropology, University of Alaska, Fairbanks, 14. Mai 1993, published on „http://www.ungacorporation.com" (viewed July 2002).

Blomkvist, E.E., *A Russian Scientific Expedition to California and Alaska, 1839-1849*, transl. by Basil Dmytryshyn and E.A.P. Crownhart-Vaughan, in: Oregon Historical Quarterly, 73, No. 2, 1972, pp. 101-170.

Bolkhovitinov, Nikolai, N.,
- *Wie Alaska verkauft wurde* (übersetzt von Peter Hoffmann), in: Sowjetwissenschaft/Gesellschaftswissenschaftliche Beiträge, Heft 42, Berlin 1989, pp. 525-533
- *The Declaration of Independence: A View from Russia*, in: The Journal of American History, Vol. 85, March 1999, pp. 1389-1398.
- *The Adventures of Doctor Schäffer in Hawaii, 1815-1819*, in: The

Hawaiian Journal of History, transl. by Igor V. Vorobyoff, No.7, 1973, pp. 55-78.

– *Vydvizhenie i proval proektov P. Dobella (1812-1821 gg.)* (The Promoting and Failure of P. Dobell's Projects, 1812-1821), in: Amerikanskij Ezegodnik, 1976, pp. 264-282.

Craig, Robert D., *Russian America: The Forgotten Frontier*, Special Issue of Pacifica, with Articles by Bolkhovitinov, Liapunova, Gibson and Fisher, Anchorage, 1990.

Cutter, Donald C., *A Franciscan Visit to the Russian: Father Payeras at Fort Ross*, in: Archivum Franciscanum historicum, An. 85, Spring 1992, pp. 653-670.

David, Andrew, *The Voyage of Alejandro Malaspina to the Pacific, 1789-1794*, The Hakluyt Society, Annual Lecture 1999, London, 2000.

Davidson, Donald, *Relations of the Hudson's Bay Company with the Russian American Company on the Northwest Coast, 1829-1861*, in: British Columbia Historical Quarterly, Jan. 1941.

Dean, Jonathan R.,
– *The Sea Otter War of 1810: Russia Encounters the Tsimshians*, in: Alaska History, Vol. 12, No. 2, (Fall) 1997, pp. 25-31.
– „*Their Nature and Qualities Remain Unchanged*": Russian Occupation and Tlingit Resistance, 1802-1867, in: Alaska History, Vol. 9, No. 1, (Spring) 1994, pp. 1-17.

Dmytryshyn, Basil, *The administrative Apparatus of the Russian-American Company, 1798-1867*, in: Canadian-American Slavic Studies, 28, No. 1, (Spring) 1994, pp. 1-52.

Dostojewsky, M., *Russlands Vordringen zum Stillen Ozean und seine erste Berührung mit Japan*, transl. by H. v. Schulz, Japaninstitut Berlin, in: Japanisch-Deutsche Zeitschrift (Nichi-Doku Gakugei), Neue Folge 2. Jg., 4. Heft, April 1930, pp. 75-86.

Farrington, Anthony, *The English in Japan 1613-1623*, The Hakluyt Society, in: Annual Report 1992, London.

Fisher, Raymond H., *Mangazeia: A Boom Town of 17th c. Siberia*, in: Russian Review, Vol. 4 , 1944-1945.

Friedrich, Hermann, *Hautstücke der Stellerschen Seekuh (Rhytina giga)*, in: Veröffentlichungen aus dem Überseemuseum Bremen, Reihe A, Band 3, Heft 5, Bremen, 1966, pp. 265-267.

Frost, O.W., *Vitus Bering and George Steller. Their Tragic Conflict during the American Expedition*, in: Pacific Northwest Quarterly 86, No. 1, Winter 1994/95, pp. 3-16.

Gibson, James R.,
Diversification on the Frontier, in: Studies in Russian Historical Geography, Vol. 1, 1983.
Sitka Versus Kodiak: Countering the Tlingit Threat and Situating the Colonial Capital in Russian America, in: Pacific Historical Review, Vol. 67, 1998, pp. 67-98.

Glushanov, I. V., *The Aleutian Expedition of Krenitsyn and Levashov*, translated by Mary Sadouski and Richard A. Pierce, in: The Alaska Journal 3, No. 4, 1973, pp. 204-210.

Golder, F.A., *The Purchase of Alaska*, in: The American Historical Review, Washington DC, Vol. 25, No. 3, 1920, pp. 411-425.

Gough, B.M., *India-based Expeditions of Trade and Discovery in the North Pacific in the late Eighteenth Century*, in: The Geographical Journal, Vol. 155, No. 2 (July), 1989, pp. 215-223.

Grinev, Andrei V., *The Kaiury: Slaves of Russian America*, in: Alaska History 15, No. 2, (Fall) 2000, pp. 1-20.

Hanable, William S., *New Russia*, in: The Alaska Journal, 3, No. 2, 1973, pp. 77-80.

Heckrotte, Warren, *The Discovery of Humboldt Bay: A New Look at an old Story*, in: Terrae Incognitae 5, 1973, pp. 27-41.

Heller, Klaus, *Der russisch-chinesische Handel in Kjachta. Eine Besonderheit in den außenwirtschaftlichen Beziehungen Russlands im 18. und 19. Jahrhundert*, in: Jahrbücher für Geschichte Osteuropas, 29 Heft 4, 1981, pp. 515-536.

Hirobayashi, Hirondo, *The Discovery of Japan From the North*, in: Japan Quarterly, IV/ no. 3 (July-September) 1957, pp. 318-328.

John, Katie and Fred Sr., *The Killing of the Russians at Batzulnetas Village*, Introduction by B. Stephen Strong, in: The Alaska Journal, 3, No. 3, 1973, pp. 147-148.

King, Robert E., *The Pribilof Islands in the 1870s: The Stereo-Photographs of Dr. Hugh H. McIntyre,* in: Alaska History, Vol. 9, No. 1, (Spring) 1994, pp. 39-45.

König, Viola, *Auf den Spuren deutscher Entdecker und Forscher in Russisch-Amerika*, in: Jahrbuch II Übersee-Museum Bremen, Bremen, 1993, pp. 27-66.

Lain, B. D.,
– *The Fort Yukon Affair, 1869*, in: The Alaska Journal 7, No.1, pp. 12-17.
– *The Decline of Russian America's Colonial Society*, in: Western Historical Quarterly 7, No. 2, 1976, 143-153.

Lamar, Howard R., *John Augustus Sutter, Wilderness Entrepreneur,* with an Introduction by Kenneth N. Owens, in: California History, 73, 2, 1994, pp. 98-113.

Ledyard, John, *Manuscript Journal of His Journey towards Eastern Siberia,* Photostat copy at Dartmouth College.

Lee, Molly, *The Alaska Commercial Company. The Formative Years,* in: Pacific Northwest Quarterly, Vol. 89, No. 2, Spring 1998, pp. 59-64.

Lensen, George Alexander, *Early Russo-Japanese Relations,* in: The Far Eastern Quarterly, Vol. X, No. 1, 1950, pp. 2-37.

Maier, Lothar A., *Die Krise der St. Petersburger Akademie der Wissenschaften nach der Thronbesteigung Elisabeth Petrovnas und die „Affäre Gmelin",* in: Jahrbücher für die Geschichte Osteuropas, Jg. 27, Heft 3, 1979, pp. 353-373.

Mazour, Anatole G., *The Russian-American Company: Private or Government Enterprise?,* in: Pacific Historical Review, 13 No. 2, 1944, pp. 168-173.

McPherson, Hallie M., *The Interest of William McKendree Gwin in the Purchase of Alaska, 1854-1861,* in: Pacific Historical Review, 3:1, 1934, pp. 28-38.

Miller, Jeffrey, *California's Tsarist Colony,* in: History Today, Vol. 42, January 1992.

Murray, C. Morgan, *Surprise Visitor at Nootka Sound,* in: Tacoma News Tribune, 20th January 1974.

Ostenstad, James W., *A Lucrative Contract: The HBC and the Pacific Ice Trade,* in: The Beaver, Winnipeg, Man., 1977, pp. 36-40.

Petrov, Alexander, *At the Origins of Russian America,* in: Oil of Russia, International Edition, No.1, Moscow, 2002, pp. 60-63.

Pierce, Richard A. and Sloss, Frank H., *The Hutchinson, Kohl Story: A Fresh Look,* in: Pacific Northwest Quarterly, 62, No. 1, pp. 1-6.

Pierce, Richard A., *Reconstructing „Baranov's Castle",* in: Alaska History, Vol. 4, No. 1 (Spring) 1989, pp. 27-44.

Porter, Kenneth W., *John Jacob Astor and the Sandalwood Trade of the Hawaiian Islands, 1816-1828,* in: Journal of Economic and Business History, Vol. 2, No. 3, 1930, pp. 495-519.

Rey-Tejerina, Arsenio, *The Spanish Exploration of Alaska, 1774-1796,* in: Alaska History, Vol. 3, No. 1, Spring, 1988, pp. 45-61.

Richards, Rhys, *United States Trade with China 1784-1814,* in: The American Neptune, Special Supplement to Volume 54, Salem, Massachusetts, 1994.

Rotchev, A., *Letters of A. Rotchev, last Commander at Fort Ross and* *the Resumé of the Report of the Russian-American Company for the year 1850-51*, translated from the German with an Introduction by Frederick C. Cordes, in: California Historical Society Quarterly, Vol. XXXIX, June 1960.

Sarafian, Winston, *Alaska's First Russian Settlers*, in: Alaska Journal 7, No. 3, 1977, pp. 174-177.

Saul, Norman E., *Beverley C. Sanders and the Expansion of American Trade with Russia, 1853-1855*, in: Maryland Historical Magazine, 67, 2, Baltimore, 1972, pp. 156-170.

Sgibnev, A., *Bunt Ben'evskago v Kamchatke v 1771 g.*, (The uprising of Benevszky in Kamchatka in 1771), in: Russkaia Starina, Vol. XV, St. Petersburg, 1876, pp. 526-542, 757-769.

Shelest, J. W., *The Dryad Affair: Corporate Warfare and Anglo-Russian Rivalry for the Alaskan Lisière*, Borderlands Conference Paper, Whitehorse, Yukon, June 1989.

Sloss, Frank H., *Who owned the Alaska Commercial Company?*, in: Pacific Northwest Quarterly, 68, No. 3, 1977, 120-130.

Sokol A., *Russian Expansion and Exploration on the Pacific*, in: American Slavic Review, Vol. 11, 1951.

Spencer-Hancock, Diane and Pritchard, William E., *The Chapel at Fort Ross. Its History and Reconstruction*, in: California History, Vol. LXI, No. 1 (Spring), San Francisco, 1982, pp. 2-17.

Stephan, John J., *The Crimean War in the Far East*, in: Modern Asian Studies, III, 3, 1969, pp. 257-277.

Tompkins, Stuart Ramsay and Moorehead, Max L., *Russia's Approach to America, From Russian Sources, 1741-1761 (Part I), From Spanish Sources, 1761-1775 (Part II)*, in: British Columbia Historical Quarterly 13, 1949, No. 2, pp. 55-66, 13, No. 3-4, pp. 231-255.

Urness, Carol, *Dmitri Bragin's Voyage in the North Pacific*, in: Terrae Incognitae, Heft 2, 1970, pp. 87-93.

Wheeler, Mary E.,
- *Empires in Conflict and Cooperation: The „Bostonians" and the Russian-American Company*, in: Pacific Historical Review, 40, 1971, pp. 419-441.
- *The Origins of the Russian-American Company*, in: Jahrbücher für die Geschichte Osteuropas, 14, No. 4 (December) 1966 pp. 485-494.

Dissertationen

Elliott, George, *Empire and Enterprise in the North Pacific, 1785-1825. A Survey and an Interpretation, emphasizing the Role and Character of Russian Enterprise,* University of Toronto, 1957.

Hull, Anthony, *Spanish and Russian Rivalry in the North Pacific Regions of the New World, 1760-1812,* University of Alabama, 1966.

Jensen, Ronald, *The Alaska Purchase and Russian-American Relations,* Indiana University, 1971.

Johnson, Stephen, *Baron Wrangel and the Russian-American Company, 1829-1849: Russian-British Conflict and Cooperation on the Northwest Coast,* University of Manitoba, 1978.

Joyeux, Frank, *Der Transitweg von Moskau nach Daurien: Sibirische Transport- und Verkehrsprobleme im 17. Jahrhundert,* Dissertation Universität Köln, 1981.

Klein, J., *Der sibirische Pelzhandel und seine Bedeutung für die Eroberung Sibiriens,* Phil. Diss., Bonn 1906.

Klumberg, W., *Die Kolonisation Russlands in Sibirien,* Phil.-Dissertation, Zürich, 1913.

Mancall, Mark, *Russia and China: Their Diplomatic Relations to 1728,* Cambridge, MA: Harvard Univ. Ress, 1971.

Mitchell, Kathryn E., *Fort Ross: Russian Colony in California, 1811-1841,* M.A. Thesis, Portland State Univ., 1984

Sadouski, Mary, *The Stikine Incident: A Russo-British Confrontation on the Pacific Northwest Coast in June 1834,* Queen's University, 1975.

Sarafian, Winston Lee, *The Russian-American Company Employee Policies and Practices, 1799-1867,* Ph. D. Dissertation, Univ. of California, Los Angeles, 1970.

Sovilj, Slavica, *Ins Exil für die Heimat, Die oppositionelle Emigration aus dem Zarenreich im 19. Jahrhundert,* Lizentiatsarbeit der Philosophischen Fakultät I der Universität Zürich, 2002.

Steward, Charles Lockwood, *Martínez and López de Haro on the Northwest Coast, 1788-1789,* MS Dissertation for degree of Doctor of Philosophy, University of California at Berkeley, 1936.

Strausz, David, *The Russian American Company to 1825,* University of Washington, 1962.

Tarnovecky, Joseph, *The Purchase of Alaska: Backgrounds and Reactions,* McGill University, 1969.

Wheeler, Mary, *The Origins and Formation of the Russian-American Company,* University of North Carolina, Chapel Hill, 1965.

Deutsche Museen

Interessierten Lesern wird der Besuch folgender deutscher Museen zum Thema empfohlen (nicht alle aufgeführten Objekte sind ausgestellt):

Berlin, Völkerkunde-Museum
Nordwestamerikanische Objekte zurückgehend auf die Sammlungen des Kapitän Cook und den Forschern Reinhold und Georg Forster. Objekte von Eskimos, Aleuten und Nordwest-Indianern.

Bremen, Übersee-Museum
250 Objekte umfassende Sammlung aus Alaska und der amerikanischen Nordwestküste, unter ihnen die „Sammlung Bernhard Bändel" und die bedeutende „Krause-Sammlung".

Göttingen, Königliches Academisches Museum (heute Institut für Ethnologie der Universität Göttingen)
Wertvolle Cook-Sammlung, außerdem die Merck-von-Asch Sammlung mit zum Teil einzigartigen frühen Berichten.

Hannover, Niedersächsisches Landesmuseum
Ethnographisches Material aus Russisch Amerika von dem ehemaligen „Raritätenkabinett" der Könige von Hannover stammend, außerdem 99 Objekte der „Hofschläger-Sammlung", 15 Objekte der „Sammlung des Konsul Marwedel" und 17 Objekte der „Sammlung des jüdischen Reisenden Israel Joseph Benjamin".

Herrenhut bei Dresden, Völkerkundemuseum
Objekte der Herrenhuter Missionarsbruderschaft aus Südalaska nach 1885, ebenfalls alte wieder entdeckte Cook-Sammlung.

München, Staatliches Museum für Völkerkunde
180 Alaska-Objekte aus der „Sammlung Krusenstern", zusammengetragen von dem Naturwissenschaftler Georg Heinrich Freiherr von Langsdorff, ebenfalls Objekte von Aleuten und Alaska-Eskimo in der „Sammlung Leuchtenberg".

Oldenburg, Staatliches Museum für Naturkunde und Vorgeschichte
„Kuprianov-Sammlung", 137 Objekte des einstigen Gouverneurs von Russisch-Amerika, darunter eine völlig aus Walrosselfenbein bestehende Rüstung.

Abbildungsverzeichnis

Index

315

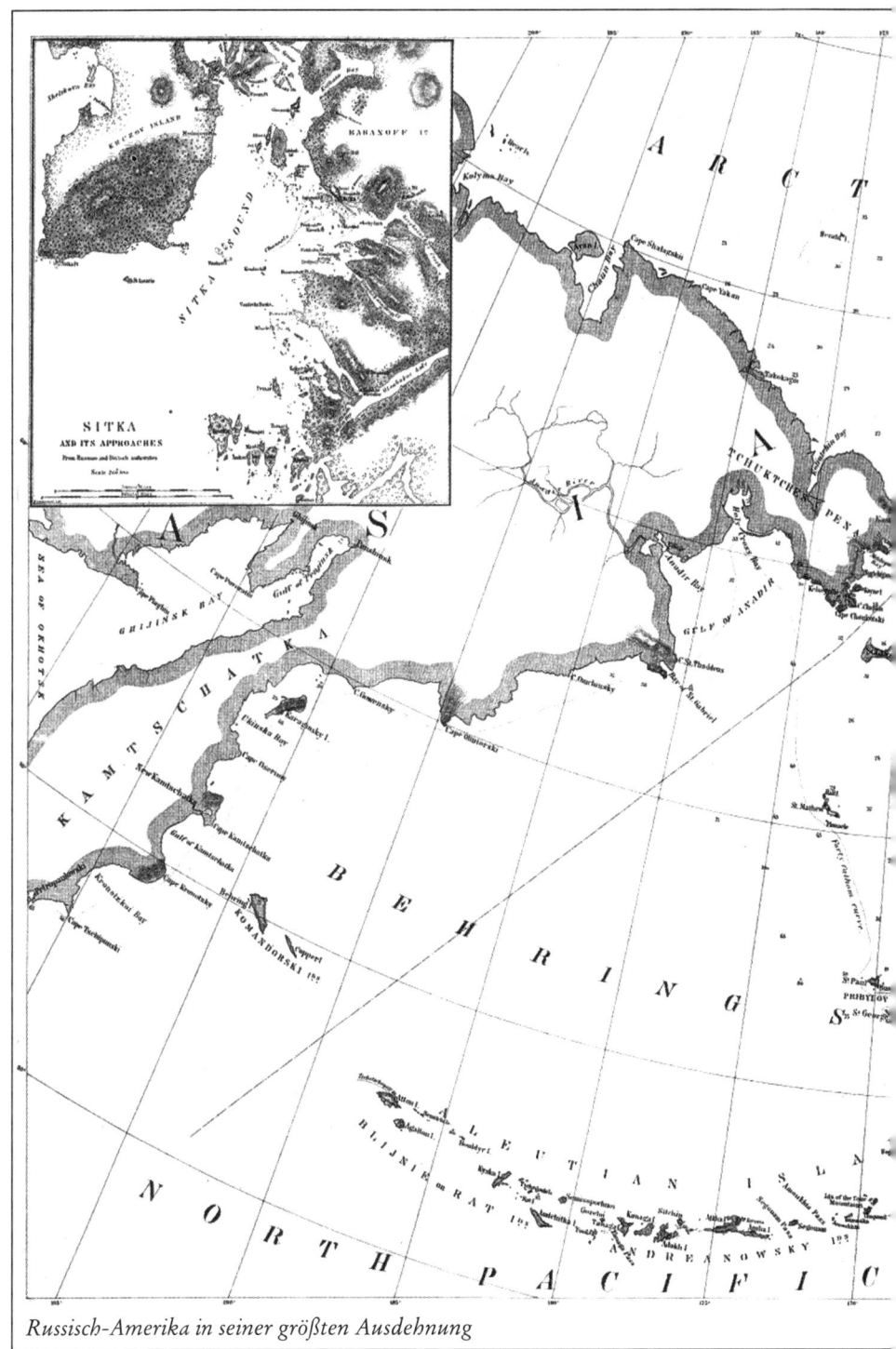

Russisch-Amerika in seiner größten Ausdehnung